天

Borderless

下

天下，在乎正义和你

天下 Borderless

生活在民法中

第四版

梁慧星 著

法律出版社
——北京——

图书在版编目(CIP)数据

生活在民法中 / 梁慧星著. -- 4版. -- 北京：法律出版社, 2021
ISBN 978-7-5197-5914-8

Ⅰ. ①生… Ⅱ. ①梁… Ⅲ. ①民法－中国－文集
Ⅳ. ①D923.04-53

中国版本图书馆CIP数据核字(2021)第183051号

生活在民法中（第四版）
SHENGHUO ZAI MINFA ZHONG（DI-SI BAN）

作　　者：梁慧星
策划编辑：孙东育　王　珊
责任编辑：孙东育　王　珊
装帧设计：贾丹丹
出版发行：法律出版社
编辑统筹：学术・对外出版分社
责任校对：晁明慧　王　皓
责任印制：陶　松
经　　销：新华书店
开　　本：A5
印　　张：15
字　　数：343千
版　　本：2021年12月第4版
印　　次：2021年12月第1次印刷
印　　刷：天津嘉恒印务有限公司
书　　号：ISBN 978-7-5197-5914-8
定　　价：76.00元

销售电话：010-83938349　客服电话：010-83938350　咨询电话：010-63939796
地　　址：北京市丰台区莲花池西里7号(100073)
网　　址：www.lawpress.com.cn
投稿邮箱：info@lawpress.com.cn
举报盗版邮箱：jbwq@lawpress.com.cn
凡购买本社图书，如有印装错误，我社负责退换。电话：010-83938349

本书封面插图由Jimmy绘制。

作者简介

梁慧星

四川青神人，1944 年 1 月生。中国社会科学院学部委员、北理工珠海学院民商法律学院名誉院长。学术专长：民法总论、物权法、合同法、侵权责任法、法学方法论。独著：《民法总论》《为了中国民法》《民法解释学》《裁判的方法》《读条文学民法》《民事解答录》；合著：《中国民法典草案建议稿附理由》；主编：《民商法论丛》《中国民商法专题研究丛书》。

法学家讲演的意义

民众之争端，公权与私权、私权与私权之冲突，系社会发展中常存之现象。对此之解决，或以压制赢得暂时平静，或以强调冲突而使秩序更为混乱。当此，正义与正义感、程序与程序理念、权利救济与权利意识，意义凸显。这些建制与观念，是对构建社会秩序的共识。这种共识愈多，社会秩序之建设便愈和谐无乱。

法学家及其讲演，正可谓是增进秩序共识的推力之一。社会之发展，秩序之构建，当以法律职业群体之出现为基础。而法学家则为法律职业群体之中坚与先锋，其以饱读法典而学识天下，以公共关切而怀仁民众。法学家授业解惑于学堂，传道普法于四野，其声音或振聋发聩，或细雨霏霏，其讲演沟通庙堂与民间、学府与商界，既关心规则的形成，也关切个案正义与公民尊严。法学家的讲演，不仅是独立之见解与批评，更是充满建设性的公共情怀。法学家的讲演，言辞与形式"富于激情"，内容理性毕具。法学家的讲演，强调秩序与和谐、自由与权利、公平与正义，其理念之创新，精神之卓越，或使民主更趋进步，或促社会更尊民权，其意义在于国家更显强盛，人民更为幸福。

本社推出法学家讲演录，殷殷之情，端在于增进建设社会秩序之共识，端在于为和谐发展增利器，为建制助其力。当此，我们也向勇敢且智慧的法学家致敬，向年轻的法律人致敬，向关心民主法治的公民致敬。这一群作者和读者，是此社会中的理性发光体。

法律出版社　谨识

第四版序言

本书是法律出版社策划出版的法学家讲演录之一。2007 年初版,2010 年再版,2016 年三版。鉴于中国《民法典》颁布施行,编辑王珊同志建议出新版。

第二编“民法典编纂”,增加《对民法典编纂若干理论问题的思考》一文,是在四川大学法学院的讲座的录音整理稿。删去原第三编“物权法”全部内容。设第三编“民法典条文解读”,编入三篇讲座录音整理稿:其一,《〈民法总则〉重要条文的理解与适用》,是在四川大学法学院的讲座;其二,《〈民法典〉合同编通则重要条文的理解与适用》,是在云南省人民检察院的讲座;其三,《〈民法典〉解释与适用中的十个问题》,是在温州大学法学院的讲座。温大讲座,采回答提问方式,钟瑞栋教授担任主持人、提问并对录音整理稿作修改润色定稿。第四编“裁判的方法”,增加《民事裁判的若干问题》一文,是在云南省人民检察院的讲座的录音整理稿。希望对读者理解和适用法律有所帮助。

是为序。

梁慧星

于北理工珠海学院民商法律学院

2021 年 4 月 29 日

第三版序言

这本小书原为法律出版社法学家讲演录之一，内容是作者在一些地方法院和法学院所作讲演的讲稿或者录音整理稿，于2007年初版，2010年再版。现今被纳入该社最新推出的思想法政类品牌——“天下”系列，这是作者没有想到的。考虑到全国人大常委会遵照中共中央十八届四中全会之决定，已启动中国民法典编纂，分为两步：第一步制定民法总则，第二步在民法总则和现行民事单行法基础上编纂一部进步的、科学的、现代化的中国民法典。再次推出此书是有必要的。

唐初名臣褚遂良在《倪宽赞》开篇感叹说：“汉兴六十余载，海内艾安，府库充实，而四夷未宾，制度多阙。”不啻现今中国之写照。中国建设法治国家、实现中国梦，亟需一部进步的、科学的、现代化的民法典。近现代各国民法典编纂的历史经验，与民法典编纂相伴必然掀起一场普及民法精神、民法理念和民法知识的热潮。本书内容通俗易懂，有助于读者理解什么是民法、什么是民法精神，应是出版者将之纳入“天下”系列的理由。本书在第二版基础上，增加《再谈民法典编纂的若干问题——兼回应所谓“解法典化、非法典化”》一篇，是2015年3月24日在四川师范大学法学院讲座的录音整理稿,其中一个重要内容是对所谓“解法典化”“反法典化”理论思潮的回应和反驳,在类似或相同题目讲座中未曾涉及。还增加了一篇《怎样学习法律——法学院新生的第一课》,是 2014 年 10 月 14 日给北理工珠海学院民商法律学院一年级新生上的第一课,特别谈到法律人的人格和理性,与此前类似题目讲座不同。此外,《怎样进行法律思维》一篇,替换为 2014 年 3 月 10 日在东莞理工学院相同题目的讲稿,内容与原稿稍有差别。敬请读者注意。

中国社会科学院学部委员
北理工珠海学院民商法律学院名誉院长
梁慧星
2016 年 7 月 18 日
于昆明东南荒凉山庄之退庐

再版序言

法律出版社自 2006 年策划出版“法学家讲演录”系列丛书。按照编辑同志的建议,挑选了九篇讲演稿,作为该丛书之一。考虑到人的一生无时无刻不处在民事法律关系之中,民法对于我们每一个人均有极其重要的意义,故以“生活在民法中”为书名。2009 年年初,据编辑同志说,读者对本书的反映尚可,建议再版。因诸事繁忙,迁延至今。因《物权法》已经正式颁布实施,特增加了三篇关于物权法的讲演稿,删去了三篇物权草案的讲演稿,希望有助于读者理解和运用这一法律。此外,增加一篇《怎样进行法律思维》,希望给法律学人一些启示。

作者 2009 年 9 月 2 日于京城南清芷园

目录

Contents

第五编　附录

第一编

法律观念和私有财产的保护

《宪法修正案》对非公有制经济和私有财产的规定*

今天我讲的是《宪法修正案》对非公有制经济和公民私有财产的规定。这个题目是讲两个条文,《宪法修正案》修改的内容有十几项,其中有两个条文是和民法关系密切的,就是《宪法》第 11 条和第 13 条。

第一部分 《宪法修正案》对非公有制经济保护的规定

我首先讲《宪法》第 11 条。第 11 条实际上是规定非公有制经济,是对非公有制经济的保护。我认为,它的修改非常重要。并且,同志们稍加注意就会发现,这个条文在《宪法》颁布以来,修改次数最多。现行《宪法》是 1982 年制定的,原来这个条文规定是很简单的,和现在不一样。原来的条文仅仅规定了"个体经济",并且加了一个"城乡劳动者"的限制。

1982 年《宪法》第 11 条原文规定:"在法律规定范围

---

* 2004 年 3 月 30 日在中国社会科学院研究生院"前沿学术讲座"所作讲演的录音整理稿,听众是该院博士研究生和硕士研究生。讲座着重探讨经 2004 年 3 月 14 日第十届全国人民代表大会第二次会议通过的《宪法修正案》修正后的《宪法》第 11 条和第 13 条。

内的城乡劳动者个体经济，是社会主义公有制经济的补充。国家保护个体经济的合法的权利和利益。国家通过行政管理，指导、帮助和监督个体经济。”

这个条文，不管怎么说，在中国《宪法》上出现有非常重大的意义。对此，应当作一个简单的回顾。新中国成立的时候，我们对于经济的基本方针究竟是什么，我们究竟要建立一个什么样的经济制度？这需要回顾当时的目标，就是要消灭私有制。消灭私有制是马克思政治经济学里面提出来的一个最终的任务。当时我们不就是要消灭私有制，建立一个没有剥削的社会吗？但是，新中国刚成立的时候能不能够做到消灭私有制呢？做不到。新中国刚成立，从中华民国那里接过来的是一个烂摊子。如果当时把私有制经济都消灭了，我们老百姓的衣食住行都要成问题，就没有办法生活。因此，当时就需要保留私有经济。保留私有经济，就决定了我们中国革命成功以后和苏联走的道路是不一样的。苏联是彻底地消灭私有制，把资本家、地主、富农都撵出去了。我们却保留民族资本，保留私有制。

保留私有制是一种策略，当时我们的经济政策，对私有制经济是利用、限制、改造。这就是我们 20 世纪 60 年代的社会主义改造运动。经过 20 世纪 60 年代中期的社会主义改造运动，我们就消灭了私有制经济，实现了单一公有制。按照我们《宪法》上的讲法就是：实行公有制基础上的计划经济。我们就建立了这样的经济体制。紧接着，我们在单一公有制的计划经济的轨道上前进，结果不理想，怎么办呢？不就是改革开放嘛。十一届三中全会为什么有如此重大的意义，就在于它决定了改革开放。改革开放是开放什么？就是开放私有经济。但是当时没有想到要开放私有制。改革开放的第一个口号叫“开放、搞活”。搞活就是搞活市场交易。搞活市场,靠谁来搞活市场,就是靠个体户。

改革开放是一种危机对策,有点像20世纪30年代美国的罗斯福推行的新政,是面临巨大的困难和危机时采取的措施。采取这样果断措施的时候,没有可能进行研究,没有可能事先想好,形成一种经济理论和经济政策。过去的理论和过去的经验不足以为改革开放提供基础。过去的经验回答不了这个问题,这个时候也来不及去研究它,不可能去研究它,没有可能提出什么完整的经济思想、经济理论,来为改革开放提供一个根据。所以小平同志说,"摸着石头过河"。

不管怎么说,《宪法》规定了这个条文,就为改革开放提供了一个最起码的依据。也就是说,改革开放虽然是危机对策,但不能一点法律根据也不讲,于是就在《宪法》上设了第11条,承认城乡劳动者个体经济的地位,这就使我们的改革开放有了《宪法》上最起码的根据。既然规定了个体经济,就需要给它一个定性:在法律规定范围内的城乡劳动者个体经济,是社会主义公有制经济的补充。这个定性和位置就是,个体经济是一个"补充"。"补充"两个字很重要,与前面讲的对私有经济的"利用、限制、改造",是一脉相承的。因此,这个对个体经济的定位,是很谨慎、很灵活的。这与改革开放本身的危机对策的性质有关。

下面讲1988年的《宪法修正案》对这个条文的修正。1982年《宪法》刚在第11条规定了个体经济,到1988年就对本条进行了修改。

1982年原条文:

在法律规定范围内的城乡劳动者个体经济,是社会主义公有制经济的补充。国家保护个体经济的合法的权利和利益。

国家通过行政管理，指导、帮助和监督个体经济。

1988年修改后条文：

在法律规定范围内的城乡劳动者个体经济，是社会主义公有制经济的补充。国家保护个体经济的合法的权利和利益。

国家通过行政管理，指导、帮助和监督个体经济。

国家允许私营经济在法律规定的范围内存在和发展。私营经济是社会主义公有制经济的补充。国家保护私营经济的合法的权利和利益，对私营经济实行引导、监督和管理。

实际上，本次修正的内容，是在第11条原文基础上，增加了第3款关于私营经济的规定。想一下，为什么1988年《宪法修正案》要规定这一款？这是因为改革开放一旦进行，个体经济就会发展，有的个体户在经营中成长了、壮大了，雇工人数增加了。个体户一开始是自己带两个徒弟，忙不过来的时候请两个帮工，老板自己也参加劳动。但是，只要你一开放，到20世纪80年代中期以后，有些个体户已经成长壮大了，雇工已不止几个，而是十几个、几十个，相当于我们过去政治经济学教科书说的那种手工业作坊。有些地方出现了雇工上百人的企业。到这个时候，我们社会中就出现了议论，出现了争论，个体经济以什么为限？个体经济和私营经济（私有制经济）的界限划在什么地方？如何对待剥削的问题也提出来了。社会主义是不允许剥削的，我们要消灭私有制、消灭剥削。雇佣工人的人数总要有个限制，超过多少个工人，他就成了剥削者，雇佣工人在这个人数以下，他就还是劳动者。个体户还是劳动者，他自己从事劳动，雇几个帮工、几个徒弟，我们把他划在劳动者的范围当中，

《宪法》原来的条文叫"城乡劳动者个体经济"。但是,他雇佣的工人数超过了这个标准,他自己不劳动,完全靠剥削剩余价值生活,就成了我们说的资本家、资产阶级、剥削者了。

这就是当时社会上争论的焦点问题。与这个问题有关的,就是在政治层面上的"姓社、姓资"的争论。中国的改革开放,我们改到哪里去,我们改到资本主义,还是坚持社会主义?"姓社、姓资"的争论,关键就在个体经济的雇工人数。如果个体经济的雇工人数一律不超过7个人的话,"姓社、姓资"的争论就不必要了。按照计算,他还是劳动者,我们就没有资本家、没有私营企业主,就没有马克思政治经济学上说的以剥削剩余劳动为生的阶层产生的基础,我们当然就是社会主义,就不必要讨论了。问题在于,这不是由人的意志决定的。社会生活中产生了好些个体经济,它成长壮大了,雇工人数超过7个、8个,而且雇佣几十个、几百个工人的企业有的是。所以说,这两个讨论是相关的,雇工人数的讨论是从政治经济学层面的讨论,"姓社、姓资"就是政治层面上的讨论,关系到国家的前途、改革开放的方向、社会主义的性质和政治经济制度。因此,1988年的《宪法》修改,也是经济发展的结果,是不得已的,非修改不可,如果不修改,就面临一个矛盾:《宪法》上说的是"城乡劳动者个体经济",但社会生活中存在很多的企业,名称上叫个体户,实际上雇工人数很多,老板不劳动,就靠剩余价值生活。这就是很大的矛盾,《宪法》上说的是个体经济,但现实中好多个体经济是名实不符。因此,这次修改也是不得已的。这就是经典著作中说的"不能对经济生活发号施令"。岂止不能对经济生活发号施令,而是反过来,经济生活的发展不断提出要求,要求修改法律、修改政策等。因此,通过这次《宪法》修改,就正式承认了私营经济在宪法上的地位,这一点非常重要,就是为个体户和私营企业的大发展提供了法律上的根据。私营企业在法律上是什么地位呢？仍然是“公有制经济的补充”，这是比照个体经济的。

不管怎么说，《宪法》上承认私营经济这一点很重要，使中国的改革开放在 20 世纪 80 年代后期能够继续前进。如果我们不承认私营经济，仍然仅限于个体户，改革开放就不会继续发展。如果当时规定，凡是超过 7 个雇工的就不允许，那样一来，改革开放就将停止在那里，不仅停步不前，还会倒退。所以说，这次《宪法》修改有重大的意义。由于 1988 年 4 月《宪法》修改规定了私营经济的法律地位，6 月国务院第七次常务会议就通过了《私营企业暂行条例》。* 我们看《私营企业暂行条例》的这三个条文：

> 第 1 条：为鼓励、引导私营企业健康发展，保障私营企业的合法权益，加强监督管理，繁荣社会主义有计划商品经济，制定本条例。
>
> 第 2 条：本条例所称私营企业是指企业资产属于私人所有、雇工八人以上的营利性的经济组织。
>
> 第 3 条：私营经济是社会主义公有制经济的补充。国家保护私营企业的合法权益。私营企业必须在国家法律、法规和政策规定的范围内从事经营活动。

请特别注意第 2 条：“本条例所称私营企业是指企业资产属于私人所有、雇工八人以上的营利性的经济组织。”首先，在这个定义中有一个企业的概念。什么叫企业，就是营利性的经济组织。什么叫私营企业，就是资产属于私人所有、雇工 8 人以上的企业。私营企业有两个要件：一是资产属于私人所有；二是雇工 8 人以上。这

* 《私营企业暂行条例》已于 2018 年 3 月失效。——编者注

就划定了个体经济和私营经济的界限。不仅使私营经济合法化了,而且给它提供了法律基础,《私营企业暂行条例》颁布后,我们的工商登记就增加一类私营企业,并且此条例规定了企业的形式、内部关系等,这有利于促进私有经济的发展。

到了 1993 年,我们《宪法》又有了一次修改,这次修改虽然不是对第 11 条的修改,但与第 11 条和第 13 条都有关系。1993 年的《宪法》修改是修改第 15 条,修改我们国家的经济体制。原来的条文规定:"国家在社会主义公有制基础上实行计划经济。……"这就是我们中国当时的经济体制,是我国的基本经济制度。我们平常说的单一公有制基础上的计划经济,讲的就是这个基本经济制度。实际上,计划经济必然是单一公有制,只有单一公有制才能够实行计划经济,私有制不允许实行计划经济。公有制是实行计划经济的前提,计划经济本身可以包括它。这是原来的体制,我们新中国成立后,就是要建立这样的经济体制,所以 1982 年《宪法》把它规定下来,只是表明仍然要坚持原来的经济体制。

但是到了 1993 年,我们通过修改《宪法》第 15 条,改变了原来的经济体制,修改后的条文非常简单,就是:"国家实行社会主义市场经济。……"社会主义市场经济与公有制基础上的计划经济是截然不同的,这是非常大的改变,实际上就是经济性质的改变。回顾起来,改革开放初期,已经提出经济体制改革的目标,不然的话,为什么叫改革开放?但怎么样改,改成什么样?当时并不清楚。初期的提法是"发展社会主义商品生产和商品交换",后来提"计划经济与市场调节相结合",再后来改为"社会主义商品经济"。

我记得,在提出"社会主义商品经济"之前,曾经提出过一个理论,叫"笼子和鸟"的理论。为什么叫"笼子和鸟"?计划经济就是"笼子",市场调节("搞活经济")是"一只鸟",市场调节的这只

“鸟”只能在计划经济的“笼子”里面活动。这个比喻之前,中央文件讲“计划经济与市场调节相结合”,光说“结合”就会使人产生联想,这个市场调节是不是会越来越壮大,大到与计划经济平起平坐,甚至超过计划经济？实际上是要在两者之间确定一个比例,区分“主、从”。用“笼子”和“鸟”明确了计划经济和市场调节的关系,最终我们还是计划经济,市场调节只是允许在计划经济的“笼子”里面活动,那个空间是非常小的,这就达到了确定比例和区分“主、从”的目的。说到底,计划经济是“主”,市场调节是“从”。

“笼子和鸟”的理论当时影响很大,不仅在经济学界,在法学界也有很深的影响。按照该理论,我们的改革开放就要就此打住,不能再往前走。既然市场调节是计划经济这个“笼子”里的“鸟”,我们前面已经承认了私营经济,这个私营经济就不能让它发展壮大。它要发展壮大了,它就不是“鸟”,它就要冲破“笼子”,所以要限制它。原来对个体经济没有限制,雇工 8 人以上,就成了私营企业。私营企业雇工几十个、几百个都有可能,甚至雇工成千上万的都有,这样的私营企业岂不和我们的计划经济体制相冲突吗？它已经不是“鸟”,因为“笼子”关不住它了,它要求更广阔的活动空间。这反映在思想上,就引发了后来“姓社、姓资”的讨论。

因为前面承认了私营企业、私营经济,《宪法》上赋予了它地位,然后国务院制定了《私营企业暂行条例》,社会生活中,私营企业就大发展,私营经济就蓬勃发展起来了,赚钱越来越多,雇工越来越多。这就进一步促使了思想界、舆论界纠缠“姓社、姓资”的问题。在那个时候,在思想领域当中,最大的、最热门的话题,就是“姓社、姓资”的争论。实际上,这个时候我们的《宪法》已经承认了私营经济,但我们原有的意识形态不能和它兼容。因为计划经济体制与私营经济是矛盾的。这时就需要有一个权威来表态,我们的党和国家才能下定决心,这就是邓小平的南方谈话。

我们回顾一下,小平同志为什么到南方去谈话,他为什么不在首都北京谈话,不在我们的老工业基地东北谈话?当时觉得有点奇怪。那时,南方私有经济已经相当发达,如深圳,私有经济已经很发达,地方党政领导人的思想已经比较灵活、比较开放,对为什么要发展私营经济,发展市场经济,已经有所认识,人民群众已经从发展私营经济、发展市场经济中得到直接和间接的利益,容易与小平同志的谈话产生共鸣。可见,小平同志不在北京谈话,不在东北、西北谈话,而是到广东深圳谈话,不是无缘无故的。这中间有大智慧在。但小平同志的谈话也不是立刻传达,是过了一段时间以后才传达、才贯彻的。谈话的要点,一是说"姓社、姓资"问题不要再争论了。因为"姓社、姓资"再讨论下去会干扰我们的改革开放,会导致思想混乱,会使我们国家在方针政策上受到影响。在那种情况下,不要在"姓社、姓资"问题上再纠缠下去。二是"让一部分人先富起来"。为什么要"让一部分人先富起来"?因为此时一部分人已经富起来了。我们看到私营企业雇工几十人、几百人甚至上万人,不要担惊受怕,不要担心社会性质改变,不要产生敌对情绪。三是经济体制改革的方向,就是建立社会主义市场经济体制。

可见,小平同志南方谈话解决了中国改革的方向,解决了中国的经济体制。贯彻小平同志谈话精神,首先是要求修改关于经济体制的规定。可见,《宪法》1993 年的修正,规定"国家实行社会主义市场经济",其意义非常重大。这次修正改变了中国的经济体制,改变了基本经济制度,但其他的内容都没有动。照理说既然第 15 条已经规定实行社会主义市场经济,则第 11 条规定的私营经济是社会主义"公有制经济的补充",就已经不合适,既然我们已经是市场经济,则私营经济就不应该再是什么"公有制经济的补充"。这些内容当时都没有改,来不及改。现在看来,当时修改第 15 条改变国家经济体制,对于我们的国家、民族的前途命运具有决定性的意义。由此决定了,私有经济在国家中的地位,已经不再是什么补充,不能再搞什么“利用、限制、改造、消灭”。《宪法》第 15 条的修改隐含着私有经济在中国的前途,虽然当时的《宪法》没有明白表示出来。所以说,这个改变意义重大,私有经济绝不是公有制经济的补充,它应当是市场经济的组成部分,是市场经济的题中应有之义!

这次《宪法》修正虽然没有对第 11 条进行修改,但是因为《宪法》第 15 条已经规定“国家实行社会主义市场经济”,第 11 条关于私营经济是公有制经济的补充的这个规定,已经不具有实际上的意义。正是因为这次《宪法》的修改,才促进了 20 世纪 90 年代中国市场经济的蓬勃发展。主要是私营经济的发展,就是把“笼子”打碎,私营经济这只“鸟”已经冲破“笼子”,飞向蓝天。私营经济,相对于单一公有制计划经济来说,它和计划经济是有根本矛盾的。即便我们的《宪法》说“私营经济是公有制经济的补充”,也不能消除这个矛盾;反之,说它“是公有制经济的补充”这一点,也正反映了这个矛盾。

但是,这次《宪法》修正并没有对第 11 条进行修改,因此个体经济和私营经济是社会主义公有制经济的补充的这一定性,未被纠正。这就为下一次《宪法》修正留下伏笔。虽然如此,但这次修改《宪法》,将第 15 条原文“国家在社会主义公有制基础上实行计划经济”修改为“国家实行社会主义市场经济”,对个体经济和私营经济等非公有制经济在 20 世纪 90 年代的蓬勃发展,具有决定性的意义。因为说到底,私营经济的存在和发展,与公有制基础上的计划经济是矛盾的,相对于计划经济来说,私营经济是个“异己分子”。而私营经济与社会主义市场经济之间却不存在这种矛盾。即使是社会主义的市场经济,其本质仍然是市场经济。相对于社会主义市场经济来说,私营经济绝不是“异己分子”,而是“自己人”,与市场经济是水乳交融的。

按照马克思的说法,什么叫市场,什么叫市场经济?就是两个私有者相互交换自己的产品,这就是市场。如果不是两个私有者,假设是一家人,兄妹之间,你把你的东西给我,我把我的给你,这就不叫市场,因为东西是大家庭的,是共有的。因此,在单一公有制条件下,就不可能有真正的市场,过去国有企业,也有订货,也订合同,但那时的合同与今天合同法上的合同并不是一回事。那是国家机关预先决定了的,甲企业的产品有多少要供应给乙企业,规格、型号、数量、价格等都是国家定的,按照这个指令性计划,甲乙两个企业签订一个合同,由企业经理、厂长签字、盖章,走个形式而已。名义上叫合同,实际上还是指令性计划。苏联的民法学家将这一点讲得非常清楚,说这些合同不过是给计划穿上一个外衣罢了,形式虽然是合同,本质上仍然是计划。到年底的时候,合同没有完成,如果对方不再需要,就一笔勾销,合同就作废了。如果对方还需要,主管机关决定接转下一年度,明年接着执行,都不发生什么违约责任。甚至甲企业订的设备,运到当地,主管机关大笔一挥,这个设备就运到了另一个企业。这就说明,它是计划经济。计划经济就是靠隶属关系、行政手段、指令性计划,当然,还有其他的手段,如票证。因此在单一的公有制基础之上,只可能实行计划经济,不可能搞市场经济。苏联也讲过发展商品货币关系,也在国营企业之间订立合同,但这种合同发生纠纷并不由法院裁决,而是专门设立一个公断处,由公断处解决国有企业之间的合同纠纷,所谓违反合同的责任,相当于国家左边口袋里的钱掏出来塞在右边口袋里。

现在回过头来看,单一的公有制经济和市场经济是矛盾的;反之，私营经济也是和计划经济矛盾的。这是两对矛盾。现在讲改革开放，如果不解决这两个矛盾，我们的改革开放在 20 世纪 80 年代后期就要停下来。为什么这样说？东欧一些国家搞改革开放也很早，如捷克斯洛伐克、匈牙利、南斯拉夫，它们改革初期，也是蓬勃发展，取得显著成就，为什么后来都不行了呢，都倒退回去了呢？就是这两对矛盾决定的，也就是“姓社、姓资”的问题。因此我们在 20 世纪 80 年代后期，总议论“姓社、姓资”，改革开放的目标不定，如果不解决，解决不好，要么停下来，倒退回去，要么就彻底私有化。我们采取的办法，是将原来的计划经济体制，改为社会主义市场经济，舆论界也不再纠缠“姓社、姓资”的问题，及时统一了党和国家的指导思想，实行社会主义市场经济。这就为我们的改革开放提供了广阔的空间，特别是为私营经济的发展提供了广阔的空间，主动把“笼子”打破了。这就带来了 20 世纪 90 年代中国经济的大发展。不用说国有经济也有所发展，但比较起来，私营经济成分的发展要大得多，发挥了很大的作用。

法学界也解决了一个困难。如果你出国访问，外国人老问你，社会主义和商品经济怎么能够协调？当时的提法是社会主义商品经济，是在正式承认市场经济之前的一个策略性的概念。用来说服我们自己可以，可外国人不接受。什么叫社会主义的商品经济，商品经济就是市场经济，那市场经济和社会主义怎么能够协调呢？他们认为一定协调不了。因为他们理解的社会主义必然是公有制经济基础上的计划经济，公有制经济和市场经济必然是矛盾的。公有制的各个生产单位是一家人，都是国家的分支机构，苏联经济法学派的著作当中讲得非常清楚，说国有企业是国家的“经济机关”，这是由公有制经济决定的，而“经济机关”是国家的一部分，是行政机关的一部分，是国家主管机关的一个环节，它们之间怎么会有市场交易？这与马克思讲的市场交易必须是两个私有者,自己决定交换自己的产品,是完全不同的,这就是一个矛盾,这就是外国的教授不理解的原因。人家是从马克思主义的基本原理出发提出问题,是从本质上的,我们的回答说服不了别人。我们说社会主义有多种形式,就像资本主义一样,美国的资本主义和日本的资本主义也不一样,我们的社会主义和苏联的也不一样。当时我们只能这样讲。现在《宪法》修改确定了社会主义市场经济以后,这个疑问就解决了。市场经济体制确立以后,别人也不再问我们了。社会主义市场经济,我们并没有说单一的公有制,这个市场经济的前提是一部分的私有制,一部分的公有制。私营企业之间不用说,就是私营企业与国有企业之间的交换,也属于两个私有者之间的交换;这种情形,就是两个国有企业之间,也只好按照两个私有者之间的交换来处理。这就为发展真正的市场经济提供了基础。总之,20 世纪 90 年代中国经济的大发展与《宪法》的这一修改关系非常密切。

经过 20 世纪 90 年代经济的大发展,到 20 世纪 90 年代后期,1999 年《宪法》又有了一次修改。就是解决 1993 年的修改所没有解决的问题。1993 年的修改,对于私营经济是“公有制经济的补充”的提法没有改变。由于中国的市场经济在 20 世纪 90 年代取得了很大的成效,取得了很大发展,这样的发展,是社会中每一个成员都感受到的,因此,纠缠于“姓社、姓资”的人就越来越少,一边享受着市场经济的利益,一边大讲“姓社、姓资”问题,这就不合适。这时思想界已经趋向一致,因此要求在《宪法》上作进一步的修改,1999 年 3 月 15 日九届全国人大对《宪法》第 11 条的修正如下:

1988 年修改后的条文是三款:

在法律规定范围内的城乡劳动者个体经济,是社会主义公有制经济的补充。国家保护个体经济的合法的权利和利益。

国家通过行政管理，指导、帮助和监督个体经济。

国家允许私营经济在法律规定的范围内存在和发展。私营经济是社会主义公有制经济的补充。国家保护私营经济的合法的权利和利益，对私营经济实行引导、监督和管理。

1999 年修改后的条文变成了两款：

在法律规定范围内的个体经济、私营经济等非公有制经济，是社会主义市场经济的重要组成部分。

国家保护个体经济、私营经济的合法的权利和利益。国家对个体经济、私营经济实行引导、监督和管理。

本次修正的内容将原条文对个体经济（第 1 款、第 2 款）和私营经济（第 3 款）的分别规定，合并为两款；特别注意，并列起来还不够，又加了一个“等”，将个体经济和私营经济并列，并且增加了“非公有制经济”的概括性概念。“非公有制经济”的概念反映了中国人的智慧，试想一下，假如《宪法》规定“个体经济、私营经济等私有制经济”，恐怕社会上又来一场“姓社、姓资”的争论。

不管怎么说，“非公有制经济”概念的提出有极其重大的意义。首先在社会生活中，它是私营企业发展的结果，过去我们说雇工 8 人就是私营经济，到 20 世纪 90 年代后期，已经出现大规模的私营企业，雇佣成千上万的雇工的企业比比皆是，并且还有私营经济的上市公司。有限责任公司、股份有限公司，还有外资企业，等等。私有制经济的经济形式，不仅仅是个体户、私营企业，它存在多种形式，有外资企业、中外合资企业、合伙企业，企业之间还有合伙联营、有限责任形式的企业、股份制的企业等。例如,“三来一补”,很难叫一个名字,但它绝不是公有制经济形式。总之,类别很多,如果《宪法》上采取列举的形式,一是不好看,二是列举不全,遗漏了一个经济形式怎么办呢?它没有法律地位,如何登记呢?社会上怎么看待呢?所以需要有一上位的抽象概念。

我们国家过去是单一公有制,公与私是相对的范畴,非公即私,非私即公。我们讲公法与私法也是这样的。近年来有人提出第三种,既不是公法,又不是私法,如社会法,但实际上还是在公、私两个概念之上的,这样一种形式,既有公的特点,又有私的特点,是一个交叉。按理说,公有制经济之外的,统统属于私有制经济形式,《宪法》第11条应该规定一个“私有制经济”概念。但刚才说过,如果来一个私有制经济,会不会在舆论界又导致一些争论、一些疑问,会不会在国内外又来个中国是不是变色了、私有化了等讨论。中国改革开放以来,对私有化一直持很谨慎的态度,为了避免引起不必要的争论、引起思想混乱,这就产生了一个“非公有制经济”的概念。

什么叫非公有制经济呢?“非公有制经济”的概念,要从方法论上说,是不科学的,因为方法论上讲概念必须是肯定的,概念只能说“是什么”,不能说“不是什么”。严格地说,非公有制经济这个概念在方法论上、科学性上是有缺陷的,它站不住。但是,从社会学上来说,从国家的政策、政治方面说,我还是要肯定这个概念,它表明了中国人的智慧,就像邓小平说“摸着石头过河”,不是那种非此即彼、非常明确的思想,反而比明确的概念好。假设他在改革开放初期就说,我们要搞市场经济,要鼓励一部分人先富起来,将会是一种什么情景?当时不是还在讲“两个凡是”吗?当然,当时也还不可能认识到要搞市场经济。因此说在某个特定历史条件下,需要大智慧,《宪法》现在规定“非公有制经济”,不是轻率的。这样一修改,就把“补充”给取消了。非公有制经济当然就不是什么“公有制经济的补充”了，它根本就不是谁的补充，它本来就是市场经济的组成部分。既然市场经济的本质是私有者的交换，所以私有经济是市场经济的题中应有之义，是最自然不过的，只有在私有经济之上，才有真正的市场经济。中国的特色也就出来了。中国的特色在什么地方？既有公有制经济，也有非公有制经济，然后就在公有制经济、非公有制经济两种经济形态上搞市场经济。这一点意义就非常重大。中国特色的社会主义，就是社会主义市场经济。为什么叫社会主义市场经济呢？因为是建立在公有制经济、非公有制经济两种经济成分之上的市场经济。可见这次《宪法》修正，在个体经济、私营经济后面加上“等非公有制经济”，并且规定，非公有制经济是社会主义市场经济的重要组成部分，有极重大的意义。

我们和西方的市场经济不一样，除非公有制经济外，我们还有公有制经济，是两种经济之上的市场经济，不是单一的私有制经济之上的市场经济；我们和传统的社会主义也不一样，我们搞的是真正的市场经济。改革开放刚开始时，我们是不得已的，摸着石头过河。邓小平同志说“不管白猫黑猫，会捉老鼠就是好猫”，当时我们说这是典型的实用主义的哲学，那是不得已，没有理论，研究不了，过去的经验、过去的理论解决不了，过去的经济思想、经济观念、经济政策都已经走到绝境，那时没有理论来指导，只好来一个实用主义。这反映了当时的不得已，说穿了就是危机对策。慢慢地，我们一步一步地走了20年，回顾这20年，当初我们想的是开放个体户就行，后来个体企业、私营企业也出来了，再后来其他的非公有制企业也出来了，慢慢有了理性认识。从感性认识上升到理性认识，这就是我们的社会主义的市场经济。因此，这次修改《宪法》就明确规定，非公有制经济是社会主义市场经济的重要组成部分，这一点，从法律上来看,决定了非公有制经济和公有制经济是平起平坐的,为什么不叫补充呢?补充就不是平起平坐,就有主从,公有制经济是主,私有经济是从,有主次之分。现在《宪法》规定,非公有制经济是社会主义市场经济的"重要组成部分",虽然没有说非公有制经济和公有制经济平等、平起平坐等,但是从法律上来看,那是理所当然的。所以,非公有制经济获得了和公有制经济平等的法律地位。《宪法》上规定了非公有制经济的平等的法律地位,为中国经济在21世纪的进一步发展奠定了基础。

进入21世纪,我们看到,私营经济及整个国民经济有了非常大的发展。2003年的政协会上一个经济学家建议取消农业税,这次就真的把农业税取消了。这表明我们的经济已经足够强大。我们回想一下,中国经济自20世纪90年代的大发展和进入21世纪的大发展,靠的是什么?并不是说不靠国有经济,我们发展得好的国有企业也有。但是想一下,东北老工业基地的经济怎么样呢?它们一个省的经济不抵南方一个市。在广东的深圳和东莞,在浙江的温州,几乎全是私营企业,所以私营经济为中国经济发展带来了巨大的活力。下面介绍2004年《宪法》的修改。

原条文是:

> 在法律规定范围内的个体经济、私营经济等非公有制经济,是社会主义市场经济的重要组成部分。
>
> 国家保护个体经济、私营经济的合法的权利和利益。国家对个体经济、私营经济实行引导、监督和管理。

2004年3月14日的《宪法修正案》修改为:

> 在法律规定范围内的个体经济、私营经济等非公有制经济，是社会主义市场经济的重要组成部分。
>
> 国家保护个体经济、私营经济等非公有制经济的合法的权利和利益。国家鼓励、支持和引导非公有制经济的发展，并对非公有制经济依法实行监督和管理。

这次修正的内容：第1款未作任何改动，只是修改了第2款。第一句：国家保护个体经济、私营经济的合法的权利和利益。修改为：国家保护个体经济、私营经济等非公有制经济的合法的权利和利益。第二句：国家对个体经济、私营经济实行引导、监督和管理。修改为：国家鼓励、支持和引导非公有制经济的发展，并对非公有制经济依法实行监督和管理。第二句中的“鼓励、支持”是新加的，过去的第2款中只有引导、监督、管理。国家鼓励、支持非公有制经济的发展，这就把我们在21世纪的经济方针规定下来，改革开放的重点也就体现出来了。对非公有制经济的监督管理还是必要的，原来就有监督管理的规定，这里加了“依法实行”。这次政府工作报告中说，我们的政府要全面推行依法行政，与这个目标一致的，特别表现在对非公有制经济的监督管理要依法。在现实的生活中，我们在这个方面做得很不够，对非公有制经济的监督管理或过严过苛，或没有依法进行，随意性很强，前后不一致，各地不一致，等等，不符合法治的要求。这次的修改有三个要点：一是保护非公有制经济的合法权利和利益；二是鼓励、支持和引导非公有制经济的发展；三是对非公有制经济的监督管理要依法进行。

这次修改反映了现实的要求，有其必要性。进入21世纪以后，中国经济获得巨大发展，在这里举几个例子，这是中国工商联主席在政协大会上发言中的数字，2002年非公有制经济已经占到国民生产总值的1/3,特别是在一般性竞争领域(指除了国家垄断性的领域以外的领域),非公有制经济已经超过70%(这个比例已经是很大了);截至2002年年底,个体、私营企业注册资本总额已达2.85万亿元(这是一个巨大的数字);2002年个体、私营企业新增注册资本金6900亿元,比当年实际使用外资金额多2600亿元;个体、私营企业上缴税金,已占全部税收的43%;在地方经济和县域经济中,经济发展和税收,主要依靠非公有制经济。特别值得指出的是,非公有制经济,已经成为就业的主渠道,据劳动部2002年对66个城市的调查,国有企业下岗人员中的65%,是在非公有制经济中实现再就业。这样一看,非公有制经济在我国经济社会发展中,占据了极重要的地位,发挥了非常重大的作用。可以看出非公有制经济的发展是关系到经济腾飞的战略性的问题,不是补充,是带有战略性的意义。这个战略已经在党的文件中表示出来了,十六届三中全会《中共中央关于完善社会主义市场经济体制若干问题的决定》充分肯定"个体、私营等非公有制经济是促进我国社会生产力发展的重要力量",明确提出"大力发展和积极引导非公有制经济"的方针。2004年3月4日,胡锦涛同志在政协民建、工商联联组会上强调指出:"大力发展和积极引导非公有制经济,是党和政府坚定不移的方针。""坚定不移的方针",当然是一个战略性的方针。

20世纪90年代以来,非公有制经济有非常大的发展,但也确实存在问题。1999年《宪法》已经规定个体经济、私营经济等非公有制经济,是社会主义市场经济的重要组成部分,但是,并没有给非公有制经济同等的保护,在现实生活中,限制阻碍非公有制经济发展的情况比比皆是,存在很多问题,影响非公有制经济的大力发展。例如,在企业设立登记、税负、取得贷款、企业上市等方面,存在不平等待遇。20世纪80年代就发生"挂靠"现象,明明是私有经济,却挂靠在集体经济或国有经济上面，因“挂靠”又诱发侵占非公有制企业财产的严重问题。当初挂靠时，没有想到会发展得那么快，只是收一定的管理费，用一下名字，但是有的企业发展壮大后，其挂靠的集体企业领导人动了歪念头，下一个命令就把厂长、经理等给免了，另派国家干部担任。因为你登记的是国有企业或集体企业，所以要追究你的责任容易得很。一些地方存在的地下钱庄、高利贷、非法集资等社会问题，与私营企业难以取得国有银行的贷款有关。一些老板的企业发展到一定程度后，不再扩大再生产，而是把资金抽回来，想办法转移到外国银行去，也有的大肆挥霍，这也与当时的法律没有给私营经济提供法律保障的框架有关，企业主担忧自己的前途，会不会像没收官僚资本一样没收他们，因而心存疑虑。

在 1999 年修改的《宪法》第 11 条第 1 款，明确规定个体经济、私营经济等非公有制经济，是社会主义市场经济的重要组成部分之后，国家制定了一系列促进非公有制经济发展的政策措施，使非公有制经济在进入 21 世纪以来获得长足的发展。并且，非公有制经济的进一步发展，事关中国经济社会发展和小康目标的实现，具有战略性的意义。因此要求进一步修改，明确规定对非公有制经济的法律保护。这与改革开放以来我们法治的不够完善有关，由于中国采取的是渐进式改革，不是剧变式的，发展非公有制经济，不是依靠完善的法律法规作为根据，而主要是以政策手段作为根据。政策手段，如“红头文件”，在法律上的效力很低。政策手段与法律手段相比，具有灵活性，但是效力不够，没有长久的、统一的效力。上面的政策，要通过下面的领导的理解，在执行中是可能走调的，同样的政策，往往在不同地方执行不一样。法律框架没有建立起来，光靠政策手段，人们没有长远的信心，对将来的命运预测不够，不能彻底消除他们心中的疑虑。因此，他们将其资金转移到外国的银行，或用于挥霍浪费。私营企业主疑虑的产生,来源于改革开放的渐进式,来源于主要靠政策手段而不是法律调整,来源于没有一个完善的社会主义市场经济法律体系,特别是没有制定完善的、科学的、进步的民法典。

当然话又说回来,我们不可能在20世纪80年代初就制定一部这样的民法典,当时民法典的制定之所以要暂停,就是因为社会在急剧变化之中,法律理论还是苏联那一套,还是单一公有制,如果真制定了民法典,也很快就过时了。说明我们改革的道路有不可避免的因素在里面。到现在党和政府既然决定了大力发展非公有制经济的战略方针,要落实这一战略,单靠政策是不够的,必须完善我们的法律体系。因此,这次《宪法》修正,给非公有制经济与公有制经济平等保护,为清理、完善各方面的法律制度奠定了基础。行政法、工商登记、金融、证券法、民商法等都要贯彻平等保护的这一方针和精神。现在我们的当务之急,就是要使修改后的《宪法》第11条具体化,要按照《宪法》第11条的规定,清理现行法律法规及部门规章和地方规章,剔除一切不平等对待的内容,贯彻对公有制经济和非公有制经济一视同仁、平等对待、平等保护的原则,并在这一《宪法》规定的基础上尽快制定体现这一平等保护精神的物权法。

第二部分　《宪法修正案》对私有财产权的保护

现在讲对《宪法》第13条的修正。1982年《宪法》第13条原文只有两款:第1款规定对公民的财产所有权的保护;第2款规定对公民的继承权的保护。2004年修改为三款:第1款规定私有财产不受侵犯;第2款规定保护公民的私有财产权和继承权;第3款规定征收和征用。

下面讲第13条第1款关于私有财产的保护的规定。对私营经济保护和私有财产的保护是不同的。非公有制经济或私营经济是经济成分，这个经济成分体现在经济形式上，就是企业。对私营企业的保护是多方面的，在设立登记、税负、管理等方面要求平等对待，着重点在经济形式上，第11条规定保护非公有制经济的合法的权利和利益，所讲的保护是广义的。第13条规定对私有财产或私有财产权的保护，是从民法意义上讲的，是狭义的，着重于现实的财产，包括动产、不动产、债权、股权、担保权、知识产权，等等。企业主、老板们最大的疑虑就在于，他们所赚的钱、所买的房等能否长久归其所有，传之久远，不受剥夺，所以《宪法》规定对私有财产的保护非常重要。

先讲《宪法》第13条第1款，1982年原条文：

> 国家保护公民的合法的收入、储蓄、房屋和其他合法财产的所有权。

这个条文的重点是保护公民的合法所有权，这个财产所有权采取了列举性的规定，这里没有包括生产资料，着重讲的就是生活资料。1982年《宪法》所讲的收入，如教授的工资、国有企业工人的工资、农村承包户的收成、个体户的经营所得，还没有想到炒股票、炒期货、炒房地产的所得，没有想到投资所得股息、红利。这个房屋，那时还是公房制度，国家干部、工人、教师都是住公房，没有自己的房屋；只有农民有房，少数居民有房。当时没有生产资料的地位，没有商品房开发，也没有知识产权，一切发明属于国家，写个文章也没有著作权。我记得社科院的好些研究所，研究人员发表文章的稿费，所里还要提成。当时完全是旧的体制，因此《宪法》规定保护公民的合法财产的所有权。为什么叫合法财产的所有权？因为还想不到其他的权利,那时并没有知识产权。为什么不叫私有财产?因为我们已经消灭了私有制。这次《宪法》的修改,完全是“脱胎换骨”,改为:公民的合法的私有财产不受侵犯。

这就抛弃了原来的思路和框架。这个私有财产,既包括生产资料,也包括生活资料。包括你的金钱货币、储蓄存款、股票债券、保险权益、房屋、汽车、电器、知识产权,等等。如果你是企业主,还包括你的厂房、设备、土地使用权、担保权、专利权、商标权、企业名称、商誉、投资权益,等等。私有财产,这是一个概括性的概念,包括一个公民所有的一切具有财产价值的权利和利益。条文说合法的私有财产不受侵犯,不要“合法”这个限制行不行呢?也是可以的。因为法律只能保护合法财产,法律上保护的权利和利益是以合法为前提的。我们说公有财产神圣不可侵犯,公有财产前面为什么不加合法呢?这牵扯到思维的惯性,不值得计较,也没有什么关系。公有财产也当然有个合法不合法的问题,只有合法的公有财产,才受法律保护。“合法的私有财产”前面还加了一个“公民的”限制。全国人大常委会召开专家讨论会时,有学者建议将“公民的”三个字删掉,在我国境内还有外国人,即外国公民,还有无国籍人,他们的财产怎么保护呢?本条虽然没有说到外国人、无国籍人,依据法理,《宪法》关于公民私有财产保护的规定,适用于在中华人民共和国领域内的外国人、无国籍人,除非法律另有规定。

这里要谈到我们的物权法立法研究课题组 1995 年发表的《制定中国物权法的基本思路》一文,其中提出一个制定物权法的基本思想、财产权保护的基本原则,叫“合法财产一体保护”,就是不区分生产资料所有制,不管国家的、集体的,还是私人的财产,只要是合法的就同等对待、一体保护。这次修改《宪法》的讨论中,有的学者也提出过这个思想,建议将《宪法》第 12 条第 1 款规定的“社会主义的公共财产神圣不可侵犯”删去，换成“合法财产一体保护”。当时好多人提出这个意见。社会主义的公共财产神圣不可侵犯原则，是原来的单一公有制和计划经济体制的反映，现在我们的经济体制已经改变，我们已经不是单一公有制，而是公有制经济和非公有制经济并存，你只说公有财产神圣不可侵犯，那私有财产怎么办呢？是不是可以任意侵犯呢？因此建议改为合法财产一体保护。2003 年 9 月 12 日委员长主持的专家讨论会上，还有同志提出这个建议，“神圣不可侵犯”是宗教语言，建议至少把“神圣”两个字删掉。学者的考虑和政治家的考虑有差别，在讨论会上好几位同志讲到这个条文，委员长就作了一个讲话，说《宪法》原有条文尽量不要改，同志们的意见不是没有道理，如果把“社会主义公共财产神圣不可侵犯”这一条删掉，哪怕只是把“神圣”两个字删掉，在国内外新闻媒体、思想界又会引起种种猜测、议论，中国是不是要实行私有化？就像过去纠缠“姓社、姓资”一样。这从政治家角度来说是有道理的。

基于这样的考虑，这次《宪法》修正，第 12 条第 1 款“社会主义的公共财产神圣不可侵犯”的条文原封不动，另在第 13 条第 1 款规定“公民的合法的私有财产不受侵犯”。形成两个条文的并列。我个人认为，就这样吧，这样也不会有什么害处，不管怎么说，其重大意义在于把私有财产和公有财产的平等保护规定下来，一个神圣不可侵犯，一个不受侵犯，意义是一样的，拿我们民法上的专业术语说就是财产权的“不可侵性”。我们的教科书讲“物权的绝对性”，就是讲物权的“不可侵性”。我们讲近代民法的三大原则：第一个叫物权的不可侵性，或者物权的绝对性，或者所有权的不可侵性；第二个叫合同自由，或者意思自治；第三个叫自己责任，或者过错责任，合称民法三大基本原则。这里写“不受侵犯”，表明这个财产权的不可侵性、绝对性。虽然分开来规定，一个公有财产，一个私有财产，但不影响其意义,体现了宪法对公有财产、私有财产的平等保护的基本原则和基本思想。这是符合“非公有制经济、公有制经济都是社会主义市场经济的重要组成部分”的规定的。

也有学者建议将第 12 条关于公共财产神圣不可侵犯的规定,改为私有财产神圣不可侵犯的规定。持这种意见的,有法律学者,也有经济学者。我们这个课题组没有采纳这个意见。因为我们社会中不仅有私有财产,还有大量的公有财产,公有制经济还是我们的重要组成部分。我们社科院新闻所的一位教授说,私有财产神圣不可侵犯完全是错误的,如发达国家就不规定私有财产神圣不可侵犯。的确,即使在西方国家,私有财产神圣不可侵犯也是在观念上讲的,法律上很少这样规定。从法律上说,任何财产都不是神圣不可侵犯的,都有法律规定范围的限制,在必要的时候还会受剥夺,既没有神圣,也没有绝对。所以我们没有建议规定私有财产神圣不可侵犯,从理论上说不可取,体现了特殊保护,与经济体制和经济生活不符。理解这次《宪法》修正所规定财产权保护的基本思想,一定要把第 13 条第 1 款和第 12 条第 1 款联系起来,这两个条文共同表述了中国《宪法》关于财产权保护的基本思想和基本原则,就是公有财产、私有财产同等保护。

社会主义公共财产神圣不可侵犯,是苏联法学家提出来的,它是以单一公有制和计划经济为基础的,在民法上叫公有财产特殊保护原则。这不仅是一个原则,它有具体的措施,有三个具体的推定制度:第一个是如某项财产归属不明,则推定为国家所有;第二个是某项财产有争议,争议的各方都不能够提出充分的证据证明属于自己所有,则推定为国家所有;第三个是公有财产不适用时效,包括不适用诉讼时效和取得时效。这在我们的一些学者的建议中限定为“国家财产不适用时效”,进一步地再限定为没有交给企业经营的国家财产不适用时效。2002 年提交全国人大常委会审议的民法典草案的物权法编,采折中的立场,既没有规定合法财产一体保护原则,也没有规定公有财产神圣不可侵犯原则。而是分别规定国家所有权、集体所有权、私人所有权,即保留了按照生产资料所有制划分财产所有权的传统做法。我们的物权法草案建议稿放弃了依照生产资料所有制划分财产所有权的传统做法,贯彻合法财产一体保护的基本思想。官方物权法草案保留了按照不同生产资料所有制区分所有权的传统做法,分别设章规定国家所有权、集体所有权及私人所有权,但是没有规定特殊保护的推定制度,也没有规定国家财产神圣不可侵犯。因此,我评论说是前进了半步。

2003 年 4 月在云南丽江召开了一个中国民法典立法问题的国际学术讨论会,从发表在中国民商法律网上的《会议纪要》可以看到,会议参加者就是否赞成物权法草案按照生产资料所有制划分财产所有权的做法,形成两种意见。一种意见认为,按照所有制划分并没有什么不好,赞同官方的物权法草案,称为“三分法”。为什么实行“三分法”呢？因为现实就是这样,我们是社会主义国家,公有制还是占主要的;按照所有制划分财产权,并不等于对国家财产特殊保护,草案不是没有规定“国家财产神圣不可侵犯”吗？怎么能够说按照所有制划分,就一定会导致对私有财产的不平等保护呢？另一种意见认为,应该抛弃按照所有制划分财产权的传统做法,贯彻“合法财产一体保护”原则,不管什么所有制的财产,适用同一规则,同样保护,称为“一元论”。

这种争论有没有意义呢？在我看来意义很大。因为,区分为三种所有权,虽然没有规定特殊保护,从逻辑上、结果上说,“区分”必定意味着“区别对待”,“区别对待”必定是“不平等对待”,这是由人们思维习惯和社会经验所证明的。你看,改革开放前考大学,一定要填家庭出身,按照“家庭出身”对考生进行区分,是因为好多专业只招工农革干家庭出身的考生。我们的招工登记表、干部登记表一定要填家庭出身,是因为好多职位根本不能任用剥削阶级家庭出身的人。所有这些经验说明,区分的结果一定是不平等对待。对待财产权也是这样,如果区分仍然在,会影响我们干部、领导、公务员、法官,他们在计划经济时期形成的思维定式、思维习惯难以消除,这就是对国家财产的特殊保护。我们制定物权法的时候一定要和宪法协调,就规定财产归属关系的基本规则,不管生产资料所有制,就像合同法一样,只规定市场交易的基本规则,而不区分当事人的所有制,不管是国有企业签订合同,还是私营企业签订合同,都适用同样的规则。所以说,这个争论不是书生意气,而是有其实际意义的。

第三部分 《宪法修正案》对私有财产继承权的保护

1982 年原条文:

> 国家依照法律规定保护公民的私有财产的继承权。

2004 年修改后条文:

> 国家依照法律规定保护公民的私有财产权和继承权。

第 13 条第 2 款原来的规定是:国家依照法律规定保护公民的私有财产的继承权。这个私有财产是有限制的,是公民的私有财产,就是《宪法》第 15 条所说的,公民的合法收入、储蓄、住房等,原文的保护对象只是“继承权”。当然是对私有财产的继承权,因为对公有财产没有继承权问题。虽然在国际公法上有国家继承,涉及国家财产的继承问题,但是在民法上,只是私有财产的继承问题,并且是公民的继承权,因为法人不发生继承问题。因此,原文规定国家依照法律规定保护公民的私有财产的继承权。

2004年修改后的条文是：国家依照法律规定保护公民的私有财产权和继承权。在原文上只增加了两个字，在私有财产后面增加一个“权”字，这样一来，就把原来的保护继承权的规定，改为保护两个对象，即保护“私有财产权”和“继承权”；并且在两种权利之间用一个“和”字连接，表明这两种权利是并列的。这样一改，就导致了两个错误：一是与第1款重复，因为第1款规定公民合法的私有财产不受侵犯，其“私有财产”一语，已经涵盖了“私有财产权”。因此，本款规定保护“私有财产权”，是多此一举。前面已经规定，公民的私有财产不受侵犯，什么叫不受侵犯？就是法律保护公民的私有财产。所以，公民的合法的私有财产不受侵犯，和国家依照法律规定保护公民的私有财产权，是一样的意思，差别仅在于“私有财产”的范围比“私有财产权”的范围要宽一点。按照民法，“私有财产”概念，包括“私有财产权”和尚不构成权利的私有财产利益。可见第1款的“私有财产”概念已经完全把“私有财产权”包含了，这就造成了概念重复、逻辑矛盾。如果一个教授讲课，学生问“什么叫私有财产不受侵犯”，教授回答，私有财产不受侵犯就是保护合法私有财产。再问，什么叫私有财产呢？回答说，私有财产就是私有财产权和尚不构成权利的私有财产利益。可见，第1款的规定已经把第2款的私有财产权包括在内了，这是第一个错误。更重要的是，导致第二个错误：将继承权排除在财产权之外。

关于继承权的性质，因继承标的之不同，而有祭祀继承、身份继承与财产继承之分。第一种是祭祀继承。所谓祭祀继承，指以承继祖先祭祀，以延续香火的继承。想一下巴金的《家》《春》《秋》，李家的香火要传下去，怎么传呢，就要找一个延续香火的继承人，这就是作为长房长孙的觉新，由觉新作为继承人，过年、过节祭祖宗的时候，觉新要跪在前面，觉惠、觉民等跪在后面，觉新是祭祀继承人，因此全部家产将归由觉新承继。你看《家》所描写的各房之间的争夺，不就是围绕这个祭祀继承人。这就是中国古代的宗祧继承。第二种是身份继承，我们理解很容易，你看电视剧《雍正王朝》，康熙传位于四子还是传位十四子，就是身份继承，首先解决的是谁来继承皇位，继承了皇帝的身份后所有的财产归其所有。继承被继承人之身份地位，财产附随于身份的继承。中国古代的爵位继承、日本旧时的家族继承、韩国旧时的户主继承，皆其适例。第三种是财产继承，指继承人唯继承被继承人财产上的权利义务。从历史沿革上言之，是由祭祀继承、身份继承，演进成今日单纯的财产继承。现今各国民法上规定的继承，均属于财产继承，与身份有关的权利一律不准继承，继承就是继承财产。因此，继承权，在权利分类中属于财产权。那为什么与其他的财产权利分开来讲呢，是因为继承权与其他的财产权有差别，这个差别就是继承权是将来取得财产的权利，是一种期待权，法定继承人或遗嘱继承人虽然有继承权，但是并未获得现实的权利，其继承权并不能转让，即使你是独子，你的父亲家财万贯，但是在你的父亲死亡之前，你不能得到任何的财产，万一你的父亲到赌场狂赌输个精光，你的继承权也就归于零。只有到你父亲死亡之时，这在法律上叫继承开始，继承权才变成现实的权利。

继承权是财产权，这是法律常识，我们可以从随手可以找到的教科书上得到证明。举几个例子，刘清波所著的《民法概论》写道："继承权者，基于一定身份而发生之权利。继承一旦开始，其继承之标的具有财产上之价值，自不得不谓财产权之一种耳。"（第19页）作者用的是文言，"不得不谓财产权之一种耳"，这是强调对于继承权之属于财产权，不容有任何疑义！学术界之对于继承权属于财产权的一种，是没有争议的，认识是完全一致的。我们还可以举出龙卫球所著的《民法总论》，第123页；马俊驹、余延满所著的《民法原论》(下),第 913 页;黄立所著的《民法总则》,第 72 页;等等。其实,在我国,继承权属于财产权之一种,不仅是法律常识,而且是现行法律规定。《民法通则》* 第 76 条就明文规定:“公民依法享有财产继承权。”该条文规定,继承权就是财产权。可见,《宪法》第 13 条第 2 款的修改,导致了一个错误,这是一个法律常识错误。《宪法》这么重要,怎么就发生继承权是非财产权这样一个常识性错误呢?学生问老师:“你说继承权是财产权,那么《宪法》第 13 条第 2 款怎么解释?”你怎么回答?

我在 2003 年 9 月 12 日全国人大常委会召开的讨论《宪法》修改的座谈会上,在 2004 年 3 月 9 日全国政协社科 31 组讨论宪法修正案草案的小组会上,均指出:第 13 条第 2 款原文“国家依照法律规定保护公民的私有财产的继承权”,修改为“国家依照法律规定保护公民的私有财产权和继承权”,造成“继承权”不属于“财产权”的常识错误和逻辑混乱,建议维持该款原文不变。《宪法》修正,事关重大,至少应该去翻一下民法教科书,查一下民法通则的规定吧!不应该发生这样的常识性错误!

第四部分　《宪法修正案》对征收和征用的规定

接下来我们来看《宪法修正案》对征收和征用的规定。2004 年《宪法修正案》修改后的第 13 条新增第 3 款规定:“国家为了公共利益的需要,可以依照法律规定对公民的私有财产实行征收或者征用并给予补偿。”这是关于征收和征用的规定。征收和征用与前面规

---

* 自 2021 年 1 月 1 日起我国《民法典》施行,原《民法通则》《合同法》《物权法》《侵权责任法》等同时废止。

本书收录了作者不同时期的讲演稿,其中所涉法律有的已废止或已被修改,本书修订时未予更新,以保留讲演原貌。提请读者留意。——编者注

定的公民合法的私有财产不受侵犯是什么关系呢？不受侵犯是基本原则，征收征用是例外规则。前面我已经提到，任何国家都已经没有什么绝对的（财产）神圣不可侵犯，任何国家都有这个例外规则，就是征收和征用。征收征用就是对私有财产的限制。什么叫征收呢？就是国家强制收买个人财产，是一种强制取得，它的特征就在于这个强制上，国家就要你这个东西，但是国家要你这个东西并不是无偿，并不是无偿剥夺，要给予补偿。那么既然要补偿，那为什么你不按照合同法来签订买卖合同呢？这是因为国家出于社会公共利益的需要，在很多情况下没有办法和公民签订买卖合同。如果要和公民按照合同法去签订合同，国家就可能实现不了目的。因为公民是千差万别的，你动员他，我们这里要修一个机场，一个军用机场，他就是不愿卖："我这个土地和房屋是先辈传下来的，我干嘛要卖给你啊。"这就说明，国家需要土地的时候，需要取得公民的财产权的时候，并不总是能顺利地按照合同取得，你要征求他的意见，要他的意思表示，要平等地协商。碰到某一个公民，他就不通情达理，我就是不卖，你就傻眼了。一般的交易好办，商业目的好办，你不卖就不卖呗！但是国家为了军事需要、国防需要、公共交通需要，如要修一个机场，碰到刚好其他人都卖，就中间这一户不卖，你就达不到目的。

其实任何国家都有征收的规定，就是为了社会公共利益的目的，需要取得不动产的，必须强行贯彻国家的意思，不需要你的同意，你必须服从。这是出于重大的正当理由，对公民财产权和意思自治的限制。虽然是强行取得，你必须服从，但仍然是商品交换关系，仍然是民事权利义务关系。因此，征收制度在宪法上规定了之后，要在民法上规定，属于民法制度。既然它是商品交换关系，它就要体现等价有偿原则。虽然不签订合同而强行地取得，但不能单凭某个政府机关的意思进行，必须遵循法律规定的条件。这就是关于征收的三项条件。一是为了公共利益的目的;二是必须严格依照法律规定的程序;三是必须予以公正补偿。为什么要这三个法定条件呢？就是要约束政府的行为。

我们的物权法立法研究课题组 1995 年发表的《制定中国物权法的基本思路》,就提出重构国家征收制度。1999 年完成的《中国物权法草案建议稿》就明确规定了征收制度的三项法定条件,其中第一项就是限于严格的社会公共利益目的。如果严格贯彻社会公共利益目的要件,那么商业用地就要从征收中划出去,应当按照合同法的规定,去与土地所有权人、使用权人平等协商,谈判签约。地方政府批给你一个指标,你可以在什么地区去收买 50 亩地、100 亩地,你去与土地使用权人谈判,讨价还价,按照合同法达成真正的意思表示,那就有效,这样一来也就不需要什么强制拆迁了。达不成协议怎么办,对不起,是你自己的事,你出价低达不成协议怪谁？这有非常重大的意义。

因为“社会公共利益”是有严格界定的,民法上所谓“社会公共利益”,就是指全体社会成员都可以直接享受的利益。机场、公共道路交通、公共卫生、公共图书馆、灾害防治、国防、科学及文化教育事业,以及环境保护、文物古迹及风景名胜区的保护、公共水源及引水排水用地区域的保护、森林保护事业,均属于社会公共利益。“经济开发区”“科技园区”“旧城改造”“商品房开发”统统不是社会公共利益。有人说,经济开发区搞起来了,对经济发展有好处嘛。确实有好处。但这个好处是间接的,企业缴的税多了,可以用于改善城市环境,增加社会福利,但属于间接的利益,不是直接的利益,因此不是社会公共利益。可见这是第一个要件,非常重要。第二个要件是依照法律规定,这是程序,这不用说了。第三个要件就是补偿。2003 年 9 月 12 日那个专家讨论会上,我建议《宪法》要规定给予公正补偿。为什么要公正补偿呢？因为征收归根结底，是商品交换关系，征收制度是民法制度。其唯一特殊之处就在于国家为了社会公共利益强制收买，不经过当事人的同意。特殊只在这一点上。因此应当规定公正补偿。补偿要有一个标准，有了标准，发生争议时，法院就可以依法裁决。“公正”虽然是抽象的概括性的概念，但是还是可以操作的，它给法官一个裁量标准，法官就用是否公正进行判断，大体上与相同地区的市场价差不多就叫公正。在官方的物权法草案上把公正补偿改为“合理补偿”，合理补偿也可以。什么叫合理呢？就是大致差不多公正。在政协社科组讨论宪法修正案的小组会上，有委员建议规定给予“相应补偿”，什么叫“相应补偿”？其实与“公正补偿”“合理补偿”也是意思相近。无论规定“公正补偿”“合理补偿”，或者“相应补偿”，都比现在的规定“给予补偿”好。

因为“给予补偿”解决不了巨大差额的问题。巨大差额存在，即使限制在真正的社会公共利益，也还有问题。有些地方政府领导人为什么热衷于所谓的形象工程，每一个市甚至县都要搞一个很大的广场？每一个县都要搞一个迎宾大道，七八十米宽，两边的花坛非常漂亮。有一个经济上的根源，即它搞这些东西，不花代价。只要征收，很低的补偿价就拿过来了。拿过来了后，搞这些工程还是要发包给企业，最终还是要建筑公司来承建。有些地方政府和地方领导人热衷于搞形象工程，为什么难以制止？就因为没有从民法上着手。

试想一下，我们那些县城，要让它用财政经费、国家预算来买这个地，修这个迎宾大道，修这个大广场，它负担得起吗？所以说，公共工程发包，搞形象工程等，也是滋生腐败的一大“温床”。可见，国家征收条件中的公正补偿，必不可少！改成合理补偿也可以，改成相应补偿也可以，总比规定只给予补偿好。好在确立了补偿标准，有利于铲除滋生腐败的“温床”，规定了补偿标准，有利于实现社会公正。如果补偿没有一个公正、合理的标准，发生纠纷也不好裁决。遗憾的是，我们的《宪法修正案》没有采纳规定补偿标准的建议。现在只能寄希望于物权法，即使按照官方物权法草案规定给予“合理补偿”，也可以接受。

下面我要说征用。征收和征用是既有联系又有区别的两项法律制度。其共同点在于强行性。不需要得到对方的同意，强行地拿过来。但是征收实质是强制收买，它的补偿就是代价，是商品交换关系，应当大体符合等价交换的原则。征收的对象限于不动产，主要是土地所有权和土地使用权。征用是强制使用，它并不取得什么权利，就是强行使用，用后归还，归还不了的要赔偿。征用的对象包括不动产和动产，没有限制，如土地、房屋、汽车、船舶，等等。我们说什么是征用呢？我们解放军唱的《三大纪律八项注意》，用了东西要还，损坏东西要赔，就涉及征用。部队行军，在南方那些比较潮湿的地方，战士在地上睡不行，所以要卸老百姓的门板，要拿晒谷场上的稻草，这就叫征用。部队行军时，副营长率领各连副连长在前面打前站，到了一个镇、一个村以后，找当地干部领路，就一家一户地“号房子”，安排几连几排几班住在张家的房子，几连几排几班住李家的房子，在房门上画个记号，并记在副连长手中的本子上。队伍抵达后，就由副连长分派各排、各班战士住进去。这就叫“号房子”。“号房子”并不征求房主人的同意，房主人不可抗拒，这就是征用。部队离开时，门板要给装上去，谷草要收拾起来放回原地，房屋要收拾干净、恢复原样。部队住一晚上就走，这就是强行使用，从法律上说，就是一个事实行为，不发生权利转移。不能说部队今晚住张家的房子，就取得张家的房屋的使用权，不能说某个战士今晚睡李家的门板，就取得李家门板的使用权，拿王家稻草打地铺，就取得王家稻草的使用权。房子、门板、稻草权利状态不发生变化，我们的部队只是临时强行使用一下而已。这就像我们上公共汽车,占住一个位子,并没有取得什么使用权一样,到站下车走你的路,公共汽车和公共汽车上的座椅,无论所有权还是使用权均属于汽车公司,并不发生任何权利移转。这和征收不一样,征收是要发生权利的移转。为什么要讲这一点呢?因为提交人大的《宪法修正案》的说明,说征收是取得所有权,征用是取得使用权。说征收是取得所有权正确;说征用是取得使用权,就大谬不然!

关于征用,应当特别指出,征收和征用的另一个区别,征收是和平环境的法律制度,征用是紧急状态下的特别措施,这有重大的意义。因为征收是和平环境的法律制度,实行征收就可以从容不迫地履行法律规定的权限、程序和手续。政府制作发布的征收命令属于单方意思表示,必须采用书面形式。国家征收法,将规定征收文件的形式要件。实施征收的时候,当然不是批地的首长去执行,可能是一般公务员或者是取得土地使用权的单位去执行,叫征收执行人。征收执行人要出示征收的书面文件,被征收财产的公民当然要对征收文件进行审查、确认无误,至少要有人民政府的大印、首长签署,就像逮捕人的时候要出示逮捕证一样。没有逮捕证怎么给我戴手铐啊?没有征收文件,怎么能把我的土地拿走?因为是和平环境,完全可以严格按照法律规定权限、程序、手续来执行。如果被征收公民有异议怎么办?他可以申请异议,可采取行政复议的程序或是采取诉讼的程序。不管是采取行政复议或是诉讼程序,都要严格按照法定的三项条件来审查。这是由征收是和平环境下的法律制度所决定的。

反之,在战争环境之下、紧急状态之下,或者抢险、救灾之时,能够从容不迫地履行法定程序吗?虽然征用也是为了社会公共利益,但是不允许履行法定程序,来不及啊!战争环境之下,部队行军的路线、时间属于军事机密，副营长率领副连长进村“号房子”，安排部队住宿，你能够要求副营长事先到地方政府申请领取征用文件吗？战争环境、军事行动，哪能履行这样的程序、手续？副营长“号房子”的时候，战士卸老百姓的门板的时候，拿晒谷场上的稻草的时候，老百姓说，请你出示地方政府的征用文件，行不行？须知这是战争环境、部队调动，哪里有什么征用文件？你看在 1998 年长江流域的大洪水发生时，大堤溃决之后，抢险的部队和老百姓靠石块泥土堵不了决口，见江上远远有条货船，马上就叫人打旗语，然后这货船就乖乖地驶过来，跳上去几个人把船底凿穿沉下去堵决口。要什么程序？要什么权限？在抗洪抢险现场负责组织指挥的人，可能是一个战士，可能是一个班长，可能是一个普通的民工，可能是一个县区机关干部，只要他在那个现场负责组织指挥堵那个大堤决口，他就可以命令把船调过来沉下去。不要任何权限，不要任何程序，根本没有什么征用文件！

征收有三个法定条件，征用只有一个法定条件，征用的法定条件，就是紧急状态。国家或者某个地区进入紧急状态，在此紧急状态之下，就可以实行征用。现在的《宪法修正案》，将征用和征收合并规定在一起就麻烦了。你在拆门板的时候，老百姓完全可以拿出《宪法》第 13 条第 3 款，说：“对不起，请出示征用文件！”这时候怎么办？因为混淆了和平环境下的法律制度和战争环境下的特殊措施，一个要求严格遵循法律程序，一个不可能遵循什么法律程序。因为环境不一样。这就会在适用上造成麻烦。当然，话说回来，县乡干部真的要去卸他的门板，一般人也不敢抗拒。但要真的碰到这样的一个老百姓，有那么一点权利观念，通过普法宣讲，学过《宪法》第 13 条关于征收征用的规定，刚好这个老百姓不怕事，要求你出示征用文件，怎么办？你要号我的房子、卸我的门板、拿我的稻草、拦我的卡车、沉我的货船，对不起，请出示符合《宪法》规定的征用文件！没有征用文件，我就不让你动！

我小的时候看过一个川戏叫《打渔杀家》，说的是阮小七化名肖恩带着女儿驾船打渔，财主管家领着家丁收渔税的故事。管家要收渔税，那个白胡子老头反倒把手一伸对管家说："拿来！"管家说："拿什么？"老头说："皇上的旨意。"管家摇摇头答："无有！"老头又说："户部的公文。"管家还是摇摇头答："无有。"接下去就开打。当时不明白老头为什么要看"皇上的旨意""户部的公文"，现在懂得了，这就是要求法律根据。你要收我的渔税，就是剥夺我的私有财产，你要有法律根据、皇帝的旨意，相当于现在的《宪法》条文，相当于税务总局的征税文件。你拿出征税文件我就缴税，没有征税文件我就不缴，完全是按照法律程序行事。假设我们的公民也这样，你要拦他的卡车、沉他的船、号他的房子、卸他的门板、拿他的稻草，要你出示征用文件，你怎么办？这必然给我们的救灾、抢险、军事行动造成困难。因此，我建议把征收制度规定在《宪法》中，把征用制度规定在紧急状态法中，一定不能像现在这样合并规定。遗憾的是，这个建议没有被采纳，或许被认为是迂腐之见。但你不能不考虑到制度的实施，你没有当过副营长、副连长去"号房子"，你应当唱过《三大纪律八项注意》吧！至少你看过中央电视台播放的长江抗洪抢险的新闻吧！

总之，这次《宪法》的修订有非常重大的意义。特别是关于征收制度的规定，如果严格贯彻执行，将会解决我们社会当中的不公正、不安定现象，会挖掉一个腐败的"温床"，有极重大的意义。当然，要完全严格地贯彻征收的规定，还有很长的路要走，需要我们的党、我们的政府花很大的力气。我的讲座就到这里，谈了一些自己的看法，供大家参考。

社会主义市场经济法制的几个法律观念*

温家宝同志在2004年的政府工作报告中,提出“全面推行依法行政”,在2005年的政府工作报告中提出“着力建设和谐社会”。什么叫和谐社会?政府工作报告谈到,“建设民主法制、公平正义、诚信友爱、充满活力、安定有序、人与自然和谐相处的社会主义和谐社会”。和谐社会当然是法治社会,当然是体现公平正义的社会。民主法治、公平正义,是和谐社会的题中应有之义。温家宝同志在2005年的政府工作报告中还强调,大力加强政风建设。这些提法,都是我们国家历史上从来没有提出过的。不是讲法律制度本身,而是讲一种法律观念。建设社会主义市场经济,不仅要求制定一套完善的反映市场经济本质要求的法律制度,而且要求有进步的法律观念。关于社会主义市场经济的法律制度建设,领导同志都有了解,今天我着重讲市场经济所要求的法律观念。

---

* 2005年4月13日在山东省政府“省长法制讲座”所作讲演的整理稿。听讲座的除省长、副省长外,还有省政府各部门首长。

一、合法财产平等保护的思想:平等观念

平等保护,包括对不同所有制财产的平等保护和对不同财产权人的平等保护。先谈对不同所有制财产的平等保护。《民法通则》* 上专门有一条,即第 73 条第 2 款规定,“国家财产神圣不可侵犯”。这个规定的意思就是说,在不同所有制的财产当中,应当着重保护国家财产、特殊保护国家财产。它的前提是按照生产资料所有制来区分财产,属于全民所有制的财产叫“国家财产”,《民法通则》规定“国家财产神圣不可侵犯”。我们当然就理解为对“国家财产”要着重保护、特殊保护。这样的指导思想,当然是符合改革开放前的单一公有制和计划经济体制的本质和要求的。

在改革开放 20 多年后的今天,如果还坚持这样的指导思想对国家财产特殊保护,则那些集体所有制的财产怎么办呢?私有财产怎么办呢?外资企业、三资企业的财产怎么办呢?可见,《民法通则》第 73 条第 2 款关于“国家财产神圣不可侵犯”的规定,已经与我们的社会生活现实不一致,因为改革开放以来我们已经从计划经济体制转轨到社会主义市场经济体制,我们的社会生活当中存在各种不同所有制形式的财产,我们叫多种所有制,包括私营企业、个体企业、外资企业、三资企业等,就是我们现在的《宪法》上所讲的“非公有制经济”。

所谓“国家财产特殊保护”的指导思想,迄今对我们的法官裁判案件也还有影响。如果案件当事人一方是国有企业或者国家机关,另一方是私营企业或者个体企业,法官怎么办呢?我们过去受“国家财产特殊保护”指导思想的影响,我们的判决就往往有意无

---

* 已于 2021 年 1 月 1 日失效。——编者注

意地偏向国有企业、国家机关一方，这是潜移默化的结果。遇到这样的案件，法官心里面就会想，如果我这个判决下去，是私营经济一方胜诉，是个体经济一方胜诉，国有企业、国家机关败诉，地方党政领导人会不会责备我呢？还有地方人大会不会说我的判决导致国有资产流失？这会对法官造成心理的影响。

而现实中，凡是这类案件判决国有企业、国家机关败诉的，我们看他的上诉状、申诉状当中往往先不说适用法律对不对、事实认定正确不正确，他首先就来一条，说法院的判决导致国有资产严重流失。这就是按照生产资料所有制区分财产所有权的结果，给我们法官施加了影响和压力。因此，在物权法起草过程中就有一个争论，我们的物权法应当采取什么样的指导思想？我们是继续坚持那个"国家财产神圣不可侵犯"呢，还是干脆把按所有制划分的做法抛弃，来一个合法财产平等保护？只要是合法财产，就同样对待、同样保护。但是别的学者不同意，他们说我们还是以公有制为基础的社会主义国家，应当坚持按照所有制划分财产所有权，应当坚持对国家财产的特殊保护。

我们原来的《宪法》上对待财产权保护的原则，是第 12 条第 1 款规定的"社会主义的公共财产神圣不可侵犯"。现今民法学界一致认为，"社会主义的公共财产神圣不可侵犯"原则，是改革开放前的单一公有制和计划经济体制的本质和要求在法律上的反映。从修改前的《宪法》，第 12 条第 1 款"社会主义的公共财产神圣不可侵犯"及第 15 条第 1 款"国家在社会主义公有制基础上实行计划经济……"的规定中，可以看出这两个条文之间的本质联系。可以认为，在改革开放之前，或者在改革开放刚刚开始而改革开放的方向和经济体制改革的目标尚未确定的时候，以"社会主义的公共财产神圣不可侵犯"，作为我国法律保护财产权的基本原则，还是有道理的。但是,在经过20多年的改革,中国的经济体制已经实现转轨,社会主义市场经济体制已经确立的今天,可以断言:“社会主义的公共财产神圣不可侵犯”原则,已经与我国现在的经济生活严重脱节,已经不符合社会主义市场经济的本质和要求。

2004年的《宪法修正案》,在《宪法》第13条中增加了一个第1款“公民合法的私有财产不受侵犯”。一个叫公共财产“神圣不可侵犯”,另一个叫私有财产“不受侵犯”,其含义当然是相同的。由于增加规定了“公民的合法的私有财产不受侵犯”,这就使《宪法》保护财产权的指导思想和基本原则发生了根本性的改变,由原来的“国家财产特殊保护”“公共财产神圣不可侵犯”,变成对公有财产和私有财产的平等保护。不管怎么说,这样两种不同性质的财产在法律上同等对待、平等保护,这就是修改后的《宪法》所规定的财产权保护的指导思想和基本原则。

物权法草案也就放弃了按照所有制划分财产权的做法,不再分章规定国家所有权、集体所有权和私人所有权,而是贯彻了平等保护的思想,这个平等保护的指导思想,对我们法官裁判案件有解放思想的作用。在裁判一方是国有企业、另一方是私人的案件时,我们不再担心如果依法判决私人一方胜诉,地方负责人会不会指责,地方人大会不会指责,说判决造成国有资产流失等。无论是谁,要批评法官的判决,都应当分析事实认定是否正确、法律适用是否正确。可见,这有利于我们法院独立审判,有利于法官公正裁判,抵制对法官裁判的不当干预,当然这样的指导思想也是符合我们的经济生活的。

再谈对不同地方的单位的平等保护。这本来是不成问题的。改革开放,建设民主法制,没有想到会发生这样的问题:某些法院对所在地的当事人给予特殊保护,对外地的当事人不平等保护。这就是所谓地方保护主义。由此引发法院诉讼中的管辖权争议，当事人都千方百计在本地法院打官司，希望得到本地法院的特殊关照和特殊保护。人民法院是统一的，无论在什么地方的法院起诉，应当得到同样的判决。地方保护主义根源在于法院干部、经费来自地方政府。

地方保护主义破坏法制的统一，损害公平正义，破坏经济环境和投资环境。精明的投资者优先考虑的投资地方的条件，不再是税收、政策优惠条件，而是所谓的法制环境：安全和公正，财产安全和人身安全，司法公正和执法公正。有投资人先到该地住一个月，每天看地方新闻，关于抢劫、盗劫、裁判不公、执法违法的报道，有没有，有多少，最后决定是否在当地投资设厂。

二、政府支持法院依法独立行使审判权的思想：法治观念

按照我们的宪法，政府行使行政权，人民法院行使审判权，都对人民代表大会负责。我们的国家领导人讲过，我们不搞三权分立，这当然有道理，我们的现行体制的确与三权分立不同，这就是我们的政府（行政权）、法院（司法权）在人民代表大会的立法权之下，对人民代表大会负责，受人民代表大会的监督；但是，我们的体制在权力的区分上，分别由政府行使行政权、法院行使司法权、人民代表大会行使立法权。其要点是行政权与司法权的区别，政府不能干涉法院行使司法权；反之，政府行使行政权是否适当、合法，要受法院的审查，体现在现行行政诉讼制度中。当然，除行政诉讼之外，法院也不能干涉政府。在这种体制下，如何处理政府与法院的关系，就应当是这样一种法律思想、观念："政府支持法院依法独立行使审判权。"

政府领导人要知道自己的权限，知道行政权与司法权的划分和

归属，不能把法院看作政府的一个部门，政府发文，就不能将法院、检察院和政法部门（如公安部门）并列，如“发：人民法院、公安厅”；应当为“发：公安厅”，另外“抄送：人民法院、人民检察院”。当然，不仅在形式上，要在思想上明确法院与政府的权限划分也有困难，这就是干部级别，通常政府首长比同级人民法院院长级别高，法院人财物归地方，容易使人产生混淆，把法院当作政府的下属部门，把法院法官当作政府下属干部。

无论如何，政府首长要从宪法规定出发，从行政权与司法权的区分出发，认识法院与政府处在同一位阶，不存在隶属关系。政府重要会议，可以邀请法院院长列席参加，就像国务院会议有时请“两院”负责人列席一样。据我了解，有的地方政府，把法院当作自己的下属部门，把法官当作行政干部，遇到什么中心工作，都向法院布置、分配任务，最典型的是分派“招商引资”的任务指标，还有派法官下乡催收税费等。不仅违反宪法，而且损害法院威信，你让法院去招商引资，与企业家拉关系，法院还有公正可言吗？

还有就是平常说的对具体案件的“行政干预”。政府首长关注本地重大的案件审理，是可以的、应当的，对一些社会反响强烈的案件，起一点协调作用，也是应当的。但是，一定要尊重法院司法权，不能作具体指示，告诉法院怎么样判决。案件审理毕竟是专业化的工作，政府首长不是法律专家，即使精通法律的专家也很难听了一方当事人的陈述，就能够作出正确的判断，拿出正确的处理意见。因为当事人总是讲对自己一方有利的材料，不讲对自己不利的事实，容易使政府首长陷于片面性。因此，政府首长的好心也可能导致不好的结果。如果有偏私之心，利用行政权影响司法，当然更是违法的。

我在前面说过，地方政府、地方党政领导关注本地区有重大影响的案件的审理，是完全正当的，做一些必要的沟通，进行必要的协调，可以使这样一些重大案件的判决结果，既符合公平正义，同时也产生好的社会效果。一些重大案件的审理，法院也需要得到地方政府（党委、人大）的支持和理解。

三、公权力的行使要受私权限制的思想：私权观念

滥用行政权力，侵犯公民人身权的违法行为，侵犯公民和法人财产权的违法行为，在社会中是存在的。

对于这些严重损害公民和法人人身权利和财产权利的违法行为，不能说是个别公务员不懂法、个别城市不懂法，一定有深层次的原因，这就是法律观念的问题。

支配我们的领导干部和公务员思想和行为的法律观念，是公法观念、公权观念。公法观念和公权观念，把国家自身当成目的，认为整个社会生活，无论是政治生活还是民事生活，都应当受公权力的支配，政府、行政机关、领导干部、公务员是行政权力的执掌者，他们是管理者，人民是被管理者，人民必须服从他们的管理。而按照私法观念和私权观念，国家本身不是目的，国家存在的目的、国家机关、公务员的职责，是保护人民的私权，为最大多数人民谋利益。这是两种截然不同的法律观念。

我们曾经长期实行单一公有制和计划经济，在这样的经济基础之上不可能自发产生私法观念、私权观念。我们又是从上到下通过公权力推行改革开放，用行政手段推行向市场经济的转轨。加之我们没有也不可能及时制定一部完善的民法典，使我们的社会生活中长期缺乏私法观念和私权观念，造成私权软弱而公权强大，公法观念、公权观念一直占据支配地位，支配着我们的公务员队伍、领导干部的思想和行为。虽然我们制定的好些法律法规，其内容是符合市

场经济的本质和要求的,是符合民主和法治方向的,但由于整个社会在观念层面上还是公法观念、公权观念占据支配地位,不能与我们已经制定的正确的、先进的法律、法规配套,这就造成这些正确的、进步的、规定保护人民人身权利和财产权利的法律、法规得不到实施,或者在实施中完全变了形、走了调!

所谓私权观念,主要指物权观念,即认识到物权是具有“排他性”的财产权。什么叫“排他性”?就是物权具有“排除他人的干涉的效力”。有汽车的同志想一想,你对汽车的权利谁都不能干涉,谁要动你的汽车,如果没有取得你的同意,轻者构成侵权行为,重者构成犯罪行为。为什么?因为你对汽车的权利具有“排他性”。

对“排除他人干涉”,我们通常理解为排除一般人的干涉。实际上从法律上说,物权的“排他性”主要是或者说首先是指“排除国家的干涉”,而不是主要针对一般人。一般人敢动我的汽车,一般人敢砸我的门往我家跑吗?一般人不敢!物权的这个“排他性”着重排除的是“国家的干涉”,首先是警察。

警察代表国家,代表公权力。警察要进入我们的房屋,他当然会有理由,如怀疑里面搞违法行为等,但他能不能一下就闯进去呢?能不能抬腿一脚把我们的房门踢开就往家里闯呢?绝对不行。我们的房屋所有权具有“排他性”,具有“排除他人干涉”的效力,首先就是排除国家的干涉。你警察是国家公务员,你代表国家进去,你必须要通过两个渠道:第一,你请求我同意,我同意你进,打开门,你才能进去;第二,你要想强行进入,必须持有搜查证。你没有搜查证,就不能强行进入,你就只能站在门外说:“我是警察,请你开门。”这个房主一看,你虽然是警察,但你没有搜查证,他不让你进去。你只好回去,找公安局长把搜查证办下来才能强行进入。

实际上,动产、不动产的物权,就是划分公权力与私权利的界限。公权力和私权利的界限在什么地方？就在财产所有权的“排他性”。一家人住在房子里，国家机关的公务员就不能随便往里面闯，那个界限就是物权的“排他性”，你不能进去，你要进去就得征得他的同意，他不同意，你就不能往里闯，否则你就是违法。我们看国外电视剧，警察要进别人的房子，就在门口大声喊“我是警察”，再把搜查证亮出来让对方从窗户、门缝里看见，这时候，这个房主人、所有权人看见外面站的是警察，并且手里拿着搜查证，他就知道这个门非开不可，他要不开，警察就可以强行闯入。从这一点可以看出，物权的排他性非常重要，由于物权具有排除他人的干涉的法律效力，这就划分了公权力和私权利的界限：房屋大门之外，是公权力活动的范围，房屋大门之内是私权利的活动空间，俨然“楚河汉界”，界限清楚。公权力要跨越这个界限，唯有两条：一是所有权人同意；二是持有搜查证。

现在我们国家讲依法行政，温家宝同志 2004 年的政府工作报告讲“全面推行依法行政”。但一讲依法行政，就有个倾向，好像依法行政就是我们多制定一些行政法规、行政规章，使其尽量完善。是不是行政法规尽量完善了就依法行政了？不是。首先要我们的民法完善，物权法完善，才能够真正做到依法行政。为什么这样说呢？因为依法行政首先并不是行政程序的问题，而是公权力的界限划在什么地方的问题。公权力有没有界限？界限何在？靠什么去限制公权力的滥用？要靠公民的私权，靠财产权才能限制它。公民的房子、汽车就是限制公权力，你就不能往里闯，即使交通违章了，你叫公民把驾照交给你是可以的，但你不能把汽车没收。现在制定物权法，其重大意义在于通过物权的定义来教育全国人民，首先是要使我们的国家公务员、国家机关干部、地方党政领导人知道，物权是“排除他人干涉”的权利。认识物权是“排他性”的权利，这就是物权观念、私权观念。要通过物权法向全国人民，首先是向国家机关和全体公务员灌输物权观念、私权观念，使他们知道公权力的界限何在。

只有我们的物权观念深入人心，让大家了解到物权不仅是“直接支配权”，而且是具有“排他性”的权利，这样，我们的国家才能走向法治，我们老百姓的安全，包括人身安全、财产安全、精神安宁才有保障。你说，坐在家里动不动警察就闯进来了，不分青红皂白把你抓起来再说，最后关了很久才搞清楚了是警察不对，把你放了、赔礼道歉，但是造成的损害难以估量。有的人较真说，警察明明看见犯罪分子躲进居民的房屋，难道不可以冲进去抓犯罪分子？例如，警察追捕犯罪分子，犯罪分子跑进居民家里，这个时候警察当然可以冲进去抓捕，不需要征求房主的同意。因为犯罪分子进入居民家中是对房主财产权的侵犯，并威胁房主的人身安全，这时警察冲进去抓捕犯罪分子，是保护房主的人身权、财产权的合法行为，与警察怀疑房主在自己家里看黄碟就冲进去抓捕的违法行为有本质的区别。

我们的公权力的运用，容易出现严重的问题。例如，到处摆摊设点的问题，假如城管干部把人家摊子掀翻，水果撒一地，把人家工具如三轮车等没收，老百姓就想不通。《宪法》上明明写着“公民的合法的私有财产不受侵犯”，为什么要这样做呢？完全是违反《宪法》。如果那个城管人员还说：“我有理由，我们这个市长令第××号规定可以没收。”这就涉及一个问题：市长令是地方政府的规章，这个规章内容要合法，要符合宪法、符合物权法。地方性规章可以规定罚款，不能规定没收财产。物权的“排他性”，是“法律属性”，要通过法律的明文规定并且向整个社会来灌输。不然的话，走向法治就不可能。假如我们的警察动不动往人家家里闯，动不动就没收人家三轮车、摩托车，这些违法行为得不到纠正，就划不清楚违法与不违法的界限,就不能划分明确的公权与私权的界限,我们的依法行政恐怕就会遥遥无期。

最后要特别说明的是,民事权利有多种,唯具有“排他性”的权利才受刑法、侵权法的保护。你看刑法上的盗窃罪、抢夺罪等,都是针对有排他性的权利的。进入他人房子偷东西的,构成盗窃罪;当街抢夺财物的,构成抢夺罪。为什么要构成盗窃罪、抢夺罪?这是因为人家的物权具有“排他性”,具有“排除他人干涉”的效力。唯具有“排除他人干涉”效力的权利,才受刑法的保护,才受侵权法的保护。不具有“排除他人干涉”的效力的权利,如合同上的权利,只能用违约责任去保护它,不能用侵权法去保护它,更不能用刑法去保护它。例如,到时候不交货,你就只能追究违约责任,你不能说构成什么侵权责任。我买50吨钢材交了钱,他迟迟不给我货,我怎么办呢?我只有追究他的违约责任。能不能追究他的侵权责任?不行。当然,更谈不到构成犯罪。

我们司法实践当中,经常涉及“罪与非罪”的界限,而“罪与非罪”的界限,很多时候就在于这个受侵害的权利有没有“排他性”。侵犯具有“排他性”的权利,重的构成犯罪行为,用刑事责任去保护它,轻的构成侵权行为,可以追究侵权责任。侵害不具有“排他性”的权利,只能追究违约责任,不能追究侵权责任,当然就更谈不到追究刑事责任,当然就是“非罪”。

物权的“排他性”,不仅与司法实践中判断“罪与非罪”有关,还与判断证据有关。若干年前美国那个杀害前妻的“辛普森案”,在我们看来真可以说是铁证如山,罪责难逃。为什么法官当庭宣判辛普森不构成犯罪?杀人凶器、血手套等物证都提交法庭,还判决无罪,令人不解。关键在于,杀人凶器和血手套等是从辛普森的住宅中搜出来的,而联邦警察进入辛普森的住宅时没有取得搜查证。法庭查明联邦警察是在没有搜查证的情形,翻墙进入辛普森的住宅搜出凶器和血手套的。因为私人住宅属于不动产物权,具有“排他性”,联邦警察在既没有得到房主同意也没有取得搜查证的情形翻墙进入辛普森的住宅,就构成“违法行为”,而“违法行为”取得的证据属于“非法证据”,当然不具有“证据效力”。说明导致辛普森被宣判无罪的关键,在于不动产所有权的“排他性”效力。

在违法取得的证据不具有证据效力这一点上,我国最高人民法院关于证据的规定,与美国证据法的规定是完全一致的。我们的证据规则同样规定,“违法取得”的证据,不具有证据效力。问题是什么叫“违法取得”?辛普森案告诉我们,即使你是警察,你没有事先取得搜查证进入私人住宅、进入具有排他性的物权效力范围之内所搜出的一切证据,都属于“违法取得”的证据,都是“非法证据”,都不具有证据效力,不能据以认定案件事实。这难道还不能说明物权的“排他性”之重要性吗?

归结起来,所谓私权观念、物权观念在当前具有特别重要的现实意义:第一,政府机关的职责,保护人民的私权、物权。第二,人民的物权是对公权力的限制,公务员,包括政府领导干部,甚至警察,不取得权利人同意,不能进入人民的物权范围,如房屋、企业厂房,强行进入须依法律规定和法律程序。警察进入人民的房屋,必须有搜查证,否则他有权不开门,警察强行进入,构成侵犯财产的违法行为。第三,行政管理和行政执法中,应当严格区分“行为违法”与“财产违法”。

财产违法,指“违禁物”,如武器、毒品,禁止持有。有的财产,禁止交易,不禁止持有,不属于财产违法,如文物,规定为文物的财产,仍然是人民的合法财产,只是禁止其交易,不得剥夺。行为违法,财产也违法,如赌博行为和赌博用具、赌资,走私行为和走私物品。行为违法，财产不违法，如工商局管理市场，是管理交易场所、交易行为，不能侵犯违法行为人的人身，不能没收、毁损他的商品，不能没收他的三轮车；公安局管理交通，查处未取得许可的“黑摩的”，你可以禁止他拉客、给予罚款处罚，不能没收他的摩托车，更不能毁损他的摩托车。

四、严格采用民法手段规范政府民事行为的思想：民法观念

温家宝同志在政府工作报告中强调加强政风建设，建设廉洁政府，大力反腐倡廉。我们山东省政府也提出建设阳光政府的口号，并且已经有了实效。反腐倡廉，建设廉洁政府，一定要找到腐败、不廉洁的根源。导致腐败的、不廉洁的根源，究竟在哪里？这要从政府的性质和政府行为的性质说起。

说到政府的法律性质和政府行为的法律性质，我们当然知道，政府是公权力的执掌者，是公法主体，政府凭借宪法授予的行政权限所实施的行为，属于公法行为、行政行为。这些道理是我们所熟知的，也当然是对的。但是，并不全面，只谈到政府性质和政府行为性质的一个方面。长期被忽视的另一方面是：政府也享有私权，也是民法主体，也是法人，在民法上称为“机关法人”。政府既然是民事主体，就当然要参加市场活动，进行市场交易，实施民事行为。

从新闻媒体的报道看，我们的政府官员的腐败和不廉洁（没有涉及法院、检察院干部），可以分为四种政府行为：第一种是干部任用；第二种是土地出让；第三种是公共工程发包；第四种是政府采购。只是第一种干部任用，属于政府作为公法主体、行使公权力的公法行为。第二种土地出让、第三种公共工程发包和第四种政府采购，都属于政府作为民事主体实施的民事行为。可不可以说，政府官员的腐败和不廉洁，主要根源在政府的民事行为？

政府既然作为民事主体实施民事行为，当然要遵循民法关于法律行为的规定，特别是关于合同的规定，即《合同法》*。按照《合同法》，合同的订立应当遵循合同自由原则，由当事人双方平等协商，就合同的内容达成真实的意思表示，一方要约，一方承诺，合同就成立。特别要注意的是，民法关于政府实施这几种民事行为的合同的订立程序和形式，有特别规定，这就是要求采用“公开竞争的方式”签订合同。这就是拍卖法规定的拍卖方式和招标投标法规定的招标投标方式。这是法律强行性的规定，不是任意性的规定。政府实施的民事行为，违反强制性规定，是无效的。为什么民法要强行规定政府采购、土地出让、公共工程发包必须采用拍卖、招标投标方式订立合同，这是借鉴了发达国家的成功经验，就是有利于根除政府官员的腐败和不廉洁。除根除腐败之外，当然还有很大的经济利益，即为政府节约资金，防止国有资产流失。据说我们山东省在土地出让方面严格采用“公开竞争的方式”，已经取得了成效。

从现在的情形看，哪个地方政府采用民法手段规范政府的民事行为，如严格采用拍卖、招标投标方式签订土地出让合同、政府采购合同、公共工程发包合同，哪个地方的政府官员腐败问题就要少得多，政风就要好得多。反之，如不严格采用民法手段，搞假拍卖、假招标，哪个地方的腐败问题就严重得多，政风就差得多。为什么？你严格采用拍卖、招标投标方式签订合同，企业、商人就没有必要向官员行贿，行贿也不管用。企业、商人以营利为目的，绝对不会做傻事，我们的干部也就不会处于危险境地。这就是所谓的阳光政府、阳光工程。

我们山东省政府已经开始这样做，已经在土地出让行为中采用

---

* 《合同法》已于 2021 年 1 月 1 日失效。——编者注

拍卖和招标投标的订约方式并取得了实效，我们就应当进一步向前推进，对于政府实施的民事行为，包括政府采购、土地出让和公共工程发包，严格执行招标投标，彻底根除产生腐败的根源，一定能够实现建设廉洁政府、效能政府的目的。

第二编

民法典编纂

民法典起草中的几个主要问题*

一、引言

新中国成立后,曾经在20世纪的50年代初和60年代初,两次起草民法典,均因故而中断。现在看来,主要是不具备制定民法典的经济基础。在计划经济体制之下,整个社会经济生活的运作依靠行政手段和指令性计划,没有民法存在和发挥作用的条件。20世纪70年代末,党的十一届三中全会决定改革开放,中国开始发展社会主义市场经济(当时叫社会主义商品经济),民法的地位和作用开始受到重视。1979年11月,在法制委员会之下成立民法起草小组,至1982年5月共起草了四个民法典草案。此后,考虑到经济体制改革刚刚开始,社会生活处在变动之中,一时难以制定一部完善的法典,立法机关决定停止民法典

---

* 2005年1月23日在"国家机关青年干部学术讲座"所作讲演的录音整理稿。所谈到的民法典草案,是指2002年12月全国人大常委会审议的《中华人民共和国民法草案》;所提到的物权法草案,是指2004年10月全国人大常委会进行第二次审议的草案,即《中华人民共和国物权法草案(第二次审议稿)》。

的起草工作，改采先分别制定民事单行法，待条件具备再制定民法典的立法方针。

《民法通则》、《继承法》和1981年的《经济合同法》，就是以第四个草案的相应编章为基础，适当修改后颁布的。后来形成一个以《民法通则》为民事基本法，由《合同法》《担保法》《婚姻法》《继承法》《收养法》，以及《公司法》《票据法》《证券法》《保险法》《海商法》《专利法》《商标法》《著作权法》等民事单行法构成的民事立法体系。* 这一民事立法体系，对改革开放和社会主义市场经济的发展，对建立民事生活的法律秩序，保障人民和企业的合法权益，维护社会公平正义，促进民主法治，发挥了重大的作用。实践证明，当时采取先分别制定民事单行法的立法方针，是正确的，也是成功的。我们现在面临的任务是，怎么样在《民法通则》和各民事单行法的基础上，进一步完善我国民事法律制度，以适应发展社会主义市场经济、发展社会主义民主和建设社会主义法治国家的要求。

二、什么是民法

（一）民法是调整日常生活的法律

民法与我们的生活密切相关。我们早上醒来，先拧开水龙头洗脸刷牙，然后打开煤气灶做早饭。水是自来水公司供应的，煤气是煤气公司供应的，我们与自来水公司、煤气公司之间的关系是由民法调整的。饭后去单位上班，乘电车、公共汽车或者地铁，我们与公交公司、地铁公司之间的关系是由民法调整的。如果坐自己的汽车，则我们与汽车供应商之间的关系、与保险公司之间的关系，也是民法调整的。下班后去商场购物、去餐馆用餐、去保龄球馆打保龄

---

* 《民法通则》《继承法》《合同法》《担保法》《婚姻法》《收养法》已于2021年1月1日失效；《经济合同法》已于1999年10月1日失效。——编者注

球、去理发店理发、去医院看病等,我们与商场、餐馆、保龄球馆、理发店、医院之间的关系也都是由民法调整的。还有我们的家庭生活,夫妻之间的关系、父母子女之间的关系也都是由民法调整的。可见,民法是与每一个人关系最密切的法律。

一个人要生存,总要用自己的劳动(包括智力劳动或者体力劳动)去换取金钱(工资报酬),然后用金钱去换取各种商品(生活资料)和各种服务。这就是我们的经济生活(市场经济)。每一个人,一出生就生活在(父母的)家庭中,成年后也要结婚,要组织(自己的)家庭。这就是我们的家庭生活。因此,一个人总是同时处在经济生活(市场经济)中和家庭生活中。民法就是规定经济生活(市场经济)和家庭生活的行为规则的法律。一个国家有各种法律,当然各种法律都重要,但唯有民法是与每一个人关系最密切的法律,是每一个人不可须臾离开的法律。

(二)民法包括财产法和身份法

民法的内容,可以分为两部分:一是有关经济生活(市场经济)的法律规则,通常称为财产法;二是有关家庭生活的法律规则,通常称为身份法。

在有关经济生活(市场经济)的法律规则,即通常说的财产法当中,首先是市场交易规则,包括购买商品(消费品和生产资料)和接受各种服务的规则,也就是我们所熟知的合同法。所谓合同,就是市场交易的法律形式,合同法就是市场交易规则。合同法所规范的是市场经济中正常的经济关系。此外,还有不正常的经济关系,一个人的人身和财产遭受他人的非法侵害,法律要求由加害人承担赔偿责任,即由加害人向受害人支付一笔损害赔偿金,这就是我们熟知的侵权行为法。

合同法是市场交易规则,侵权行为法是对受害人的救济法,二者虽有不同,但受害人请求加害人支付损害赔偿金的权利与合同当事人请求对方付款、交货的权利相同。要求对方交货、付款、支付工资报酬、支付损害赔偿金或者提供各种服务的权利,叫债权;对方应当按照合同约定或者法律规定(侵权行为等情形)交货、付款、支付工资报酬、支付损害赔偿金或者提供各种服务的义务,叫债务。因此,将合同法与侵权行为法合在一起,称为债法。

你购买一辆汽车,后来发现其质量与说明书、合同约定或者国家规定的质量标准不符,你可以按照合同法的规定要求修理,或者要求退货。如果你有证据证明供应商在销售时隐瞒了某些真实情况或者捏造了虚假的情况,你还可以按照《消费者权益保护法》第49条的规定要求双倍赔偿*,《消费者权益保护法》第49条是合同法的特别法。这属于合同法上的违约责任。

如果你的汽车在行驶中因为某个部件有缺陷导致翻车,造成人身伤害,你可以依据《产品质量法》规定起诉汽车生产商或者供应商,要求支付损害赔偿金和精神损害赔偿金,这属于侵权法上的侵权责任。值得注意的是,有的损害,既可以按照合同法追究违约责任,也可以按照侵权法追究侵权责任。例如,你乘坐的公共汽车发生碰撞事故造成你的人身伤害,你有权选择按照合同法或者侵权法要求赔偿。你如果选择按照合同法要求赔偿,应当以汽车公司为被告。这种情形,汽车公司应当向你支付违约的损害赔偿金,即使事故是由碰撞对方的违章造成的,也应当由汽车公司向你支付赔偿金。你如果选择按照侵权法追究侵权责任,应当以碰撞双方为被告,由双方根据各自对发生碰撞事故的过错比例承担赔偿责任。

侵权法是救济法,目的是解决发生损害后如何填补损害的问

---

* 已被修改。2013年《消费者权益保护法》第55条第1款规定,应当赔偿损失并增加三倍赔偿;增加赔偿的金额不足500元的,为500元。——编者注

题。例如,你的小孩被邻居的狗咬伤,侵权法规定由狗的饲养人承担赔偿责任。你的小孩在学校与同学打架造成伤害,按照侵权法规定,如果学校有过错,学校应当承担赔偿责任;如果学校没有过错,则由该同学的家长承担赔偿责任;考虑到你自己的小孩也有过错,则应当酌情减轻对方的赔偿责任,实际上是由打架的小孩双方的家长分担损害赔偿。

参加市场交易的前提是有财产(商品、金钱)。如果没有财产(商品、金钱),则可以用自己的知识、技术和体力劳动去换取金钱。进行市场交易的结果,通常是获得新的财产,如各种消费品、房屋、汽车、货币等。关于已经存在的财产,谁可以占有、使用、收益、处分,必须要有明确的规则。例如,你的房屋、你的汽车,只有你和你的家人才能使用,其他人要进入你的房屋、使用你的汽车,必须得到你的许可。因为民法关于现存财产的占有、使用、收益、处分有着明确的规则。这就是所有权制度。

你如果采用按揭贷款方式买房,在你的房屋上就设立了银行的担保物权,虽然不影响你和你的家人继续使用房屋,但一旦你到期不能归还银行的借款本金和利息,银行就可以申请法院拍卖你的房屋。这就是担保物权制度。假如你要长期去外地或者国外工作,你现在的房屋将长期空着,你既不想出卖,也不想出租,你可以采用出典的方式,交由他人(典权人)长期使用,由典权人付给你一笔差不多等于卖价的金额(典价),这对双方都有利。将来你从外地或者国外回来,可以退还典价赎回自己的房屋。[①] 这就是用益物权制度。

所有权是权利人对自己的财产的权利,称为"完全物权";抵押权、典权都是权利人对他人的财产的权利,称为"限定物权"。两者都属于人与人之间关于有形财产的归属的权利,因此合称"物权"。

---

① 现行法未规定典权制度。

关于所有权、抵押权、典权等的法律规则，合称物权法。

物权法的内容当然不限于此，还包括：购买房屋、汽车等，从什么时候取得所有权；拾得遗失物应当怎么办；共有人之间的关系；相邻不动产之间的通行、取水、排水、采光及损害如何处理的规则；一栋建筑物有上百套单元房，有上百位房屋所有权人，他们如何行使权利，如何共同管理整栋建筑，如何处理与物业公司的关系等。物权法是（有形）财产关系的基本规则，目的是“定分止争”和促进财产的利用。

再说有关家庭生活的法律规则，首先是结婚、离婚、收养、父母子女关系、亲属关系的法律规则。民法规定结婚的条件、手续，规定夫妻之间的权利和义务，规定父母子女之间的权利义务，规定离婚的条件和手续及离婚时财产的分割和子女的抚养等。民法的这部分内容，称为亲属法或者婚姻家庭法。目的是规定人与人之间的身份关系，因此属于“身份法”。

此外，某个家庭成员去世了，其留下的遗产如何处置？如果没有明确的法律规则，不知要发生多少亲人之间争夺遗产的悲剧！民法规定，如果死者立有遗嘱，应当由遗嘱所指定的人取得遗产，这叫遗嘱继承；如果没有遗嘱，或者虽然立有遗嘱但被确认为无效，则应当由法律所规定的人获得遗产，这叫法定继承。民法关于遗嘱的形式、遗嘱的执行、法定继承人顺序、继承份额、遗产如何分割等，都设有明确规定。民法的这部分内容，称为“继承法”。现代的继承法已经废除了由长子继承死者身份和全部家产的制度，只规定遗产的处置问题，因此属于财产法。

（三）狭义民法与广义民法

债法、物权法、亲属法和继承法，是市场经济和家庭生活基本的法律规则，应当规定在民法典上。另外，还有关于某些特殊市场、特殊关系、特殊领域的规则,可以作为单行法保留在民法典之外,如公司法、票据法、保险法、海商法、证券法、专利法、商标法、著作权法等,称为民事特别法。广义的民法,包括民法典和民事特别法;狭义的民法仅指民法典。

(四)民法属于"私法"

从法学角度看,整个社会生活可以划分为两个领域:民事生活领域和政治生活领域。民事生活领域涵盖了全部经济生活和家庭生活。政治生活领域包括国家的组织、国家的活动即立法、司法、行政以及人民政治权利的行使等。民事生活领域和政治生活领域所应遵循的法律规则是不同的,民法就是民事生活领域的法律规则。法律理论上,把调整政治生活领域的法律规则,包括宪法、刑法、诉讼法、行政法、经济法等,称为"公法";把调整民事生活(包括经济生活和家庭生活)的法律,称为"私法"。因此,民法属于"私法"。

(五)民法实行意思自治

民法是调整民事生活的法律,公法是调整政治生活的法律,它们所遵循的基本原理也不相同。公法所遵循的基本原理叫"国家意志决定",即政治生活领域的一切问题,包括政府机关的设置、国家权力的行使、人民政治权利的赋予和义务的设定,均取决于国家机关的决定。民法所遵循的基本原理叫"意思自治"。所谓意思自治,指经济生活和家庭生活中的一切权利义务关系的设立、变更和消灭,均取决于当事人自己的意思,原则上国家不作干预。只在当事人之间发生纠纷不能通过协商解决时,国家才以仲裁者的身份出面予以裁决。意思自治的实质,就是由平等的当事人通过协商决定相互间的权利义务关系。意思自治这一基本原理,体现在民法的各个部分中。例如,在物权法上叫所有权自由,指所有权人在法律许可范围内可以自由占有、使用、收益和处分其所有物;在继承法上叫遗嘱自由,指个人在生前可以订立遗嘱,决定其身后遗产的归属;在合同法上叫合同自由,指当事人自己决定是否订立合同,与谁订立合同,以什么形式订立合同及决定合同内容。需补充的是,意思自治并非不受限制,在现代市场经济条件下,国家出于对市场宏观调控和保护消费者、劳动者利益及社会公共利益的需要,有必要制定一些特别法规对意思自治予以适度限制。

(六)民法既是行为规则,又是裁判规则

法律规则有行为规则与裁判规则之分。行为规则,指公民和企业活动所应遵循的规则;裁判规则,指法院裁判案件所应遵循的规则。刑法、刑事诉讼法和民事诉讼法,属于裁判规则。例如,《刑法》第 232 条规定,犯故意杀人罪处死刑、无期徒刑或 10 年以上有期徒刑,这不是行为规则,而是裁判规则。民法是为一切民事主体规定的行为规则,无论经济活动(如订立和履行合同),或家庭生活(如结婚、离婚),均应遵循。如不遵守此行为规则,发生民事纠纷,诉请法院裁判时,法院应以民法作为裁判基准。因此,民法兼有行为规则和裁判规则的双重本质。

三、为什么要制定民法典

(一)大陆法系民法与英美法系民法的区别

在大陆法系中,法律的规范性,是成文法的根本特征,成文法靠的是“规范约束”,即立法机关为每一类行为、每一类案型,预先设立一个法律规范,每一个法律规范由“构成要件”、“适用范围”和“法律效果”构成。与此不同,不成文法、判例法,不具有典型的“规范性”,判例法靠的是“先例约束”。“先例约束”,亦即教科书所谓“遵循先例原则”:法官查清案件事实后,须从历史上存在的许许多多判例中寻找“先例”,“先例”即其案件事实与本案事实相同的判例。

如果找到这样一个先例,即按照该“先例”中法官的判决裁判本案。

大陆法系法官裁判案件时,查清案件事实后必须从成文法律中寻找一个法律规范,而本案事实属于该法律规范的适用范围。如果找到这样一个法律规范,即将本案事实与该法律规范的构成要件相对照:如果“本案事实”与“构成要件”相符,即对本案“适用”该法律规范;反之,“本案事实”与“构成要件”不相符,即对本案“不适用”该法律规范。

例如,余秋雨诉肖夏林侵犯名誉权案就涉及民法中关于侵犯名誉权侵权责任的法律规范,其构成要件是:“散布虚假的事实”,并“造成他人社会评价降低”;其法律效果是赔礼道歉、消除影响、支付精神损害赔偿金。法官认为本案被告肖夏林散播余秋雨接受某地方政府一套住宅,虽属于“虚假事实”,但并未因此使原告余秋雨的社会评价降低,因此判决不构成侵犯名誉权的侵权责任。又如,北京法院审理的人造美女案,法官认为被告指称原告是人造美女“并非虚假事实”,再说“人造美女”概念在当今社会并无贬义,当然不会造成原告的社会评价降低,因此判决不构成侵犯名誉权的侵权责任。这些说明大陆法系民法的本质特征在于“规范约束”,用立法机关预先制定的法律规范为法官裁判提供基准,指引和约束法官裁判案件。

(二)制定民法典是法治国家的成功经验

依据法律的发展史,法律的发展轨迹是由习惯法到成文法,再到法典法。先后发生过三次民法典编纂热潮。第一次是发生在6世纪的罗马法编纂热潮,产生了《罗马法大全》;第二次是发生在19世纪的欧洲民法典编纂热潮,产生了以《法国民法典》《德国民法典》《瑞士民法典》等为代表的一大批著名的民法典;第三次民法典编纂热潮是20世纪90年代开始,产生了1992年的《新荷兰民法典》、1994 年的《俄罗斯民法典》、1994 年的《蒙古民法典》、1996 年的《越南民法典》、1996 年的《哈萨克斯坦民法典》、1996 年的《吉尔吉斯斯坦民法典》、1998 年的《土库曼斯坦民法典》等。据 1998 年的统计,世界上有 113 个国家有民法典。还有若干国家正在制定民法典,如柬埔寨于 2003 年完成民法典草案。值得注意的是,根据欧洲议会的决议,欧洲民法典也正在起草当中。美国和加拿大,也有若干个州制定了自己的民法典,如《加利福尼亚民法典》《路易斯安那民法典》《魁北克民法典》。可见,制定民法典是现代法治的一个共同经验。我国民事法律制度的完善,也应当通过制定民法典来实现。

（三）制定民法典是当前最重大的立法任务

2002 年党的十六大报告已经确定到 2010 年形成中国特色社会主义法律体系。按照构想,这个法律体系首先应当是一个金字塔形的结构,最上层是作为国家根本大法的宪法,其次是民法、刑法、民诉、刑诉等各基本法,最后是各特别法,下面则是国务院制定的行政法规。其中,宪法和民法、刑法、民诉、刑诉等基本法应当制定成文法典。宪法、刑法、刑诉法、民诉法均已制定了成文法典适时进行了修订,唯独民法未制定法典。虽说《民法通则》及各民事单行法,在保障公民和企业的民事权利、规范市场交易秩序、维护社会公平正义和促进社会主义市场经济发展等方面,发挥了极其重大的作用,但它们毕竟不能起到民法典的作用,许多重要的、基本的民法制度欠缺,这种情况不能适应市场经济和社会生活的要求。中国要建设法治国家,当然要制定自己的民法典。制定一部既符合我国改革开放和发展社会主义市场经济的实际,又符合法律发展潮流的,与国际社会相沟通的、完善的、现代化的民法典,是我们现在所面临的重大立法任务。

四、为什么要强调民法典的逻辑性

制定一部民法典,法律条文上千条,总要有个编排顺序。这个编排顺序,以什么为标准?不是也不应该以所谓“重要性”为标准,只能以“逻辑性”为标准。因为所谓“重要性”,是主观的价值判断问题,一项制度是否重要及其重要程度,将因人、因时、因地而有不同认识。例如,统一合同法按照合同的“成立”“生效”“履行”“变动”“责任”的顺序,究竟“合同成立”重要,还是“合同生效”重要,还是“违约责任”重要?是很难判断、很难有统一意见的。

现在学术界关于民法典制定过程中最重大的争论,就是要不要强调民法典的逻辑性。如果我们仅仅满足于规定人民的权利,仅仅满足于承认人们有什么权利,不要求什么逻辑性,搞所谓的松散式、汇编式都是可以的,甚至不制定民法典都可以,通过法院判例规则就可以保护人民的权利、确认人民的权利。英美法系不制定什么民法典,人民的权利照样得到保护,人民凭借法院判决来了解自己有什么权利。可见,单从规定人们有什么权利的角度看,完全可以采取松散式、汇编式,甚至不制定民法典都是可以的。但是,为什么大陆法系国家要制定民法典呢?其关键理由,不是规定人们的权利,不是规定人们的行为规则,而是规定法官的裁判规则,为法院裁判案件提供裁判标准。这是问题的关键所在。当法官裁判案件、查清案件事实后,他发现民法典上的许多条文都与本案有关,他只应从中选用一个法律规则。他应该选择适用哪一个法律规则呢?需要一个基本原则来指引法官,这个指引法官选用法律规则的基本原则,就是教科书上说的“特别法优先适用”。

什么叫“特别法优先适用”呢?如果有两三个甚至更多的法律规则都与本案有关,法官不可能同时适用几个规则。因为这些法律规则的内容是不同的，例如，按照这个规则合同应当无效，按照那个规则合同应当有效，你同时适用就没法下判决。法官只能选用其中一个规则。选哪一个呢？就是看各个规则相互之间的逻辑关系，哪个是“特别法”，哪个是“一般法”？这个“特别法”与“一般法”的关系，就是一个哲学上的“一般”和“特殊”、“共性”和“个性”的逻辑关系。如果两个法律规则，一个是一般的、共性的、抽象的规则，另一个是特殊的、个性的、具体的规则，按照“特别法优先适用”的原则，法官应当优先适用这个特别法规则裁判本案。如果法官不适用这个特别法而适用那个一般法，就叫法律适用错误，就是错判。只在这个特别法规则解决不了本案的情形，才能沿着这个特别法与一般法的逻辑关系往后倒退，倒退到适用那个一般法的规则。可见，这个法律上的逻辑关系非常重要。如果没有这个逻辑关系，逻辑混乱、支离破碎，法官就没有办法正确适用法律，他不知道应该适用哪一个规则才是正确的，他会无所适从，没法下判决，这当然是公正的法官。反之，一个不公正的法官、受法律外因素影响的法官，却可以想怎么判就怎么判，既然好几个条文都与本案有关，他适用任何一个条文，你都没法指责他，没法批评他，就会使一些枉法裁判合法化。因此，我说一部逻辑混乱的民法典，不仅不能遏制司法腐败，而且会助长、促进司法腐败。

因此，我们制定民法典绝对不能想当然地搞什么松散式、汇编式，一定要强调逻辑性，以逻辑性作为标准。哪一个制度安排在民法典上，哪一个制度安排在民法典之外，哪一个制度排在前面，哪一个制度排在后面，绝不可能以重要性为标准，只能以逻辑性为标准。这个逻辑性，就是“一般”与“特殊”、“共性”与“个性”。民事生活的共同制度、基本制度规定在民法典上；特殊关系、特殊领域、特殊市场的特殊规则和制度，规定在民法典之外。

民法典上的安排顺序,也以逻辑性为标准:"一般"的、"共性"的制度在前,"特殊"的、"个性"的制度在后。这就使民法典形成"总则"(共同的规则)、"分则"(特殊的规则)的结构。首先,民法典分为"总则"和"分则"(物权、债权、亲属、继承是分则);其次,债权法分为"债权总则"和"债权分则"(合同、侵权行为、不当得利、无因管理是分则);再次,合同法也分为"合同总则"和"合同分则"(买卖合同、租赁合同等是分则);最后,买卖合同也分为"买卖总则"和"买卖分则"(特种买卖是分则)。构成一个严格的从一般到特殊的逻辑关系:愈是一般愈靠前,愈是特殊愈靠后。这样的民法典就为法官正确适用法律奠定了逻辑基础,特别法优先适用的原则,才能发挥作用。

举个例子,法官受理了一个拍卖的案件。拍卖是订立买卖合同的特殊方式,对此《拍卖法》有规定;而《合同法》分则的买卖合同一章专门规定买卖合同;买卖合同属于合同的一种,《合同法》总则的规定如合同成立、生效、履行、违约责任的规定与之有关;买卖合同产生的权利属于债权的一种,债权总则的规定与之有关;买卖合同属于法律行为,民法总则关于法律行为的规定也与之有关。法官面对与本案有关的如此多的法律规则,他应当适用哪一个法律进行裁判呢?他应该按照特别法优先适用的原则,优先适用《拍卖法》的规定;如果拍卖法的规定解决不了,他就应该适用《合同法》分则关于买卖合同那一章的规定;如果《合同法》分则关于买卖合同那一章的规定也解决不了,他就应该适用《合同法》关于合同总则的规定;如果适用《合同法》关于合同总则的规定也解决不了,他就要适用关于债权总则的规定;如果适用债权总则的规定也解决不了,他就应该适用民法总则中关于法律行为的规定。可见强调民法典的逻辑性,关键在于保障法官正确适用法律,保障裁判的统一性和公正性。

有的学者认为强调法典的逻辑性，会导致法律僵化，不能适应社会生活的发展变化。实际情形恰好相反，坚持法典的逻辑性不仅不会使法律僵化，反而会增强法典的适应性和灵活性。下面举一个婚姻关系上的违约金的案件。原告和被告结婚时订立书面的婚姻合同，上面约定了违约金条款：任何一方有第三者构成违约，应当支付违约金 25 万元给对方。现在被告违约，原告起诉请求违约金。法院审理本案，遇到的难题是：本案是婚姻案件，应当适用婚姻法，但婚姻法上没有违约金制度。违约金是合同法上的制度，而《合同法》第 2 条第 2 款明文规定：婚姻等有关身份关系的协议，适用其他法律的规定。

我们看到，审理本案的法官正是根据法律的逻辑性解决了这一难题：合同和婚姻，一是财产法上的行为，二是身份法上的行为，各自具有“特殊性”。但两者均属于法律行为，法律行为是其“共性”。法律行为与合同、婚姻构成“一般”与“特殊”的关系。法律行为的规则是“一般法”，合同的规则和婚姻的规则，均属于“特别法”。按照“特别法优先适用”的原则，特别法有规定的，优先适用特别法的规定，特别法没有规定的，则应当适用一般法的规定。

因此，法官适用关于法律行为生效的规则，具体说就是：其一，意思表示真实；其二，内容不违反法律强制性规定；其三，内容不违反公序良俗。审理本案的法官认为，本案婚姻关系上的违约金条款，是双方的真实意思表示，现行法对此并无强制性规定，并不违反“公序良俗”，因此认定该违约金条款有效，并据以作出判决：责令被告向原告支付 25 万元违约金。

如果我们的法律不讲逻辑关系，什么共性、个性，一般性、特殊性，统统不讲，甚至像有的学者建议的那样把法律行为取消，合同法再完善,你也解决不了本案。说不定哪一天兄弟姐妹又订立一个什么合同,父母子女又订立一个什么合同,法律上都没有规定,那么这样的案件怎么裁判呀?

可见,民法典一定要有逻辑性,这是由民法的裁判规则的本质决定的,民法典有逻辑性,法官才能按照特别法优先适用的原则正确适用法律,才能保障裁判的统一性和公正性;民法典愈是有逻辑性,愈是能够保障裁判的统一性和公正性。不仅如此,民法典要有逻辑性,遇到社会生活发展变化产生的新型的、千奇百怪的案件,遇到民法典没有具体规定的案件的情况,可以适用一般的、抽象的规则予以裁判,这就使民法典具有适应性、灵活性。

五、民法典制定中的若干争论问题

(一)为什么要保留债权概念和债权总则

有的学者主张取消“债权总则编”。如果民法典不设“债权总则编”,“合同编”不可能规定“债权”定义,因为“合同编”如果规定“债权”定义,也就成了“债权编”而不是“合同编”。可见,取消“债权总则编”也就取消了“债权”概念。合同法现在的许多内容就失去了存在的基础。“债权人”“债务人”尚可用“当事人”代替,就像当年的《经济合同法》那样,但“债权人代位权”“债权人撤销权”,能改为“当事人代位权”“当事人撤销权”吗?《合同法》的许多规定是以《民法通则》关于“债权”概念的规定为前提的,皮之不存,毛将焉附?

没有“债权总则编”、没有“债权”概念,物权法上的“债权人”“债务人”“被担保债权”“债权质押”等也将失去存在的前提。“物权优先于债权”这一基本原则也就失去了依据。能说“物权优先于合同”吗?能说“物权优先于侵权”吗?没有了“债权”概念,许多商事法律都要受到影响。如《公司法》关于“公司债”的规定,《票据法》关于“票据债权人”“票据债务人”的规定。特别是《企业破产法》中的,“债权人申请破产”“债务人申请破产”“债权申报”“债权人会议”“按债权额比例分配”等制度,以及基于“物权优先于债权”原则的“取回权”制度,均将失去前提。甚至公法也要受到影响,如《税收征收管理法》第45条规定的“税收优先于无担保债权”,能够改为“税收优先于无担保合同”吗?应当指出,“债权”概念,绝不仅是民法财产法的基本概念,而且是整个民商法律的基础性概念,是国家整个法律体系的基础性概念,一旦取消“债权总则编”和“债权”概念,必将导致国家整个法律体系、法律秩序的混乱。还应当注意“债权”概念作为法律思维工具的重大价值。例如,“物权优先于债权”“债权平等”、“债权请求权”与“物权请求权”的区分、“可分债权”与“不可分债权”、“连带债权”与“连带债务”等,是我们进行法律思维的工具。法官、律师正是靠这一系列基于“债权”概念的原则,进行法律思维和办理案件的。如果废弃“债权”概念,我们的法官、律师将如何进行法律思维,如何分析案件和裁判案件?

还应当看到,“债权”概念不仅在法律体系和法律思维上具有重大意义,而且有其重要的社会意义。也就是说,“债权”概念是反映市场经济本质的法律概念,“债权总则”是市场交易的基本规则。不仅“合同之债”是交易规则,“不当得利之债”“无因管理之债”“侵权之债”也都是交易规则。在市场经济条件之下,“合同之债”是市场交易的常态,“不当得利之债”“无因管理之债”“侵权之债”是市场交易的变态。在计划经济条件之下,整个社会经济生活,包括生产、流通、分配、消费均通过行政手段、指令性计划和票证安排,因此没有“债权”概念存在的基础。中国在改革开放前的计划经济体制下,企业之间也签订所谓“经济合同”,但这种合同的实质是“计划”

而不是"债"。可见,计划经济与市场经济,差异不在合同,而在"债权","债权"是民法与市场经济的"连结点"。

1981年的《经济合同法》不讲"债权",主要是反映计划经济的本质和要求。1986年的《民法通则》专设"债权"一节,符合了市场经济的本质和共同规则,因此为进一步的改革开放提供了平台,为市场经济的发展,为后来《合同法》的制定奠定了基础。《民法通则》采用"债权"概念,相对于此前的法律不使用"债权"概念,的确是一个巨大的进步,并且是改革开放和发展社会主义市场经济的成果,也是进一步改革开放和发展社会主义市场经济的基础。从"经济合同"概念到"债权"概念,实质是从计划经济转向市场经济。现在我们要建立社会主义市场经济法律秩序和法律体系,有赖于继续使用"债权"这一基础性概念。要说什么是《民法通则》的成功经验,《民法通则》专设"债权"一节并规定"债权"概念才是真正的成功经验。因此,我们制定民法典就一定要在这些成功经验的基础上,保留"债权"概念,设立"债权总则编"以统率"合同编"和"侵权编",进一步完善"债权"法律制度,为发展现代化的市场经济和建立健康有序的市场经济法律秩序提供法制基础。

(二)要不要规定完整的物权定义

社科院的草案中对物权作了一个表述:"物权是指直接支配特定的物并排除他人干涉的权利。"按照这个定义有三个要点:第一个要点,就是物权的客体必须是特定的,必须是"特定的物",这个物当然是有体物。对于特定的物可以成立物权,对于种类物不可以成立物权。第二个要点,物权是"直接支配物的权利",即"支配权"。"直接支配"是指权利人不依赖于他人的意志,不需要他人的同意,不需要任何人的许可,不需要借助任何人的行为,自己按照自己的意思来占有、使用、收益和处分,这就叫"直接支配"。第三个要点,物权是“排除他人干涉”的权利，正是我们教科书上所说的“排他性”，我们想象一下我们自己买的房子，我们买的商品房的大门，可以说是进出的通道，但是进出的通道为什么要加上门加上锁呢，有的甚至还要加上防盗门，这充分体现了物权的排他性。物权的排他性不仅是针对其他的普通的自然人和法人，它首先是针对国家，包括排除国家的干涉，排除公权力的干涉，因此这点非常重要。我们从电视剧上看到，一个警察要进入某一私人的房屋，他也不能凭他是警察、是国家公权力的体现者就可以直接进去。他首先要表明他的身份，仅此还不够，还要出示搜查证，这样主人才能打开大门。此时这个自然人必须开门，如果不开门警察就可以破门而入；反过来警察如果没有搜查证破门而入就构成违法。所以物权的排他性这一点非常重要。

现在我们看到，2002 年的民法典草案和 2004 年 10 月的物权法草案规定：“本法所指的物权是自然人、法人直接支配不动产、动产的权利。”这个定义当中包含了两个要点：一个是直接支配性；另一个是不动产和动产作为物权的客体，符合特定的物的要件。它抛弃了“排他性”，这一点有什么害处？不仅是理论上不完善，这是次要的，更重要的是没有“排他性”，不足以向国家和人民传播物权法的理念。我们通常讲私法观念、私权观念，其中最重要的是物权观念，而物权观念最重要的是体现在排除他人的干涉。物权完整的定义，揭示了它的直接支配性和它的排他性，最有利于我们全体人民掌握物权的观念，我们就知道我们自己的房屋、汽车排除一切人的干涉，任何人没有经过法定的程序，都无权干涉。我们就可以用来保护自己的财产，同时这种观念的普及有助于促进我们国家的民主化，可以限制政府的违法行为。

在此，我要跟同志们举一个新的例子。2003 年 10 月 8 日，有新闻报道某地"销毁'黑摩的',为了加强市场交通管理"。什么叫"黑摩的",就是摩托车。为什么说是"黑"的呢,就是他没有得到运营的许可就去拉客。从这个新闻中知道,当地公安局一下销毁了192辆非法运营的"黑摩的"。这192辆摩托车是谁的呢,是开这些"黑摩的"的公民的。这些公民违法在什么地方呢?在于没有经过许可就去拉客,就是我们所说的"黑出租"。这样的违法是行为违法,我们可以制裁行为人,比如可以不让他拉客,罚他的款,都是可以的。但是他的财产、他的摩托车在我们的法律上是合法取得的财产。可是当地公安机关把这192辆摩托车集中起来用压路机一下就把它压碎,表明其在处理这件事上丝毫没有物权的观念,没有保护人民合法财产这样的知识。他们分不清楚什么叫行为违法,什么叫财产违法。行为违法,行为人的财产并不违法。

举这个例子想要说明,我们的物权法草案关于物权的定义一定要完整。只有完整的物权定义才是有重大意义的,才可以教育我们的人民,才可以教育我们的国家机关,才有利于促使我们的行政改革走上合理的轨道,才能够限制政府机关的违法行为。这只是随便举了一个手边很小的例子,比这大的例子有的是。所以我们认为,物权的定义太重要了,绝不是教科书上的问题,不是一个理论问题,而是关系到人民的利益,关系到我们的国家是否能走向真正的法治和民主的重要问题。

(三)要不要单独设人格权编

主张人格权单独设编的第一条理由是人格权的重要性。人格权关系到人的尊重、人格尊严和人权保护,其重要性无人否认。但民法典的编排体例,绝不能以重要性为标准。人的尊重、人格尊严和人权保护,属于民法典的进步性问题,应当体现在民法典的价值取向、规范目的、基本原则和具体制度上。一项法律制度充分体现了对人的尊重,对人格权和人权的保护,就具有进步性,至于该项制度在民法典上的安排和位置,是作为单独的一编,还是一章,是放在法典的前面还是后面,对其进步性不发生影响。法典结构体例、编章设置、法律制度的编排顺序,应当符合一定的逻辑关系,并照顾到法官适用法律的方便。民法典的编纂体例,应当以逻辑性为标准,使民法规则构成一个有严格逻辑关系的规则体系,以保障裁判的公正和统一。

已有的民法典和民法典草案,关于人格权的规定大致有三种模式:一是在债权编的侵权行为法部分设立人格权保护的规定,如1896年的《德国民法典》、1896年的《日本民法典》、1881年的《瑞士旧债务法》等;二是在总则编或人法编的自然人一章规定人格权,如1955年的《法国民法典草案》;三是在总则编或人法编的自然人一章规定人格权,同时在债权编的侵权行为法部分规定侵害人格权的后果,如1959年的《德国民法典修正草案》。我建议在制定民法典草案时采纳第三种模式,在总则编自然人一章设第二节人格权,同时在侵权行为编专设一节规定侵害人格权的侵权责任。

不赞成人格权单独设编的主张,基本理由如下:(1)基于人格权与人格的本质联系。作为人格权客体的人的生命、身体、健康、自由、姓名、肖像、名誉、隐私等,是人格的载体。因此,人格权与人格相终始,不可须臾分离,人格不消灭,人格权不消灭。这是将人格权规定在自然人一章的法理根据。(2)基于人格权与其他民事权利的本质区别。人格权的客体是存在于自然人自身的生命、身体、健康、自由、姓名、肖像、名誉、隐私等人格利益中的。因此,人格权是存在于主体自身的权利,不是存在于人与人之间的关系上的权利。人格权就像权利能力、行为能力、出生、死亡一样,属于主体自身的事项。只有在人格权受侵害时才涉及与他人的关系,但这种关系属于侵权责任关系,为债权关系之一种。这是人格权不应单独设编而与物权、债权、亲属、继承并立的法理根据。(3)人格权不能依权利人的意思、行为而取得或处分,不适用总则编关于法律行为、代理、时效和期日期间的规定。其他民事权利均可以根据权利人自己的意思,依法律行为而取得,均可以根据自己的意思,依法律行为而处分,而人格权因自然人的出生而当然取得,因自然人的死亡而当然消灭,其取得与人的意思、行为无关,原则上不能处分,不能转让、赠与、抵消、抛弃。因此,民法总则的法律行为、代理、时效、期间、期日等制度,对于其他民事权利均有适用余地,而唯独不能适用于人格权。如人格权单独设编而与物权、债权、亲属、继承并列,不仅割裂了人格权与人格的本质联系,混淆了人格权与其他民事权利的区别,而且破坏了民法典内部的逻辑关系,难以处理总则编的法律行为、代理、诉讼时效、期日、期间等制度应否适用于人格权编的难题。

(四)要不要规定居住权

2002年的民法典草案和2004年10月的物权法草案创设了一种新型的用益物权,叫“居住权”,即“居住权人对他人住房及其附属设施享有占有、使用的权利”。草案规定:“设立居住权,可以根据遗嘱或者遗赠,也可以按照合同约定。设立居住权,应当向县级以上登记机构申请居住权登记。”并进一步规定:“居住权的期限根据遗嘱、遗赠或者合同确定;无法确定的,成年居住权人的居住权期限至其死亡时止,未成年居住权人的居住权期限至其独立生活时止。”

居住权的创设,是个别民法学者的建议。从2001年5月28日法制工作委员会召开的物权法草案专家讨论会上的发言看,创设居住权的目的,是要解决三类人的居住问题。一是父母;二是离婚后暂未找到居所的一方(通常是女方);三是保姆。下面先分析离婚一方的居住问题。

中国曾经长期实行公房制度。对双职工来说,通常是由男方单位分配住房。双职工夫妻离婚时,男方的单位一般都不同意将该住房全部判归女方或者将住房的一半判归女方。因为住房是公房,属于男方单位的财产,如果判归离婚的女方或者判一半给离婚的女方,势必影响男方单位的利益和男方单位其他职工的利益。因为房屋属于男方单位,法院纵然打算保护女方的利益,也无权处分男方单位的财产。于是,法院就发明了一种办法,将住房仍然判归男方,但同时判决女方仍旧可以在属于男方的房屋中继续居住,一直居住到再婚为止。

按照这种裁判实务中的做法,离婚女方对判归男方的住房的使用,当然不是永久的居住,只是暂时的居住,不同于物权法草案中所谓的居住权。显而易见,这是在中国当时实行公房制度的历史条件下采取的特别措施。现在,这一历史条件已不存在。公房制度已经废止。职工使用的公房,已经出卖给了职工,成了职工的私有财产。并且,国家推行住宅商品化的政策,只要有钱就可以买到商品房。没钱买房的,可以通过租赁方式解决居住问题。20 世纪 80 年代曾经作为严重的社会问题存在的住房困难,已经基本解决。在离婚中,离婚女方的居住,已经不再是困扰法院的难题。离婚前只要有住房,法院尽可以全部判给女方或者判一半给女方。有的男方打算离婚,先买一套商品房登记在女方名下,然后双方再签离婚协议。这样的报道也已见诸报端。假如还有个别案件,离婚女方的居住问题难以解决,法院完全可以继续采用过去的老办法,判决她有权在男方的房屋中暂时居住,直到再婚为止。

再看父母的居住问题。先要说明,居住权是法国民法上的制度,法国民法规定居住权,缘由何在?在于法国民法的继承制度,不承认夫妻相互间的继承权。因为法国民法未实现男女平等。请看《法国民法典》第 731 条的规定:“遗产,依下列规定的顺序和规则,归属于死者的子女及其直系卑血亲、直系尊血亲及旁系血亲。”据此规定，丈夫去世，遗产由子女及孙子女继承，没有子女的，由丈夫的父母及兄弟姐妹继承，妻子不享有任何权利，不能继承任何遗产。

《法国民法典》另在第767条规定：“如死者未遗有按其亲等得为继承的血亲，亦未遗有非婚生子女，遗产归属于未离婚而尚生存的配偶。”依据本条，只在死去的丈夫未留下子女、孙子女、父母、兄弟姐妹，并且连非婚生子女也没有的情形，妻子才有可能取得遗产。可想而知，丧夫的妻子取得遗产的可能性是非常微小的。可见，《法国民法典》之所以创设居住权，是为了解决丧夫的妇女的居住问题。

回头说我国。中国是较早实行男女平等的国家，早在1930年的（原）《中华民国民法》就规定了男女平等。（原）《中华民国民法》（1949年废止）第1144条规定：“配偶，有相互继承遗产之权。”按照该条的规定，在有第一顺序继承人时，配偶的应继份与其他继承人均等；在有第二顺序或第三顺序继承人时，配偶的应继份为遗产的二分之一；在有第四顺序继承人时，配偶的应继份为遗产的三分之二；在无第一顺序至第四顺序继承人时，配偶的应继份为遗产之全部。因此，在（原）《中华民国民法》中，当然也就没有规定居住权的必要。

《继承法》第9条规定：“继承权男女平等。”第10条规定：“遗产按照下列顺序继承：第一顺序：配偶、子女、父母。第二顺序：兄弟姐妹、祖父母、外祖父母。……”从上述规定可知，夫妻相互有继承权。配偶、父母和子女，同为第一顺序法定继承人。考虑到现行婚姻法关于“婚姻关系存续中取得的财产属于夫妻共有”的规定，如果丈夫去世，首先应当从夫妻共有财产中，分出属于妻子的一半财产，剩下的另一半财产才属于丈夫的遗产。该遗产由妻子与子女及丈夫的父母继承。特别要注意的是，《婚姻法》还规定了子女赡养父母的义务。子女履行赡养义务,当然必须解决父母的居住问题。可见,在我们的社会中,父母的居住及丧夫的妇女的居住,在法律上有充分的保障,不会发生任何问题。

剩下就是保姆的居住问题。中国幅员辽阔,大多数人口在农村。超过 10 亿的农民,恐怕不大可能雇佣保姆。在城市居民中,虽然没有精确统计,使用保姆的家庭恐怕也只占少数。在使用保姆的家庭中,准备给保姆永久居住权的,恐怕只是极个别的情形。为了极少数人的问题,而创设一种新的物权,创设一个新的法律制度,既不合逻辑,也不合情理!

如果谁要让自己的保姆终身居住在自己的房屋中,尽可以在遗嘱中明确表述此种遗愿。遗嘱中这样的规定,虽然不发生物权的效力,并不等于不发生任何效力。按照遗嘱中的这一规定,法院将仍旧采用此前的做法,通过在继承人的房屋所有权上设一个负担来解决该保姆的居住问题,以实现遗嘱人的遗愿。基于上面的分析,可以断言,物权法草案创设所谓“居住权”,与中国的国情和实际是违背的,建议删去。

(五)要不要规定取水权

2002 年的民法典草案专门设了一章规定取水权,第 224 条规定:“自然人、法人直接从江河、湖泊或者地下取用水资源的,应当按照国家取水许可制度和水资源有偿使用制度的规定,向主管部门申请领取取水许可证,并缴纳水资源费,取得取水权。”从江河湖泊取水,要经过批准,要付费,方能取得取水权。我们就想到,这岂不是将江河湖泊的水都当作国家财产来对待?草案第 46 条正是这样规定的:水资源归国家所有。按照这样的规定,江河湖泊的水属于国家财产,则 1998 年长江流域的洪水泛滥,2004 年安徽巢湖的洪水泛滥,所造成人民的生命财产的损失都应该由国家来承担赔偿责任。

国家财产造成人民生命财产的损失，当然要由国家承担赔偿责任，这在民法有规定。农民养的牛践踏了他人的庄稼都要依法承担赔偿责任。这应当没有疑问，问题是国家赔得起赔不起？再说，既然江河湖泊的水是国家财产，则长江、大河滚滚东流，流入东洋大海，岂不是最大、最严重的国有资产流失，应该由哪一个国家机关来承担渎职犯罪的责任？

其实，江河湖泊的水，属于地表水，各国都是用传统民法相邻关系上的取水、用水、排水的制度来解决，完全不需要将其规定为国有资产，不必要创设所谓取水权。而江河湖泊的水，无法特定，不能直接支配，不具有排他性，不符合物权的定义，创设所谓取水权，也与法理相悖。地下水的问题，可以特殊处理，可由行政法规或者地方性法规对地下水的抽取规定必要的措施。应当注意到，水和空气，是地球生命产生和存在的前提条件，如果水资源被规定为国家所有，则我们有理由怀疑，是否会有一天空气也被规定为国家所有呢？

（六）要不要规定野生动物归国家所有

2002 年的民法典草案第 48 条规定，“野生动物，国家规定归国家所有的归国家所有”。这一规定，来源于当时的《野生动物保护法》。《野生动物保护法》第 3 条规定，野生动物资源属于国家所有。该法第 2 条规定，本法规定保护的野生动物，是指珍贵、濒危的和有益的或者有重要经济、科学研究价值的野生动物。

保护野生动物，本来属于公法上的义务，而不是私法上的权利；是国家的义务，是整个社会的义务。现在的草案将野生动物规定为国家所有，不利于保护野生动物。因为，既然规定为国家所有，即应当由所有人国家自己保护，广大人民群众就被解除了保护义务。你的财产、你的汽车、你的房子，应当由你自己保护。别人来保护，那是侵权！再说，规定珍贵的、有价值的野生动物归国家所有，于情于理不合。为什么有害的野生动物，如苍蝇、蚊子、老鼠不规定为国家所有？为什么专挑珍稀的、有价值的野生动物规定为国家所有？

另外，将野生动物规定为国家所有，于法理不合。因为野生动物，是不特定的，不能直接支配。穿山甲今天在云南、广西境内，明天可能就在越南、缅甸境内。候鸟如天鹅、大雁、红嘴鸥冬春飞来中国境内，夏天飞往西伯利亚，如规定为归中国国家所有，其飞往西伯利亚岂不成为对俄罗斯领土的侵犯？岂不要产生国际争端？那中华人民共和国所有的大雁、天鹅飞到了俄罗斯境内，俄罗斯会不会也向我们提出强烈抗议？俄罗斯如果也规定为国家所有，中、俄两国岂不是要为一群天鹅、大雁或者红嘴鸥发生争端？两个国家为一群天鹅、大雁发生外交争端，有这个必要吗？

其实，野生动物，不具有直接支配性，在被捕获之前，不构成所有权的客体；野生动物属于无主物，其保护只需限制先占取得即可。例如，规定禁渔期、禁猎期，划定野生动物保护区，禁止猎取、捕捞国家保护的野生动物等就够了，完全没有必要规定为国家所有。如果规定为国家所有，则偷猎、偷捕野生动物，就属于盗窃财产罪，《刑法》都要修改。

（七）要不要规定农地使用权转让和抵押

有些学者建议，土地使用权是具有很大价值的财产，应当允许其市场化，要允许其转让，允许其抵押，对此我坚决反对。我们可以想一想，我们的父母供养我们上学，高中毕业考上了大学，学费一年要好几千元，从哪里去拿这个钱呢？借，借不到钱，怎么办呢？一狠心，把这块土地抵押给银行，把钱拿来供我们上学。我们上学的费用越来越多，父母没有什么其他的生产资料，银行的钱到期还不了，银行就拍卖抵押的土地，土地归属于其他人了，有的父母干脆直接把那块土地卖了。如果允许这样，用不了多少年，我们的广大农村就要出现一大批没有土地的农民。我们过去说的雇农、贫农,无地、少地的农民就出现了。有人说,这好啊,让他们到城市里去吧,这就促进工业现代化了。问题是我们的城市无法容纳这么多的人口。北京已经有一千多万人口,上海有一千两百多万,容纳不下。所以说,我坚决反对农地使用权的转让和抵押。还有,要是农村真的出现了一大批无地、少地的农民,这对我们的社会是非常危险的。要允许农地使用权转让和抵押,是很危险的。农民的资金需求,如子女上学、生病住院等需要钱,应当有一套专门的、简便的小额贷款制度来解决,并且专设一项担保基金,为农民取得小额贷款提供担保,绝对不能允许农地抵押和转让土地使用权!

(八)要不要规定非法人团体

关于是否规定非法人团体,即民法典是否承认在自然人、法人之外的第三主体,早在《民法通则》制定时,就发生过激烈的争论,否定的意见被称为"两主体说",肯定的意见被称为"三主体说"。鉴于当时改革开放刚刚开始,经济生活中的各种组织体尚未发育成熟,因此《民法通则》仍维持"两主体说",设第2章规定"公民(自然人)",第3章规定"法人"。但考虑到经济生活中存在营利性合伙组织体,在法律上应当有其地位,在规定"公民(自然人)"的第2章增设第5节"个人合伙",在规定"法人"的第3章增设第4节"联营"。《民法通则》将"个人合伙"规定在自然人一章,将"联营"规定在法人一章,其立法意旨在于不承认合伙组织体是所谓第三主体。但"个人合伙"为两个以上的自然人集合形成的人合组织体,因此与"自然人"指称单个的个人有本质的不同;"联营"为两个以上的法人出资形成的人合组织体,因未取得法人资格,其成员对联营的债务承担无限责任,也与法人有本质不同。实则"个人合伙"与"联营",同属于人合组织体,因其为组织体,所以区别于自然人,因其未取得法人资格，所以区别于法人，很难为自然人概念或法人概念所涵括，可以断言，《民法通则》的上述安排与法律逻辑有些不符。可见，持“三主体说”的学者，以《民法通则》关于个人合伙和联营的规定为根据，所谓《民法通则》已经在实际上承认了自然人、法人之外的第三主体，并非空穴来风，毫无理由。

中国已经实现了从计划经济向市场经济的转轨，市场经济已经有相当的发展，各类组织体，包括营利性的组织体和非营利性的组织体，已经有了充分的发展。现实生活中存在各种不具备法人资格的组织体，诸如业主委员会、无法人资格的分公司、各种企业的分支机构、独资企业、合作企业、合伙企业；非企业合伙组织，如律师事务所、会计师事务所，各种协会、学会的分会，学校的学生会、校友会、同乡会；各种俱乐部，如高尔夫俱乐部、足球俱乐部；大学内部的学院、系、所、教研室；科学院内部的研究所、研究中心、研究室、课题组等。

特别值得注意的是，不仅《民事诉讼法》已经承认了非法人团体的诉讼主体资格，1999 年《合同法》也承认了非法人团体的主体资格，称之为自然人、法人之外的“其他组织”。在制定民法典的讨论中，有一种意见认为，可以通过改变《民法通则》关于“法人限于成员负有限责任”的规定，扩张法人概念，承认“成员负无限责任的法人”，将合伙组织体纳入法人概念，因此主张民法典不规定非法人团体。我认为，在我国经济生活中，大量不具有法人资格的组织体的存在，是不可否认的事实，而其中的许多组织体，按照现行法可以自己的名义订立合同、履行合同并起诉、应诉，其与法人的差别仅在于法人资格的有无和责任承担的不同，有必要突破传统主体理论的局限，在民法典上明文规定非法人团体的法律地位。

所谓非法人团体，指不具有法人资格但可以实施民事法律行为并享受权利、负担义务的组织体。相当于德国民法所谓“无权利能力社团”、日本民法所谓“非法人社团”和“非法人财团”。考虑到法律既然承认其具有主体资格,当然具有某种程度的民事权利能力,不宜称为“无权利能力社团”,合同法采用的“其他组织”一语,也不适于作为法律概念,建议仿日本民法称为“非法人团体”①。

① 现行法称为“非法人组织”。

再谈民法典编纂的若干问题

——兼回应所谓“解法典化、非法典化”*

今天的题目是再谈民法典编纂的若干问题。因为同样的题目我在浙大光华法学院讲过一次，记录稿发在中国法学网上，但内容有所不同。我先说一下，我过去作讲座都有详细的讲稿，现在年纪大了，视力不好，因此就不再准备讲稿。当然我也有准备，不是随便来讲，并且也有一个简单的提纲。今天这个课预计时间是两个半小时，我讲大概两个小时，后面可以回答提问。我的讲课中间不停，老师和同学们有什么急事可以自由出入。

民法典的编纂问题，我今天要讲三个问题。第一个问题是，怎么样理解十八届四中全会决定所写的“编纂民法典”这一句话。换句话说，中央决定中明确写上“编纂民法典”的重大意义是什么，目的是什么？第二个问题是，我要回应国内外学术界关于“反法典化、解法典化”的理论思潮。第三个问题简单一点，是对编纂民法典的一些设想。

现在讲第一个问题，怎样理解十八届四中全会决定明

---

* 2015 年 3 月 24 日在四川师范大学法学院的讲座，博士研究生周奥杰根据录音整理，经作者修改补充定稿。

文写上“编纂民法典”。不知道老师们、同学们有没有认真读过十八届四中全会的决定。如果认真读过的话,你会发现“编纂民法典”这句话摆的位置是存疑的。我在这里给大家读一下,大家注意听:“加强市场法律制度建设,编纂民法典,制定和完善发展规划、投资管理、土地管理、能源和矿产资源、农业、财政税收、金融等方面法律法规,促进商品和要素自由流动、公平交易、平等使用”。这句话,当然是一个长句,在这个句子当中第一个逗号之后马上就是“编纂民法典”,紧接着是制定完善各种法律法规,最后落脚点是“促进商品和要素自由流动、公平交易、平等使用”。你读了以后是否觉得这句话不是那么通顺,意义上也不是很清晰?!难道编纂民法典的意义,仅仅在于加强市场法律制度建设?仅仅在于促进市场流通、公平交易?当然不是。难道民法典只调整经济关系?只调整市场交易?当然不是。民法典调整社会生活的两大领域,即经济生活和家庭生活。所谓促进商品要素自由流动、公平交易、平等使用,只是讲经济生活。中央制定的文件,我在这里挑毛病,是不是有点不自量力呢?

我要告诉大家,按照我的理解,“编纂民法典”这五个字是后加的。在当初起草这个文件的时候,并没有要明文表述“编纂民法典”的预设,这五个字是在公布之前添加上去的。起草文件和写论文一样,要预先拟定大纲和方案,要写哪些内容,写到什么程度,因为预先没有打算如此具体明确地表述“编纂民法典”,所以在决定公布之前中央领导决定要加上这五个字,放在什么地方就成了问题,放在任何地方都不那么适当。但党中央决定这五个字非要加上不可,党中央要明确无误地告诉每一个中国人,告诉党内外,告诉国际社会,中国一定要编纂民法典。其目的在此!至于这五个字摆在什么位置是次要的。“编纂民法典”是后加上去的,这是我的理解,是我作为一个民法学者读了决定以后的理解。

从这里就可以看出,决定上明白无误地写上编纂民法典有非常深远、非常重大的现实意义和历史意义。我刚才说是后加的,有些参加文件起草的同志也说原来没有,还有一个重要的根据,就是十八届四中全会的公报上也没有。如果原文有“编纂民法典”,公报上一定会说,因为编纂民法典这个事件太重大了。公报发布的时候,媒体概括了公报关于全面推进法治的各个要点,公报上的要点是:“形成完备的法律规范体系”。

形成完备的法律规范体系,当然可以包括编纂民法典,而编纂民法典也当然是形成完备的法律规范体系最重要的步骤,但从公报上仅写“形成完备的法律规范体系”这一点,就足以表明,在决定公布之前,“编纂民法典”这句话还没有出现在决定上。我们从这里入手,来理解四中全会决定明文表述“编纂民法典”的重大意义。它的重大意义,首先在于借此向国际国内、全党、全军、全民郑重宣言:编纂民法典是中共中央的决定,是中国实行依法治国的既定目标。这就是它的重大意义,而且非得在四中全会决定中明文宣示不可。为什么?因为中国编纂民法典的立法工作已经进行了三十多年,这三十多年中,在党的正式文件当中还没有出现过“编纂民法典”这五个字,现在就非得在四中全会决定中写上这五个字不可!

我在这里简要回顾一下。中华人民共和国成立以来,曾经三次编纂民法典。第一次编纂民法典是 1954 年开始,到 1956 年中断。第二次是 1962 年启动,到 1964 年中断。这前两次编纂民法典都没有成功,根本原因是我国当时实行单一公有制基础上的计划经济体制。整个经济生活,包括生产、流通、分配乃至消费,都是行政手段和指令性计划安排的。工农业生产严格按照指令性计划,这不用说,就是生活消费也是严格按照计划。我当年在重庆读书,经常中途经过成都,特别是“文化大革命”期间,成都的“票证”是最复杂的，别的地方的票证有布票、肉票、粮票、油票，有的地方还有烟票、酒票，都有特定名称。成都的情况就有特点，除粮票、布票、油票之外的票证因为种类太多、太复杂，干脆来个最简单的办法统称“副食凭证”，按照数字编号。那个票证印得很小，按照阿拉伯数字编号，每个月由供销社公布本月第几号票买肉，第几号票买香烟，第几号票买酱油，第几号票买白酒，第几号票买瓜子，第几号票买豆豉，第几号票买腐乳，如此等等。这就是计划经济。计划经济靠指令性计划和票证，当然没有民法存在的必要性。所以，前两次编纂民法典失败的根本原因，是因为当时实行计划经济体制，而在计划经济体制之下，不需要民法典。

下面说第三次编纂民法典。1978 年中共十一届三中全会决定改革开放，改革开放当然要制定法律。但在这个时候，需不需要、应不应该编纂民法典？一开始是有疑问的。中共中央第三次把编纂民法典提上议程，是怎样启动的呢？我过去在一篇文章中讲到，是由于中国社会科学院法学研究所民法经济法研究室给中央写了一份研究报告，叫《关于制定中国民法典的研究报告》。他们为什么要给中央写这份报告呢？起因是当时全国人大常委会法制委员会副主任陶希晋同志给中共中央写了一封信，建议中国不要制定民法典。陶希晋同志当时是法制委员会副主任，后来担任民法起草小组的副组长。但是陶希晋同志在 1979 年给中央写了一封信，建议我们改革开放发展社会主义经济，不需要制定民法典，因为民法是资产阶级的法律。

在改革开放初期，邓小平同志说“摸着石头过河”。为什么要“摸着石头过河”？因为方向、道路不明。在这个时候，没有明确的方向，改革开放是改到苏联那里去，还是改到相反的方向，即我们现在说的社会主义市场经济，当时谁也说不清楚。大多数人的理解是朝着苏联的方向，认为指令性计划的强度还不够，还要直接赋予指令性计划法律的强制力，恰好在这个时候，当时苏联的经济法理论被介绍进来，产生了很大影响。1979 年中国社会科学院法学研究所召开的民法经济法理论座谈会上，大多数学者均不赞成制定民法典。当时整个法学界，明确主张中国要制定民法典、改革开放要依靠民法的学者是很少的。因此，在当时特定情况下，陶老给中央写这封信是不奇怪的。

中共中央收到陶老这封信，把这封信批到了中国社会科学院。中国社会科学院是 1977 年成立的，第一任院长是胡乔木同志。胡乔木院长把这封信批给法学研究所。法学研究所当时的所长是孙亚明教授，他在前面谈到的第二次编纂民法典时担任民法起草小组副组长。孙亚明所长把研究这封信的任务交给了民法经济法研究室。当时民法经济法研究室主任是王家福先生，副主任是王保树先生。王家福先生组织民法经济法研究室全体同志对陶老信中的意见做了慎重的研究，最后得出结论，认为陶老信中的建议是错误的。因此，民法经济法研究室给中共中央写了《关于制定中国民法典的研究报告》，该报告的结论是，中国改革开放，发展社会主义商品生产和商品交换，不能不依靠民法，建议尽快制定中国民法典。中央领导同志在该研究报告上作了批示，据此，1979 年 11 月，第五届全国人大常委会法制委员会，从全国调集了一批民法学者和实务部门的专家，成立民法起草小组，由杨秀峰同志任组长、陶希晋同志任副组长，启动了第三次编纂民法典。

第三次编纂民法典是 1979 年 11 月启动，至今三十多年过去了。好多人都不在了。陶老也在 1992 年去世。现在发生了一个问题，有的年轻学者提出这样的疑问：是否真有前面谈到的那封信？陶老会不会写那样一封信？主要理由是：其一，陶老的三任秘书白有忠、刘春茂、高志新都说陶老主张制定民法典。其二，陶老生平年表记载，1978 年 10 月 13 日，陶老在中央政法小组作报告，谈到亟须制定刑法、刑诉法、民法等六项法律。根据这些理由，人们怀疑那封信的存在，认为即使有这样一封信，也不可能是陶老写的。

可以肯定，陶老的信和法学研究所的研究报告原件，应当保存在中共中央的档案中，问题是现在不大可能开放供学者查阅。因此需要作一些查证，留下一些证据。先问的是王保树先生，他当时是民法经济法研究室副主任。据王保树先生回忆，确有 1979 年陶老给中央的一封信："胡乔木将陶老的信转批法学所，孙亚明所长在法学所（的会上）转述了陶老关于不制定民法典的信的大致内容。"再问的是余能斌先生，他当时是民法经济法研究室助理研究员、民法起草小组成员，自始至终参与了四个民法草案（第一稿至第四稿）的起草工作，民法起草小组解散后才回到法学所。余能斌先生说："陶老（给中央）的信的确是关于不制定民法典的，陶老的思想有个转变过程，后来转而支持搞民法典。法学所的报告考察了社会主义国家制定民法典的情况，建议我国也应制定（民法典）。报告交到彭真手上，可能小平同志也看了，觉得民法（典）应该搞。韩幽桐（副所长）把这个消息透露给民法（经济法研究）室，大家才一扫之前低落的情绪。这就是第三次起草民法（典）的先声。" 顺便谈及，陶老后来对中国民法的发展做过很多贡献，他主编过一套多卷本的《中国民法学》，其中第二卷叫《中国民法学：民法债权》，陶老委托王家福先生担任主编，我担任副主编。

以上介绍第三次民法典编纂是如何启动的，顺便回应关于陶老给中央写信的疑问。1979 年 11 月成立民法起草小组，1980 年 8 月 15 日形成《中华人民共和国民法草案（征求意见稿）》（即第一稿）。1981 年 4 月 10 日形成《中华人民共和国民法草案（征求意见二稿)》。1981 年 5 月下旬,第五届全国人大常委会法制委员会在北京召开民法座谈会,讨论民法草案二稿。邀请法学专家、司法实务工作者和国务院各部门负责同志 20 多人出席座谈会。5 月 27 日,第五届全国人大常委会副委员长彭真同志到会讲话。彭真同志指出:“民法不是短时间可以制定的。这不是我们不努力,而是问题本身就十分复杂,加上体制正在改革,还没有完全解决,实际上有困难。因此,一方面要搞民法,另一方面要搞单行法,民法和单行法可以同时进行。”实际是提出“编纂民法典与制定单行法同时并进”的立法方针。

但是,彭真副委员长在民法座谈会上宣布的“制定民法与制定单行法同时并进”的方针,不久改变为“先制定单行法”的立法方针。1981 年 6 月 3 日,全国人大常委会决定暂停民法典起草,并解散民法起草小组。理由是,中国在改革开放初期,经济体制改革刚刚开始,各种社会关系、经济关系处于急速变动当中,不可能制定一部完善的民法典。需要说明的是,在 1981 年 6 月 3 日宣布暂停民法典起草和解散民法起草小组之后,民法起草小组仍然坚持继续工作,于 1981 年 7 月 31 日在第二稿基础上修改形成《中华人民共和国民法草案(第三稿)》,1982 年 5 月 1 日又在第三稿基础上进一步修改完成《中华人民共和国民法草案(第四稿)》。实际情况是,到 1982 年 5 月 1 日之后,民法起草小组才真正完全解散,陈汉章先生和余能斌先生才回到法学所民法经济法研究室。

暂停民法典编纂和解散民法起草小组,这个事件非常重要,当时很多民法学者接受不了。1981 年、1982 年当时中国是什么状况呢？当时部分农村刚开始搞包产到户,还没有全面推行,而国有企业的改革还没有开始。应当肯定,在当时社会经济条件下制定完善的民法典确有困难。如果当时制定了民法典,也只能是苏联式的民法典。当时制定民法典参考的立法例,主要是1922年的(旧)苏俄民法典、1964年的(新)苏俄民法典、1962年的苏联民事立法纲要、匈牙利的新民法典、南斯拉夫的债法典、捷克斯洛伐克民法典等,即所谓苏联东欧社会主义国家的民法典。当时还不敢参考资本主义国家的法律。我们设想一下,如果当时真的制定了一部中国民法典,可以肯定,这部中国民法典必定是苏联式的民法典,是反映单一公有制的计划经济本质特征和要求的民法典,不可能为中国改革开放的推进和发展社会主义市场经济提供法制基础。应当肯定,1982年立法机关决定解散民法起草小组、暂停民法起草,是正确的。

民法典编纂暂停之后,立法机关专注于民事单行法的制定。继1981年颁布《经济合同法》之后,1982年颁布《商标法》,1984年颁布《专利法》,1985年颁布《继承法》《涉外经济合同法》。* 制定单行法的好处是,能及时地、有效地解决实际问题,一步一步地把民事立法推向前进。但单行法立法也有其不足,即属于民法典总则的内容,如民法基本原则、民事权利能力、民事行为能力、法律行为、代理制度和时效制度等,不能采取单行法立法方式。例如,立法机关注意到一些单行法都涉及“法人”问题,需要对法人的定义和条件、成立和解散等作出统一的法律规定。为此,法制委员会于1982年年初起草了《关于法人的暂行规定(草案)》,特别邀请有关部门和一些法律专家座谈,征求意见。终因意见分歧而作罢。

这涉及民事立法的科学性。近现代民法是由一整套概念、原则、制度构成的逻辑严密的体系。适于制定单行法的,只是其中分别规范各类社会关系的特别规则(所谓“分则”),而规范各类社会

---

* 《继承法》已于2021年1月1日失效;《经济合同法》《涉外经济合同法》已于1999年10月1日失效。——编者注

关系的共同规则(所谓“总则”),绝对不能采取单行法的形式“各搞各的”。并且,如果缺乏这些规范各类社会关系的共同规则,分别制定的单行法也将难以正确实施和发挥作用。这是推行“先制定单行法”的立法方针遇到的难题。于是,王家福先生于1984年12月,再次向中央建议:“从速制定并颁行民法典。”当时是否具备制定民法典的条件呢?实际上也不具备。

立法机关已经意识到所面对的两难困境:随着我国改革开放的进程,商品生产和商品交换不断扩大,民事生活越来越活跃,新的问题、新的矛盾、新的案型不断涌现,因缺乏相应的法律规范,法院面临无法可依的窘境,影响到法律秩序的建立和维持。客观上迫切要求一部全面调整各种民事关系的民事基本法,但当时还不可能制定一部完备的民法典。此时,彭真同志作出决定,在民法草案第四稿的基础上,先制定一部概括性的民事基本法律。为保障法律的科学性,当时的彭真委员长提议成立法律起草专家咨询小组,聘请佟柔、江平、王家福、魏振瀛四位民法教授担任专家咨询小组成员(“法律顾问”)。

这部法律的名称,最初是“民法总则”。但法律草案,不仅规定民法总则的内容,如基本原则、法人和自然人、法律行为和代理制度、诉讼时效制度,还规定了所有权基本规则、债权基本规则,规定了人格权、侵权责任、违约责任等制度。而所有权、债权、人格权、侵权责任、违约责任这些内容属于民法分则,致法律规定的内容与名称不符。据我的记忆,是谢怀栻先生最先建议将法律名称改为“民法通则”。民法通则,不是民事单行法,也不同于民法典的总则编。关于民事主体制度、权利能力和行为能力制度、民事法律行为、代理制度、诉讼时效制度等的规定,属于民法典总则的内容。此外,还有属于民法典分则(物权编和债权编)的内容,以及属于国际私法的内容。民法通则属于民事基本法。《民法通则》* 于 1986 年颁布之后,民事立法仍然继续沿着单行立法道路推进。

1992 年,发生了一个重大事件:邓小平同志南方谈话。邓小平同志的谈话有三个要点:一是“姓社、姓资”问题不要再争论了;二是“让一部分人先富起来”;三是“资本主义也有计划,社会主义也有市场,中国实行社会主义市场经济”。于是,1993 年,全国人大对《宪法》进行了修改。将《宪法》第 15 条原来规定的“国家在社会主义公有制基础上实行计划经济”,修改为“国家实行社会主义市场经济”。这一修改,对改革开放具有非常重大的意义,这就是明确了中国改革开放的方向,确定了社会主义市场经济体制,为中国民法典编纂奠定了经济基础。

1993 年,立法机关启动合同法的制定,统一三个合同法。当时的考虑是,先制定统一合同法,实现市场经济法律规则的统一和完善,然后再制定物权法,实现有形财产归属和利用的法律规则的完善。当时经济领域急需关于贷款、担保的法律,发生了很多这方面的纠纷,所以在合同法和物权法之外,先制定了《担保法》**(1995 年)。整个 90 年代,由于市场经济体制确立,加快了民事立法的步伐,仍然采取单行法的立法方式。

1998 年 1 月 13 日,第八届全国人大常委会王汉斌副委员长,邀请五位民法学者,召开了一个小型座谈会。五位民法学者是:江平教授、王家福教授、王保树教授、王利明教授和我。王汉斌同志指示,就讨论一个问题:现在中国编纂民法典的条件是否具备?五位民法教授相继表态,一致认为编纂民法典的条件已经具备。究竟哪些条件具备了呢?根据当时会上的发言,大概是这样几条:第一,社

* 已于 2021 年 1 月 1 日失效。——编者注

** 已于 2021 年 1 月 1 日失效。——编者注

会主义市场经济体制已经确定；第二，我们的市场经济已经有了相当程度的发展；第三，我们的民法理论研究已经有了相当的进展，对民法发展的潮流、发展趋势大体上能够把握；第四，法学教育的发展已经培养了一批中青年的法学人才，可以承担民法典的起草工作；第五，民事裁判实务也已积累了相当的经验。就根据这五条，五位学者一致认为，中国民法典编纂的条件已经具备。

于是，王汉斌副委员长当场作出决定：恢复民法典的起草。他说，1979 年编纂民法典是党中央的决定，中间虽然宣布暂停编纂民法典、改为先制定民事单行法，但党中央制定民法典的这个决定没有改变。因此，他代表全国人大常务委员会决定恢复民法典起草，不需要再报党中央。王汉斌同志决定成立民法起草工作小组，任务是起草民法典草案和物权法草案。民法起草工作小组有九位成员，分别是：参加座谈会的五位民法教授（江平、王家福、王保树、梁慧星、王利明），加上北京大学魏振瀛教授、退休法官费宗祎（曾担任最高人民法院经济庭副庭长），再加上法工委两位退休干部，一位是魏耀荣（曾担任经济法室副主任），另一位是肖峋（曾担任民法室副主任）。王汉斌同志说，“拜托江平教授和王家福教授负责”，这是王汉斌同志的原话。民法起草工作小组并没有明确谁是组长，谁是副组长，每次开会往往是江平教授最先讲话，宣布会议议题，会议结束时往往是王家福教授作会议总结。

1999 年 3 月，全国人大换届。九届人大期间，最大的立法成就是通过《合同法》*，实现了市场交易规则的统一和现代化。此外，民法起草工作小组的工作是起草民法典大纲草案，起草和修改物权法草案。2001 年，九届人大即将届满之时，发生了一个重大事件，即中国加入了世贸组织，要求完善国内法制环境。因此，第九届全国

---

* 已于 2021 年 1 月 1 日失效。——编者注

人大常委会李鹏委员长指示加快民法典起草，要求2002年完成民法典草案，在第九届全国人大常委会审议一次。

法制工作委员会于2002年1月11日召开了民法典起草工作会议，布置民法典起草。除民法起草工作小组成员江平、王家福、梁慧星、王利明、费宗祎、魏耀荣、肖洵之外，邀请了中国社会科学院法学研究所郑成思教授、中国政法大学巫昌祯教授、国家工商行政管理局王学政司长、最高人民法院唐德华副院长等人。法制工作委员会在传达李鹏委员长指示之后，决定采取分别委托起草方式：委托梁慧星负责起草总则编、债权总则编和合同编；物权已经有了征求意见稿，由法工委民法室负责；王利明负责起草人格权编和侵权行为编；郑成思负责起草知识产权编；巫昌祯负责起草婚姻家庭编、继承编；唐德华负责起草侵权责任编；费宗祎负责起草涉外民事关系的法律适用编。由于时间紧，不可能对民法典编纂体例展开讨论，从同时委托王利明教授起草侵权行为编、委托唐德华副院长起草侵权责任编，就可见编纂体例（思路）的混乱。

草案出来后，在9月召开过大规模的专家讨论会，邀请了各地的专家学者，开了大概半个月的讨论会。这个草案，经2002年12月九届全国人大常委会一次审议后，在媒体上公布，即《中华人民共和国民法草案（征求意见稿）》。在一些文章和教科书上谈到的民法草案，就是指这个民法典草案。这个民法典草案经常委会审议一次后，全国人大就换届到十届全国人大。按照当时的设想，第十届全国人大常委会应该接着进行第二次审议、第三次审议，直到最后提交全国人民代表大会通过，成为正式生效的民法典。但是，2003年6月第十届全国人大常委会会议讨论本届立法计划，没有再提审议民法典草案，而是审议"民法物权编"草案。到了8月常委会会议的公报上进一步明确为"继续审议物权法"。说明第十届全国人大常委会停止了对民法典草案的审议，仍旧回到原来制定民事单行法的立法方式，即制定单行法形式的物权法。当时预计物权法立法用3年、至多5年的时间就能完成，因为2005年发生所谓“物权法违宪”的意识形态争论，直到2007年《物权法》才获得通过。*

2008年3月全国人大换届，到了第十一届。第十一届全国人大期间，继续沿着单行立法的方式，2009年通过《侵权责任法》，**2010年通过《涉外民事关系法律适用法》。到2011年，第十一届全国人大常委会委员长吴邦国宣布：中国特色社会主义法律体系已经形成。于是发生一个意想不到的问题：中国还要不要编纂民法典？

2013年9月，在西南政法大学召开的中国民法学研究会年会上，全国人大常委会法工委民法室的一位同志作报告，介绍《消费者权益保护法》的修改，只字未提修改《继承法》和修改《婚姻法》，并且在她的报告结尾，特别讲了这样的一段话：“要不要搞民法典，大家要回答一个问题，就是民法典的必要性。目前有这么多民事立法了，法典与否的差别在哪些地方？制定民法典之后对国家的民事司法实践有哪些更有利的地方？这一定要说服有关方面。”

2013年10月，北京大学召开魏振瀛教授八十大寿庆祝会。魏振瀛教授是寿星，他在最后致辞中提高了声音大声疾呼：“中国一定要制定民法典！”全场一片静寂，没有任何呼应。法工委的同志在场，也没有吭气。这就提到了一个问题，中国的民法典编纂搞了30多年，是不是就不要了，就不再制定了？现在该怎么向学术界交代，向全国人民交代，向国际社会交代？以上是简单回顾中国第三次编纂民法典的过程。

现在来看，产生民法典不必要的意见：一个理由是民事单行法

---

* 《物权法》已于2021年1月1日失效。——编者注

** 《侵权责任法》已于2021年1月1日失效。——编者注

几乎都制定了;另一个理由可能是第十一届全国人大常委会吴邦国委员长曾经宣布,中国特色社会主义法律体系已经形成。我个人认为,不管怎么说,中国要不要编纂民法典,不是立法机关自己的事,不是全国人大常委会所能决定的。我们的国家能够不要民法典吗?中共中央政治局常委会于1979年决定将民法典编纂提上立法日程,经过30多年之后,还需要重新讨论制定民法典的必要性吗?

回过头来看,中国共产党十八届四中全会决定为什么要明文写上"编纂民法典"?就是要正面郑重回答学术界、人民群众、国际社会的疑问:编纂民法典,是中共中央的决定,这个决定至今没有改变!不仅如此,我们注意到决定上写的是"编纂民法典",没有采用通常的"起草""制定"这样的措辞,而是采用标准的法律概念:"编纂"。这绝不是偶然的。其用意十分明显:一是要在前30年民事单行法立法的基础上编纂一部完备的民法典;二是要借鉴发达国家和地区编纂民法典的经验,采用大陆法系民法典的编纂体例,民法典内部要有严密的逻辑关系。换言之,表明中共中央的立场:不赞同"汇编式、松散式"的民法典!

因为关于民法典编纂曾经发生过争论。有的人认为,我们的民法典不需要有严格的逻辑关系,只需把现存的单行法"汇编"在一起就行了,主张所谓"汇编式"民法典。他们说,你看人家美国没有民法典不也发展得挺好吗?我们的民法典为什么一定要像《德国民法典》《法国民法典》那样坚持严密的逻辑体系呢?因此主张制定"松散式"的民法典。特别是2002年,李鹏同志决定加快民法典编纂的时候,当时的法工委主任顾昂然同志在委托专家学者起草民法典的会议上明确指示:"不是制定民法典,不是起草民法典,而是汇编民法典。"意即把已有的《合同法》《婚姻法》《继承法》汇编在一起,就叫民法典。

出席会议的专家学者明确表示不赞成"汇编式"民法典。例如，民法起草工作小组成员费宗祎说："今天讲'汇编'，'汇编'就是汇编资料，'编纂'还有个'纂'字，还要改，要有变动，也要考虑体系。""我们讲在《民法通则》基础上编纂，更多要着眼于发展。《民法通则》并不是完美的，就不能动?！不能搞'凡是'。要着眼于发展。《民法通则》制定于1986年，现在是21世纪，20多年过去了，恐怕还是要与时俱进！"

因为当年关于民法典立法思路存在分歧，十八届四中全会决定就需要明确表示中共中央的立场：是否赞成所谓"汇编式""松散式"民法典？

十八届四中全会决定采用"编纂"概念，明示"编纂民法典"，准确无误地宣示中共中央的立场，不赞成"汇编式、松散式"民法典，中国编纂民法典必须遵循大陆法系民法典编纂的成功经验。中国民法典，不仅内容是合理的、进步的，而且在结构上是先进的、科学的，要有严密的逻辑关系，要有完整性、体系性、逻辑性。所以说，十八届四中全会决定具有非常重大的意义。前面说过，如果决定中不明示编纂民法典，仍然像公报上说的那样完善社会主义法律体系，必然会再次发生争论，争论民法典的必要性，争论民法典的立法思路。这就是我理解的十八届四中全会决定明确表述"编纂民法典"的重大意义。

中共中央下这样的决心，要实践1979年关于民法典编纂的决定，完成一部进步的、科学的、完备的中国民法典，除了完善民事法律体系、保障法院公正司法、保障人民私权之外，还有一个考虑，就是要发挥民法典的教科书功能。民法典不仅是法院的裁判规则，同时是人民的行为规则，它规定现代社会经济生活和家庭生活的行为准则。例如，怎样订立合同和履行合同，合同履行过程中发生违约怎样追究责任,社会环境发生异常变动情形如何兼顾双方的利益,怎样结婚、怎样离婚,离婚时如何处理子女的抚养监护和家庭财产问题,家庭生活中如何处理父母子女关系,怎样赡养老人、抚育未成年子女,以及如何投资理财,如何开办公司及处理企业内外关系,等等。一言以蔽之,民法典是现代市场经济条件下全社会的生活教科书、法治教科书、文明教科书。这一点,我们过去重视不够。

我们可以参考两百年前的《拿破仑法典》,即《法国民法典》。拿破仑复辟失败后被流放到圣巴赫岛,在那里拿破仑曾经回顾自己的一生,他说:“我的光荣并不在于赢得了40场战役的胜利,因为滑铁卢一役就使得这些胜利黯然失色。但是我的民法典却不会被遗忘,它将永世长存!”今天,昔日法兰西帝国的荣耀已经云散烟消,但《拿破仑民法典》却历经二百余年而不衰,依然是法国现代法治和文明的奠基石,并且因此在大陆法系内部形成与德国法系相抗衡的法国法系。

我们不可小看拿破仑,误认为他只不过是一介武夫。拿破仑不仅是人类历史上伟大的军事家,而且是人类历史上最早重视民法典编纂的政治家、立法家。拿破仑执掌法兰西共和国权柄之后,不仅立即把民法典编纂提上立法日程,而且亲自参加民法典立法审议,亲自就具体法律条文提出修改意见。他为什么如此重视民法典编纂?难道仅仅为了给法官提供裁判案件的基准?当然不是。拿破仑曾经说过,编纂民法典的目的,是“要让法国的农民在煤油灯下读懂自己的权利”。可见,拿破仑特别看重的是民法典的教科书功能,他要用这样一部民法典教育法国人民、改造法国社会。

大家接下来浏览一下十八届四中全会决定,上面专门讲到了这一点。请注意这一段话:“部分社会成员尊法信法守法用法、依法维权意识不强,一些国家工作人员特别是领导干部依法办事观念不强……”这是改革开放以来我们社会出现的最大问题。我们号称文明古国，中华民族具有各种美德和优良传统，但是却有一项缺点，即缺乏法律信仰。凡事习惯于找关系、找领导、找熟人。改革开放三十多年，我们取得了巨大的成就，同时也出了很多问题，这些问题大多与缺乏法律信仰有关。大家对于官吏腐败、法官腐败，都深恶痛绝。但我们是否想过，法官是怎么腐败的，法官收受的金钱是谁送去的？如果我们的民族、人民有法律信仰，像十八届四中全会决定上说的那样，社会成员都具有“尊法信法守法用法、依法维权意识”，严格按照民法行事，符合诚实信用、公序良俗，严格履行合同义务、家庭义务，自己遭受损害时依法维权，向人民法院起诉请求裁决，对法院判决不服时依法向上级法院上诉或者申请再审，还会有司法腐败吗？这里没有专门谈公务员队伍和法官队伍的法律信仰，这是不言而喻的。

请注意，党和国家文件讲到负面现象时惯常的数量词是“个别人”“少数人”“一些人”，什么时候用过“部分社会成员”这样的措辞？说明党中央已经注意到我们的民族、社会缺乏法律信仰问题的严重性。怎么样增强社会成员的法律信仰？单靠刑法、刑事诉讼法、宪法，行不行？单靠合同法、物权法、侵权法等民事单行法，行不行？都不行！唯有一部进步的、科学的、完备的中国民法典，就像当年拿破仑制定的《法国民法典》那样，才能充当我们民族和人民的生活教科书、法治教科书、文明教科书，从而使我们的社会树立起法律信仰，严格按照法律要求思维和行事，怎么样做人、怎么样做工、怎么样当学生、怎么样当老师、怎么样经商、怎么样经营企业、怎么样当官、怎么样从政。如果我们有这样一部进步的、科学的、完备的民法典，我们的社会才能够最终真正实现法治，才能够最终实现民族振兴的宏业，实现中央所提出的中国梦！中华民族才能担当历史赋予的使命!

以上是第一个问题,即怎么样理解十八届四中全会决定的重大意义。下面讲第二个问题,回应一段时间以来国内外反法典化、非法典化、解法典化的思潮。什么叫反法典化、解法典化呢? 所谓法典化,讲的是民法的法典化,英文是 codification。法典化的反面叫"反法典化""解法典化",在法典化 codification 前面加"de",即 decodification,字面的意思就是把民法典给拆散了,不要民法典了,认为编纂民法典已经没有意义了。这个思潮最早出现在 20 世纪中期,代表人物是意大利学者伊尔蒂,他的文章最早发表在 1978 年,提出所谓解法典化的理论。理由有四条:

第一,现在的好多国家都出现了民事特别法现象。即在民法典之外又制定了好多民事单行法,如消费者保护法、劳动合同法等,都是针对特定民事关系的。以劳动合同法为例,劳动合同是合同的一种具体类型。为什么包括我们国家在内的好多国家都要制定劳动合同法呢? 这是因为劳动者和企业主经济地位悬殊,不符合民法上说的法律地位平等。在这种情况下,处于优势地位的一方,就容易滥用优势地位,滥用合同自由,损害对方的利益。

第二,宪法保护基本人权,限制了民法典的适用范围。什么叫基本人权呢? 基本人权和民事权利既有联系,也有所不同。例如,自然人的生命、身体、健康,按理应当是基本人权。但是有些人权公约、人权法院所谓基本人权,并不是人的生命、身体、健康,而是个人的隐私、信仰自由、不受歧视等。到了 1998 年,欧盟成员国的公民、团体都可以直接向欧洲人权法院起诉(上诉),欧洲人权法院的裁决是终审裁决,成员国必须执行。所以,到了 20 世纪中期,基本人权问题就突出了,欧盟成员国的公民在本国法院审理的民事诉讼中败诉,当事人就可能以基本人权受到伤害、没有得到保护为由,上诉到本国的宪法法院，甚至上诉到欧洲人权法院。伊尔蒂认为，由于宪法保护基本人权，因此限制了民法典的适用范围。

第三，各个国家司法判例的大量运用，承认司法判例的法源地位，限制了民法典的适用。我们知道，早期的民法学说叫概念法学，即在 19 世纪末 20 世纪初，当时的民法学说认为民法典是唯一法源，不承认法官的造法功能、不承认判例的法源地位。第二次世界大战以后，概念法学受到批判，现在的民法学说已经超越了概念法学，民法学说和实践并不认为民法典是唯一法源，承认司法判例的法源地位。我们国家也是如此，最高人民法院不仅发布司法解释而且定期发布指导性案例，司法解释和指导性案例在不与现行法抵触的条件下具有民法法源的地位。

第四，国际公约、国际惯例及欧盟的指令，挤占了民法典的适用范围。2009 年《民法通则》第 142 条第 2、3 款规定："中华人民共和国缔结或者参加的国际条约同中华人民共和国的民事法律有不同规定的，适用国际条约的规定，但中华人民共和国声明保留的条款除外。中华人民共和国法律和中华人民共和国缔结或者参加的国际条约没有规定的，可以适用国际惯例。"我们的当事人和国外的当事人签订合同，可能选择适用国际条约的规定。

意大利学者伊尔蒂正是基于这四个理由，提出所谓反法典化、解法典化理论，认为民法典的作用变得越来越小，民法典将成为剩余的法律、补充性的法律、辅助性的法律。在他看来，法院裁判案件中起作用的主要是民事单行法、司法判例，以及国际公约、国际惯例及欧盟指令，民法典往往得不到适用。只是在很偶然、很特殊的情况下作为辅助性的法源，才适用民法典的规定。这样民法典不就成了多余的、剩余的法律了吗？以上介绍意大利学者伊尔蒂提出的非法典化、解法典化理论及其理由。

非法典化、解法典化理论也影响我们国内，在七八年前或者十年前吧，在华东政法大学召开过一个学术讨论会，会议名称就叫“法典化与非法典化”。在这个会议上，当然有很多学者主张法典化，认为中国一定要编纂民法典，有的学者就直接反驳国外所谓解法典化、非法典化思潮。我国学术界确有个别学者，认为没必要制定民法典，理由就是现在发达国家都讲非法典化了，我们还有制定民法典的必要性吗？

中国法学创新网上有一篇文章，题目叫《论中国民法的解法典化现象》。这篇文章的中心思想是，认为中国提前进入了解法典化。为什么叫“提前进入”呢？因为外国是在有了民法典百年之后才出现所谓解法典化、反法典化现象，而中国迄今还没有民法典，虽然还没有民法典，但是作者认为中国已经出现了解法典化现象。作者提出中国提前进入解法典化的理由是这样几条：第一，特别法现象，列举了现行民事特别法。第二，民法典渐行渐远。认为搞了三十多年都没有制定民法典，恐怕不可能制定民法典了。第三，民法解释学面临挑战。作者举了一个例子，即惩罚性损害赔偿制度，本属于英美法制度，引入中国一些单行法，作者认为民法解释学难以解释，面临困境和挑战。第四，在法律人的这个圈子中，出现了一些“特别法专家型”的法律人才，这些专家研究特别法，研究劳动合同法、消保法等，大概是这样的意思。基于这四个理由，作者认为中国提前进入了非法典化、解法典化的时代。

我先就这篇文章稍微回应一下，然后再回过头来回应伊尔蒂。这篇文章作者认为我国的特别法现象更严重。因为没有民法典，全是特别法，当然更严重。问题是这样看科学不科学，正确不正确呢？不正确！因为国外所说的特别法现象，是指民法典之外的民事特别法。我们的公司法、票据法、海商法、保险法、证券法及知识产权三法，可不是国外所说的民事特别法。因为中国立法采取的是折中的民商合一模式。虽然坚持民商合一主义，但并不打算把所有的民商法律规则都规定在民法典上。民法典只规定基本的、共同的规则和制度，并不打算规定特殊市场、特殊关系的特别规则。特殊市场、特殊关系的特别规则，当初就打算在民法典之外分别制定特别法，如公司、票据、海商、保险、证券、期货等法，都属于民法典之外的商事特别法。

所以，教科书上将民法区分为形式民法与实质民法，所谓形式民法即指民法典，所谓实质民法指民法典及商事特别法。可见，这些商事特别法，不同于国外所说的特别法。再说《合同法》《婚姻法》《收养法》《继承法》《物权法》，虽然形式上是单行法，却不属于所谓特别法范畴，它们是作为民法典的一编来制定的，是民法典的分则，而不是所谓特别法。前面谈到民法典制定过程中发生立法方式的改变，先以单行法的方式来制定民法分则。《继承法》，是以民法草案（四稿）的继承编为基础制定的。《婚姻法》和《收养法》，属于民法典的婚姻家庭编。《合同法》《物权法》《侵权责任法》，都是作为民法典的一编来设计和起草的。这些法律现在作为单行法存在是暂时的，最终它们还要编纂在民法典上作为民法典的分则。这是对所谓中国特别法现象十分严重的反驳和回应。

所谓“民法典渐行渐远”，是不了解实情的一种误读。十八届四中全会决定明示“编纂民法典”就是明证。这里谈谈所谓民法解释学是不是面临着重大挑战。惩罚性损害赔偿制度之引入中国，是1993 年的《消费者权益保护法》第 49 条。当时就是否规定惩罚性赔偿发生激烈争论，因为自 20 世纪 80 年代中期开始，出现“缺斤少两、假冒伪劣”损害消费者利益的严重社会问题，一些专家学者建议采纳美国的惩罚性损害赔偿。但是反对声音也不少，主要理由是民事责任以填补损害为目的,而惩罚属于刑事责任、行政责任的功能。最后达成妥协,1993 年《消费者权益保护法》第 49 条规定惩罚性赔偿,即所谓"双倍赔偿",一倍是返还价款,一倍是惩罚。后来的实践证明,价款一倍的惩罚的确太轻,2013 年修改《消费者权益保护法》,改为四倍赔偿(第 55 条第 1 款),其中一倍是价款,三倍是惩罚。

惩罚性损害赔偿是美国制度,我们引进后规定在《消费者权益保护法》中,作为违约责任的特别制度。1999 年《合同法》第 113 条第 2 款明示《消费者权益保护法》关于惩罚性赔偿的规定,属于违约责任的例外规定,应当优先适用。1999 年《合同法》第 113 条第 1 款规定的违约损害赔偿是损害多少赔偿多少,2013 年《消费者权益保护法》第 55 条第 1 款属于特别规则。此外,还有 2009 年《食品安全法》第 96 条关于十倍赔偿的规定,一倍是返还价款,九倍是惩罚。《食品安全法》这样规定,是因为出现了"三鹿奶粉"事件。《食品安全法》第 96 条,虽在《合同法》第 113 条第 2 款没有提及,按照目的解释,也应属于违约责任的特别规则。《食品安全法》和《消费者权益保护法》的规定有区别,2013 年《消费者权益保护法》第 55 条第 1 款明文规定以经营者有欺诈行为为要件,2009 年《食品安全法》第 96 条并没有欺诈要件。应当指出,2013 年《消费者权益保护法》第 55 条第 1 款规定的四倍赔偿,属于《合同法》违约责任的特别规则,也与 1999 年《合同法》第 54 条第 2 款规定的"欺诈撤销制度"有关。经营者有欺诈行为,受害消费者有权选择依 2013 年《消费者权益保护法》第 55 条第 1 款请求惩罚性赔偿,如果他选择依《合同法》第 54 条撤销合同,就只能依《合同法》第 58 条请求赔偿实际损害,而不能要求惩罚性赔偿。这在解释上并不存在困难。

请注意,2009 年《侵权责任法》第 47 条也规定了属于特别侵权责任的惩罚性赔偿制度。其适用范围限于产品缺陷致损案件,以“明知产品存在缺陷仍然生产、销售”为构成要件。但条文未规定惩罚性赔偿的计算,当时的想法是留待特别法规定或者最高人民法院司法解释规定。因此,2013年《消费者权益保护法》第55条第2款规定,经营者明知商品或服务有缺陷仍予提供的,承担不超过实际损害赔偿金两倍的惩罚性损害赔偿金。2013年《消费者权益保护法》第55条第2款和第1款性质不同,第1款是违约责任的特别法,是《合同法》违约责任的特别规则,第2款是《侵权责任法》的特别规则。我们可以清楚地看到,中国引入惩罚性赔偿制度,分别作为合同法违约责任的特别规则和侵权法侵权责任的特别规则,其逻辑关系清晰,在解释适用上并没有什么困难,所谓使民法解释学面临挑战显然属于夸大不实之词。

关于特别法专家型法律人,特别法专家型法律人的出现,是第二次世界大战后的普遍现象。现在已经找不到一个教授对民法各部分都精通。在我们大学课堂上,哪个教授对民法总则、债权总则、债权分则、物权法、亲属法和继承法全懂、全讲?且不说还要求他讲公司、票据、海商、保险、证券等商事法。不仅中国没有,就是日本、欧洲也同样没有。这是民法发展的结果,是社会生活越来越复杂的结果。每一个民法教授都有他的专长范围,要么是物权法专家,要么是债法专家,要么是婚姻家庭法专家。商事法方面,要么是公司法专家,要么是票据法专家。还有专门研究产品责任的专家,专门研究机动车事故责任的专家,专门研究医疗损害责任的专家,如此等等,这是当代社会的普遍现象,并不能因此说明民法典不重要。

现在回过头来,我要回应意大利学者伊尔蒂所谓解法典化、反法典化。请特别注意,伊尔蒂的解法典化、反法典化理论,在西方也只是个别人的意见,绝大多数学者都不赞同,他们认为伊尔蒂所谓解法典化是夸大其词、言过其实,民法典的地位并没有动摇和改变。其第一个理由是民事特别法现象,我不再讲了,民事特别法现象并不能动摇民法典的地位。我要回应他的第二点,即宪法对基本人权的保护侵占了民法典的适用范围。

我举一个英国的例子。英国有一个《房屋租赁条例》,该条例规定承租人死亡,其妻子或丈夫可以继续签订租赁合同。但是有个案子中死去的承租人是同性恋者,其同性伴侣要求续签租赁合同,遭到房主拒绝,他说法律上规定的是死者的妻子或者丈夫,应当是异性,因此拒绝续签合同。一审法院严格解释条例的规定,认为同性伴侣不是配偶,判决房主胜诉。案件最后上诉到英国上议院,上诉理由是基本人权受到侵害。上议院撤销了原来的判决,改判该同性伴侣胜诉。上议院解释《房屋租赁条例》,认为其中的"承租人的妻子或者丈夫",应当包括"相当于承租人的妻子或者丈夫的人"。采用的是扩张解释方法。实质是以《欧洲人权公约》关于基本人权的规定来解释民法的法律条文,所适用的仍然是民法条文。

再举英国一个航空公司禁止女雇员佩戴珠宝类十字架的案件。因公司统一着装规定禁止直接面对顾客的雇员佩戴珠宝类十字架,公司决定将该雇员调到内部机构工作,她不同意,因此该女雇员被停薪留职。后来,航空公司修改了统一着装政策,规定可以佩戴某些宗教类标记,该女雇员恢复了以前的工作,并被允许佩戴十字架,但是停薪留职期间的工资不予补发。该女雇员以非法歧视为由起诉英国航空公司,要求赔偿其停薪在家期间的损失,一审法院判决原告败诉,最后女雇员向欧洲人权法院起诉英国。欧洲人权法院经审理后认为,英国法院在适用法律的时候侵犯了原告宗教信仰方面的权利,判决英国对原告予以相应赔偿。

下面举德国一个关于基本人权的案件。德国宪法法院判决女儿担当其父亲借款担保人的合同无效。在该案中，一位商人向银行借款，借款合同规定借款人的女儿担任保证人。若干年后借款人破产，银行要求借款人的女儿承担保证责任。宪法法院认为，该案存在合同关系上的不平等，因为借款人的女儿订立合同时年仅 21 岁，没有受过高等教育，没有任何财产，在一家工厂做非技术员工，领取微薄工资，且银行没有对她担任保证人的风险进行充分告知。宪法法院认为，因“谈判能力的不平等”导致弱势一方承担异常过重义务时，法庭必须依据民法一般条款（公序良俗原则或者诚实信用原则）保护弱势一方当事人意思自治的基本权利。

接下来举德国的土耳其裔承租人案。在这一案例中，土耳其裔承租人要求安装能够收看土耳其电视节目的天线，出租人以合同条款不包括此项义务为由拒绝安装。地方法院判决出租人胜诉。宪法法院撤销了民事法院的判决，因为该判决侵犯了承租人受《德国基本法》保护的自由获取信息的基本权利，并责令出租人允许土耳其裔承租人另外安装能够接受土耳其电视节目的天线。

再举一个德国有名的案件。摩洛哥公主卡洛琳，不是代表摩洛哥政府，而是代表其家庭到德国参加了一些公共活动，德国出版公司的杂志上刊登了三组照片，具体描述卡洛琳在德国的生活状况。卡洛琳向德国法院起诉德国出版公司，各级法院均以卡洛琳为绝对公众人物为由，判决其败诉，允许被告继续发行反映其生活细节的照片。2000 年卡洛琳向欧洲人权法院起诉德国。2004 年欧洲人权法院审理认为，涉诉照片不存在公共利益，判决德国违反了《欧洲人权公约》第 8 条有关隐私保护的规定。后来原告、被告达成和解，由德国赔偿卡洛琳 115,000 欧元。按照过去的理论，只要属于绝对公众人物，其一切活动都可以公开，现在欧洲人权法院作了区分，即使属于公众人物，还要进一步判断其活动是否与公共利益有关，涉及公共利益的可以公开,不涉及公共利益的属于隐私范围,不经本人同意不能公开。欧洲人权法院的这个判决,促使德国修正了所谓绝对公众人物判断规则,具有重大意义。

在列举了以上保护基本人权的案件之后,需要正面回答一个问题:是否如伊尔蒂所说,适用宪法和一些人权公约保护基本人权,因此导致对民法典的限制呢?如前所说,在英国承租人同性伴侣案件中,上议院是通过对《房屋租赁条例》中"承租人的妻子或者丈夫"一语作扩张解释,实现对原告基本人权的保护,直接适用的法律规则仍然是《房屋租赁条例》。德国的判例有一个特点,虽然在进行实质判断时是以宪法、人权公约的规定作为根据,但最终适用的仍然是《德国民法典》上的诚实信用原则、公序良俗原则。例如,土耳其承租人案中,承租人要求观看本国的电视节目的权利属于基本人权,不允许他安装能够接收土耳其电视节目的天线,违反诚实信用原则、公序良俗原则。包括卡洛琳公主案件,最后适用的仍然是德国民法关于保护隐私权的规则。能不能因此就认为民法典的适用范围受到限制、民法典因此就不重要了呢?当然不能。

特别值得注意的是,进入21世纪以来,我们并没有看到伊尔蒂所谓解法典化、非法典化的现象;与之相反,我们看到的是另一次法典化浪潮、再法典化的浪潮。很多原先没有民法典的国家相继编纂民法典,即法典化codification,已有民法典的国家纷纷重新编纂民法典,即再法典化(recodification)。这里举再法典化的实例,它们是:2000年的立陶宛新民法典,2002年的蒙古新民法典、巴西新民法典,2003年的乌克兰新民法典,2004年的卡塔尔新民法典,2005年的越南新民法典,2011年的罗马尼亚新民法典、柬埔寨新民法典,2012年的捷克新民法典,2013年的匈牙利新民法典。我们没有看到有哪个国家非法典化、解法典化,恰好相反,我们看到的是一波再法典化的浪潮！

下面再举一个反驳所谓解法典化、非法典化的有力证据，就是大陆法系几部最著名的民法典债权编的修改，通称债法改革。首先是《德国民法典》，早在20世纪90年代初即成立债法修改专家委员会，对民法典债权法部分进行审查并提出修改草案，2002年通过《德国债法现代化法》，着重修改了合同法和诉讼时效制度。德国为了规制格式合同、保护消费者权益，1976年制定《一般契约条款法》，属于伊尔蒂所谓民法典之外的特别法。现在通过对合同法的修改，《一般契约条款法》规制格式合同的规则已被纳入民法典。还有诉讼时效制度的修改，《德国民法典》原来的诉讼时效种类繁多，而且时效期间很长，现在通过修改，将一般时效期间从30年改为3年（自知道或者应当知道时起算），另设10年的客观时效期间（自权利发生时起算），但人身损害赔偿的客观时效期间为30年，实现了诉讼时效制度的简化。

2005年，法国启动债法改革，着重修改《法国民法典》的合同法部分，现在已经有三个草案，同时也修改民法典的诉讼时效制度。《法国民法典》诉讼时效制度的修改已于2008年完成，一般诉讼时效期间改为5年，但人身损害的诉讼时效期间为10年，如果属于虐待或者性侵未成年人，诉讼时效期间为20年。2009年法国还决定进行侵权法的改革。目前，法国合同法改革和侵权法改革都还在推进过程中。另一个著名的民法典是《瑞士民法典》，《瑞士民法典》的债法改革自2007年开始，已经公布了一个草案，23位教授提出了一个债法修正草案。还有我们的邻国日本，《日本民法典》债权编修订于2004年开始，到2009年公布了修改草案，预定2015年通过。

我在这里作一个小结，我们迄今没有看到哪个国家废弃民法典、实行所谓解法典化、反法典化，也没有看到所谓民法典沦为辅助性的法律或者剩余的法律；相反，我们看到进入21世纪以来又一次法典化浪潮、再法典化浪潮以及民法典的债法改革浪潮。事实表明，意大利学者伊尔蒂所谓解法典化、非法典化理论，不仅仅是言过其实的偏激之词，而且是对当今世界民法发展潮流和发展趋势的错误判断！民法法典化的基本目的和功能，在于实现私法规则的体系化，确保民法的确定性、可预见性，确保裁判的公正性，并发挥民法典作为人民生活教科书、法治教科书和文明教科书的功能！民法理论已经超越了概念法学，而以基于利益法学和价值法学的现实主义法学为主导，民法典不再被视为唯一的法源，在民法典的私法基本法地位不变的前提下，承认法院判例的法源地位，认可在民法典给定的范围内的法官造法。所谓解法典化、反法典化是对法律发展趋势的误判，说我国提前进入解法典化、反法典化阶段，当然更是误判。

下面我讲第三个问题，谈谈我对民法典编纂的一些想法。我认为有必要总结30多年民法典编纂和制定民事单行法所采取的方法。1979年启动第三次民法典编纂采取的方法，是委托民法学者和实务专家组成民法起草小组，由民法起草小组起草民法典草案。1985年《民法通则》的制定，采取了另一种方式，即由全国人大常委会下设的法制工作委员会负责，再加上四位法律顾问，在1982年的民法典草案第四稿的基础上，起草民法通则草案。四位法律顾问，即中国政法大学的江平教授、中国人民大学的佟柔教授、中国社科院的王家福教授和北京大学的魏振瀛教授，四位法律顾问在《民法通则》制定过程中起了很大的作用。

十八届四中全会决定谈到建立健全立法专家顾问制度。一个问题是，既然制定《民法通则》时就有法律顾问，为什么后来几届全国人大没有法律顾问呢？王汉斌同志在他的回忆录中讲到，按照

《全国人民代表大会组织法》的规定，每个专业委员会都应设法律顾问，因为当时退休的很多领导同志都要求担任法律顾问，使全国人大常委会很为难，于是就取消了法律顾问制度。十八届四中全会决定指出，“依法建立健全专门委员会、工作委员会立法专家顾问制度”，强调发挥立法专家顾问的作用。

第一个经验是合同法的起草，由法制工作委员会委托 8 位学者、法官设计立法方案，然后委托 12 个单位的民法学者按照立法方案分头起草合同法各章的条文，再委托学者统稿完成合同法草案，直接作为立法机关的法律草案(试拟稿)。这种委托学者起草法律草案的方法，在十八届四中全会决定中也提到了。决定要求“探索委托第三方起草法律法规草案”。其优点是可以解决由部门负责起草难以避免的相互“争权诿责”现象。其实合同法起草就采用了委托第三方起草的方法。

第二个是委托民法学者、实务专家和立法专家成立民法起草工作小组的经验。在九届全国人大期间，民法起草工作小组参与了合同法草案的历次修改、负责物权法草案的起草和修改，负责中国民法典大纲草案的起草。民法起草工作小组负责法律草案起草和修改的经验，值得认真总结。现在的问题是，民法典编纂到底采用哪一种方法？

另一个问题是，民法典编纂要不要分步走。孙宪忠教授的意见是，第一步制定民法总则，第二步编纂民法典；王利明教授的意见是，第一步制定民法总则，第二步制定人格权法，第三步编纂民法典。现在已经明确的是，法工委已决定先制定民法总则，至于民法总则完成之后，是制定人格权法还是编纂民法典，尚不清楚。我自己对十八届四中全会决定的理解，应当是直接编纂民法典，毕其功于一役。我认为现在编纂民法典并不存在什么困难，学术界、实务界和立法机关团结一致,就一定能够完成十八届四中全会决定所宣示的编纂民法典的任务。我就讲到这里,下面接受同学和老师的提问。

提问1:梁老师,我准备了两个问题。第一,您刚才提到了民法典编纂过程,当下有哪些争议的焦点和难点,还未形成统一的意见?第二,您刚才提到我们要编一个民法的总论,涉及时效之类的,但是商事法基本都是单行法,那么这样下去,将来是否真的会出现民商的分立。民法典是否不能涵及商事法律?

梁慧星:第一个问题,问当下有什么重大的争论,民法典编纂的难题是什么?我认为现在编纂中国民法典,其实并没有什么实质性的障碍。民法学界已经做了长期的准备,中国人民大学王利明教授起草了一部民法典草案,我负责的社科院课题组起草了一部民法典草案。这里顺便介绍一下,我负责的社科院课题组,并不是仅由社科院的学者组成的课题组,而是由包括北京大学、清华大学、中国人民大学、中央财经大学、复旦大学、烟台大学、山东大学、对外经贸大学、深圳大学、上海财经大学、建设银行总行及中国社科院12个单位的27位学者组成,社科院自己的学者不到1/3。课题组成员,都是民法学界研究某个领域、某项制度的权威、领先学者,并且承担其最擅长部分条文的设计和起草。例如,尹田教授起草民事主体条文,崔建远教授和韩世远教授起草合同总则,王轶教授起草合同分则,孙宪忠教授和陈华彬教授起草物权法总则,张新宝教授设计和起草侵权行为编,郭明瑞教授和房绍坤教授负责设计和起草继承编,等等。

草案于2002年完成,提交法工委,并于2004年出版。2010年进行第一次修改后在欧洲荷兰的莱顿和美国的波士顿出版了英译本。后来又进行第二次修订。现在是 2029 条，并且每个条文都附有说明、理由，说明本条参考了哪个国家的哪个条文，参考最高人民法院哪一个司法解释或者哪一项判例规则，以及应当如何解释适用。2013 年出版《中国民法典草案建议稿附理由》（8 卷 400 万字），已经提交立法机关。此外，厦门大学徐国栋教授也起草了一部民法典草案，没有附理由，称为《绿色民法典草案》。还有中国人民大学的杨立新教授起草了一个民法典总则编的条文草案。学术界已经为民法典编纂做了充分准备，这些草案都将成为立法机关起草正式的法律案的参考。我认为当今编纂民法典已经没有什么障碍。

第二个问题，我国的民事立法是沿袭当年民国政府时期确定的立法体例，叫作“民商合一主义”。但需注意，并不是彻底的民商合一主义，所谓彻底的民商合一主义至少应当像《意大利民法典》，将所有的民商事规则都规定进去。当时我们的前人就已经考虑到社会生活的复杂性，一部民法典不可能规定民事生活的全部规则，决定把民事生活的基本规则、共同规则规定到民法典中，而将民事生活特殊关系、特殊领域的规则留在民法典之外，作为单行法予以规定。如公司法、票据法、海商法、保险法，学术界将民法典之外的这些单行法称为“商事法”。因为不存在独立于民法典的商法典，所以不同于民商分立主义。要特别注意，我们的民商合一主义是不彻底的，是一个折中方案，现在仍然是这样。

我国商事法学者在若干年前就提出了在民法典之外制定一部“商事通则”的建议。他们已经起草了“商事通则”条文草案，并且反复进行讨论。对这个问题，我一直没有表态，直到去年或是前年在某个法学院回答学生提问时才表明态度：我认为中国民事立法体制不可能改变，在民法典之外既不可能制定商法典，也不可能制定“商事通则”。为什么？我提出的首先是实务上的理由，如何看待合同法？如何看待物权法上的担保物权？无论制定商法典或制定商事通则，都绕不过一个区分民事与商事的标准问题，要么以商事主体为标准，要么以商行为作为标准。你看我们的 1999 年《合同法》428 个条文，除了赠与合同的 11 个条文和借款合同中规定个人之间借款的 2 个条文之外，415 个条文是传统上的民事合同吗？当然不是。《合同法》总则和分则的大量条文是直接采用《联合国国际货物销售合同公约》《国际商事合同通则》《欧洲合同法原则》的规定。所以说，我们的《合同法》是典型的商法，《合同法》规定的是典型的商行为，《合同法》是典型的商行为法。

再说，在中国现今市场经济条件下，什么是商主体？我们当然可以说是各种公司，公司是商主体，这不错。法学教授是不是商主体呢？应当说法学教授不是商主体，这也不错。一位法学教授下课后炒股，炒股是不是商行为呢？某个教授有两三套房屋的情况并不少见，他认为房价合适的时候卖出一套房子，按国家规定，他买进与卖出之间的时间不满五年须交纳营业税，这是不是商行为呢？当然是。因为营业税就是商行为税。我们的国家干部总不能经商吧，这是有明文规定的，但是前不久新闻媒体披露山西某个国家干部持有煤矿股份，如果是真实出资取得的股份，应当肯定并不违法，那持有煤矿股份的国家机关干部是不是商主体呢？实际是同一个人，当他以国家机关干部身份行使公法上的权力、履行公法上的职务的时候，他当然不是商主体，而是公法上的主体；当他下班后出资购买煤矿股份、行使股东权，或者买卖股票、买卖商品房的时候，他就是商主体、从事的就是商行为。一言以蔽之，人人得以经商，这就是现代市场经济。

还有我们的《物权法》，特别是《物权法》关于担保物权的规定，所规定的不动产抵押、动产抵押、最高额抵押、动产不动产集合抵押等,都是服务于融资、服务于商行为的。历史上的担保,以保全债权为目的,叫作保全型担保;现在人们设立各种担保权已经不是为了保全债权,而是为了取得融资,称为融资型担保,融资本身就是典型的商行为。还有各种权利质权,特别是应收款质押(实际是"应收款转让"),其本身就是典型的商行为。要么其本身就是典型的商行为,要么是为商行为服务。过去说民法的商法化,现在看已经成为现实,我们的《合同法》《物权法》(至少是担保物权部分)都是典型的商法。

只是在民法商法化的前提下,我们才有必要创设一些特殊制度如格式合同制度,对传统意义上的民事主体(如消费者、劳动者)予以特殊保护。总之,现代市场经济社会就是商业社会,其根本特征就是人人得以经商,人人可以从事商行为,商主体与民事主体、商行为与民事行为之间的界限已经模糊不清或者已经不存在。这就决定了,不仅制定商法典的想法是不可行的,想要制定商事通则的意见也同样不可行。当然这只是我的个人观点。谢谢你。

提问 2:梁老师,按照您的说法,很多东西是没办法完全融合的,比如说民事代理行为和商事代理行为就存在明显差别。讲课的时候也说商事代理是有别于民事代理的,我们知道商事代理适用于合伙企业,而民事代理只是适用于个人。

梁慧星:现在的民法理论确实还有民事代理和商事代理的区分,但是这种区分的实际意义有多大呢?大量的代理都是在商事活动中,而且适用商事规则,本来意义的民事代理恐怕已经很少了。可以设想一下民事代理的事例,未成年人的法定代理人代其接受赠与,如受赠一套房屋,可以说是民事代理。但是,如果法定代理人代他(她)处分这套受赠的房屋,就很难说是民事代理。民事合伙也已经很少了,二人共同出资购买一套房屋用于共同居住,可以说是民事合伙,如果用于共同经营火锅店或者小餐馆,就很难说是民事合伙。民事代理与商事代理、民事合伙与商事合伙,这些传统民法理论上的概念和区分至今存在,但其实际意义有多大?这就是过去常说的"民法的商法化",现在看来,至少是"民法商法化"的进程已经大大地推进了。我认为这是现代市场经济发展的结果。

提问3:谢谢梁老师,我能再问一个问题吗?我们从小接受的观念就说宪法是国家的根本大法,但是现在有学者说民法才是国家根本大法,您对这个怎么看?

梁慧星:学者的各种理论总有各自的道理。但是我们从立法机关的表述来看,任何国家的根本大法都是指宪法。有的学者说宪法只管政治生活领域,规定国家基本制度、国家机关,公民的投票、表决之类,是政治生活领域的根本大法,而认为民法是民事生活领域的根本大法,在这个意义上强调民法的重要性。我讲民法典编纂的重要性也是这个意思。把民法说成是国家根本大法,是否因此就认为民法凌驾于宪法之上,或者民法与宪法平起平坐呢?只是强调民法重要性的各种说法中的一种说法,不可能人人都赞同。没必要因为强调民法典的重要性就说民法是国家根本大法。而且宪法并不是不过问民事生活,前面说到宪法对基本人权的保护,我国《宪法》规定对私有财产的保护,规定尊重和保障人权,规定人身自由不受侵犯、人格尊严不受侵犯、住宅不受侵犯,等等,都是民事生活的基本制度,是民法的宪法依据。在任何国家的法律体系中,宪法都是民法的上位法。在宪法规定和允许的范围之内,当然是民法说了算,实行所谓意思自治、私法自治,但意思自治、私法自治还是要受宪法的限制。说民法是根本大法只是比喻性的说法,强调民法的重要性可以有多种表达。

提问4：梁老师，您好，我是学经济法的，您是民法学家，我们经济法和民法的几次大论战，社科院的王家福先生、王保树先生，还有您都参加了，你们从否定经济法论到提出行政经济法，不知道您现在对于经济法的看法怎么样？

梁慧星：当年经济法、民法之间的论战我参与了，也出过书，发表过文章。但是，我并不否认经济法的存在，我认为经济法在现代社会中有其难以抹杀的重要地位。基本根据是什么？就在中央文件中讲到的国家对市场经济的宏观调控和必要管理，宏观调控在现行《宪法》上也有明文规定。现代化的市场经济，不同于历史上曾经有过的自由放任的市场经济。我们国家的市场经济离不开国家的宏观调控。前几年实行的商品房限购不就是调控吗？近年国家想鼓励大家买房、买股票，例如央行降息、降准，这些都是宏观调控手段。《宪法》第15条第2款规定："国家加强经济立法，完善宏观调控。"这就是经济法的宪法依据。对经济生活的管理就更不用说了，我们的总理说，过去的管理太多了，审批一个项目要盖几百个章，所以要简化审批，把审批制改成备案制，等等。国家和政府对经济生活的管理是必要的，关键是管理的科学化问题。我始终认为经济法是很重要的法律，我过去所反对和批判的是苏联拉普捷夫的经济法理论，称为"纵横统一经济法"，是反映计划经济体制的经济法理论。这套经济法理论已经被历史抛弃了。现在的经济法理论要反映现代市场经济的本质和要求，我们现在的经济法中最重要的是反垄断法、反不正当竞争法，以及税收、金融等市场管理调控的法律法规。

顺便说一下经济法的教学，我多年以前就说过，经济法教学不要老是强调经济法的概念、调整对象、基本原则及经济法与民法的不同。建议紧扣市场经济的实际，主要讲反垄断法、反不正当竞争法，讲我们现在的各种调控手段，包括降息、降准等。我还有一个建议，不要把民法、经济法的界限划得那么清楚。例如，我们的消保法，你既可以说它是经济法，也可以说它属于民法。劳动法、劳动合同法不也有管理的内容吗？不要太注重理论上的区分。经济法教学，如果可以的话，建议开一些民法讲不了的课程，如进出口贸易合同、建设用地出让和转让、商品房预售合同、建设工程合同，等等。不仅讲经济管理，也讲合同本身，把两者结合起来讲。如果我们的学生对房地产法、房屋买卖合同、房屋租赁合同、融资租赁、建设工程合同、招标投标法等都很熟悉，到房地产开发公司、建筑工程公司法律部工作就会得心应手，就比只学民法理论知识或者经济法理论知识要实用得多。前面不是谈到有人提出“解法典化”的一个理由是法律专家型人才的涌现吗？其实我们现在没必要培养那么多全面型、样样都懂一点的法律人才，而是要培养有专长的、专门的法律人才。经济法教学也是这样。另外，经济法还有一个意义是“经济生活中的法律”，我们可以讲一些买卖股票的知识技巧，深交所、上交所的组织运作规则，证监会的管理规则，等等，这些都是实用的、扎扎实实的知识。谢谢你。

提问5：梁老师，您好，向您请教一个小问题：在我们坚持不在民法典中独立设人格权编，将人格权纳入自然人范围时，民法典编纂将如何更好地规范和保护我们的一般人格权乃至法律人格权？

梁慧星：在民法典编纂过程中一个争论点就是人格权应摆在哪个位置更合适。最近我看到中南的私法网站上刊出的关于人格权立法的不同意见，其中就有我的一派，王利明教授的一派，他主张单独设立人格权编，我主张把人格权规定在民法总则编的自然人一章。王利明教授的基本理由是人格权的重要性。我的基本理由是人格权的特殊性。人格权与人格（主体资格）不可分离，作为人格权客体的自然人的生命、身体、健康、自由、姓名、肖像、名誉、隐私等，是人格的载体。人格权与人格（主体资格）相终始，人格不消灭，人格权不消灭，人格消灭，人格权当然消灭。人格权是存在于主体自身的权利，不是存在于人与人之间的关系上的权利。只在人格权受侵害时才涉及主体与他人之间的关系，但这种关系是侵权责任关系，性质上属于债权关系。还有一点是，人格权不能依权利人的意思、行为而取得或处分，不适用总则编关于法律行为、代理、时效和期日期间的规定，独立设编将造成逻辑混乱。但是，在此前我已经公开声明，编纂民法典的时候，如果立法机关和学界、实务界多数人赞成单独设人格权编，我将不持异议。学术归学术，立法归立法。学术是求异存同，立法是求同存异。

但是话说回来，人格权要单独设编至少要有相当数量的条文，十几个条文太少了，至少要有三五十个条文才能独立成编吧。我在这里说的就不考虑学术上的争论。现在国际上再法典化浪潮期间，绝大多数国家还是把人格权规定在总则当中。人格权当然重要，但是重要的是内容而不是位置，尽量把人格权的内容规定细致，有可操作性，放在民法典的哪个位置是次要的。内容是科学的、进步的、合理的，摆在哪里效用都是一样的。补充一下，前面讲到再法典化的浪潮中，确有一个民法典是将人格权单独设编的。

在考虑人格权位置的时候还要考虑它和侵权责任的关系。此外，有些人格权无法拟出条文，例如生命权，生命权当然很重要，但是我们怎么把它写成条文呢？难道我们写“自然人享有生命权”吗？这样写不像话。但从反面规定就比较顺，例如规定“生命权不受侵犯，侵犯生命权将依法承担法律责任”。这又涉及如何处理与侵权法的关系。所以说,有的内容很重要,但很难拟条文。

还有,你刚才讲到一般人格权的问题,我也简单概括一下。现在人格权制度的发展大致有三种思路:第一,德国式,即一般人格权加特殊人格权。因为《德国民法典》中规定人格权的种类很少,于是实务中就发明了"一般人格权",如遇人格利益遭到侵害而法律上没有明文规定,就适用一般人格权来保护受害人。第二,美国的思路,隐私权加商品化权。隐私权是美国人发明的,什么都往隐私权里面放,因此没有所谓一般人格权。这两种思路都满足了社会发展的要求。现在有一个新的要求,有的知识产权法学者提出人格的商品化。商品化权,就是指名人代言。我们过去认为人格权是没有财产价值的,是非财产权,但是现在名人能买飞机、豪华别墅,动辄好几亿元,就是靠名人代言。但传统民法理论认为人格权是没有财产价值的,是非财产权。那么德国怎么解决这个问题呢?

德国通过承认人格权具有财产价值,很好地处理了名人代言这类案件,因此不需要所谓人格权商品化的概念。美国人发明了所谓商品化权,解决了名人代言的法律保护问题。我们属于第三种思路,《民法通则》规定了各种人格权,特殊人格权种类较多。实务中遇到法律没有规定的人格利益受侵害的案件,就通过司法解释填补法律漏洞,然后立法的时候再上升为法律条文。例如《民法通则》没有规定隐私权,最高人民法院司法解释先是将其纳入名誉权予以保护,2001 年的司法解释明确承认了隐私权,最后是侵权责任法将司法解释认可的隐私权明文规定为法律上的隐私权。简言之,我们是采取人格权具体化的办法,法律规定的人格权种类特别多。

在这个前提下就产生一个问题,我们还有必要再承认一般人格权吗?当有某种人格利益需要保护时,民法典编纂时可以给它设一个条文规定为具体的人格权类型。如民法典中没有规定，而法院认为应该给予保护，可以通过司法解释或者指导性案例填补漏洞。例如，前些年北京法院承认并保护的生活安宁权，现在还未纳入立法中，但是至少判例是承认的。所以说我们走的是人格权具体化的道路，按照这个思路，规定一般人格权就没有什么用了。

我国的名人代言应该如何解决呢？有的学者主张商品化人格权，请注意我们的《侵权责任法》第20条规定，侵害人身权益导致他人财产损失要予以赔偿，如果损害无法计算，可按照加害人所获得的利益赔偿。这个条文的重大意义在于承认了人格权具有财产价值。这个条文来源于河北省法院的一个判决，原告是王军霞，她是雅典奥运会长跑冠军，被告未经同意用她披着五星红旗的照片做广告。如果拘泥于过去的人格权理论，肖像权是没有财产价值的。但是不赔行吗？法院认为当然要赔偿。王军霞无法计算自己所受财产损失，法院就以被告所得利益作为原告所受损失。《侵权责任法》将这一判例规则制定为法律条文，也就解决了美国所谓的商品化权的问题，解决了德国人所说的人格权具有财产价值的问题。那是不是所有的人格权都有财产价值呢？名人的肖像权、隐私权有财产价值，这容易理解，名人的声音有财产价值吗？姜昆广告中说“劲酒虽好，可不要贪杯哦”的声音，该不该受保护呢？这些都是值得我们研究的。研究生撰写硕士论文时，都可以找这些题目。

谢谢同学们的提问。

对民法典编纂若干理论问题的思考*

从世界范围看,民法典的编纂从18世纪开始,后来又经历了再法典化的过程,它不是某一个国家的个别活动,而是整个人类社会法治进程的一个关键环节。如果一个国家没有民法典或与之相当的普通法,要实现法治就很难。我国的民法典总则已通过并公布,分则正在编纂过程中,其间面临着诸多问题。本文主要谈对以下几个问题的思考:一是怎样看待民法典编纂;二是怎样看待民商合一和民商分立;三是如何处理民法典与知识产权法的关系;四是如何处理民法典与国际私法的关系以及涉外民事关系法律适用法要不要作为民法典的一编;五是民法典的体例问题,即在所谓法学阶梯式亦即法国式与所谓潘德克吞式亦即德国式这两种体例中,中国民法典应采取何种体例的问题。

一、怎样看待民法典编纂

(一)我国民法典编纂的历程

回顾新中国成立已近70年,却一直没有一部自己的

---

* 2016年10月17日在四川大学法学院的讲座录音稿,经修改补充定稿。

民法典,这是一个很特殊的现象。新中国成立初期,在民事法律中首先制定的是《婚姻法》,这与我们党解放妇女的政策有关,也受到了当时苏联的影响。当时受苏联影响的东欧国家的民法典中都没有婚姻家庭法,婚姻家庭法被认为独立于民法典而被规定在民法典之外。

庞德说,法律是一种社会控制的手段,社会控制就是社会治理。法律就是社会治理的一种手段,我国的社会治理当然也不能离开法律。1954 年,我国制定了《宪法》,通过《宪法》来确定国家的基本架构。在完成《宪法》的制定之后,制定民法典就是最重要的立法工作。我国在 1954 年和 1962 年曾两次启动民法典的编纂工作,但均未完成。有观点认为,我国 1979 年以后开展了 3 次民法典编纂工作:1979 年一次,2002 年一次,现在进行的是第三次。我认为这种观点并不正确,实际上,从 1979 年到现在,我国的民法典编纂工作只是中间变换了立法方式,应视为一次。

1981 年 5 月 27 日,第五届全国人大常委会副委员长彭真指出,当前我国的改革开放刚开始,各种经济关系处于变动之中,难以制定一部完整的民法典。1981 年 6 月 3 日,第五届全国人大常委会决定暂停民法典起草工作,并解散了民法典起草小组,理由是:我国在改革开放初期,经济体制改革刚刚开始,各种社会关系、经济关系处于急速变动当中,不可能制定一部完善的民法典。据此,我国改变了民法立法的方式,由一次性完成民法典编纂工作,改为先制定单行法,待将来条件成熟之后再编纂民法典。

2016 年 6 月 14 日,习近平总书记主持召开中央政治局常委会会议,听取了全国人大常委会党组关于民法典编纂工作和民法总则草案几个主要问题的汇报。中央政治局常委会对汇报原则同意,并就做好民法典编纂和民法总则草案审议修改工作作出重要指示。

这表明,中共中央政治局常委会认为现在编纂民法典的条件已经成熟。另外,制定民法典也是社会发展的需要。在《中华人民共和国民法总则(草案)》(以下简称《民法总则(草案)》)于2016年7月5日第一次向社会公开征求意见时,草案后面附有一个《关于〈中华人民共和国民法总则(草案)〉的说明》[即《民法总则(草案)》提交全国人大常委会进行第一次审议时,法工委(原)主任李适时向常委会会议所作的"说明"],这是非常重要的历史文献。其中有这样一段话:"改革开放以来,我国分别制定了民法通则、继承法、收养法、担保法、合同法、物权法、侵权责任法等一系列民事法律,修改了婚姻法,在经济社会发展中发挥了重要作用。近年,人民群众和社会各方面对编纂民法典的呼声比较高。编纂民法典已经具备了较好的主客观条件。"[①]该草案历经数稿终得以成型。2017年3月15日,十二届全国人大五次会议通过了《中华人民共和国民法总则》(以下简称《民法总则》)[*]。至此,我国民法典总则部分立法工作完成。

(二)民法典编纂是国家的政治行为

王泽鉴先生在他的《民法学说与判例研究》中,有一篇文章题为"民法五十年"。他在这篇文章中指出,民法典编纂是政治行为。[②] 他以日本、德国等国外的民法典编纂以及我国清末民法典编纂为例,说明民法典编纂有的是为了实现国家统一,有的是为了废除领事裁判权。民法典的编纂是一个国家的政治行为,是一个国家发展过程中的重要事件,绝不是学者的个人行为,也不单纯是学术界的行为。民法典体现的是国家的意志,当然也体现人民的意志,

① 《中华人民共和国民法总则(草案)》,中国人大网2016年7月5日发布。

* 已于2021年1月1日失效。——编者注

② 参见王泽鉴:《民法学说与判例研究》(第5册),北京大学出版社2009年版。

而不是体现某个学者个人的意志，因此只能由国家立法机关编纂民法典。

先看《德国民法典》。在《法国民法典》通过约10年之后，德国人对于是否应当从速制定自己的民法典发生争论，萨维尼和蒂堡之间的著名论战便是体现。蒂堡主张制定一部适用于全德的统一的民法典，希望通过法律的统一实现国家的统一。萨维尼对此持反对意见，他认为法律是民族精神的体现，是自发地、缓慢地形成的和自然发展的，而不是立法者有意识地、任意地制造的。萨维尼甚至认为立法是无能为力的；法主要体现为习惯法，习惯法是最有生命力的，其地位远远超过立法。他不仅认为立法是次要的，并且断言当时的德国没有能力制定出一部好的法典。萨维尼当时（1842—1848）担任普鲁士政府修订法律的大臣，大致相当于我国清末的沈家本，地位很高，他的反对延缓了《德国民法典》的制定进程。但萨维尼的主张终究未能改变德国社会的进程，在政治上统一国家的努力激发了民法典编纂工作的计划。半个多世纪以后，《德国民法典》编纂被提上日程。1874年6月22日，帝国参议院设立了一个由11名委员组成的委员会（其中有著名的罗马法学家、潘德克吞体系的集大成者温德夏德），负责民法典的起草工作。这个编纂委员会的工作开展很有意思，最初的几年，委员们各自搜集资料，只是每年开一次碰头会，后来的几年才集中起来撰写法律条文。委员们于1887年年末完成民法典草案，1888年1月31日该草案（称为“第一草案”）连同五卷理由书被一并公布，供公众讨论。“第一草案”公布后受到了各方面的批评。帝国参议院于1890年任命了一个新的委员会对“第一草案”进行讨论修改，至1895年完成“第二草案”，并提交参议院。在参议院对“第二草案”略作修改后，帝国首相于1896年1月17日将此草案提交帝国议会审议，称为“第三草案”。

帝国议会在对草案进行了53次审议后，于1896年7月1日通过了草案。该草案于1896年7月14日经帝国参议院认可，8月18日经皇帝批准，于同年8月24日公布，自1900年1月1日起施行。《德国民法典》被视为德国统一的象征，一部民法典关系到一个国家的统一，其意义是何等重大！

再看《日本民法典》。19世纪60年代，日本进行了明治维新。明治维新是日本近代化的开端，也是日本历史的重要转折点，它使日本成为亚洲第一个工业化国家并成为世界列强之一。明治维新的重要内容之一是“变法”，即全面接受西方法制以取代日本旧有法制。短短10年时间，日本相继制定了包括（旧）民法在内的8部法典。其中，（旧）民法由法国法学家波阿索拉德主持起草，于1890年公布，原定于1893年1月1日起施行。该法案公布后即遭到守旧派的激烈反对（反对派的一个理由是“民法出而忠孝亡”），继而发生“法典论争”。于是明治政府成立由梅谦次郎、富井政章、穗积陈重3人为起草委员的法典调查会，对（旧）民法进行复查，作了必要修正并经议会通过，修正后的法案于1898年7月16日起施行，被称为（新）民法，即日本现行民法。（新）民法实际是参考《德国民法典》“第一草案”，对（旧）民法进行了某种程度的修正。明治维新需要新的法制，需要法制现代化，由于学术条件不具备，就聘请外国人起草法典，甚至直接将其他国家的法律翻译过来。日本的经验表明：决定一个国家制定、编纂民法典的关键因素是国家、民族的需要，而不是其他；民法典编纂旨在实现法制现代化，为国家富强和民族发展提供法制保障。

《韩国民法典》的制定亦是如此。1948年8月15日，大韩民国政府成立，出于取代日本占据时期法律的目的，韩国政府急于构筑自己的法律体系，制定包括民法典在内的基本法。根据1947年6

月30日的南朝鲜过渡政府行政命令第3号成立的朝鲜法制编纂委员会（又称法典起草委员会），曾经起草一份《朝鲜临时民法典编纂要纲》，1948年成立的法典编纂委员会以此为原案，拟定了《民法典编纂要纲》，于同年12月15日公布。负责民法典起草的民法分科委员会由大法院院长金炳鲁领衔，按总则、物权、债权、亲族、继承五编分别选任责任委员和一般委员分工负责。1950年6月，朝鲜战争爆发，负责民法典起草的分科委员会的8位委员中有7位被抓，为民法典起草工作准备的立法资料也全部灭失，民法典起草工作完全中断。在这个艰难的时候，金炳鲁一人承担起民法典起草工作。1952年7月，法典编纂委员会以金炳鲁起草的民法典草案为基础，形成了正式的民法典草案及立法理由书。1954年10月，该民法典草案及理由书提交国会审议，于1958年2月7日通过，自1960年1月1日起施行。《韩国民法典》分为总则、物权、债权、亲族、相续（即继承）5编，共计1111条，附则28条。据韩国学者的研究，《韩国民法典》的起草曾经参考伪满洲国的民法典。按照现在一些学者的观点，当时的韩国根本不具备制定民法典的条件。但是，当时的韩国需要有一部自己的民法典以维护国家的独立、民族的尊严，需要制定自己的民法典为民族复兴、国家富强奠定法制基础，因此韩国克服重重困难制定了自己的民法典。

了解几个国家的民法典编纂历程，有助于我们正确看待民法典编纂工作。有的学者提出了疑问：制定一部民法典有那么重要吗？我们具备编纂民法典的条件吗？制定一部“伟大的法典”，我们有这个水平吗？这里有一个立场问题——我们应当站在什么立场上来看待民法典编纂？法律离不开政治，法律本身就是政治的体现，法律也是国家意志的体现。我们应当站在国家、民族的立场上来看待中国的民法典编纂问题，将民法典编纂视为国家的政治行为。

(三)对“解法典化”问题的回应

对民法典编纂过程中出现的所谓“解法典化”“反法典化”的问题,我们也不应回避。所谓“解法典化”“反法典化”,是意大利学者伊尔蒂提出的个人观点。这种观点在国内的确产生过一定的影响,不仅对法理学界有影响,民法学界也有少数人受到影响。然而,伊尔蒂对人类社会法治进程的观察是片面的,所谓“解法典化”“反法典化”绝不是人类社会法治进程的主流,而法典化才是主流。我们可以看到,20 世纪 90 年代以来形成的第二次法典化浪潮和再法典化浪潮,一直延续到 21 世纪,可以用“方兴未艾”这个成语来形容,这便是对“解法典化”观点最有力的回应。

我们所熟悉的《荷兰新民法典》《魁北克新民法典》,都是再法典化的产物。《荷兰新民法典》于 1992 年 1 月 1 日生效,采取十编制:第一编“人法和家庭法”,第二编“法人”,第三编“财产法总则”,第四编“继承法”,第五编“财产和物权”,第六编“债法总则”,第七编“各种合同”,第七编之一“各种合同续”,第八编“运送法”,第十编“国际私法”。原定第九编“知识产权法”,拟将知识产权法中的私法规范纳入,而将行政程序等公法规范留于单行法中,至今未能完成。《魁北克新民法典》更有特点,体现了两大法系互相借鉴、互相融合的趋势。两大法系的融合已经成为一种明显的历史潮流。我国当年制定《合同法》也曾大量借鉴英美法的内容,欧洲很多国家民法典的制定也参考英美法,《德国民法典》的修改同样参考了英美法。在德国债法修改时,慕尼黑大学的卡纳里斯教授曾建议对“债的不履行责任”按照英美法的“义务违反”进行构造。正在进行中的还有法国的债法改革、瑞士的债法改革和日本的债法改革。可见,所谓“解法典化”“反法典化”只是个别学者对人类社会法律发展进程的片面看法。我国有的学者显然受此影响,仅以我国制定各民事单行法就判断我国走的是“解法典化”“反法典化”的道路，这当然是武断的、错误的，对此我们应该谨慎对待。

民法典编纂并非一蹴而就的。清末变法实行新政，光绪皇帝下令起草《大清民律草案》，这是中国第一部民法典草案。后来辛亥革命爆发，《大清民律草案》未及颁行，清廷已被推翻。北洋政府时期这一立法活动仍然在继续，在《大清民律草案》的基础上加以修订完善，完成了1925年的《民国民律草案》，并且通告各级法院可以在裁判中将草案条文作为法理引用，使中国近现代民法从纸面的法律走向实践的法律。随后是1928年开始的民国民法典编纂，其民法典于1930年通过生效。最后是新中国60多年的民法典编纂历程。现在进行的民法典编纂，可以视为自清末开始的艰难而漫长的中国民法法典化历史进程的延续，历史注定要由我们这一代人来完成这一伟大使命。谢怀栻先生生前关于民法典的一段话值得深思：“为什么一定要编纂民法典？不仅因为，相对于刑法典、诉讼法典甚至宪法法典而言，民法典更足以代表一个民族的文明高度，而且唯有一部科学、进步、完善的中国民法典，才能表明中华民族已经攀上历史的高峰！”①

二、民商合一与民商分立

（一）民商合一是历史的潮流

民商合一与民商分立的问题，是民法总论部分的一个老话题。直到现在，商法学界的一些学者还在讨论这一问题。我们首先需要对民商合一和民商分立这两个基本概念进行梳理。在人类社会立法的历史进程中，一开始是民商分立的，早期的法国、德国立法就是

① 谢怀栻：《谢怀栻法学文选》，中国法制出版社2002年版。

如此。在欧洲大陆,中世纪以来的很长一段历史时期内,商法处于独立的发展进程之中。随着商业的发展和商人这一阶层的形成,在处理商人之间经济纠纷的过程中,逐渐形成了一些习惯和规则,并最终形成了系统的商法典,而民法典是在商法典之外制定的。因此,民商分立只是一个历史事实,并没有建立在任何理论和学说之上,是一个自然发展的结果。两者之间的关系是,商法典属于民法典的特别法,依据特别法优先适用的原则,将民法典与商法典联系起来。所谓的民商分立,是指民法典之外存在一个商法典,这是历史发展的自然结果。

民商合一的概念最早是由意大利学者摩坦尼利提出的。19世纪中期,欧洲市场经济有了很大程度的发展,社会生活中商人与生产者之间的界限逐渐变得模糊。原来的生产者是农户和小手工业者,到19世纪中期,生产者以企业为主,企业自产自销,将商人与生产者两种角色融为一体。通过观察这种社会经济发展的现象,摩坦尼利提出了民商合一的概念,认为民法与商法之间的界限越来越模糊,建议制定民商合一的法典。1807年的《法国商法典》采取商行为主义,以是否属于商行为作为是否适用商法的标准,而不论主体身份的不同。1897年的《德国商法典》则采取商人法主义,以商主体确定商事关系的范围。从19世纪中期开始,这两种标准都很难贯彻,因为商行为与民事行为、商主体与民事主体已经难以区分。民商合一的提出,正是市场经济发展到一定阶段,民事主体与商事主体之间的界限逐渐消泯、商行为与非商行为之间的区分渐趋模糊的结果。

关于民商合一与民商分立,必须谈到中国民法典编纂的历史。清末民事立法采取民商分立模式,聘请日本民法学者松冈义正负责起草《大清民律草案》,同时聘请日本商法学者志田钾太郎起草《大清商律草案》。北洋政府制定的《民国民律草案》，仍采取民商分立模式。1928 年南京国民政府制定民法典时，立法院院长胡汉民、副院长林森向国民党中央政治会议提议改采取民商合一模式，制定民商合一之法典。提案经国民党中央政治会议决议交付审查，由胡汉民等拟定《民商法划一提案审查报告书》，详细论述了制定民商合一之民法典的理由。该报告书指出，欧洲大陆立法采取民商分立，属于历史发展的结果，这源于商人作为一个特殊阶层的存在，但到了现代，民商的界限越来越模糊，判断一个案件究竟属于商事案件还是民事案件已很困难，因此，以主体划分作为立法标准已经过时；同时，在中国，商人本无特殊地位，没有必要强行划分，故应根据社会实际状况并顺应法律发展潮流，制定民商合一的民法典。该报告书经国民党中央政治会议第 183 次会议通过，交由立法院遵照起草，最终完成民商合一的《中华民国民法》。

意大利原来采取民商分立，1942 年制定的《意大利民法典》改采取民商合一。除意大利外，很多过去采取民商分立的国家后来也都重新制定民商合一的民法典。同时，我们可以看到 20 世纪 90 年代以来，凡是制定新民法典的国家和地区没有一个是采取民商分立的，均采取民商合一。例如，1992 年《荷兰新民法典》、1994 年《魁北克新民法典》、1994 年《俄罗斯联邦民法典》、1999 年《土库曼斯坦民法典》、2002 年《巴西新民法典》、2012 年《捷克新民法典》、2013 年《匈牙利新民法典》、2014 年《阿根廷民商法典》等。可见，历史早已跨越了民商分立的阶段。

民国时期胡汉民等人提议制定民商合一的法典时，当时的经济社会中已经有很多商事制度和规范，不可能全部纳入民法典中，由此决定了在民商合一的民法典之外，分别制定一些商事单行法，如公司法、票据法、海商法、保险法等。民法典与商事单行法关系的基本原则是:关系整个社会的共同规则、基本规则规定在民法典之中,而某类特殊主体、某个特殊关系、某个特殊市场的特殊规则,则分别制定相应的单行法。如公司法是关于公司这一类特殊主体的单行法,票据法是关于支付关系的单行法,证券法是关于证券交易这一特殊市场的单行法等,理论上将这些单行法合称为商事法。

虽然新中国成立后废止了南京国民政府的法律,但是这些法律所蕴含的理论与概念已经潜移默化地扎根于人们的意识中,并形成了中华民族的法律传统。回顾新中国近70年来的立法,没有人刻意地主张和呼吁,就自然而然地继承了民商合一的立法传统。无论立法、司法、教学还是学术研究,均自觉遵循民商合一模式。这可能也与1949年后的一段时期内我国接受苏联的经验有关,因为俄国十月革命后苏联制定民法典也采取民商合一模式。现在看来,无论是对于德国的潘德克吞法律体系还是民商合一,我们都没有展开过讨论,都是自然而然地予以继承。总而言之,中华人民共和国成立后,没有讨论过民事立法应采取民商分立还是民商合一这个问题,而是很自然地继承了民商合一的法律传统,这是一种历史发展的结果。

(二)民商分立不具有可行性

我国台湾地区的学术界将“民法”之外的“公司法”“票据法”“海商法”“保险法”等单行“法”合称为“商事法”。无论是作为一个相对独立的“法律”部门还是研究领域,“商事法”各单行“法”相互间均缺乏紧密联系,缺乏共同的原则和理论。名为“商事法”的教科书,也没有本来意义上的“总论”部分。有意思的是,我国台湾地区的“商事法”,在我国大陆却被称为商法。中国商法学研究会一直致力于从各商事单行法中抽象出一些共同规则形成商法总则,并有制定商法通则的立法建议，网上可以看到学者起草的一两个相关草案建议稿。也有个别学者撰文主张民商分立，甚至断言民商分立是当代法治发展的潮流。这次民法典编纂提上日程以来，商法学界有各种不同的立法建议。江平教授建议，在民法总则中单设一章规定商法的一些共同规则，作为商法总则。我认为，如果真能够从各商事单行法中抽象出一些共同规则，作为民法总则的一章或者一节，当然是可以的，但关键问题是我们能否抽象出来。

赵旭东教授概括了当前民法典编纂中处理民法与商法关系的四种方案：一是完全分立式，即在民法典体系之外制定单独的商法通则，同时在民法典中对民法与商法通则的关系与适用作出接口性的链接规定；二是独立成编式，即在民法典体系之内制定商法通则，将其独立成编，与民法总则、物权法、债权法、侵权责任法、亲属法等并列；三是独立成章式，即在民法总则中独立设章，统一规定商法通则的内容；四是分解融合式，即将商法通则的内容全部分解，设定具体条款融入民法总则各个章节之中。[①] 赵旭东教授认为：第四种方案是既破坏民法总则的科学结构又危及商法通则完整立法的最下策的立法安排；而第二、三两种方案，即在民法典中设商法总则编、在民法总则编中设商法总则章，也不可取。至于第二、三种方案为什么不可取，其理由是，“公司法、票据法、破产法、海商法、保险法这几个传统商法的部分，相互之间除公司法与破产法有些内在关联外，其他基本没有什么直接联系，而后来陆续添加进入的证券法、期货法和信托法也只有证券法与公司法关系密切。总体而言，各个商法单行法之间并不存在如民法各部分般相互依存、不可分割的机体联系”。[②] 换言之，就是很难从商法单行法中按照提取公因式的方

---

① 参见赵旭东：《民法典的编纂与商事立法》，载《中国法学》2016 年第 4 期。

② 赵旭东：《民法典的编纂与商事立法》，载《中国法学》2016 年第 4 期。

法抽象出一些共同规则来。应当肯定,赵旭东教授抓住了事物(商法单行法)的本质。这些单行法是否一点共同规则都没有?当然不是。这些单行法的共同规则,诸如权利主体、权利义务、法律行为、代理、时效等,早已被抽象出来规定在民法总则中了。因此,赵旭东教授不赞成第二、三种方案的意见值得赞同。赵旭东教授所主张的是第一种方案,他提出:“放弃前述在民法典内制定商法通则的第二、三种方案,尤其是放弃分解融合式的第四种方案,而在民法典之外制定单独的商法通则(即第一种方案),既是本文论证研究、利弊权衡的最终结论,也应是中国民商立法最为理性的选择和最为科学的安排。”[①]我认为,其观点自相矛盾,用来反驳第二、三种方案以及第四种方案的理由(论据),即“各个商法单行法之间并不存在如民法各部分般相互依存、不可分割的机体联系”,同样足以证明在民法典之外制定商法通则之不可能。

商法学者主张的商事通则或商法通则,其内容不外乎商事主体、商事登记、商事账簿、商行为等。关于商事主体,《民法总则》中的法人制度采取营利法人、非营利法人与特别法人的三分法,其中关于营利法人、非法人组织(包括个人独资企业、合伙企业等)、个体工商户的制度,已经构成商事主体的一般规则,在《民法总则》之外另行规定商事主体一般规则的基础和可能性已经丧失。关于商事登记,已有现行各类企业登记管理条例,如需改进,至多对其加以整合,制定一部单行的商业登记法(我国台湾地区即有单行的“商业登记法”)足矣。关于商事账簿,我国有单行的《会计法》,足以适用。关于经理权和代办权,已经为《民法总则》中关于职务代理的规定所涵盖。关于商行为,在我国《合同法》《物权法》* 中已有规定。

---

① 赵旭东:《民法典的编纂与商事立法》,载《中国法学》2016年第4期。

* 《合同法》《物权法》已于2021年1月1日失效。——编者注

《合同法》是调整典型商行为的法律,《物权法》中担保物权的规定也是调整典型商行为的法律。我国《合同法》一共428个条文,除十几个条文如赠与、无偿保管等,其余均与商事行为联系紧密,这也就是早期民法学者提出的所谓"民法的商法化"。我国《合同法》的立法大量参考《联合国国际货物销售合同公约》、国际统一私法协会《国际商事合同通则》和英美法系规范商事行为的法律。我国《合同法》中的买卖合同、租赁合同、运输合同等均为兼容民商事的合同类型,融资租赁合同、仓储合同、行纪合同为典型的商事合同,相当于大陆法系商法典中的商行为制度;我国《物权法》中的担保物权制度,亦兼容民商事担保,其第180条第2款规定的动产与不动产一并抵押(财团抵押)、第181条规定的特殊动产集合抵押,都属于纯粹的商事制度。

进入现代社会以后,市场经济高度发达,任何人都可能并可以从事商行为,人们成为多种角色的复合体,关于商人身份的区分变得模糊。因此,在这种社会现实条件下,无论在民法典中设商法总则编、在民法总则中设商法总则章,或者在民法典之外另行制定商法通则,均已丧失其必要性和可能性。在了解时代背景和历史条件之后,科学地看待民商分立和民商合一,就会发现民商分立是不可能的,民商合一才是时代的潮流。

三、民法典编纂和知识产权法

(一)设立知识产权编的问题由来

吴汉东教授在《民法法典化运动中的知识产权法》一文中,提出知识产权立法应"先入典后成典"的思路,即先在民法典中设立知识产权编,然后在时机成熟时再将这一编从民法典中抽出来,单独制定知识产权法典,并且认为知识产权法单独立法已经成为一种趋势,且我们有着在民法典中设知识产权编的经验。[①]

值得注意的是,吴汉东教授发表于2002年、2003年的文章的观点却正好相反。其在2002年9月29日发表于《法制日报》的《知识产权制度不宜编入我国民法典》一文中断言:“现代民法典编纂运动尝试接纳知识产权制度,但至今尚无成功的立法实例。当代知识产权法是一个综合性、开放式,且最具创新活力的法律规范体系,采取民事特别法的体例较为适宜。”[②]其发表于2003年的《知识产权立法体例与民法典编纂》一文,仍持同样的主张。[③] 吴汉东教授关于知识产权法已经形成了一个相对完备的独立规范体系,不宜纳入民法典,而应当作为单行法存在于民法典之外的主张,得到了几乎全体知识产权法学者和包括本人在内的多数民法学者的赞同。

实际情形是,改革开放以来的一段时期内,知识产权法被认为不属于民法。有鉴于此,当年民法起草工作小组讨论民法典大纲时,江平教授、王家福教授、魏振瀛教授均主张在民法典中设立知识产权编。他们认为,知识产权法本身是民法的一个部分,在民法典中设立知识产权编是理所当然的,并且可以纠正那种认为知识产权法不属于民法的错误认识。对此,知识产权法学界的学者大多不赞成。2002年,中国政法大学王卫国教授发起“民法典论坛”,论坛第三期的议题是“物权法、知识产权法与民法典编纂”,邀请的嘉宾有王家福教授、退休法官费宗祎和郑成思教授等。郑成思教授在会上指出:“我不赞成民法典设知识产权编的理由,一是,世界上没有成

① 参见吴汉东:《民法法典化运动中的知识产权法》,载《中国法学》2016年第4期。

② 吴汉东:《知识产权制度不宜编入我国民法典》,载《法制日报》2002年9月29日。

③ 参见吴汉东:《知识产权立法体例与民法典编纂》,载《中国法学》2013年第1期。

功的立法例,当今知识产权法已经形成比较完整的规范体系;二是,特别是工业产权,属于靠行政授予的权利,(如果纳入民法典)势必将一大堆行政程序规定进去,民法典也就不成其为民法典了。后来法工委动员民法典搭便车,(我)也就同意了。""我问国际知识产权法权威专家,民法典能否规定知识产权的一般条款,都说没法写。"①

另需注意的是,郑成思教授明确表示不赞成将知识产权法纳入民法典,其不赞成的理由与吴汉东教授的理由是完全一致的。郑成思教授后来改变态度并接受全国人大常委会法工委的委托起草知识产权编草案,是全国人大常委会法工委做说服工作的结果,即为了搭民法典编纂的"便车"。在起草知识产权编草案时,郑成思教授曾就将知识产权法纳入民法典的可能性,即从知识产权法中抽象出一般规则的可能性,征求国外权威知识产权学者的意见,而这些权威学者(包括郑成思教授的导师在内)均给出了否定的回答。

郑成思教授介绍自己起草的草案(知识产权编草案第一章"一般规定"):"自己拟了 22 条,自己认为只有 3 条属于站得住的一般条款。第一条规定知识产权除受民法典与单行法保护外,并不妨碍受反不正当竞争法的保护;第二条规定有关载体的转让、出租、出借不能推断为有关权利跟着转让;第三条规定制止即发侵权。""我对外国专家说,都被法工委删掉了。"全国人大常委会法工委将包括郑成思教授自己认为"站得住"的 3 条在内的一般条款都删去了,这就是 2002 年曾经第九届全国人大常委会一审、后来成为废案的民法典草案,最后删去知识产权编的理由。

(二)不应将知识产权法纳入民法典

知识产权法能否在民法典之中规定,不是由某个学者主观上赞

① 根据郑成思教授在 2002 年"民法典论坛"第三期中的发言整理而来。

成或反对就能够决定的,而是由这些法律的特殊性以及民法典编纂所要求的逻辑关系决定的。从上述历史事实可以看出知识产权法的特点,即3部单行法(《著作权法》《专利法》《商标法》)相互之间缺乏可供提取的公因式(即作为知识产权编第一章“一般规定”的共同规则)。专利权与商标权之间的共同点在于须经行政授权,区别在于客体不同,而它们与著作权之间差异巨大。著作权不需要行政授权,作品一经完成即产生权利。严格来说,3部单行法之间并不是一点共同点也没有,它们之间的共同点,如权利主体、行为、代理、诉讼时效、侵权责任等已经被作为整个民商法的一般规则,规定在民法总则编及侵权法、合同法中了。此外,著作权、商标权和专利权在转让行为上的特殊规则,可以适用或者准用将要作为民法典合同编的“技术合同”章。知识产权法如果要纳入民法典,就要像民法典一样提取公因式,抽象出一些一般规则,但这基本上是不可能的。实际上,不论是吴汉东教授还是郑成思教授及其他知识产权法学者的最终愿望,都是在中国制定单独的知识产权法典。既然如此,为什么不直奔主题、建议立法机关制定知识产权法典,而要绕所谓“先入典后成典”的弯路呢?

法国有独立的知识产权法典,但正如吴汉东教授所指出的那样,法国知识产权法典与民法典之间仍属于特别法和基本法的关系。法国知识产权法典虽冠名为法典,但并没有改变其民事特别法的地位。并且,法国知识产权法典显然遗漏了法典编纂的一个基本要素,即缺乏各项知识产权制度共同适用的原则和规则,立法者未能(也许不可能)设计一个与民法典相同的(知识产权法)总则,而仅仅是将当时的知识产权各部门法汇集到一起。各部门法在体例上仍然保持相互独立,这实质上不过是各类法律法规的汇集,是专门法的系统化,并没有改变知识产权法作为民事特别法的根本属性。

因此，无论是从客观上还是从理论上言之，知识产权法很难在民法典中设单独一编加以规定。《民法总则》第五章“民事权利”第123条规定了知识产权的客体范围，表明知识产权的私权属性，而将现行知识产权3部单行法置于民法典之外是适当的。

四、民法典编纂与国际私法

(一)国际私法的特殊性及其立法分歧

我国在《民法通则》中就将涉外民事关系的法律适用作为一章(第八章)进行规定，2010年以该章为基础制定了《涉外民事关系法律适用法》。应当注意的是，现行民事立法体系中，《婚姻法》和《继承法》* 立法较早，并没有从法典化立场去考虑；而在起草《合同法》《物权法》《侵权责任法》**时，立法机关是将这些法律作为民法典的一编来构造的。按照这一思路，《涉外民事关系法律适用法》也应该成为民法典中的一编。在之前历次民法典编纂活动中，对于如何看待以《涉外民事关系法律适用法》为代表的国际私法，国际私法学界几乎一致的意见是：国际私法不应规定在民法典中。

2002年之前，国际私法学者如韩德培教授等一直致力于中国国际私法的法典化，并起草了《中国国际私法示范法》(以下简称《示范法》)。《示范法》一共分为五章，第一章是“一般规定”，第二章是“管辖权”，第三章是“法律适用”，第四章是“司法协助”，第五章是“附则”。这一《示范法》凝结了国际私法学者的理论与思想。韩德培教授曾提到：国际私法就像一架飞机的“一体两翼”，“机体”是法律适用，主要指冲突法和一些国际实体规则；“两翼”中的“一

---

* 《婚姻法》《继承法》已于2021年1月1日失效。——编者注

** 已于2021年1月1日失效。——编者注

翼”是关于国籍和外国人法律地位的规定,另外“一翼”是关于国际民商事诉讼程序和仲裁程序的规定。

国际私法学者认为,国际私法与民法存在极大差异,国际私法有其特殊性。刘仁山教授认为,国际私法既不是实体法也不是程序法。但通过《示范法》以及国际私法的一些理论可以看出,国际私法的内容实际上既有实体法也有程序法,在实体上与民法有一定差别。民法范畴的内容进入国际私法就变成了“法律适用”,而关于管辖权的规定就是典型的程序法。可见,国际私法确有其特殊性,这是毋庸置疑的,这正是包括刘仁山教授在内的多数国际私法学者认为民法典不应规定涉外民事关系法律适用编的理由。当然,在国际私法学界也存在一些不同意见,有的学者虽赞同制定国际私法法典,但认为现在我国制定国际私法法典的条件还不具备,建议先借民法典编纂的契机,仍将涉外民事关系法律适用法作为一编规定在民法典中。

这种分歧让我们联想到改革开放初期,国际私法学界对于国际私法这一概念在广义和狭义上的分歧。最狭义的国际私法是指冲突法,不涉及其他的实体或程序规则,阐述这一观点的代表性教科书是姚壮、任继圣主编的《国际私法基础》;而韩德培教授等国际私法学者的观点代表的是对国际私法最广义的理解,即认为国际私法不仅包括冲突法,还包括其他一些实体或程序的规定。但就整体而言,可以说国际私法学界的意见是一致的,即不赞同将涉外民事关系法律适用法纳入民法典。

(二)制定国际私法法典是发展的趋势

国际私法学者认为应当制定单独的国际私法法典,这不仅是因为国际私法具有民法所不具有的特殊性,而且因为这是一个发展趋势,并且有利于我国在当前国际化背景下“(企业)走出去”,在日益广泛的国际交往中更好地保护国民利益。顺便指出，我是赞同单独制定国际私法法典的。我负责的中国社科院课题组起草的《中国民法典草案建议稿附理由》（法律出版社2013年出版），也没有设涉外民事关系法律适用编。

20世纪50年代，海牙国际私法会议致力于国际私法的立法化，由此开启了国际私法法典化的进程。在此之前，国际私法多规定在民法典或与民法典同期通过的民法典附属法中。民法典中规定冲突法的例子有《美国路易斯安那州民法典》第四编“冲突法”；民法典附属法规定冲突法的例子有德国于1896年通过的民法典，同时通过的《德国民法典施行法》中规定了冲突法规范；日本于1898年通过的民法典及同时通过的《日本法例》中规定了冲突法规范。在此之后，制定单独的国际私法法典成为新的趋势，如1978年《奥地利联邦国际私法》、1987年《瑞士联邦国际私法法典》、1996年《列支敦士登国际私法》。之所以认为这是一种潮流，是以国际私法的理论与发展方向作为评判标准的，仅从现象的数量上来看不一定就很普遍，正如民商合一刚提出时也只有几个国家采取这一模式一样。

我国于2016年7月5日公布的《民法总则（草案）》征求意见稿，后面附有一个“说明”，指出“民法典将由总则编和各分编（目前考虑分为合同编、物权编、侵权责任编、婚姻家庭编和继承编等）组成”。需特别注意的是，继承编后面有一个“等”字，这个“等”字是什么意思？查看2002年12月经过第九届全国人大常委会一审、后来被废弃的那个民法典草案，其中有个“涉外民事关系法律适用编”，“说明”中的这个“等”字，是否暗示涉外民事关系法律适用编呢？我们还可以从另外一件事情发现一些线索，即2016年8月在中国法学会下成立了负责民法典各分编的起草小组，有物权编小组、合同编小组、侵权编小组、婚姻家庭编小组和继承编小组,共 5 个起草小组,没有涉外民事关系法律适用编起草小组。按照社会生活经验,如果立法机关已经决定在民法典中设涉外民事关系法律适用编,中国法学会就一定会成立相应的起草小组;如果已经决定民法典不设涉外民事关系法律适用编,上引“说明”中那段话,在继承编后面就不应该有那个“等”字。我的理解是,“说明”中那个“等”字暗示民法典是否包含涉外民事关系法律适用编,还有待全国人大常委会最终决定。

我认为,国际私法学界关于制定单独的国际私法法典的意见应得到重视。国际私法学界可以将这一立法建议形成书面意见提交给党中央和全国人大常委会,或者可以向立法机关明确表示不赞成将国际私法纳入民法典的主张和理由。如果民法典不设涉外民事关系法律适用编,而仍然让《涉外民事关系法律适用法》在民法典之外继续作为单行法存在,等待时机成熟时再予以修订完善,即使法律名称不变,实际上也就相当于一部独立的中国国际私法法典,这也不失为一种明智的选择。

五、民法典的体例问题

(一)可资借鉴的民法典体例

民法典的体例选择,无非是在潘德克吞式(即德国式)和法学阶梯式(即法国式)中进行选择。但 20 世纪 90 年代以来,这两种体例在发展中并非泾渭分明,而是产生了一定的交流与融合。潘德克吞式是由罗马法大全中的《学说汇纂》建立起来的,它有如下特点:一是有着清晰的“总分结构”,通过发现“法律行为”这一民法中的关键概念,抽象出一般规则作为总则,围绕“法律行为”发展出主体、代理、时效等总则的内容;二是物权与债权相区分,即“物债二分”,

与法国直接对于财产进行规定形成鲜明对比。而法学阶梯式则与之不同,《法国民法典》为其典型代表。《法国民法典》在没有创设“法律行为”这一概念体系的前提下,是如何解决行为有效、无效、不生效等问题的呢?《法国民法典》通过强调合同、关注合同这一具体的法律行为,对合同的有效、无效、可撤销等问题作出详细完善的规定,而其他法律行为则准用合同法的相关规定。《瑞士民法典》则可视作这两种模式之间的一种中间模式,一方面采用物权、债权的二分式,另一方面不设总则而只有一个简短的序编,因而不对法律行为作系统性的规定,而采用以合同制度为中心的模式。

物权与债权的区分在德国式体例中是相当重要的。相应地,在民法分则中,财产权在前、身份权在后,即物权编与债权编在前、亲属(婚姻家庭)编和继承编在后,这也是《德国民法典》的特点。《德国民法典》体例同其后继者之间的区别主要体现在物权与债权的顺序上。《德国民法典》是债权位于物权之前,《日本民法典》则是先物权后债权。《德国民法典》的这种影响在我国《民法通则》第2条中体现得很明显,该条内容是“中华人民共和国民法调整平等主体的公民之间、法人之间、公民和法人之间的财产关系和人身关系”,即财产关系在前、人身关系在后,正如《德国民法典》是将财产关系法放在前面、人身关系法放在后面。在德国,这种关于民法规范的编排顺序并非随意的,而是有其自身的理论依据的。但在温德夏德的《潘德克吞法教科书》中并没有对这种理论依据充分阐明,而是认为这是一个不言自明的结论。我国在制定《民法通则》之前是没有这种观念的,因此在第2条中予以明示。温德夏德在《潘德克吞法教科书》中讲道,民法调整民事生活关系,民事生活关系包括身份关系和财产关系。这里说的身份关系就是我们所谓的人身关系,财产关系则包括物权、债权等关系。继承法相对特殊,是以身份关系为基础的财产关系,同纯粹的财产关系和纯粹的身份关系(人身关系)有一定区别,因此应安排在亲属法(婚姻家庭法)之后。

法国式体例主要包括3编,来源于盖尤斯的《法学阶梯》,即第一编“人法”,第二编“财产法”,第三编“诉讼法”。法国在制定民法典时,将第一编“人法”保留,将第二编“财产法”拆分为“财产及对于所有权的限制”和“取得财产的各种方法”两编,同时删去第三编“诉讼法”,另行制定诉讼法典。而同样依据《法学阶梯》发展起来的拉丁美洲的一些民法典,与《法国民法典》存在一定的差别,《智利民法典》是其中的典范。《智利民法典》的起草者是拉丁美洲著名法学家和人文学家安德雷斯·贝略。《智利民法典》于1855年通过、1857年生效,在时间上处于《法国民法典》和《德国民法典》之间。19世纪中期,拉丁美洲在国家民族独立的背景下出现了一种思潮,即认为罗马法与当地的法律是冲突的,制定民法典时应当以当地的法律为主,但安德雷斯·贝略则认为应该在罗马法的基础上制定《智利民法典》。《智利民法典》一共有四编,第一编“人法”,第二编“财产及其所有、占有、使用和收益”,第三编“继承”,第四编“债的通则和各类合同”。可以看出,在《智利民法典》中也有物权和债权的区分,然而这却是潘德克吞式体例所具有的特点,而在法学阶梯式中(包括在之前的《法国民法典》中)是不存在的。斯奇巴尼认为《智利民法典》的第一编是原封不动的盖尤斯的《法学阶梯》的体例,后面三编是优士丁尼的《法学阶梯》的体例,因此,《智利民法典》要比《法国民法典》更加接近优士丁尼的《法学阶梯》体例。《智利民法典》没有总则,从《智利民法典》的草案可以看出,安德雷斯·贝略曾经试图起草一个以“法律行为”为中心的总则编,但后来放弃了。

现在看来,在大陆法系民法典的编纂活动中,潘德克吞式和法学阶梯式仍然有明显差别，但法学阶梯式已经发生变化。《法国民法典》由原来的三编变为五编，即将原来第三编中关于担保等内容抽出作为第四编，第五编是适用于马约特岛的规定。同时，两种模式之间也在发生融合和交流。之后的一些民法典甚至增加了更多的分编，如《魁北克民法典》一共 10 编，2012 年《捷克新民法典》一共 5 编，2013 年《匈牙利新民法典》一共 8 编，等等。可以说，对于《匈牙利新民法典》，很难界定其体例，它既不是严格的德国式，也不是严格的法国式。

（二）我国民法典编纂的体例选择

回到我国的立法实践来看财产法与人法的位置问题。按照德国式体例，即总则、物权、债权、亲属、继承五编，财产法在前、人法在后。我国的《民法通则》也是如此，其第 2 条确立了调整“财产关系和人身关系”的顺序，第五章“民事权利”也是按物权、债权、知识产权、人身权的顺序来设置的，同样符合财产法在前、人法在后的顺序。然而《民法总则》第 2 条却将这种顺序颠倒过来，将人身关系放在前面、财产关系放在后面；而其第五章“民事权利”是在《民法通则》第五章的基础上制定的，但第五章开始第 109～112 条是关于人格权、身份权等的规定，然后才是物权、债权、知识产权等权利的规定。这是否暗示着我国的民法典编纂体例会在原来《民法通则》的基础上发生变动，即按照总则、婚姻家庭、继承、物权、债权（合同编、侵权编）的顺序进行编纂？如果是这样，我国的民法典就将成为混合两大体例特色的民法典。

第三编

民法典条文解读

《民法总则》* 重要条文的理解与适用**

《中华人民共和国民法总则》(以下简称《民法总则》)已经于2017年3月15日由第十二届全国人大第五次会议表决通过,自2017年10月1日起施行。本文旨在对《民法总则》新增和修改的重要条文进行解读,阐明其立法目的、理论依据及适用规则。

一、关于民法法源

《民法总则》第10条是关于民法法源的规定。法源,亦称法的渊源,其含义是法律的来源或者法律的存在形式。依据该条规定,我国民法的法源分为两个层次:一是法律;二是习惯。

在民法中规定法源,最早始于《瑞士民法典》,《瑞士

---

* 原《民法总则》已被编纂为《民法典》总则编,除删去附则外,条文内容略有修改,条文数量、位置、顺序未改动。因此,本书修订时,将本文纳入“民法典条文解读”这一编,以供读者参考。——编者注

** 本文由周奥杰博士根据作者2017年在四川大学法学院和四川省律师协会的讲座录音整理初稿,由作者补充修改完善,后发表于《四川大学学报(哲学社会科学版)》2017年第4期。博士生王轶晗、龚健参与了本文的后期文字校对,特此致谢!

民法典》第1条规定，“本法有规定的法律问题，适用本法；无规定者，以习惯法裁判；无习惯法，依法官提出的规则；同时应遵循既定学说和传统”。《瑞士民法典》的这种做法对很多国家和地区的民事立法产生了影响，例如日本、韩国的民法中都有对法源的规定。这些国家和地区对法源的规定一般分为三个层次：一是法律，二是习惯，三是法理。但是《民法总则》本条仅规定了法律和习惯，却没有规定法理。

本条所谓“习惯”，指民事习惯。《合同法》* 仅规定了交易习惯，而本条中“习惯”的含义涵盖交易习惯及交易习惯之外的民事习惯。《关于适用〈中华人民共和国合同法〉若干问题的解释（二）》**第7条第1款规定：“下列情形，不违反法律、行政法规强制性规定的，人民法院可以认定为合同法所称‘交易习惯’：（一）在交易行为当地或者某一领域、某一行业通常采用并为交易对方订立合同时所知道或者应当知道的做法；（二）当事人双方经常使用的习惯做法。”第2款规定：“对于交易习惯，由提出主张的一方当事人承担举证责任。”按照本条规定，法庭采用的作为裁判依据的习惯，不得违反法律、行政法规的强制性规定；其不得违背善良风俗，自不待言。

虽然本条明文规定的民法法源仅有法律和习惯两项，但根据我国裁判实践，应当解释为，尚有第三项法源“最高人民法院司法解释”及第四项法源“指导性案例”。我国最高人民法院制定了很多司法解释，司法解释被认为具有相当于法律的效力，在裁判中可以被援引为裁判依据，法庭可以直接依据某一个司法解释的某一条解释文对案件作出判决。除了制定司法解释之外，最高人民法院近年

* 已失效。——编者注

** 已失效。——编者注

来还发布指导性案例。指导性案例类似于国外的判例。我们的指导性案例是经过最高人民法院筛选的,对案件事实、关键词、相关法条、裁判要旨等进行概括和归纳,赋予其某种法律效力。

最高人民法院《〈关于案例指导工作的规定〉实施细则》第9条规定:“各级人民法院正在审理的案件,在基本案情和法律适用方面,与最高人民法院发布的指导性案例相类似的,应当参照相关指导性案例的裁判要点作出裁判。”依此规定,法官对于指导性案例只能参照适用,而不能直接适用。亦即法庭对于与指导性案例类似的案件,可以按照指导性案例的裁判方案进行裁判,也可以不按照指导性案例的裁判方案进行裁判:当法官选择不按照指导性案例的裁判方案进行裁判,作出与指导性案例不同甚至相反的判决时,应当在裁判文书中说明理由;而如果法庭选择按照指导性案例的裁判方案进行裁判,应当在判决书的裁判理由部分引述指导性案例的编号和裁判要点,但不能直接引用指导性案例作为判决依据,而应当引用指导性案例的同一判决依据,作为本案的判决依据。例如,该指导性案例以诚实信用原则作为裁判依据,则本案也同样引用诚信原则作为判决依据。需要指出的是,在《民法总则》所规定的基本原则当中,唯有诚实信用原则以及禁止权利滥用原则(第132条)可以作为裁判依据,其他基本原则都不能作为裁判依据。

前面谈到,法庭在参照指导性案例之后,可以不采用指导性案例的裁判方案,作出与指导性案例不同的判决,对于这种情形法庭有说理的义务,应当在判决书中说明这样做的理由。法官当然不能说指导性案例错误,而应当说明本案事实与指导性案例的事实有差别,如果采用指导性案例的裁判方案将导致本案判决结果违背诚信原则,即未在当事人之间实现公平正义。换言之,法官参照指导性案例,应当以诚信原则作为评价标准:凡采用指导性案例能够使本案判决结果符合诚信原则的，即应当按照指导性案例裁判本案；反之，则不应按照指导性案例而应当直接依据诚信原则裁判本案。

此外，虽然本条未明文规定“法理”为法源，并不等于裁判中不能适用法理。应当肯定，法庭所裁判的案件，既没有可以适用的法律、习惯，也没有相应的司法解释、指导性案例时，是可以引用相关法理作为裁判依据的。例如，《最高人民法院公报》刊载的一个债权人代位权纠纷案例，①就引用了关于代物清偿的法理作为裁判的依据。最高人民法院在2014年的民提字第71号民事判决书中，就引用了民法关于虚伪表示无效不得对抗善意第三人的法理作为裁判依据。②

二、关于自然人

（一）自然人出生时间、死亡时间的证据规则

《民法总则》第15条规定认定出生时间、死亡时间的证据规则。《民法总则》第13条规定：“自然人从出生时起到死亡时止，具有民事权利能力，依法享有民事权利，承担民事义务。”照此规定，自然人因出生当然取得权利能力，因死亡而权利能力当然丧失。出生和死亡是重要的法律事实，关系到权利能力的取得和丧失。出生和死亡对于继承而言尤其重要，自然人自出生之时就享有继承权，可以继承遗产。同样，自然人一旦死亡，自死亡之时继承开始，其所拥有的

---

① 成都市国土资源局武侯分局与招商（蛇口）成都房地产开发有限责任公司、成都港招实业开发有限责任公司、海南民丰科技实业开发总公司债权人代位权纠纷案，载《最高人民法院公报》2012年第6期。

② 最高人民法院《邓记与被申请人湖南弘丰房地产开发有限公司、湖南弘丰房地产开发有限公司与邓记商品房销售合同纠纷审判监督民事判决书》，（2014）民提字第71号。

财产就变成了遗产,并且成为继承人的共有财产。《民法通则》* 对于出生和死亡时间的认定未作规定,最高人民法院有关司法解释则规定“以户籍登记的时间为准”。① 户籍登记由公安机关负责,所承担的主要是管理功能,以之作为认定出生和死亡时间的证据,属于额外赋予户籍登记以证据效力。

本条规定,可以作为法庭认定自然人出生和死亡时间的依据分为三个层次:第一个层次是以出生证明、死亡证明记载的时间为准;第二个层次是以户籍登记或者其他有效身份登记记载的时间为准;第三个层次是有其他证据足以推翻以上记载时间的,以该证据证明的时间为准。

按照社会生活经验,绝大多数自然人的出生和死亡均发生在医院,医生是出生和死亡事实的见证人,医生于出生、死亡事实发生当时出具的出生证明、死亡证明,理当具有优先于户籍登记的证据效力。而自然人出生或者死亡之后,往往经过或长或短的期间,其近亲属才到户籍登记机关办理出生登记或者死亡登记,办理户籍登记的警察并没有见证出生、死亡事实的发生。此外自然人基于种种不正当目的篡改户籍登记的现象也时有发生,严重影响户籍登记的证据效力。这是本条明文规定出生证明、死亡证明的证据效力优先于户籍登记的理由。所谓“其他有效身份登记”,是指在中国没有户籍登记的外籍人、无国籍人的身份证明,如护照等。

请特别注意,本条第三句规定“有其他证据足以推翻以上记载时间的,以该证据证明的时间为准”。其意思是:出生证明、死亡证

---

* 已失效。——编者注

① 最高人民法院《关于贯彻执行〈中华人民共和国民法通则〉若干问题的意见(试行)》第1条:“公民的民事权利能力自出生时开始。出生的时间以户籍证明为准;没有户籍证明的,以医院出具的出生证明为准。没有医院证明的,参照其他有关证明认定。”(已失效。——编者注)

明以及户籍登记、其他有效身份登记的证据效力是相对的、不是绝对的。前述证明所记载的出生时间、死亡时间,可以为其他证据所否定。即在诉讼中,应由主张前述证明所记载的出生时间、死亡时间不正确的一方当事人承担举证责任,该当事人提供的证据被法庭认为足以推翻前述证明所记载的出生时间、死亡时间的,则应当“以该证据证明的时间为准”。

（二）对胎儿的特殊保护规定

《民法总则》第 16 条新增对胎儿特殊保护的规定。《民法通则》没有对胎儿的法律地位作出规定。按照《民法通则》第 9 条的规定和民法传统理论,胎儿在出生之前,属于母亲身体之一部分。①但随着民法的发展和社会的进步,大家开始思考尚未出生的胎儿的法律保护问题。例如,亲友将财产赠送给尚未出生的胎儿,是否有效?可否将财产遗赠给胎儿?胎儿应不应该享有继承权?在母体内的胎儿如果遭受侵害,可否有损害赔偿请求权?因此,现代民法对胎儿予以特殊保护,大多规定“胎儿视为已出生”,将胎儿作为已经出生的自然人对待。我国《民法通则》没有注意到这个问题,只是在《继承法》* 第 28 条规定,遗产分割时,应当保留胎儿的继承份额。这个规定只是说要给胎儿预留份额,并没有说胎儿有继承权,仅仅是一个“打补丁”的规定。另外,我国裁判实务中已经有地方法院判决承认胎儿有损害赔偿请求权。有鉴于此,《民法总则》创设第 16 条,其第 1 句规定“涉及遗产继承、接受赠与等胎儿利益保护的,胎儿视为具有民事权利能力”。依据本条,胎儿可以继承遗产、接受遗赠、接受赠与,条文中的“等”暗示胎儿在遭受侵害时可以享有损

---

① 《民法通则》第 9 条:“公民从出生时起到死亡时止,具有民事权利能力,依法享有民事权利,承担民事义务。”

* 已失效。——编者注

害赔偿请求权。

另须说明,“视为”是民法上的技术性概念,其含义是,法律规定将某一事物当作另一事物对待。胎儿尚未出生,并不是享有民事主体资格的自然人,但出于保护胎儿的立法目的,在涉及继承、接受赠与(包括遗赠)或损害赔偿时,将胎儿当作已经出生的自然人对待,使其享有民事权利能力、具有民事主体资格。“视为”与另一个技术性概念“推定”类似,“推定”也是将某种事物当作另一种事物对待,如过错推定。但“视为”与“推定”的区别在于,“推定”可以通过反证予以推翻,而“视为”不能通过反证予以推翻。

胎儿毕竟还没有出生,不能像已经出生的自然人那样行使权利,其继承遗产、接受赠与、行使损害赔偿请求权,应当准用关于未成年人监护制度的规定,即由监护人作为法定代理人代理胎儿行使权利。因胎儿没有出生,还没有姓名,赠与合同的受赠人只能写监护人的姓名,但实际的受赠人是胎儿而并不是监护人,所以应当在赠与合同中载明该财产是赠与胎儿的。同理,胎儿行使损害赔偿请求权,也是由监护人以法定代理人的身份去起诉。此时监护人代为起诉与一般的法定代理并不相同,当监护人作为未成年人的法定代理人起诉时,起诉状上的原告为该未成年人,如果被监护人是胎儿,起诉状上的原告只能为他的监护人。但监护人所行使的是胎儿的权利,因此应当在起诉状中明确表述其所行使的是胎儿的损害赔偿请求权。应当指出,胎儿的权利能力是有限的,仅限于享有部分民事权利,不能承担任何民事义务。监护人可以代胎儿行使民事权利,却绝不能代胎儿设定民事义务。

本条第二句还规定:“但是胎儿娩出时为死体的,其民事权利能力自始不存在。”也就是说,当胎儿出生时为死体,就否定了胎儿的民事权利地位,当作其民事权利能力从来不存在。如果胎儿娩出时是死胎，那么其已经取得的权利应如何处置？按照民法理论，胎儿已继承的遗产、受赠财产及获得的损害赔偿金，应当按不当得利处理。即所获得遗产应当在其他继承人之间重新分配，赠与人有权收回赠与财产，支付损害赔偿金的人有权要求返还该金额。“娩出”一语中的“娩”指“分娩”，不仅指自然分娩，还应包括人工分娩即“剖腹产”；所谓“出”指胎儿与母体分离之时，脐带是否剪断在所不问。

三、关于法人

（一）法人成员的有限责任

《民法总则》第 60 条规定：“法人以其全部财产独立承担民事责任。”亦即法人的成员只承担有限责任。我国《公司法》规定了两种公司形式，即有限责任公司和股份有限公司。无论有限责任公司或者股份有限公司，其股东都只承担有限责任，即以出资额为限对公司的债务承担责任。法人以自己的全部财产独立承担民事责任，与法人的成员承担有限责任，是同一含义的两种表述。我国法人都是独立承担民事责任，法人的成员只承担有限责任。需注意有的国家的法人制度与此不同，他们既有独立承担民事责任的法人，也有不独立承担民事责任的法人，他们的公司类型除有限责任公司、股份有限公司外，还有所谓无限责任公司、两合公司。正是因为我国法人限于独立承担民事责任，所以有必要在法人之外，规定非法人组织。《民法总则》之所以规定三类民事主体，除自然人、法人外，还规定了非法人组织，关键就在于第 60 条规定了法人以其财产独立承担责任。

（二）法定代表人

《民法总则》第 61 条是关于法定代表人的规定。本条第 1 款规定法人的法定代表人。我国法人的法定代表人是单一制,一个法人、一个法定代表人。而有些国家的法定代表人采取多数制,一个法人可以有多个法定代表人。法定代表人是法人的代表机关,法定代表人直接代表法人从事民事活动,法定代表人之外的其他管理人员、工作人员是以法人代理人的身份代理法人从事民事活动。

本条第2款规定“法定代表人以法人名义从事的民事活动,其法律后果由法人承受。”按照法人组织体说,法定代表人和法人是一个主体,法定代表人是法人的代表机关,法定代表人的行为就是法人自己的行为,法定代表人以法人名义从事民事活动,其后果都应当由法人承担。这一款的意义有两点:其一,理论意义。表明中国民事立法采法人组织体说,法人与法定代表人是一个民事主体,法定代表人是法人的机关。其二,实践意义。本款明文规定,法定代表人的行为就是法人的行为,法定代表人的行为后果由法人承受,即法定代表人的行为产生的权利由法人享有、产生的义务由法人负担、产生的责任由法人承担,不受后来法定代表人更换的影响。任何法人不得因法定代表人更换而拒绝承担前法定代表人行为所产生的义务和责任。

本条第3款新增法定代表人越权行为规则:“法人章程或者法人权力机构对法定代表人代表权的限制,不得对抗善意相对人。”实践中法人章程或法人的权力机构常常会对法定代表人的权限作出限制。例如,限制签订借款合同的金额,或者规定不得以公司财产为他人提供担保。如果法人章程或者法人权力机构对法定代表人的权限设有限制,而法定代表人以法人名义实施法律行为超越了该限制,该越权法律行为是否有效,取决于该法律行为相对人属于善意还是恶意。如果相对人于实施法律行为之时,不知道或者不应当知道法定代表人的行为超越了该法人章程或者权力机构对其代表权的限制，即属于善意相对人；反之，知道或者应当知道法定代表人的行为超越了该法人章程或者权力机构对其代表权的限制，即属于恶意相对人。本款条文“不得对抗善意相对人”的意思是，如果相对人属于善意，则该法定代表人的越权行为有效。对本款作反对解释，则“可以对抗恶意相对人”，即如果相对人属于恶意，则该法定代表人的越权行为无效。

此外，须特别注意民法关于“善意推定”的法理。因为“善意”是指“不知道”，而按照社会生活经验“不知道”是难以通过证据加以证明的，而“知道”则是可以通过举证加以证明的。因此，诉讼中法庭不要求主张自己属于善意的当事人举证证明自己属于善意，而直接“推定”其为善意相对人。如果对方当事人对此提出异议，法庭即要求异议方举证证明被告属于恶意相对人。顺便指出，按照“谁主张，谁举证”的一般原则，应当由主张者举证证明自己所主张的事实之存在。例如，主张不可抗力、时效期间经过、存在某种习惯等，均应当由主张者承担举证责任，唯有主张自己属于“善意”为例外，不要求主张者对于自己属于善意承担举证责任，而采用“善意推定”。

《民法通则》未规定法定代表人的越权行为，属于法律漏洞。《合同法》制定时，起草人参考表见代理规则创设《合同法》第50条：“法人或者其他组织的法定代表人、负责人超越权限订立合同的，除相对人知道或者应当知道其超越权限的以外，该代表行为有效。”这被称为表见代表规则，作为法定代表人越权行为的裁判依据。在《民法总则》实施之后，法院裁判此类案件应当直接适用《民法总则》第61条第3款，而不再适用《合同法》第50条。今后将《合同法》修订编纂为《民法典》合同编时，建议删除《合同法》第50条。

《民法总则》第62条新增关于法定代表人侵权行为的责任承担的规定。本条第1款规定："法定代表人因执行职务造成他人损害的,由法人承担民事责任。"如前所述,法定代表人属于法人组织体的机关,法定代表人以法人名义实施的法律行为即是法人自己的行为,所产生的权利、义务和责任均归属于法人承受。同理,法定代表人因执行职务而发生的侵权行为,即是法人的侵权行为,其法律后果同样应由法人承担。而法人作为一个组织体,除法定代表人外还有各类管理人员以及普通员工,法定代表人之外的管理人员和普通员工因执行职务造成他人损害的侵权责任,应当适用《侵权责任法》*第34条关于使用人责任的规定,由用人单位承担侵权责任。按照《侵权责任法》第34条规定,用人单位所承担的责任是无过错责任,其理论依据是民法理论上关于由受利益者负担风险的学说。在《民法总则》制定之前,公司的法定代表人、管理人员或者普通员工因执行工作任务而造成他人损害都适用《侵权责任法》第34条;在《民法总则》实施之后,法定代表人的侵权行为适用《民法总则》第62条的规定,其他管理人员及普通员工执行职务致他人损害的侵权行为,仍旧适用《侵权责任法》第34条。适用《民法总则》第62条与适用《侵权责任法》第34条,均由法人承担侵权责任,但是二者的法理依据不同。法定代表人的侵权行为由法人承担责任,其法理依据是法定代表人的侵权行为即是法人的侵权行为,而其他管理人员及普通员工的侵权行为由用人单位承担责任,其法理依据是由享受利益者负担相应风险的法理。

需说明的是,并不是法定代表人所实施的一切侵权行为都由法人负责,法人仅对法定代表人"因执行职务"造成他人损害的侵权行为负责。判断法定代表人的行为是否属于"因执行职务",应当采

---

* 已失效。——编者注

取所谓“外观理论”。所谓“外观理论”，是判断法定代表人的侵权行为是否“因执行职务”，及用人单位工作人员的侵权行为是否“因执行工作任务”，共用的判断标准。

另一个问题是，法人在承担责任之后能否向有过错的法定代表人追偿。《民法总则》第 62 条第 2 款对追偿权进行了规定，即法人承担民事责任后，依照法律或者法人章程的规定，可以向有过错的法定代表人追偿。可见法人承担责任之后向有过错的法定代表人追偿是有条件的，即须法律或者法人章程有关于追偿的规定。但现行法律并没有关于此项追偿的规定，所以在制定或修改法人章程的时候可以增加此类规定。《侵权责任法》第 34 条关于使用人责任的规定，将单位承担责任之后能否向有过错的被使用人追偿问题，委托法官结合具体案情进行裁量。这是《民法总则》第 62 条与《侵权责任法》第 34 条的另一个区别。①

（三）法人的登记

《民法总则》第 65 条新增规定：“法人的实际情况与登记的事项不一致的，不得对抗善意相对人。”法人登记是法人公示方法，是相对人了解法人情况的根据。但法人存续期间，法人登记事项难免发生变化，因此《民法总则》第 64 条规定，法人在存续期间登记事项发生变化的，应当依法向登记机关申请变更登记。如果法人登记事项发生变化而未及时向登记机关办理变更登记，即出现法人实际情况与登记事项不一致的情形，如相对人根据登记事项与法人实施法律行为，其效力如何，即应适用本条。

本条所谓“善意相对人”，指不知道或者不应当知道法人实际情况与登记事项不一致、信赖法人登记事项而与法人实施法律行为

---

① 《侵权责任法》第 34 条编入《民法典》后已增加关于追偿权的规定。见《民法典》侵权责任编第 1191 条第 1 款。

的相对方当事人;反之,知道或者应当知道法人实际情况与登记事项不一致,却仍按照登记事项与法人实施法律行为的相对方当事人,为"恶意相对人"。所谓"不得对抗善意相对人"的意思是,如果与法人实施法律行为的相对方当事人属于"善意相对人",则法人不得以法人实际情况与登记事项不一致为由主张该法律行为无效;反之,如果与法人实施法律行为的相对方当事人属于"恶意相对人",则法人可以法人实际情况与登记事项不一致为由主张该法律行为无效。需特别注意,本条的适用范围限于登记名义人以法人名义实施法律行为的案件,而登记名义人以自己名义实施法律行为的案件,不适用本条。

(四)法人的清算

《民法总则》第 70 条是关于法人清算的规定。《民法通则》未规定法人清算的清算义务人,本条第 2 款规定法人的董事、理事等执行机构或者决策机构的成员为清算义务人,弥补了法律的空白。须特别注意本条第 3 款的规定:"清算义务人未及时履行清算义务,造成损害的,应当承担民事责任;主管机关或者利害关系人可以申请人民法院指定有关人员组成清算组进行清算。"

关于第 3 款有两个问题需作解释。第一个问题是,第 3 款第二句关于人民法院指定有关人员组成清算组的规定,人民法院指定的清算组成员,是否限于在本条第 2 款规定的清算义务人的范围之内?与第 3 款第一句联系起来看,应当肯定,人民法院指定清算组成员,应当不受本条第 2 款规定的清算义务人范围的限制,人民法院有权指定第 2 款规定清算义务人范围之外的有关人员组成清算组。所谓"有关人员",应与该法人有关,如该法人执行机构、决策机构之外的管理人员、法人的债权人、律师等。本条第 2 款第二句"法律、行政法规另有规定的,依照其规定",是考虑到法人类型不同,非营利法人和特别法人如何清算，应由法律、行政法规另行规定。

第二个问题是，本条第 3 款第一句规定，“清算义务人未及时履行清算义务，造成损害的，应当承担民事责任”。那么所应承担的是什么性质的责任，对谁承担责任，如何追究责任。应当肯定，清算人未及时履行清算义务，所损害的是法人的债权人的利益，应当由清算义务人向受损害的债权人承担赔偿责任。依据第 3 款第一句的规定，受损害的债权人有权向人民法院起诉追究清算义务人的侵权责任。但是，法庭判决清算义务人承担赔偿责任的一个条件是，原告所受损害金额必须确定。须待该法人清算终结，才能计算出债权人所遭受的损失金额。因此，遭受损害的债权人，应当先依据第二句的规定，以利害关系人身份向人民法院申请指定有关人员组成清算组，对该法人进行清算，待清算终结、计算出自己遭受损失的具体数额之后，再依据本款第一句的规定向人民法院起诉怠于履行义务的清算义务人，追究其赔偿责任。

（五）法人的设立人

《民法总则》第 75 条规定设立人为设立法人从事民事活动的债权债务问题。考虑到设立活动有两种可能：一是设立成功，法人成立；二是设立未成功，法人未成立。按照本条第 1 款规定：如法人成立，则设立人为设立法人从事民事活动，其法律后果由法人承受；如法人未成立，则设立人为设立法人所从事民事活动的法律后果“由设立人承受，设立人为二人以上的，享有连带债权，承担连带债务”。此规定是将《关于适用〈中华人民共和国公司法〉若干问题的规定（三）》* 第 4 条适用于包括公司法人在内的一切法人。但要注意的是，在法人设立过程中所涉及的法律关系并不限于债权债务关系。例如，当设立人为设立法人而购置不动产时还会涉及物权关系。所

---

* 已于 2020 年 12 月被修正。——编者注

以,条文中设立人为二人以上的“享有连带债权、承担连带债务”的文义过窄,应当作扩张解释,解释为“享有连带权利、承担连带义务”。

按照本条第2款的规定:“设立人为设立法人以自己的名义从事民事活动产生的民事责任,第三人有权选择请求法人或者设立人承担。”同样是将《关于适用〈中华人民共和国公司法〉若干问题的规定(三)》中的规定适用于所有的法人。但条文中的“民事责任”一语含义过窄,应当作扩张解释,解释为“民事义务和民事责任”。此外,第三人选择请求法人承担责任的前提条件须是“法人成立”,自不待言。

(六)出资人权利滥用与法人人格否认

《民法总则》第83条第1款规定:“营利法人的出资人不得滥用出资人权利损害法人或者其他出资人的利益。滥用出资人权利给法人或者其他出资人造成损失的,应当依法承担民事责任。”所针对的是现实生活中控股股东、大股东滥用股东权利,损害法人和小股东利益的社会问题。实际是将《公司法》第20条第1款和第2款的规定,适用于全部营利法人。条文所谓“依法承担民事责任”,当然是滥用权利的出资人向受损害的法人或者其他出资人承担侵权责任,而向人民法院起诉、行使损害赔偿请求权的主体,应当适用《公司法》关于小股东直接诉权和派生诉权的规定。

如果大股东滥用权利侵害了小股东的利益,受损害的小股东可以以自己的名义向人民法院起诉,追究滥用权利的大股东的损害赔偿责任。此即小股东的直接诉权,规定在《公司法》第152条。如果大股东滥用权利侵害法人的利益,本应由受损害的法人向人民法院起诉、追究滥用权利的大股东的损害赔偿责任。按照《公司法》第151条的规定,单独或者合计持有公司1%以上股份的股东,可以书面请求监事(会)或者董事(会)向人民法院提起诉讼,监事(会)或者董事(会)收到该书面请求后拒绝提起诉讼,或者自收到请求之日起30日内未提起诉讼,或者情况紧急、不立即提起诉讼将会使公司利益受到难以弥补的损害的,该单独或者合计持有公司1%以上股份的股东,有权为了公司的利益以自己的名义直接向人民法院提起诉讼。此即小股东的派生诉权。

《民法总则》第83条第2款是关于"法人人格否认"的规定。前文已述《民法总则》第60条规定了法人独立承担责任,亦即出资人承担有限责任。实践中有的出资人滥用法人独立地位、出资人有限责任损害法人的债权人的利益。第83条第2款的规定,是对《民法总则》第60条的法定限制。需注意的是,条文所谓损害法人的"债权人利益",按照民法原理和国际经验,也可以包括公法上的债权,如果出资人利用法人独立地位和出资人有限责任,将境内法人(子公司)的利益转移到境外的法人(母公司)以逃避税法债务,严重损害国家税法债权,当然可以依据本款规定,使境外法人(母公司)和境内法人(子公司)对该税法债务承担连带责任。

《民法总则》第84条是关于滥用关联关系的规定,是将《公司法》第21条规定适用于全部营利法人。本条规定,营利法人的控股出资人、实际控制人、董事、监事等高级管理人员滥用关联关系损害法人利益的,应当对法人承担赔偿责任。条文仅规定"应当承担赔偿责任",而未明示行使追究加害人赔偿责任的诉权主体。鉴于本条滥用关联关系侵害法人利益与第83条第1款规定的滥用出资人权利侵害法人利益类似,本条亦应采用小股东派生诉讼方式行使请求权。

(七)法人决议的撤销

《民法总则》第85条规定法人决议的撤销,实际是将《公司法》

第22条第2款的规定适用于一切营利法人，并增加"但书"规定对善意相对人加以保护。条文所谓"召集程序、表决方式"，应当包括：会议通知、股权登记、提案和议程决定、会议主持、投票、计票、表决结果宣布、决议形式、会议记录及签署等事项，但不包括修改法人章程的决议。

特别值得注意的是，本条末句"但书"规定：即使该决议被撤销，"营利法人依据该决议与善意相对人形成的民事法律关系不受影响"。换言之，依据本条规定撤销营利法人的决议，不能对抗依据该决议实施法律行为的善意相对人。

四、关于民事权利

（一）人格权

《民法总则》第109条规定的是一般人格权："自然人的人身自由、人格尊严受法律保护。"虽然条文使用了"人身自由"和"人格尊严"两个概念，但并不是将"人身自由"和"人格尊严"规定为两个特别人格权类型，而是以人身自由和人格尊严概念表述一般人格权。

一般人格权为人格关系的法律表现，其标的为受法律保护的人格利益之总和。一般人格权确定了应受法律保护的人格利益之基本属性，即凡属人格所生之合法利益，均受法律保护。同时，一般人格权为特别人格权的渊源。在对《民法总则》所规定的特别人格权（第110条）进行解释时，一般人格权便成为解释之标准。一般人格权之主要功能，在于弥补法定的特别人格权（第110条）之不足。本条关于一般人格权的规定，与《民法总则》第110条关于特别人格权的规定，构成一般法与特别法的关系。法庭审理人格利益遭受侵害的案件，应当优先适用第110条关于特别人格权的规定，只有在案件事实难于纳入第110条规定的特别人格权类型、不能依据该条予以保护时，才能适用第109条关于一般人格权的规定。

《民法总则》第110条是关于特别人格权类型的规定。请注意《民法通则》采用的“生命健康权”概念，本条依据最高人民法院相关司法解释将“生命健康权”区分为：生命权、身体权、健康权。鉴于这些特别人格权类型，在《民法通则》列举规定之后，最高人民法院又出台相应司法解释，已经为广大人民群众所熟知，且对于一些特别人格权很难定义或者很难准确定义，因此《民法总则》放弃了为每一种人格权类型下定义的做法，采纳《侵权责任法》的经验，采取直接列举特别人格权概念的方式。如前所述，在法律适用上，本条关于特别人格权类型的规定，应当优先于第109条关于一般人格权的规定。

《民法总则》第111条新增关于自然人个人信息受法律保护的规定。鉴于非法获取他人个人信息、滥用他人个人信息成为日益严重的社会问题，有必要规定对自然人个人信息的法律保护。但因对个人信息的本质及权利属性的研究不足，还难于明确界定自然人个人信息的性质及属于何种权利。设立本条的立法目的，主要是宣示对个人信息予以法律保护的原则，并为人民法院裁判侵害个人信息的案件提供裁判基准。

本条第二句前段为需要获取他人信息的组织和个人设定两项基本义务：一是“依法取得”的义务；二是确保所取得的“信息安全”的义务。本条第二句后段，规定任何组织和个人“不得非法收集、使用、加工、传输他人个人信息，不得非法买卖、提供或者公开他人个人信息”，属于禁止性强制规定，为人民法院裁判侵害个人信息案件，确认侵害他人个人信息的法律行为无效，或者追究侵害人的侵权赔偿责任，提供裁判依据。此外，本条也为今后制定个人信息保护法提供立法依据和基本原则。

（二）禁止权利滥用

《民法总则》第132条新增关于禁止权利滥用原则的规定。《民法通则》未规定禁止权利滥用原则。但《宪法》第51条对禁止权利滥用设有规定："中华人民共和国公民在行使自由和权利的时候，不得损害国家的、社会的、集体的利益和其他公民的合法的自由和权利。"因此，学者和法官采合宪性解释方法，认为禁止权利滥用也当然是中国民法的一项基本原则。本条明文规定禁止权利滥用原则，弥补了民事立法的不足。禁止权利滥用属于诚实信用原则的下位原则，考虑到此项原则是对权利行使的限制，因此规定在民事权利一章。

所谓禁止权利滥用原则，指一切民事权利之行使，不得超过其正当界限，行使权利超过其正当界限，则构成权利滥用，应承担侵权责任或其他法律后果。权利滥用与侵权行为的区别如下：其一，构成权利滥用，须有正当权利存在，且属于权利行使或与权利行使有关的行为；而侵权行为事先并无正当权利存在，不属于权利行使或与权利行使无关。其二，禁止权利滥用之立法目的，在于对民事权利之行使予以一定限制，通过对权利滥用的禁止或制裁以保护国家利益、社会公共利益或他人利益；而侵权行为制度并无限制民事权利的目的。其三，权利滥用以当事人有损害国家、社会公共利益或者他人利益的故意为要件，在行使权利时仅因为过失造成他人或社会公共利益损害的，不构成权利滥用；而侵权行为不限于以故意为要件，仅因过失侵害他人合法权益亦可构成侵权行为。

据此，构成权利滥用须四个要件：一是行为人享有合法权利；二是其行为属于权利行使行为；三是因行使权利损害国家利益、社会公共利益或者他人合法权益；四是行为人以故意损害国家利益、社会公共利益或者他人合法权益为目的行使其权利。具备这四项要件,即构成权利滥用行为。权利滥用的效果,视权利行使之方法而有不同。如权利行使为法律行为,则应判决该法律行为无效;如权利行使为事实行为,该行为尚未进行,则应判决禁止其行使;如该权利滥用之事实行为正在继续,则应判决责令其停止;如权利滥用之行为已经造成损害,则应判决行为人承担损害赔偿责任。

另外还有两个具体问题:一个问题是,如何认定行为人是否具有损害国家、社会和他人的故意。法庭并不要求原告举证证明行为人具有故意,而是采用客观判断方法:比较行为人行使权利所获得的利益与因此给国家、社会或者他人造成的损害之大小,如果行为人因此获得的利益微小,而给国家、社会或者他人造成的损害巨大,法庭即应认定行为人具有损害国家、社会或者他人之故意。另一个问题是,当权利滥用行为侵害国家利益、社会公共利益时,应当由谁行使诉权。目前,应当由人民检察院提起公益诉讼,将来国家开放纳税人诉讼,亦可由纳税人提起公益诉讼。权利滥用侵害他人合法权益的情形,由受害人行使诉权,自不待言。

五、关于民事法律行为

(一)民事法律行为的有效条件

《民法总则》第143条规定民事法律行为的有效条件,是以《民法通则》第55条规定为基础,文字稍有改动。需说明的是,在关于制定《民法总则》的讨论中,一些学者建议删去本条。理由是,法律已经明文规定了法律行为无效的条件、可撤销的条件,没有必要再正面规定有效条件。的确,多数立法例并不规定法律行为的有效条件,而仅规定各种瑕疵法律行为的效力。但考虑到社会生活的复杂性和变动性,即使立法当时对社会生活中的各种案型均设有明确规定,但随着社会生活的发展、变动,仍然还会出现一些在法律上没有具体规定的新型案件。法庭遇到法律没有具体规定的新型案件,可以直接引用本条作为裁判依据。这就增加了法律的灵活性。《民法总则》保留此项规定的理由在此。

本条属于从正面规定法律行为有效要件的概括性规定,本条以下的条文(第144~154条)属于从反面规定违反法律行为有效要件的具体规定。在适用顺序上,应当优先适用违反法律行为有效要件的具体规定(第144~154条),只有在待决案件均不能适用第144~154条具体规定的情形时,才可以适用第143条关于法律行为有效要件的概括性规定。请特别注意适用的效果,适用第144~154条的效果为确认法律行为无效或者可撤销;而适用第143条的效果是确认法律行为有效。亦即对于社会发展变化产生的新型案件,不属于第144~154条的适用范围,可以依据第143条认定法律行为有效。从民法解释方法上说,对于第143条不能作反对解释。

(二)无民事行为能力人独立实施的法律行为无效

《民法总则》第144条规定无民事行为能力人独立实施的法律行为无效。《民法总则》第20条规定未满8周岁的未成年人为无民事行为能力人,由其法定代理人代理实施民事法律行为。本条进一步规定无民事行为能力人实施的民事法律行为无效。但未成年人年满6周岁即应上小学,难免要独自乘坐公共交通工具、购买学习用品、玩具和零食等,更为重要的是,他们往往玩网络游戏、进行手机购物等,按照本条规定这些行为均应一律无效,显然违背社会生活经验,并且不合情理。可见本条存在法律漏洞。建议类推解释《民法总则》第145条关于"限制行为能力人实施的纯获利益的民事法律行为或者与其年龄、智力、精神健康状况相适应的民事法律行为有效”的规定，认定不满 8 周岁的未成年人独立实施的这类行为有效。

（三）可撤销民事法律行为

《民法总则》第 146 条新增关于虚伪表示和隐藏行为的规定。本条规定：“行为人与相对人以虚假的意思表示实施的民事法律行为无效。以虚假的意思表示隐藏的民事法律行为的效力，依照有关法律法规处理。”所谓虚伪表示，是大陆法系民法采用的法律概念，指当事人与相对人双方所作虚假的意思表示，亦称假装行为。虚伪表示的特征在于，虽然具有法律行为的外形，但双方当事人明知该法律行为是虚假的，都不想使该法律行为发生效力。例如，以逃避债务为目的的虚假财产赠与，双方当事人都不希望发生赠与的效力。所谓“隐藏行为”，是指虚伪表示所掩盖的真实的法律行为。例如，为规避房屋买卖的税负而订立赠与合同，赠与合同为虚伪表示，而房屋买卖合同为隐藏行为。隐藏行为是与虚伪表示联系在一起的，无虚伪表示，也就无所谓隐藏行为，有隐藏行为，也就必定有虚伪表示。但存在虚伪表示，却不一定有隐藏行为。例如，为逃避债务、规避法院执行而订立虚假赠与合同、虚假买卖合同、虚假抵押合同，属于虚伪表示，但没有隐藏行为。

本条第 1 款仅规定虚伪表示的民事法律行为在双方当事人之间无效，而未规定在当事人与第三人之间是否无效，因此留下法律漏洞。关于虚伪表示在当事人一方与第三人之间的法律效果，应当按照民法原理及参考《日本民法典》第 94 条、《韩国民法典》第 108 条和我国台湾地区“民法”第 87 条第 1 款等例，分为两种情形：第三人知道当事人之间的意思表示为虚伪表示的，即属于恶意第三人，则虚伪表示的任何一方当事人均可以虚伪表示无效对抗该恶意第三人；第三人不知道当事人之间的意思表示为虚伪表示的，即属于善意第三人,则虚伪表示的双方当事人均不得以该虚伪表示无效对抗该善意第三人。

按照本条第2款规定,虚伪表示所掩盖的隐藏行为是否有效,取决于该隐藏行为本身是否符合该行为的生效要件。例如,伪装为赠与而实为买卖,赠与行为属于虚伪表示应当无效,所隐藏的买卖行为是否有效,应依有关买卖合同的规定判断。如隐藏行为符合法律关于买卖合同生效要件的规定,则应有效,否则即应无效。

《民法总则》第148~150条规定欺诈和胁迫的法律效果。其中第149条新增了有关第三人实施欺诈的规定。值得注意的是,按照民法原理和立法例,欺诈和胁迫的法律效果为可撤销。但《民法通则》第58条规定欺诈、胁迫的法律效果为无效。《合同法》将欺诈、胁迫的法律效果,分为两种:第52条第1项规定为无效;第54条第2款规定为可撤销。《民法总则》根据民法原理和立法例并总结裁判实践的经验,将欺诈、胁迫的法律效果统一规定为可撤销。

《民法总则》第151条规定显失公平的民事法律行为。所谓显失公平行为,来源于《德国民法典》第138条第2款规定的"暴利行为"。构成暴利行为须具备"双重要件":第一,须双方给付显失均衡,称为客观要件;第二,须一方乘对方窘迫、轻率或无经验,称为主观要件。《民法通则》制定时,将传统民法暴利行为一分为二:一为"乘人之危"行为,其法律效果为无效(第58条);二为"显失公平"行为,其法律效果为可撤销(第59条)。《合同法》维持这种区分,而将两者的法律效果均规定为可撤销。《民法总则》制定时,总结裁判实践的经验,注意到乘人之危的构成要件过严,而显失公平的构成要件过宽;主张乘人之危很难获得法院支持,而主张显失公平容易获得法院支持。并且,绝大多数当事人均选择主张显失公平,而不选择乘人之危。有鉴于此,《民法总则》遂将乘人之危与显失公平合并为一个条文,仍称“显失公平”。

按照本条规定,显失公平行为的构成要件是:第一,须给付与对待给付之间显失均衡。学说上称为客观要件。第二,须一方利用了对方处于危困状态、缺乏判断能力等不利情事。学说上称为主观要件。其法律效果为可撤销,法律赋予因法律行为显失公平而受不利益的一方当事人以撤销权。需注意的是,显失公平之判断时点,为“法律行为成立时”。法律行为成立生效之后因情事变更导致双方对待给付显失公平的,不能适用本条,而应依最高人民法院关于情事变更的解释规则处理。①

请特别注意《民法总则》第147~151条关于可撤销民事法律行为的条文,统一规定其法律效果为可撤销,而删除了“变更”效力。按照民法原理和立法例,于法律行为的意思表示存在瑕疵情形时,赋予受损害一方撤销权,通过撤销权之行使,消灭有瑕疵法律行为的效力,使当事人双方恢复到该法律行为成立之前的状态,以纠正当事人之间的不公正。但《民法通则》和《合同法》,却在撤销权之外更赋予变更的效力。此项“变更”效力,亦可解释为附着于撤销权的另一项形成权,即“变更权”。《民法总则》制定时,总结裁判实践经验,注意到当事人主张变更,很难获得法院的支持,而绝大多数当事人均选择主张撤销,而不选择主张变更。有鉴于此,《民法总则》从重大误解、欺诈、胁迫、显失公平民事法律行为的规定(第147~

---

① 《关于适用〈中华人民共和国合同法〉若干问题的解释(二)》第26条:“合同成立以后客观情况发生了当事人在订立合同时无法预见的、非不可抗力造成的不属于商业风险的重大变化,继续履行合同对于一方当事人明显不公平或者不能实现合同目的,当事人请求人民法院变更或者解除合同的,人民法院应当根据公平原则,并结合案件的实际情况确定是否变更或者解除。”(该司法解释已于2021年1月1日废止。《民法典》合同编第533条明文规定情事变更原则。——编者注)

151条)中,删除“变更”效力。

(四)民事法律行为违法无效

《民法总则》第153条是关于民事法律行为违法无效的规定。按照民法原理,法律行为制度是民事主体实现意思自治的手段,但民事主体之意思自治并非毫无限制,意思自治不得超越法律和道德的容许限度,实施法律行为不得违反法律、行政法规的强制性规定,不得违背公序良俗。法律、行政法规的强制性规定及公序良俗,即是对民事主体意思自治的限制。《民法总则》第143条已经将不得违反法律、行政法规的强制性规定以及不违背公序良俗,规定为民事法律行为的有效要件。本条再进一步从反面规定,违反法律、行政法规的强制性规定以及违背公序良俗的民事法律行为无效。

《民法总则》设置本条的立法目的,是授权法庭和仲裁庭主动审查当事人之间的法律行为的目的和内容,凡违反现行法律、行政法规的禁止性强制规定的,即依据本条第1款确认其无效;于现行法律、行政法规未有禁止性强制规定的情形,授权法庭和仲裁庭主动审查该法律行为的目的和内容是否违背公序良俗,法庭或者仲裁庭认为违背公序良俗的,即依据本条第2款确认该法律行为无效。

本条第1款规定:“违反法律、行政法规的强制性规定的民事法律行为无效,但是该强制性规定不导致该民事法律行为无效的除外。”“但书”所谓“不导致民事法律行为无效的”强制规定,是指民法理论中所谓的“命令性规定”,亦即最高人民法院司法解释所说的“非效力性规定”。除去不导致法律行为无效的“命令性规定”,导致法律行为无效的“强制规定”,是指民法理论中所谓的“禁止性规定”，亦即最高人民法院司法解释所谓的“效力性强制规定”。[①]

关键问题是，如何区分一项法律规定究竟属于效力性强制规定或者非效力性强制规定。区分标准如下：(1)效力性强制规定所规范的对象是法律行为。例如，《民法总则》第144条规范无民事行为能力人实施的法律行为，第146条规范虚伪表示的法律行为，本条第2款规范违背公序良俗的法律行为，第154条规范恶意串通的法律行为。(2)效力性强制规定所规定的法律效果，或者直接规定该行为无效，或者明文“禁止”该行为。其中，明文规定该行为无效，如《民法总则》第144条规定无民事行为能力人实施的法律行为无效、第146条规定虚伪表示行为无效、第154条规定恶意串通行为无效、第197条规定变更诉讼时效的约定无效及事先放弃时效利益的行为无效；明文规定“禁止”该行为，如《民法总则》第111条第二句后段禁止非法收集、买卖……他人个人信息，第168条禁止自己代理、禁止双方代理，等等。请注意，民法上的“禁止”和“不得”，是禁止性法律规定的标志性用语。凡是法律条文采用了“禁止”或者“不得”，表明法律禁止该法律行为发生效力。

凡符合上述两项判断标准，即规范对象为法律行为并且直接规定行为无效或者禁止该行为的，均属于效力性强制规定。不符合此两项标准的，一般应视为非效力性强制规定。须特别注意，所谓效力性强制规定的判断标准，是针对法律、行政法规的具体规定而言的，不包括原则性规定。但按照民法原理及裁判实务经验，若干可以作为裁判依据的原则性规定，如《民法总则》中的诚实信用原则(第7条)、禁止权利滥用原则(第132条)、法律行为有效要件的概

① 《关于适用〈中华人民共和国合同法〉若干问题的解释(二)》第14条：“合同法第五十二条第(五)项规定的‘强制性规定’，是指效力性强制性规定。”

括性规定(第 143 条),以及《物权法》中的物权法定原则(第 5 条)、不动产物权变动的登记生效原则(第 14 条)等,亦应视为效力性强制规定。此外,刑法关于犯罪行为的规定、行政法关于行政违法行为的规定,当然属于效力性强制规定,自不待言。

本条第 2 款规定违背公序良俗的法律行为无效。公序良俗,包括公共秩序、善良风俗。公序良俗,属于不确定概念。民法学说采类型化研究方法,将裁判实务中依据公序良俗裁判的典型案件,区分为若干违反公序良俗的行为类型。[①] 法庭或者仲裁庭于案件审理中,如果发现待决案件事实与其中某一个类型相符,即可依据本条第 2 款认定其行为无效。

(五)法律行为部分无效

《民法总则》第 156 条是关于法律行为部分无效的规定。因违法无效的法律行为可以分为目的违法和内容违法,如果法律行为的目的违法,整个法律行为无效;如果目的合法,只是内容部分违法,则法律行为的内容仅违法的部分无效,不违法的部分有效。例如,《合同法》第 53 条规定,免除造成他人人身伤害责任的约定无效,虽然此免责条款无效,合同中的其他条款仍然有效。《合同法》第 39 条规定,提供格式合同的一方应当对免除或者限制其责任的条款尽到提示义务和说明义务,如果没有履行此类义务则该免责条款无效,而其他条款依然有效。此外,需要说明的是,民事法律行为的成立、生效、撤销、解除,绝对不发生部分成立、部分生效、部分撤销、部分解除的问题。

《民法总则》第 157 条以《合同法》第 58 条为基础稍加修改,规定在法律行为无效、被撤销或者确定不发生效力的情形,对于已经

① 违反公序良俗的案件类型,可参考相应教科书和著作。

履行的部分如何处理。本条规定："……行为人因该行为取得的财产，应当予以返还；不能返还或者没有必要返还的，应当折价补偿。有过错的一方应当赔偿对方由此所受到的损失；各方都有过错的，应当各自承担相应的责任。法律另有规定的，依照其规定。"

按照民法原理，法律行为被确认无效、被撤销或者确定不生效，双方当事人实施法律行为所欲实现的目的注定不能实现，尚未履行的不得履行，已经履行的必须恢复原状，即恢复到该法律行为成立之前的利益状况。本条所谓"因该行为取得的财产，应当予以返还"，可称为返还请求权。需注意下面几点：第一，本条规定属于就事论事之处理办法，不再进一步分析返还请求权的性质，经《合同法》实施以来的长期实践证明，具有简便易行的优点。第二，条文所谓"不能返还"，包括事实上不能返还和法律上不能返还。其中法律上不能返还，例如禁止买卖物等。条文所谓"不能返还或者没有必要返还的，应当折价补偿"中的"不能返还"，仅指事实上不能返还，不包括法律上不能返还。事实上不能返还，如有形财产中的消费物和无形财产（知识产权、商业秘密）。第三，所造成损失的赔偿，仅指财产损失赔偿，实行过错责任原则，由对该行为被确认无效、被撤销或者不发生效力有过错的一方承担；双方都有过错，则按照各自的过错比例分担。第四，需特别注意，本条不是一个独立的裁判规范，必须与据以认定法律行为无效、撤销或者不生效的法律规范一并适用。换言之，法庭或者仲裁庭一旦依据《民法总则》相关条文作出确认法律行为无效、撤销或者不生效的判决，如果该法律行为已经履行或者部分履行，无论当事人是否请求返还，均应依职权适用本条判决相互返还财产，不能返还的折价补偿，有损失的按照过错分担，于当事人请求返还时，不得令其变更诉讼请求或者另案起诉。第五，本条末句"法律另有规定的，依照其规定"，现今仅有《物权法》

第106条关于善意取得制度的规定。但该条的适用范围仅限于无权处分合同(《合同法》第51条)被确认无效的案型,此外的法律行为无效案型,以及法律行为被撤销案型、法律行为被确认不生效案型,均无适用《物权法》第106条善意取得制度的可能。

此外,按照民法原理,法律行为被撤销的效力,包括对法律行为当事人的效力,及对法律行为当事人之外的第三人的效力。《民法总则》起草人考虑到法律行为被撤销即成为无效的法律行为,因此将法律行为的无效与法律行为被撤销合并规定为第155条,却未规定法律行为之撤销对第三人的效力,留下法律漏洞。按照民法原理及立法例,法律行为因胁迫被撤销,可以对抗善意第三人;法律行为因重大误解、欺诈、显失公平被撤销,不得对抗善意第三人。

六、关于代理

(一)职务代理

《民法总则》第170条新增关于职务代理的规定。按照民法原理,委托代理的基础关系可以是委托合同关系,也可以是法人、非法人组织的内部组织关系或者劳动合同关系。基于委托合同关系的代理,代理人与被代理人为两个平等的民事主体,鉴于委托事务须实施法律行为,故被代理人须授予受托人代理权。代理权之授予,性质上属于单方法律行为,其书面形式为“授权委托书”(第165条)。基于法人、非法人组织之内部组织关系和劳动合同关系之代理,依通常习惯,代理权之授予,并不采用签发授权委托书的形式,而是与特定职务结合在一起:担任该特定职务即在其职权范围内拥有代理权。例如,法人、非法人组织之总经理、项目经理、部门经理、推销员、售货员等,拥有以法人、非法人组织名义,就其职权范围内的事项，与其他民事主体实施法律行为的代理权，此即职务代理权。须注意，条文“执行法人或者非法人组织工作任务的人员”一语，文义过于宽泛，应当限于承担与其他民事主体实施民事法律行为职务的人员。担任内部管理事务、技术工作的人员，并无此种职务代理权。本条第1款所谓“职权范围”一语，是指在内部组织关系、劳动合同关系中各种特定职务通常的“职权范围”。

本条第2款规定：“法人或者非法人组织对执行其工作任务的人员职权范围的限制，不得对抗善意相对人。”所谓对“职权范围的限制”，是指法人或者非法人组织内部对该通常的“职权范围”所进行的特别限制。例如，公司总经理通常的“职权范围”是以公司名义实施民事法律行为，该公司内部规定总经理不得签订担保合同，即是对总经理“职权范围”的限制。假如该总经理超越此内部限制为其他公司向银行借款担任保证人、订立保证合同，则该公司不得以其内部限制对抗善意相对人。

（二）狭义无权代理

《民法总则》第171条规定狭义无权代理，系在《合同法》第48条规定的基础上进行了修改完善。本条第1款规定：“行为人没有代理权、超越代理权或者代理权终止后，仍然实施代理行为，未经被代理人追认的，对被代理人不发生效力。”该款是对无权代理人实施代理行为的原则性规定，即明确无代理权的行为人实施的代理行为，未经被代理人追认不发生代理效力。本条第2款规定相对人的催告权和撤销权，相对人可以催告被代理人自收到通知之日起一个月内予以追认，被代理人未作表示的，视为拒绝追认，行为人实施的行为被追认前，善意相对人有撤销的权利。本条第3款规定，行为人实施的行为未被追认的，善意相对人有权请求行为人履行债务或者请求行为人予以赔偿，但是赔偿的范围不得超过被代理人追认时相对人所能获得的利益。这是《民法总则》的新增规定。本条第 4 款也是《民法总则》的新增规定:“相对人知道或者应当知道行为人无权代理的,相对人和行为人按照各自的过错承担责任。”

请特别注意本条第 3 款和第 4 款规定的适用。按照社会生活经验,相对人不会自己承认属于恶意相对人,在行为人实施的行为没有被追认时,相对人当然会依据本条第 3 款向法院起诉要求行为人履行债务或者就其损害请求行为人赔偿,并且在起诉状中声称自己属于善意相对人。前文已经谈到民法关于“善意推定”的法理,法庭应当推定相对人属于善意。这种情形,如行为人对于相对人之声称属于善意未主张异议,或者虽主张异议而未能举出足以证明相对人知道或者应当知道行为人无代理权的证据,法庭即应支持相对人的请求,判决行为人履行债务或者在被代理人追认时相对人所能获得的利益范围内予以赔偿;如果行为人举证证明相对人属于恶意,法庭在驳回该恶意相对人的履行或者赔偿请求的同时,应当依职权适用本条第 4 款的规定,判决行为人与恶意相对人按照各自的过错承担责任。

七、关于民事责任

(一)因保护他人使自己遭受损害的补偿责任

《民法总则》第 183 条新增关于因保护他人使自己遭受损害的规定。区分为两种情形:其一,侵权人能够承担民事责任的,按照本条第一句的规定,由侵权人承担民事责任,受益人可以给予适当补偿。条文使用“可以”一词,表明受益人的补偿不具有强制性,应出于受益人的自愿,受益人不自愿的,不得强制其补偿。其二,没有侵权人、侵权人逃逸或者无力承担民事责任的,按照本条第二句的规定，受害人有权请求受益人补偿，受益人应当给予适当补偿。条文使用“应当”一词，表明受益人有给予适当补偿的义务，只要受害人请求，受益人就必须给予适当补偿。但即使是这种情形，法庭也不能判决受益人“全部补偿”，因为毕竟不是受益人直接造成受害人损害。

（二）自愿实施紧急救助免责

《民法总则》第184条新增自愿实施紧急救助的规定。本条规定：“因自愿实施紧急救助行为造成受助人损害的，救助人不承担民事责任。”所谓自愿实施紧急救助行为，应指不承担救助他人义务的一般人，未受任何组织和个人的委托，见他人（限于自然人）处于紧急危险状态而自愿、主动实施救助的行为。实施紧急救助他人的行为，却反而造成受助人损害，本应构成侵权责任，但考虑到行为人的目的及《民法总则》鼓励帮助、救助他人之政策目的，故本条规定，紧急救助行为，造成受助人损害的，救助人不承担民事责任。需注意两点：其一，本条所谓自愿实施紧急救助的人和受助人，均应当限于自然人。法人、非法人组织实施救助行为，不应适用本条。根据民法的价值取向，不应当允许任何人借口所谓“自愿实施紧急救助”干涉法人、非法人组织的事务。其二，本条性质上属于法定免责事由。如严格贯彻本条，即使因救助人重大过失造成受助人重大损害也不承担任何责任，难免有以目的正当性代替社会正义之虞。可见本条存在法律漏洞。考虑到现行《刑法》有过失伤害犯罪，于救助人的行为已足以构成刑法上的过失伤害罪时，建议不适用本条而直接追究行为人过失伤害的侵权责任。

（三）侵害英雄烈士人格利益的民事责任

《民法总则》第185条新增关于侵害英雄烈士人格应当承担民事责任的规定。条文所谓“英雄烈士”指生前或者死后被公权力机关授予“英雄”和“烈士”称号的自然人,后面的“等”字,究何所指,是否涵盖中华民族历史上抗击外国侵略的英雄人物,不无疑问。本条所谓“侵害”,应当解释为采用文字作品、音像作品形式等,损害英雄烈士姓名、肖像、名誉、荣誉的行为;侵害人应当是该文字作品、音像作品的作者及出版人、发行人。依据条文,此项责任构成要件有二:其一,采用文字作品、音像作品形式损害英雄烈士姓名、肖像、名誉、荣誉;其二,损害社会公共利益。

鉴于英雄烈士本身属于历史,关系到历史研究自由、文学艺术创作自由、公民的了解权等公法权利,而这些公法权利亦属于社会公共利益的重要内容。因此,法庭在判断加害作品是否损害社会公共利益时,须着重权衡系争作品对于历史研究自由、文学艺术创作自由及公民了解权的意义,绝对不能仅以“是否真实”作为判断标准。如果仅有要件之一,即采用文字作品、音像作品形式损害英雄烈士姓名、肖像、名誉、荣誉,而不具备要件之二,即并未因此损害社会公共利益,加害人当然不应承担民事责任。于构成侵害英雄烈士人格的民事责任情形,加害人所承担的责任,主要是消除影响、恢复名誉、赔礼道歉。此外,还应责令停止侵害,自不待言。

值得研究的是,本条所生诉权由谁行使,即谁有权担任侵害英雄烈士人格的侵权案件的原告,这取决于对案件性质属于私诉还是公诉的界定。按照2001年最高人民法院《关于确定民事侵权精神损害赔偿责任若干问题的解释》* 第3条“以侮辱、诽谤、贬损、丑化或者违反社会公共利益、社会公德的其他方式,侵害死者姓名、肖像、名誉、荣誉”,致其近亲属“遭受精神痛苦”的,属于私诉,死者的近亲属有诉权。可知,由近亲属充当原告的“私诉”,须有致其近亲

---

* 该司法解释已于2020年12月被修正。——编者注

属“遭受精神痛苦”要件，且无“损害社会公共利益”要件。显而易见，本条规定的侵害英雄烈士人格的侵权案件，不属于“私诉”而属于“公诉”，在当下应由各级人民检察院行使诉权，将来开放纳税人公益诉讼之后，凡不属于英雄烈士近亲属的普通公民均有权以纳税人身份依据本条提起公益诉讼。

《民法典》合同编通则重要条文的理解与适用*

今天讲《民法典》合同编通则新增加的条文和有重要改动的条文,着重于如何理解和适用。我讲到哪一个条文,有助手替我翻到那个条文,同志们可以看一下屏幕上的条文。同志们着重听,不见得要做记录,因为有录音和视频,以后可以复习。

一、合同编的结构

大家看合同编的目录,合同编的第一分编通则、第二分编典型合同、第三分编准合同。我们马上会想到,为什么我们的《民法典》上没有债权编或债权总则编?合同编与债权总则是什么关系呢?这里有一个中国民法典上最重要的问题,叫作“不设债权总则”。先介绍一下债权的理论体系和立法体系。

什么叫“债权的理论体系”?民法理论上把财产关系上的权利义务分为物权的权利义务、债权的权利义务。物权的权利义务规定在物权编,债权的权利义务规定在债权

* 2020年6月12日在云南省人民检察院所作讲座的录音整理稿。

编。因此，我国台湾地区的“民法”上有物权编、债权编。债权编再分为债权的总则和债权的分则，债权总则是适用于各种债权债务关系的基本的规则；债权分则再分为合同之债与非合同之债，合同之债亦称约定之债，即依约定产生的债权债务。非合同之债，指因侵权行为、不当得利、无因管理所发生的债权债务，是直接根据法律规定而发生的，称为法定之债。约定之债就是合同之债，法定之债包括侵权行为之债、不当得利之债、无因管理之债。债权总则，是关于所有债权债务的基本规则，包括债的发生，债的概念，债的履行、保全、变更、转让、终止及不履行债的责任。债权分则分为合同之债（约定之债）与非合同之债（法定之债）。这是债的理论体系、教科书上的体系。

在民法典立法上，德国、日本民法典设债权编，债权编包括债权总则和债权分则，债的基本规则规定在债权总则，债权分则只是各种典型合同。“典型合同”，也就是各种具体的合同，如买卖、租赁、承揽合同、建设工程合同，等等。侵权行为之债、不当得利之债、无因管理之债等法定之债，在理论上属于债权分则，却被规定在债权总则。德国、日本民法典都是如此，法定之债在债权总则，分则只是各种合同。合同总则被融入债权总则。这是通常的立法体例，债权总则涵括合同总则再加上法定之债，债权分则只是各种典型合同。

而中国《民法典》既没有债权编，也没有债权总则（编），就一个合同编，外加一个侵权责任编。按照债的理论，合同编和侵权责任编都是债权的分则。为什么不设债权总则（编）？答案很简单，是为了维持合同法的完整性。中国《合同法》* 实施了 20 多年，法官、律师办理合同纠纷案件，翻《合同法》就可以解决找法问题。绝大多数案件都可以根据《合同法》作出判决，个别的案件涉及主体、权利能

---

* 已失效。——编者注

力和行为能力,才需要查《民法通则》[*]。这对法官和律师来说非常方便,一部《合同法》基本就可以解决找法问题。如果我们按照德国、日本等立法体例,民法典设一个债权总则编,就要分解合同法。把合同法一分为二,合同法的总则纳入债权总则,各种典型合同保留在债权分则。这会改变裁判实践经验,改变法官、律师20多年形成的适用法律的习惯。立法机关采取了照顾裁判实践经验,照顾法官、律师适用法律的习惯的实用主义方案。因此,我们的《民法典》不设债权编、不设债权总则编。

这就产生一个问题,合同编和侵权责任编是否能够代替债权总则?请特别注意,中国民法的债权总则是存在的。大家看现在的合同编第一分编通则,从规定的法律条文看,不仅仅是合同的通则,而是将债权总则的大部分内容纳入了(合同)通则、合同通则涵括了债权总则,实际是用合同通则代替债权总则。这是中国《民法典》的一个特色。

现在的问题是,合同通则是否能够完全代替债权总则?有这样一些内容是无法代替的:债的概念和债的发生原因。如果合同通则规定了债的概念,那就不是合同通则而是债权总则了。债的发生原因,除合同之外还有侵权行为、不当得利和无因管理,难以规定在合同通则之中。因此,属于债权总则不可或缺内容的债的概念和债的发生原因,没有纳入合同编通则,而是规定在《民法典》总则编民事权利章第118~122条。在中国《民法典》中,债权总则的规则被一分为二了,少部分内容(债的概念和债的发生原因)规定在《民法典》总则编,大部分内容纳入了合同编通则。由此可见,《民法典》的合同编不是一般地规定合同问题,其重要特色在于用合同通则代

---

* 已失效。——编者注

替债权总则。

中国《民法典》规定债权债务关系的，就一个合同编，加上一个侵权责任编。同属于法定之债的不当得利之债和无因管理之债呢？在实践中单靠《民法典》总则编中的那两个条文（第121、122条）也解决不了问题。但是，不当得利、无因管理内容很少，没有办法像侵权责任编那样，也设为民法典的一编或者两编。于是，不得已将这两部分内容附带规定于合同编，作为合同编的第三分编："准合同"。

请大家注意，这个"准"字在民法上具有特别的意义。"准"字用在一个名词的前面，如"准合同""准法律行为"，还有过去我们说的"准侵权"。一个名词前面加上一个"准"字是什么意思？首先是否定的意思，"准合同"不是合同，"准侵权"不是侵权，"准法律行为"也不是法律行为，是不同的事物。那为什么要加一个"准"字在前面？是基于某种法律政策上的理由！基于某种法律政策上的理由，（立法上）把不当得利、无因管理当作合同对待，附带规定于合同编，因此将之称为"准合同"。这样做的法律政策上的理由就是"不得已"。"准民事法律行为"，如各种通知（如不可抗力通知、解除权行使通知、履行催告通知、质量异议通知），及邀约、承诺、接受，等等，它们不是民事法律行为，但是与民事法律行为有密切的关系（同属于表示行为），所以将它们称为"准民事法律行为"，可以适用（准用）关于民事法律行为的某些法律规则。至于所谓"准侵权"，如高度危险责任、动物伤害责任、产品责任、建筑物倒塌致损责任等，因为不是人的行为，故称为"准侵权"。概而言之，"准"字加在一个名词的前面，首先表示这个事物不是原来的事物，其次表示基于法律政策上的理由可将其当作原来的事物对待。不当得利之债、无因管理之债，本属于法定之债，不同于合同之债，因为没有办法设置为《民法典》的两编或者一编，不得已附带规定在合同编，称为"准合同"。

二、法律适用

下面我正式讲条文,大家看第一章。第一章是原来的《合同法》第一章,删掉了好多内容,同时增加了一些内容。我们习惯将第一章叫作一般规定,这些规定着重解决法律适用问题。但也有概念和定义的规定,如第 464 条,规定合同的定义,目的是限定本编的适用范围。所以说第一章是规定合同编的适用。

借此机会给大家介绍一下法律适用。我们检察官、检察院履行司法监督、审判监督的职能,当事人来申诉,我们认为原审判决错误,就依法向裁判该案的法院抗诉。抗诉的理由是什么?两个理由:一是法院的判决事实认定错误;二是法律适用错误。事实认定和法律适用,只要一个错误,判决就肯定错误,因此要抗诉,要求法院启动再审程序给予改判。反之,事实认定正确,法律适用正确,判决就必定正确。我们就不能抗诉,就要说服当事人撤销申诉。当事人不听,我们就驳回他的申诉。这里不讨论事实认定,只是介绍一下法律适用。

什么叫法律适用?所谓法律适用,就是指法官审理民事案件,用某一个法律规范作为裁判本案的依据,根据这个法律规范,作出判决。这个司法活动过程,就叫作法律适用。法律适用分为三种类型:第一种叫作"直接适用",通常叫作"适用",法律条文中的"适用"一词,就是讲的第一种法律适用、直接适用,即将立法机关为这类案件所制定的法律条文(法律规范),作为裁判本案的法律依据。直接适用,有一个非常重要的前提条件,即本案事实在这个法律规范的适用范围之内。用一个法律规范(作为裁判依据)裁判该法律规范适用范围之内的案件,叫"适用"。既然立法者为某一类案件制定了裁判规则,法官就用这个裁判规则裁判属于该类案件的具体案件,对这类案件适用这个裁判规则是立法者预先决定的,该法律条文(法律规范)的法律适用范围,包含本案在内。裁判实践,大多数情况下的法律适用属于“直接适用”,因为是常态,因此省略“直接”两个字,就叫“适用”。

第二种叫作“参照适用”。所谓参照适用,是指用来裁判案件的这个法律条文,其适用范围、立法目的并不包含本案在内。本案在法律上没有具体规定,立法者没有为本案制定法律规范。但是立法者考虑到这一点,就在法律条文中明文规定,允许法官用某一个法律规范去裁判不属于该法律规范适用范围内的、与适用范围内的案件具有相似性的案件。参照适用有严格的前提条件,即待决案件与法律规范适用范围之内的案件具有相似性。一类案件在法律上有规定,另一类案件在法律上没有规定,立法机关明文表示法官可以用规定第一类案件的法律规范,裁判法律没有规定的、(与法律规定的案件)具有相似性的案件,这就叫参照适用。参照适用在法律理论上、立法例上,叫“准用”。这个“准”字是准许的意思,立法机关准许法官用一个法律规范去裁判不属于这个法律规范适用范围之内的类似的案件。中国大陆习惯叫“参照适用”。

第三种叫作“类推适用”。参照适用是立法机关明文表示准许用一个条文裁判不属于这个条文适用范围之内的、类似的另一类案件。如果立法机关没有这样的表示呢?社会生活很复杂,经常遇到这样的情况,待决案件在法律上没有规定、立法者也没有参照适用的表示。这种情形,法官不得以法律没有规定为由拒绝裁判,因此法官从法律上找到一个法律条文,它的适用范围内的案件与本案具有类似性,就用这个法律规范来裁判待决案件,这就叫类推适用。这样做的根据何在?根据在于法官行使的裁判权中所包含的法律漏洞补充权。法律漏洞也就是法律没有规定,像房子漏了一个洞。

法官不能说法律没有规定我就拒绝裁判、法官必须裁判,怎么裁判呢?法官自己找一个法律规则,裁判法律上没有规定的本案,以得出公正的判决。这样的权限就叫法律漏洞补充权,包含在法官行使的裁判权之内。

综上可见,法律适用细分为三种:第一,适用,案件在法律条文的适用范围之内。第二,参照适用,案件不在法律条文适用范围之内,但是它们有类似性,立法机关预先明文允许(授权)这样做。参照适用,在理论上和立法例上叫准用。第三,类推适用,法官自作主张用一个条文裁判不属于它的适用范围的、类似的案件。

三、合同定义

现在回过头来讲条文。大家看第464条第1款:"合同是民事主体之间设立、变更、终止民事法律关系的协议。"第2款:"婚姻、收养、监护等有关身份关系的协议,适用有关该身份关系的法律规定;没有规定的,可以根据其性质参照适用本编规定。"第464条第1款是合同的定义,它决定本编的适用范围。大家注意第2款,是在原《合同法》第2条第2款规定的基础上作了重要修改。原《合同法》第2条第2款的规定是:"婚姻、收养、监护等有关身份关系的协议,适用其他法律的规定。"所谓"适用其他法律的规定",亦即:不适用《合同法》的规定。现在的本条第2款规定:"婚姻、收养、监护等有关身份关系的协议,适用有关该身份关系的法律规定;没有规定的,可以根据其性质参照适用本编规定。"有关身份关系的协议,既然不是合同,其应当适用有关该身份关系的法律规定,这是不言而喻的。关键在新增的最后一句,(有关该身份关系的法律)"没有规定的,可以根据其性质参照适用本编规定"。"参照适用",也是适用。原《合同法》第2条第2款规定"有关身份关系的协议"不适用《合同法》，现在合同编本条第2款规定“有关身份关系的协议”，可以“参照适用本编规定”。这就是重大修改。当然要注意，“参照适用本编规定”的前面有一个限制，即“根据其性质”。

在中国民事立法中，所谓“协议”，指两个意思表示达成一致（合意）的民事法律行为。与“双方民事法律行为”是同义语。有关债权债务关系的协议，有一个特定概念叫“合同”（契约）；有关身份关系的协议，没有特定概念，仍然称为“协议”。虽然如此，在许多情形，设立、变更、终止债权债务关系的双方民事法律行为，仍然写作“某某协议”而不写作“某某合同”。例如，当事人协商变更生效合同内容的合同，通常写作“补充协议”。甚至许多典型合同，如房屋买卖合同、房屋租赁合同，当事人签订的合同文件，也常常写作“房屋买卖协议”“房屋租赁协议”。因此，判断一个法律文件，是不是“合同（书）”，要看其中约定的内容是债权债务关系，或者是别的法律关系（如身份关系）。

本条第2款条文，关于身份关系的协议，列举了婚姻、收养、监护。实际上，“婚姻”应是两类协议：“结婚协议”“离婚协议”。“收养”指“收养协议”。“监护”指“监护协议”。《民法典》总则编规定有监护资格的人之间关于谁担任监护人有争议的，可以协商订立一个协议，确定谁担任监护人，即“监护协议”；一个成年人，在智力还正常的时候，订立一个协议，指定自己最信得过的人（子女、亲属或者朋友）作为自己（将来）的监护人，即（意定）“监护协议”。继承编还有“遗赠抚养协议”。都属于有关身份关系的协议。这些协议，当然应适用“有关该身份关系的法律”，如婚姻家庭编、总则编（第二章第二节监护）、继承编的有关规定，自不待言。

但是有关身份关系的法律并不是对身份关系协议的一切问题都有规定。于是，立法者预先规定一个授权条款（即本条第2款末句),授权法官可以"参照适用本编规定",以裁判有关身份关系协议的案件。婚姻、收养、监护、遗赠抚养等身份关系的协议,本不在合同编的适用范围之内。现在本条第 2 款规定,允许法官用合同编的规则去裁判不属于合同编适用范围的身份关系协议的案件。须注意,条文中有"根据其性质"的限制语。即并不是合同编所有规则都可以适用到离婚协议、结婚协议、收养协议、监护协议和遗赠抚养协议。但现在的问题是,根据这些身份关系协议的性质,合同编哪些规则不能参照适用?哪些规则可以参照适用?

先说根据身份关系的性质,合同编的哪些规则不能参照适用?例如,结婚协议能够附期限吗?能够附条件吗?结婚协议可以变更、转让吗?可以约定一个解除权吗?不行。结婚后可以协议解除婚姻关系,这是离婚协议。除了协议解除以外,生效条件、解除条件、解除权条件(约定解除权)、法定解除权,都不能适用。还有保全制度,如债权人代位权、债权人撤销权,也不能适用。还有担保制度,结婚找个保证人、设立抵押权行不行?当然不行。还有合同履行制度,诸如各种抗辩权,婚姻关系也不能适用。这是由结婚协议的身份关系性质决定的。收养协议、监护协议、遗赠抚养协议,也大抵如此。上述合同制度都不能参照适用于这些身份关系的协议。

再说哪些合同制度可以参照适用于结婚、离婚、收养、监护、遗赠抚养协议等身份关系的协议?概而言之,合同订立、生效、(因欺诈、胁迫)撤销、协议解除及虚伪表示无效这些制度,如果有关身份关系的法律(婚姻家庭法、继承法、监护法)没有规定,可以参照适用于身份关系的协议。

举个例子:20 世纪 90 年代,某个中级法院裁判的婚姻关系中的违约金案。结婚协议约定违约金条款,结婚后谁要是找第三者,支付违约金 25 万元。在 90 年代,25 万元是一笔巨款。后来在离婚的时候一方要求支付违约金。法庭认为，违约金是合同法制度，而当时的《合同法》第 2 条第 2 款规定："婚姻、收养、监护等有关身份关系的协议，适用其他法律的规定。"亦即身份关系上的协议不适用《合同法》。法庭不得已根据当时《民法通则》第 55 条（现在的《民法典》第 143 条），认定婚姻关系上的违约金有效，支持了原告的请求。如果现在审理婚姻关系上的违约金案，按照本条第 2 款的规定，法庭就可以参照适用本编第 585 条关于违约金的规定，而不必适用总则编第 143 条的规定。

再以离婚协议为例，婚姻家庭编关于离婚协议的书面形式、登记生效有规定。但离婚协议的订立，双方的意思表示是否达成一致，及离婚协议书的签字、盖章，及其成立的时间等，婚姻家庭编没有规定，可以参照适用合同订立的要约承诺的规则。离婚协议的成立可以参照合同成立的规则，离婚协议的生效，婚姻家庭法有规定（须登记生效）。假离婚呢？丈夫骗妻子离婚，说："我们离婚后可以多买一套房子，买了房子登记在你的名下。"办了离婚登记以后，发现丈夫马上跟第三者住在一起了。女方发现自己受骗上当了。怎么办呢？按照本条第 2 款末句规定，受骗女方可以请求人民法院参照适用关于欺诈的规定，撤销该假离婚协议；或者参照适用关于虚伪表示的规定，确认该假离婚协议无效。可见，本条第 2 款规定身份关系的协议可以根据其性质参照适用合同编的有关规定，具有重大的实践意义。

四、合同相对性原则

大家看第 465 条第 1 款："依法成立的合同，受法律保护。"第 2 款："依法成立的合同，仅对当事人具有法律约束力，但是法律另有规定的除外。"这一条来源于原《合同法》的第 8 条："依法成立的合同,对当事人具有法律约束力。当事人应当按照约定履行自己的义务,不得擅自变更或者解除合同。依法成立的合同,受法律保护。”大家注意它的顺序有所颠倒。这里着重介绍第2款。本条第2款规定:“依法成立的合同,仅对当事人具有法律约束力,但是法律另有规定的除外。”这是关于合同法律效力及效力范围的规定。所谓合同的法律效力,又称合同的约束力,指法律赋予依法成立的合同具有拘束当事人双方甚至第三人的强制力。

按照民法原理,合同的成立,是事实判断,只需当事人意思表示达成合意,合同即可成立;所谓合同的法律效力,是价值判断,是依上升为法律的国家意志对当事人的合意进行评价的结果。当事人达成的合意,符合法律规定时,即获得法律的肯定性评价,合同因而获得相应的法律效力,并将产生当事人预期的法律后果;当事人达成的合意,违反法律规定时,将受到法律的否定性评价,合同将不能获得明确的、肯定的法律效力,因而导致合同无效、可撤销或者效力待定的结果。可见,合同的法律效力实际上源于国家法律,是法律对当事人的合意依法予以确认和保障的结果。

请特别注意,本条第2款规定合同法律效力条文中有一个“仅”字。即“依法成立的合同,仅对当事人具有法律约束力”。由此可见,本条第2款不仅规定了合同的法律效力,并且规定了此法律效力的范围。换言之,本款同时规定了“合同的相对性”原则。按照近现代民法立法和理论,所谓合同的相对性原则,是合同法律效力范围的基本原则。主要包含如下内容:(1)主体的相对性。即合同关系只能发生在订立合同的当事人之间,唯合同当事人可以行使基于合同的请求权和诉权。(2)内容的相对性。即合同关系上的权利和义务只能由合同当事人享有和承担,第三人既不能依据合同享有权利,也不能依据合同被强加义务。在双务合同中,内容的相对性还体现为：当事人双方的给付和对待给付具有牵连性，一方的权利就是相对方的义务；反之，一方的义务也即是相对方的权利。(3)责任的相对性。即只有违约方当事人才应向相对方当事人承担违约责任，第三人无须向合同当事人承担违约责任；违约方当事人也不得向第三人承担违约责任。可见，基于合同的相对性原则，合同的法律效力被严格限定于合同双方当事人之间，将第三人排除在合同法律效力范围之外。第三人不受合同的拘束，同时使第三人不致因过失侵害合同债务人或者合同标的而承担法律责任，因而有效地保障第三人的活动自由，维护自由竞争的市场秩序。

合同的相对性原则滥觞于罗马法。罗马法上已有"任何人不得为他人缔约"，及"缔约行为应在要约人和受要约人之间达成"的原则。近代以来，法国、意大利等国民法典，关于合同的相对性原则均设有明文规定(《法国民法典》第1134、1165条，《意大利民法典》第1372条)。其他如德国、日本等国民法典虽无明文规定，但民法理论和裁判实务，无不承认合同的相对性(原则)是合同法的基本原则。

如前所述，合同相对性原则将合同的效力范围限定于当事人之间，保障了第三人的活动自由和自由竞争的市场秩序。但是，过分拘守合同相对性原则，将第三人完全排除在合同关系之外，也可能与合同当事人的意思不符，甚至有损及社会生活中的弱者利益之虞。于是，现代民法为避免过分拘守合同相对性原则可能造成的不当后果，在继续维持合同相对性原则的同时，逐渐发展、形成若干合同相对性原则的例外规则。主要有：

(1)所谓买卖不破租赁的规则。即法律规定租赁期间租赁物发生所有权变动，租赁合同对新的所有人继续有效，以保护处于弱势地位的承租人的利益。(2)债权人代位权和债权人撤销权。即法律允许债权人行使债务人对次债务人(第三人)的权利,或者撤销债务人与第三人之间的诈害行为,以保护债权人的利益。(3)所谓涉他合同。即如当事人在合同中为第三人设定了权利或义务,第三人可据此行使权利和履行义务,以尊重当事人意思、提高交易效率。(4)第三人侵害债权(契约)。即如第三人故意违背善良风俗,使债务人违反合同义务,受损害的债权人可追究该第三人侵权责任。(5)针对产品缺陷损害的严重社会问题,判例学说创设"附保护第三人效力的契约"(德国)、"利益第三人担保责任"(美国),及所谓"直接诉权"(法国),均属于合同相对性原则之例外规则。需补充说明的是,迄今合同相对性原则仍属于合同法基本原则,上述制度和判例规则仍属于合同相对性原则之例外。

请特别注意,本条第2款"但书"(作为合同相对性原则之)例外的"法律另有规定",是指:(1)向第三人履行的合同(第522条)及由第三人履行的合同(第523条)。二者相当于立法例所谓涉他合同。(2)债权人代位权和债权人撤销权(第535、536、538、539条)。(3)第三人代替履行债务(第524条)。(4)第三人加入债务(第552条)。(5)买卖不破租赁规则(第725条)。

五、合同的解释

下面再看第466条:"当事人对合同条款的理解有争议的,应当依据本法第一百四十二条第一款的规定,确定争议条款的含义。合同文本采用两种以上文字订立并约定具有同等效力的,对各文本使用的词句推定具有相同含义。各文本使用的词句不一致的,应当根据合同的相关条款、性质、目的以及诚信原则等予以解释。"第466条讲的是合同的解释,对合同的条文有不同的理解,要怎么解释它,这里讲的是合同的解释规则,是原来的《合同法》第125条:"当事人对合同条款的理解有争议的,应当按照合同所使用的词句、合同的有关条款、合同的目的、交易习惯以及诚实信用原则,确定该条款的真实意思。合同文本采用两种以上文字订立并约定具有同等效力的,对各文本使用的词句推定具有相同含义。各文本使用的词句不一致的,应当根据合同的目的予以解释。"

合同双方对合同中的条文发生争议怎么办?要按照合同所使用的词句、条文、性质、目的以及习惯和诚信原则来确定它的意思,这就是解释规则,即现在的本条。确定它的含义要按照《民法典》总则编第 142 条第 1 款的规定:"有相对人的意思表示的解释,应当按照所使用的词句,结合相关条款、行为的性质和目的、习惯以及诚信原则,确定意思表示的含义。"总则编第 142 条第 1 款规定的是有相对人意思表示的解释,第 2 款规定的是无相对人意思表示的解释。有相对人的意思表示的解释主要就是合同。

怎么解释呢?总则编第 142 条第 1 款这样说,要按照合同所使用的词句、条文相互关系、性质和目的、习惯、诚信原则来解释。它和无相对人意思表示的解释的差别在于。无相对人意思表示的解释,"不能完全拘泥于所使用的词句",后面仍然是相关条款、行为的性质、目的、习惯、诚信原则。重要的是第 466 条第 2 款。第 2 款说的是两种语言的文本,中文的文本、英文的文本这两种文本我们怎么解释呢?如果两种以上不同的文字订立的合同,要推定不同文本所使用的词句具有相同的含义。中文和英文是不同的词,这两个文本的用词的含义是对应的,但是现实当中不可能完全相同。如果英文用的名词和原来的中文用词的意思完全不同呢?这就要按照"末句"规定,还是要按照合同的条款、性质、目的、习惯和诚信原则去解释。质言之,如果两种文本对应词语的意思完全不同,哪一个文本用语的意思符合诚信原则、符合交易习惯,就采用其意思。这就是不同文本的解释规则。

大家注意合同的解释,还有一个解释规则规定在第三编第二章合同的订立中。即格式合同的解释规则,规定在第498条:“对格式条款的理解发生争议的,应当按照通常理解予以解释。对格式条款有两种以上解释的,应当作出不利于提供格式条款一方的解释。格式条款和非格式条款不一致的,应当采用非格式条款。”格式条款有两种含义,要选择对提供格式条款一方不利的那个含义。格式条款的意思和手写条款的意思不一致的,要以手写条款的意思为准,关于合同的解释规则,简单作此介绍。

六、无名合同的法律适用

下面注意第467条无名合同的法律适用:“本法或者其他法律没有明文规定的合同,适用本编通则的规定,并可以参照适用本编或者其他法律最相类似合同的规定。在中华人民共和国境内履行的中外合资经营企业合同、中外合作经营企业合同、中外合作勘探开发自然资源合同,适用中华人民共和国法律。”什么叫无名合同?法律规定某一种合同,首先要给它一个名字,并且下一个定义。什么叫买卖合同?一方移转标的物所有权给对方,对方支付价款的合同,这就是买卖合同的定义。法律要规定任何一种合同,都必须给它一个名字,就像人一生下来必须取一个名字,没有名字户籍登记机关不给登记户口一样的道理。民法理论上所谓有名合同,就是合同编以及其他法律所规定的合同。旅游法上有一个旅游合同,物权编的建设用地使用权出让合同、承包经营合同、抵押合同,等等。合同编和《民法典》其他编以及民商事特别法规定的合同,叫作有名合同。合同编和其他编、其他法律没有规定的合同,就叫作无名合同。本条规定,无名合同,适用本编通则的规定,因为本编通则是所有合同的通则(基本规则),因此无名合同当然应适用。但是,如果适用通则解决不了问题,还可以参照适用本编第二分编典型合同中最相似的合同的规则。

刚才休息的时候,检察长讲一个替身演员在翻跟斗的时候受伤的案件,无论这个替身演员是与其所替的演员之间订立合同,还是与剧组订立合同,因为这种合同在法律上没有规定,属于无名合同。如果这样的替身合同发生了纠纷,如报酬、风险、人身伤害这些问题,怎么办?按照本条规定,可以参照适用最相类似的(有名合同)的规则,初步考虑,合同编有一个委托合同,与替身合同最相类似,不就是委托替身替演员翻跟斗吗?委托事务的执行中造成的伤害怎么办?第930条规定,受托人处理委托事务时,因不可归责于自己的事由受到损失的,可以向委托人请求赔偿损失。并且,按照总则编第186条的规定,此项损害赔偿请求权与侵权责任请求权发生竞合,受伤的替身演员还可以选择依据侵权责任法的规定请求赔偿。

无名合同多的是,如加盟店合同。我们吃汉堡包、喝咖啡的麦当劳、上岛咖啡都是加盟店。这种加盟店合同的成立、生效,可以适用合同编通则的规定。适用合同编通则解决不了的问题,如加盟店的上级给它提供的食品、食材发生质量问题怎么办呢?按照本条规定,可以参照适用买卖合同关于产品质量的规则。再如酒店管理合同,假设发生一个问题,酒店建筑物的管理维修问题,如果合同上没有规定怎么办呢?可以参照适用租赁合同第712条关于出租人承担维修义务的规定。第467条无名合同的法律适用,就讲到这里。

七、非合同之债的法律适用

下面看第468条:“非因合同产生的债权债务关系,适用有关该债权债务关系的法律规定；没有规定的，适用本编通则的有关规定，但是根据其性质不能适用的除外。”这一条特别重要。非合同的债权债务属于法定之债，不当得利、无因管理、侵权行为，是最典型的非合同之债。非合同的债权债务关系，如何适用法律？本条规定，首先应当适用有关债权债务关系的法律规定，即侵权行为之债适用侵权责任编的规定，不当得利之债和无因管理之债，应当适用第三编第三分编准合同的规定。这是显而易见的，关键在最后一句："没有规定的"，也就是说侵权责任法没有规定、准合同那一章也没有规定，"适用本编通则的有关规定"。这里我们马上就想到一个问题，前面我在介绍什么是适用、什么是参照适用的时候说，参照适用的前提是，这个案件不在法律规范的适用范围之内。我们这里讲的侵权责任案件、不当得利、无因管理案件属于法定之债，当然不在合同编的适用范围之内，因此这里应该规定"参照适用"本编通则的有关规定。但是，立法者为什么用了"（直接）适用"，没有用"参照适用"呢？这一点至关重要！我在前面已经讲到，立法机关决定不制定债权总则，（不得已）用合同编通则代替债权总则。《民法典》不设债权总则，而用合同编通则代替债权总则，这样的立法目的，就表现在这个条文。按照民法原理，法律条文适用于它的适用范围之内的案件，叫作适用。虽然不在其适用范围之内，如果在法律条文的立法目的范围之内，也叫作适用。非合同的债权债务也是债权债务，合同编通则的立法目的包含了它，因此，适用合同编通则的有关规定，裁判非合同的债权债务关系（的案件），当然是（直接）适用，而不是参照适用！我反复强调用合同编通则代替债权总则（这一立法目的），就体现在本条"适用"这个概念。

其限制"根据其性质不能适用的除外"，根据非合同债权债务关系的性质，合同编通则的哪些规定不能适用？对侵权责任、不当得利及无因管理来说,合同编通则哪些规定不能适用呢？就是合同的成立、合同的生效、合同的撤销、合同的解除不能适用。因为属于法定之债,依法律规定已经发生了,故关于合同订立、生效的规则不能适用。此外的规则,如有关合同履行、保全、变更、转让、终止等规则都有适用的可能。关于第一章就讲到这里,下面我讲第二章。

八、预约合同

合同编通则第二章,是以原《合同法》第二章“合同的订立”为基础,修改较小。在座的检察官、法官对合同的订立非常熟悉,这里就不逐条解读,着重讲新增的两个条文。大家看第 495 条:“当事人约定在将来一定期限内订立合同的认购书、订购书、预订书等,构成预约合同。当事人一方不履行预约合同约定的订立合同义务的,对方可以请求其承担预约合同的违约责任。”这个条文规定预约合同。原《合同法》没有规定预约合同,世界上大多数国家的合同法都不规定预约合同。后来最高人民法院《关于审理买卖合同纠纷案件适用法律问题的解释》* 第 2 条创设了一个预约合同解释规则。该司法解释所谓预约合同,实际上是买卖预约。现在规定在本编合同订立章,就不限于买卖预约,叫预约合同。条文比较简单,当事人约定在未来一定期限内订立合同的协议,叫预约合同。虽然协议的书面文件的名称叫认购书、订购书、预订书等,凡是双方当事人约定,在将来一定期限内订立某个特定合同的协议,就是预约合同。

第 2 款规定违反预约合同的违约责任,大家注意,当事人一方不履行预约合同约定或不按照合同约定订立所约定的合同的,对方有权追究他的违约责任。这里说的违约责任,只是预约合同的违约

---

* 该司法解释已于 2020 年 12 月被修正。——编者注

责任,为什么要加一个预约合同的违约责任,因为区别于本法(违约责任章)规定的违约责任。本法违约责任章规定的是正式的合同(如买卖合同)的违约责任,本条第2款规定的是预约合同(如买卖预约)的违约责任,它们是不一样的。此所谓“预约合同的违约责任”,仅为违约损害赔偿责任(不包括强制实际履行),并且违约方所应赔偿(对方所受)之损失,限于机会损失(实际损失),而非履行利益损失。

民法上的损害赔偿责任,分为赔偿履行利益损失与赔偿机会损失。第584条规定的违约责任的赔偿损失,是赔偿履行利益损失,包括实际损失和可得利益损失;这里讲的预约合同的违约责任,只是赔偿实际损失,在民法理论上叫“机会损失”。按照合同自由原则,是否订立合同取决于当事人的自由意思,即使订了预约合同,强制对方按照预约合同的约定订立合同,也是违反合同自由原则的,因此预约合同的违约责任,不包括强制实际履行,仅仅是赔偿实际损失。

讲一下怎么判断预约合同和其他相似概念的区别。

(1)如何区分预约合同与本约合同?相对于预约合同,按照预约合同订立的(正式)合同,称为本约合同。二者区分标准:是否须另外订立合同。当事人所订立的合同,究竟是本约合同,抑或预约合同?应依当事人的意思决定。如果当事人的意思不明,则应通观合同全部内容决定之。如合同全部要素(条款)均已达成合意,据此双方均可履行各自义务,实现缔约目的,而无须另外订立合同,即使名为预约合同,亦应认定为本约合同。反之,必须另行订立合同,才能实现各自的缔约目的,则应属于预约合同。简而言之,无须另外订立合同,为本约;须另外订立合同,则为预约。

(2)如何区分附定金的预约合同与附定金的本约合同?现今民

法上的定金,依据其效力不同,有证约定金、解约定金与违约定金。违约定金兼有证约定金的作用。本法第586条和第587条规定的定金,性质上属于违约定金,兼有证约定金的功能。根据社会生活经验,本约合同可以有定金,预约合同亦可有定金。于存在定金收受情形,所成立之合同,究竟属于本约合同,抑或属于预约合同,区分的关键,在定金条款的内容:如约定交付定金一方“不订立”合同,即丧失定金,收受一方“不订立”合同,应双倍返还定金,则属于附定金的预约合同;如约定交付定金一方“不履行合同义务(如交货或付款)”则丧失定金,收受定金一方“不履行合同义务(如付款或交货)”应双倍返还定金,则属于附定金的本约合同。

(3)如何区别预约合同与订约机会?什么叫订约机会?20世纪90年代的时候单位集资建房,按照规则每一个职工都有买一套房子的机会。现在有的房地产开发商因为待售房屋少、拟购房人多实行排号(认筹),与打算购房的人签订“认筹协议书”,所谓“认筹协议书”就是缔约机会。开发商给你一个购房机会,需要交一笔钱。这笔钱叫认筹费(或者叫“登记金”)。认筹费与定金不同,你最后放弃购房机会、不订立合同,认筹费(登记金)可“无息退还”给你。

订约机会与预约合同的区别在于,预约合同书载明将在约定期间订立的合同的主要条款(合同标的因此特定)。以买卖预约合同为例,买卖预约合同书规定了将要订立的买卖合同的标的,即那套房屋的房号及其建筑面积,和该套房屋的总价款(或计算标准)。房号和总价,有这两项内容,就是买卖预约合同。而订约机会(认筹协议书)一般没有房号,更没有总价。没有房号、没有总价,只说你可以买一套房,这是订约机会。有的“认筹协议书”即使有房号,后面必定注明:“本协议书不具有对以上意向房号的选定效力”。没有房号、没有总价,合同标的未特定,属于订约机会。放弃订约机会,不承担什么责任,认筹费(登记金)还可以无息退还。而放弃(违反)预约合同,须承担预约合同的违约责任(或执行定金罚则)。

(4)如何区别预约合同与框架合同?如前所述,预约合同主要适用于买卖合同。许多合同类型并不订立预约合同。不订立预约合同的合同类型中,会不会有与预约合同类似的合同形式呢?有的。这就是“框架合同”。框架合同是现代市场经济条件下很常见的一种合同文件。所谓框架合同,是指双方当事人就将来的合同关系的一般特征达成的协议。所谓“合同关系的一般特征”,就是合同的性质(种类)。这样的合同文件,只载明双方将要订立的合同的性质(种类),而没有合同标的、数量等合同主要条款。例如,双方约定,五年之内,甲方向乙方提供不低于五亿元人民币的融资。仅仅约定了合同性质即融资(借款)合同,而未确定融资(借款)金额、利息、提供资金期限和还款期限。再如,双方约定,五年之内合资建立一座发电厂。谁出资金、出资金额,谁提供建设用地,合资企业形式、各方股权比例、权力机构如何组成,这些合资企业合同必要条款都没有。这样的合同文件,就是框架合同,而不是预约合同。前面谈到,预约合同必须约定将要订立的合同的主要条款(标的确定)。

实则框架合同仅仅是双方的一种合作意向,订立框架合同之后,双方需要根据框架合同签订具体的合同。双方根据框架合同签订的具体的合同,称为“执行合同”。框架合同为以后当事人签订执行合同做了准备。但是有了框架合同,后面当事人也不见得会签订执行合同。裁判实践中如何对待框架合同?关键在双方是否根据框架合同签订了执行合同。如果签订了执行合同,法院将按照执行合同裁判当事人之间的案件;如果没有执行合同,只有框架合同,法院将认为当事人之间未订立合同而驳回原告的起诉。

九、悬赏广告

下面,请大家翻到第499条悬赏广告:“悬赏人以公开方式声明对完成特定行为的人支付报酬的,完成该行为的人可以请求其支付。”悬赏广告,是指以公开方式允诺对实施或者完成特定行为的人给付一定报酬的单方民事法律行为。悬赏广告具有两项基本内容:一是广告人在广告中提出的特定要求,即实施或者完成特定行为。广告对于此等要求应当有明确的描述,其所描述的特定行为是可以实施或者完成的。二是广告人在广告中允诺的酬金,即对实施或者完成广告指定行为的人所应给付的一定数额的金钱。广告对于酬金的数额、支付方式等事项应当有明确的描述。广告人在发布悬赏广告后,对于实施或者完成广告指明的特定行为的人,有按照广告允诺的金额给付酬金的义务。至于实施或者完成特定行为的人,在实施或者完成特定行为时或过程中,是否知道悬赏广告的存在,是否有按照悬赏广告的要求实施或者完成特定行为的意思,对广告人给付报酬的义务不发生影响。

关于悬赏广告的性质,究竟属于单方民事法律行为,或者属于合同(契约),民法理论上存在分歧。认为悬赏广告属于合同(契约),即应要求实施或者完成悬赏广告中所指定行为的人,知道悬赏广告的存在及其内容,并有实施或者完成该悬赏广告指定行为的意思。显而易见,解释为合同(契约),为悬赏广告人拒绝履行所允诺的报酬支付义务留下了可能性。按照本条规定,悬赏广告性质上为单方民事法律行为,广告人按照悬赏广告允诺的金额给付报酬的义务,仅仅与广告指明的特定行为是否已经实施或者完成相关,并不要求完成或者实施特定行为的人已经知道悬赏广告的存在及其内容,亦不要求行为人有实施或者完成悬赏广告指定的特定行为的意思。

顺便指出,悬赏广告多见于寻找遗失物。因此与遗失物拾得制度有关。为协调悬赏广告人的报酬支付义务与遗失物拾得人将拾得物送还失主的义务,本法物权编第 317 条第 2 款规定:“权利人悬赏寻找遗失物的,领取遗失物时应当按照承诺履行义务。”条文“按照承诺”,为“按照允诺”之误。

十、合同效力规则

下面讲第三章合同的效力。请大家翻过来看第 508 条:“本编对合同的效力没有规定的,适用本法第一编第六章的有关规定。”民法所谓民事法律行为概念,是对合同、身份关系协议、遗嘱等现实生活中存在的具体民事法律行为的抽象。合同属于双方民事法律行为,是民事法律行为的典型。第一编第六章关于民事法律行为的规定,其主要对象就是合同。合同编第三章(合同的效力)的内容(第 502~507 条),只是作为第一编第六章民事法律行为效力规则的一个补充。关于合同的生效、无效、撤销以及合同无效、撤销及确定不生效的法律后果、合同附条件附期限等,应当适用第一编第六章关于民事法律行为的规定,即其第三节民事法律行为的效力的规定、第四节民事法律行为的附条件和附期限的规定。质言之,以民事法律行为的效力规则代替合同的效力规则,这是《民法典》编纂体例的另一特色。从第 508 条的规定可见,本章现在的条文只是对总则编第六章第三节、第四节没有规定的,作一些补充性的规定罢了。现在对这几个条文给大家作简单的解释。

请看第 502 条第 1 款规定:“依法成立的合同,自成立时生效,但是法律另有规定或者当事人另有约定的除外。”“自成立时生效”,是关于合同生效的一般原则;“但书”规定“法律另有规定或者当事人另有约定”的除外，是其例外。所谓“当事人另有约定”，指附生效条件（停止条件）的合同（本法第158条第二句），或者附生效期限（始期）的合同（本法第160条第二句）。所谓“法律另有规定”，指法律对于某些种类合同，特别规定须经主管机关批准才能生效。例如，探矿权、采矿权转让合同、中外合资合作企业合同，应经主管部门批准才生效。

本条第2款第一句规定，“依照法律、行政法规的规定，合同应当办理批准等手续的，依照其规定”。实际是对第1款所谓“法律另有规定”所作解释。第二句规定，“未办理批准等手续影响合同生效的，不影响合同中履行报批等义务条款以及相关条款的效力”。其意思是，即使因未办理批准等手续致使合同未生效，但合同中关于履行报批义务条款仍然有效。问题在于，法律、行政法规规定合同须经主管机关批准生效，则当事人一方或者双方“履行报批等义务”，属于公法性质义务（非合同约定义务），当然不受因未办理批准等手续致该合同未生效的影响。类似于附生效条件（停止条件）的合同，因条件未成就致使合同未生效，不影响该生效条件的效力。故第二句规定，属于画蛇添足。第三句规定，“应当办理申请批准等手续的当事人未履行义务的，对方可以请求其承担违反该义务的责任”。这究竟是一种什么样的责任？实则，所谓违反“办理申请批准等手续”的义务，致该合同“确定不发生效力”，其法律后果规定在总则编第157条。即该条第二句前段规定，（对合同确定不发生效力）“有过错的一方应当赔偿对方由此所受到的损失”。即由“本应当办理申请批准等手续的当事人”，赔偿对方因合同“确定不发生效力”所受到的实际损失。此项责任，性质上属于缔约过失责任，自不待言。

第503条说的是代理，代理人无权代理或者超越代理权，“无权代理人以被代理人的名义订立合同,被代理人已经开始履行合同义务或者接受相对人履行的,视为对合同的追认”。被代理人已经开始履行的视为追认,这是对总则编第 171 条狭义无权代理规则的补充。总则编第 171 条第 1 款说,无权代理,未经被代理人追认的,对被代理人不发生效力。被代理人接受了这个履行就把它当作追认,这是一个补充性的规定。

大家看第 504 条法定代表人的越权行为:“法人的法定代表人或者非法人组织的负责人超越权限订立的合同,除相对人知道或者应当知道其超越权限外,该代表行为有效,订立的合同对法人或者非法人组织发生效力。”这个规则是 1999 年《合同法》第 50 条:“法人或者其他组织的法定代表人、负责人超越权限订立的合同,除相对人知道或者应当知道其超越权限的以外,该代表行为有效。”大家知道它有一个名字叫表见代表,什么叫表见代表呢?就是仿照表见代理创设的规则。法定代表人、非法人组织的负责人超越权限订立合同,对方明知的无效,对方不明知的有效。这个规则叫表见代表。我们法律上有一个善意相对人概念,法定代表人超越权限签订合同,对方不知道它超越权限的,就叫善意相对人。该法人不得以其代表人超越权限对抗善意相对人,即该越权订立的这个合同有效。

现在举一个例子,《公司法》第 16 条第 2 款规定,“公司为公司股东或者实际控制人提供担保的,必须经股东会或者股东大会决议。”假设这个公司的法定代表人没有召开股东会,就擅自为公司的实际控制人向银行借款提供了担保、签订了保证合同。这个保证合同是否有效呢?发生争议的时候公司就主张法定代表人超越权限,未按照《公司法》第 16 条第 2 款规定召开股东会决议。法律上怎么看呢?这样的案件要适用合同编第 504 条表见代表规则。就看债权人银行在签订保证合同时,是否知道借款人是公司的股东或者是实际控制人，是否知道公司没有开股东会。如果知道，银行就是恶意相对人，该保证合同就无效；如果不知道，银行就是善意相对人，该保证合同就有效，这个公司就要承担保证责任。这个条款就是用来解决法定代表人和非法人组织负责人的越权行为这个问题。

现在的问题是这个条文和《民法典》总则编第 61 条第 3 款重合。总则编第 61 条第 3 款规定："法人章程或者法人权力机构对法定代表人代表权的限制，不得对抗善意相对人。"法院不能说董事长超越权限，这个合同就无效，法院要怎么看呢？要看董事长签订保证合同的时候，银行知不知道董事长超越权限、知不知道没有开股东会来进行决议。如果知道，它就是恶意相对人，保证合同就无效，如果银行不知道，就是善意相对人，保证合同就有效。现在总则编第 61 条第 3 款与第 504 条完全重合，按照特别法优先适用原则，法庭应该适用合同编第 504 条而不适用总则编第 61 条第 3 款。

十一、向第三人履行合同

合同的履行这一章增加了两个制度，修改了一个制度。现在讲一下它修改和增加的制度。先看第 522 条"向第三人履行的合同"。这种合同在社会生活中很常见，如与保险公司签订的以第三人为受益人的保险合同、与邮局或者快递公司签订的邮寄或快递包裹的合同、与运输公司签订的货物运输合同等。这类合同的特殊性在于，接受债务人履行（受领标的物）的第三人，不是合同当事人。此属于合同相对性原则（第 465 条第 2 款）的一种例外。

此种合同的一个重要问题是，合同约定的第三人虽然有权接受债务人履行（受领标的物），因其毕竟不是合同当事人（债权人），如发生债务不履行的情形，该第三人是否可以追究债务人违约责任？鉴于合同编第 580 条规定的强制实际履行，属于违约责任形式之一种,因此于债务人违约情形,该第三人是否可以作为原告向法院请求强制债务人向自己实际履行?此外,这类案件还涉及以下问题:在债务人起诉(本诉或者反诉)债权人的诉讼中,可否将该第三人列为共同被告?在债权人作为原告起诉债务人的诉讼中,该第三人可否加入诉讼作为共同原告?

本条第1款规定:“当事人约定由债务人向第三人履行债务,债务人未向第三人履行债务或者履行债务不符合约定的,应当向债权人承担违约责任。”按照第1款规定,发生债务人违约(未向第三人履行或者履行不符合约定),应当由债权人行使追究债务人违约责任的诉权。最高人民法院《关于适用〈中华人民共和国合同法〉若干问题的解释(二)》(已失效)对此解释说:人民法院审理向第三人履行的合同案件,可以根据具体案情,将合同约定的第三人列为无独立请求权的第三人,但不得依职权将其列为该合同诉讼案件的被告或者有独立请求权的第三人。解释文所谓“根据具体案情”,应当理解为“具体案情需要”,亦即法庭将该第三人列为无独立请求权第三人的目的是查清案情,如果该第三人不加入诉讼亦可查清具体案情,法庭就无须依职权将该第三人纳入诉讼。至于债权人起诉时主动将该第三人列为诉讼第三人,或者请求将该第三人列为诉讼第三人,则法庭应当准许,自不待言。但债务人,无论本诉或者反诉,是否可将该第三人作为被告?这一问题尚未明确。

本条第2款规定:“法律规定或者当事人约定第三人可以直接请求债务人向其履行债务,第三人未在合理期限内明确拒绝,债务人未向第三人履行债务或者履行债务不符合约定的,第三人可以请求债务人承担违约责任;债务人对债权人的抗辩,可以向第三人主张。”依据本款规定,于具备两个条件的情形,第三人可以行使追究债务人违约责任的诉权。条件之一是,“法律规定或者当事人约定第三人可以直接请求债务人向其履行债务”；条件之二是，“第三人未在合理期限内明确拒绝”。按照前述司法解释，既然于债权人行使追究债务人违约责任的诉权情形，法庭可以根据案情需要，依职权将第三人列为无独立请求权的第三人，则于第三人行使追究债务人违约责任的诉权情形，法庭亦可以根据案情需要将债权人列为无独立请求权的第三人。本款既然规定第三人可以行使追究债务人违约责任的诉权，则第三人也应当可依据第 580 条第 1 款的规定，请求法庭强制债务人向自己实际履行债务。第三人行使诉权情形，如“债务人对债权人的抗辩，可以向第三人主张”，自不待言。此外，如债务人针对原告（第三人）提起反诉，如将债权人作为反诉共同被告或者诉讼第三人，似应无不可。

本条规定向第三人履行的合同，即立法例所谓“利益第三人契约”。原《合同法》第 64 条仅有 1 款。起草人在原《合同法》第 64 条基础上增加第 2 款，规定第三人可以行使追究债务人违约责任的诉权。这样规定，方便当事人行使诉权、方便法庭裁判，且符合民法原理。请特别注意，本条第 1 款为原则规定，第 2 款为特别规定，按照特别法优先适用原则（第 11 条），应当优先适用第 2 款；只在案件事实不符合第 2 款规定要件时，才能够适用第 1 款。

十二、第三人代替履行

下面大家看第 524 条第 1 款：“债务人不履行债务，第三人对履行该债务具有合法利益的，第三人有权向债权人代为履行；但是，根据债务性质、按照当事人约定或者依照法律规定只能由债务人履行的除外。”第 2 款：“债权人接受第三人履行后，其对债务人的债权转让给第三人，但是债务人和第三人另有约定的除外。”按照本条规定，债务人不履行债务，对履行该债务具有合法利益的第三人有权向债权人代为履行。后面“但书”规定,“根据债务性质、按照当事人约定或者依照法律规定只能由债务人履行的除外”。

第三人代替履行是一个崭新的制度,也属于合同相对性原则(第465条第2款)的一个例外。简而言之,债务人不能履行债务,第三人代替债务人履行,是不是任何第三人都可以代替债务人履行?当然不是。第三人代替债务人履行债务,须具备一个“法定条件”,即该“第三人对履行该债务具有合法利益”。按照条文,具备此项法定条件的第三人“有权向债权人代为履行”。可见,代替债务人履行债务,是具备法定条件的第三人的一项权利。对于该第三人代替债务人履行债务,债权人不得拒绝受领。此项权利,可称为“代位履行权”,即代替债务人的地位履行债务之权利。在“代位”这一点上,与债权人代位权类似。

按照条文,第三人代替履行的法定条件是“第三人对履行该债务具有合法利益”。所谓“合法利益”,首先是“财产利益”(经济利益)。最典型的例子是负担抵押权的不动产(房屋或者建设用地使用权)转让。权利人用自己的房产或者建设用地使用权抵押借款,于还清借款之前将房产或者土地使用权转让给第三人。第三人受让的房产或者建设用地使用权上附有银行抵押权,妨碍受让房产或者土地使用权的产权过户及使用,因此该第三人对“履行(出让人欠银行的)债务具有合法(财产)利益”。其次,也包括身份利益。常见的例子是父母替子女清偿债务、孩子在外边欠的债,父母替孩子还债可不可以?当然可以。因为父母(第三人)对履行(孩子欠的)债务具有合法(身份)利益。

本条第2款规定,债权人接受第三人履行后,其对债务人的债权转让给第三人,但是债务人和第三人另有约定的除外。按照民法原理,第三人代替债务人履行债务后,即取代债权人的地位,发生债权转让(第545条)的效果。鉴于此,债权转让的原因,系第三人代替债务人履行的事实行为符合法律规定(本条),故属于“法定债权转让”,而非“约定债权转让”(第545条)。依前面的例子,甲向工商银行按揭买房,在还清银行按揭借款之前,将房屋出卖给第三人乙。因甲尚欠银行30万元,乙所购买房屋上存在银行的抵押权。因该抵押权的存在妨碍乙办理产权过户以取得房屋所有权。故第三人乙对于履行按揭人甲欠银行(债权人)的30万元债务具有合法利益。因此,第三人乙有权以自己名义代替债务人甲向银行履行该30万元债务,债权人银行对此不得拒绝。债权人银行接受第三人乙履行该30万元债务后,依据本款规定,银行对债务人甲的30万元债权即转让给第三人乙。质言之,原债务人甲欠银行30万元债务,现在变成债务人甲欠第三人乙30万元债务。即发生了债权人的变更。

须注意,第三人代替履行发生(法定)债权转让的效果,此为原则。第2款“但书”规定,“但是债务人和第三人另有约定的”(不发生债权转让的效果),属于例外。例如,甲公司用建设用地使用权向银行抵押借款,在还清银行借款之前,将该附有银行抵押权的建设用地使用权转让给乙公司。出让人甲公司与受让人乙公司约定,由乙公司代替甲公司清偿甲公司尚欠银行的500万元债务,该500万元再从(乙公司应付甲公司的)土地使用权转让价款中扣除。则甲乙之间的此项约定,即属于本款“但书”规定(债务人与当事人另有约定)的例外,乙公司代替履行(甲公司欠银行的)债务后,不发生(法定)债权转让的效果。再如,前面提到父母代替子女履行子女欠银行的债务,往往不发生(法定)债权转让的效果。但按照社会生活经验,父母代替子女履行债务,特别是父母代替未成年子女履行债务,不太可能与子女(另有)约定(不发生债权转让的效果)。故于父母代替子女履行债务的情形,应当对本款"但书"规定作弹性解释,解释为第三人(父母)与债务人(子女)"另有约定或者另有习惯"。

最后补充一点,本条规定的第三人代替履行,属于事实行为。须第三人将债务人欠债权人的30万元汇入债权人的账户,才发生第三人代替履行的效力。第三人向债权人表示代替债务人履行债务,或者第三人与债务人约定代替债务人履行债务,均不发生第三人代替履行的效力。这种情形,可以发生第三人加入债务的效力(第552条),自不待言。

十三、情事变更原则

下面讲一个更重要的条文,大家看第533条第1款:"合同成立后,合同的基础条件发生了当事人在订立合同时无法预见的、不属于商业风险的重大变化,继续履行合同对于当事人一方明显不公平的,受不利影响的当事人可以与对方重新协商;在合理期限内协商不成的,当事人可以请求人民法院或者仲裁机构变更或者解除合同。"第2款:"人民法院或者仲裁机构应当结合案件的实际情况,根据公平原则变更或者解除合同。"本条规定情事变更原则。

自罗马法以来合同法上本无所谓情事变更原则。传统法律思想坚持形式主义合同观念,只需双方当事人达成合意即可产生当事人所追求的法律效果。至于此合意基于何种情事、何种前提及其内容是否合于公平,均非所问。合同成立之后,无论出现何种客观情况异常变化,均不影响合同法律效力。立法和理论坚持要求双方当事人严格履行合同义务,此即所谓"契约必须严守原则"。

进入20世纪,人类历史经历三次重大事变,即两次世界大战和30年代的经济大危机,促成法律思想的转变。第一次世界大战后,由于交通运输破坏、物价暴涨、货币严重贬值、市场情况剧烈变动，使许多合同无法依约履行、法院面临许多不能按照现行法或者先例裁判的案件。即发生所谓“法律不足”问题。在此历史背景之下，民法学者借鉴历史上的“情事不变条款”理论，提出情事变更原则的各种学说，经法院采为裁判理由，使情事变更原则具有法律约束力。实践表明，情事变更原则赋予法庭直接干预当事人之间合同关系的“公平裁量权”，使合同法能够适应社会经济发展变化，更好地协调当事人之间的利益冲突，维护市场经济秩序。

现今情事变更原则已经在现代债法上居于越来越重要的地位。若干代表性的民法典和国际公约都明文规定了情事变更原则。例如，《美国合同法第二次重述》第265条、《联合国国际货物销售合同公约》第79条、《国际商事合同通则》第6.2.2条及第6.2.3条、《欧洲合同法原则》第6:111条、《德国民法典》第313条、我国台湾地区“民法”第327条，等等。这里顺便介绍《欧洲合同法原则》的规定。其第6:111条(2)规定，如果由于情事变更使合同履行变得格外艰难，当事人应进行磋商以改订合同或者解除合同：a.情事变更发生在合同成立之后；b.当事人不能合理预见；并且，c.风险不应由不利方承担。(3)规定，合理期间未达成合意，法庭可确定时间、条件解除合同或者改订合同，以公平分摊损失和收益。

情事变更与不可抗力的区别如下：(1)两者虽均构成履行障碍，但程度不同。不可抗力已经构成履行不能；而情事变更并未达到履行不能的程度，仍属于可能履行，只是其履行极为艰难并导致显失公平。(2)不可抗力属于确定概念，本法第180条设有不可抗力的定义；而情事变更属于不确定概念，法律上难于规定其内涵和外延。(3)不可抗力属于法定免责事由，当事人只需举证证明不可抗力导致合同履行不能，即可获得免责，法庭对于是否免责无裁量余地；情事变更不是法定免责事由,其本质在于使当事人享有请求变更或者解除合同的请求权,并同时授予法庭“公平裁量权”。(4)不可抗力的效力系当然发生,情事变更的效力非当然发生,是否构成情事变更,是否变更合同或者解除合同,及变更或者解除的条件,取决于法庭的裁量。

原合同法草案规定了情事变更原则,但在全国人大审议中被删除。理由是担心情事变更原则被滥用。鉴于因情事变更发生的合同纠纷案件的裁判需要统一裁判标准,最高人民法院在《关于适用〈中华人民共和国合同法〉若干问题的解释(二)》* 第 26 条中创设情事变更解释规则。起草人以该项司法解释为基础,根据民法原理并参考立法例予以修改,设立本条规定。

按照本条第 1 款规定,情事变更须具备以下要件:(1)合同的基础条件发生重大变化。所谓“合同的基础条件”,指当事人缔结合同关系的基础条件(客观条件),因存在此基础条件当事人才缔结此合同关系;若此基础条件不存在,当事人绝不会缔结此合同关系。所谓“基础条件发生重大变化”,指双方当事人赖以缔结合同关系的“基础条件”所发生的变化达到这样的程度,即如当事人预见到这样的变化(程度)就不会缔结该合同关系,至少是不会按照原合同内容缔结该合同关系。法庭在判断某些客观情况是否属于合同的基础条件及基础条件是否发生“重大变化”时,应当采用“富有经验的诚信商人”标准。(2)(合同基础条件的重大变化)发生在合同成立之后。此项要件容易认定。(3)(对合同基础条件的重大变化)双方当事人不能合理预见。此项要件,亦应采用“富有经验的诚信商人”标准判断。(4)(合同基础条件的重大变化)不属于商业风险。此项要件,实际与第三项要件相同,如果双方当事人能够合理

---

* 已失效。——编者注

预见，即属于商业风险；不能合理预见，即不属于商业风险。(5)继续履行合同对当事人一方显失公平。此所谓“显失公平”，指在合同基础条件发生重大变化的情况下，要求按照合同约定履行义务，将使一方当事人成本剧增或者收益剧减、根本改变(打破)双方利益均衡。满足以上五项要件，即构成情事变更。

按照本条第1款规定，情事变更的效力，分为两个层次：第一个层次的效力是，受不利影响的当事人可以与相对方当事人重新协商，以改订合同。从情事变更原则的立法目的解释，要求与相对方重新协商以改订合同，属于受不利影响一方当事人的权利，相对方不得拒绝。如相对方当事人违背诚信原则拒绝协商或者中断协商，应当对因此造成对方的损失承担赔偿责任。补充一句，所谓“改订合同”，主要是“改订”合同价格条件。第二个层次的效力是，如合理期限内协商不成，任何一方均可请求法院或者仲裁机构变更合同内容或者解除合同。

本条第2款规定：“人民法院或者仲裁机构应当结合案件的实际情况，根据公平原则变更或者解除合同。”须特别注意，所谓“根据公平原则变更或者解除合同”，指按照公平原则确定变更的条件或者解除的条件。参考前引《欧洲合同法原则》第6:111条的规定，指法庭通过确定变更条件或者解除的条件，在双方当事人之间“公平分摊(因情事变更造成的)损失和收益”，以恢复当事人之间的利益均衡。条文“结合案件的实际情况”，应主要指本案合同的性质、在发生情事变更情况下是否可能通过改订合同内容而维持合同关系。如属于长期合同，通常双方当事人希望继续维持合同关系，故法庭应当尽量改订合同(内容)，只在无通过改订合同内容继续维持合同关系可能的情形，才考虑判决或者裁定解除合同。

十四、债权人代位权

下面讲合同的保全。请看第535条规定的债权人代位权。因债务人怠于行使其对于次债务人的到期债权，对债权人造成损害的，债权人可以请求人民法院以自己的名义代位行使债务人的债权。所针对的是所谓“三角债”的关系。甲、乙、丙三方当事人，丙欠乙的债，乙欠甲的债，甲是乙的债权人，乙是丙的债权人，构成典型的“三角债”。按照债法一般原理，亦即合同相对性原则（第465条第2款），债权人甲只能向法院起诉自己的债务人乙，而不能起诉乙的债务人丙。因为丙不在甲乙之间的债权债务关系之中，不受甲乙之间的债权债务关系的拘束。只能是甲起诉自己的债务人乙，乙起诉自己的债务人丙，甲不能起诉丙，除非乙将自己对于丙的债权转让给甲（第545条）。

假设丙欠乙50万元，乙欠甲50万元，而乙没有别的财产。按照常理，乙从次债务人丙讨回自己的50万元，不就可以清偿自己欠甲的50万元了吗？但现实生活中确有这样的情况，乙不主动向丙追讨那50万元，当然也就不能清偿自己欠甲的50万元债务。这种情形，甲明知乙的账户没钱，就是把乙告到法院也难获清偿。甲当然可以找乙协商，要求乙将对于丙的50万元债权转让给自己，但如果乙不愿意签订债权转让协议怎么办呢？这就是债权人甲面临的困境。

我国在20世纪80年代后期直到90年代，经济生活中发生企业相互拖欠货款、企业拖欠银行贷款即所谓“三角债”的社会问题，以致严重妨碍国民经济发展，政府两次动用行政手段“清理三角债”，均未成功。因此，立法机关采纳民法学者建议，参考借鉴发达国家和地区的立法经验，特别创设债权人代位权制度（本条），以实现破解“三角债”社会问题的政策目的。债权人代位权制度,赋予债权人代位行使自己的债务人(对次债务人)的债权,对债权人给予特别保护,属于债的相对性原理的一个例外。

回到上述丙欠乙50万元、乙欠甲50万元的例子,如果乙怠于行使对丙的50万元债权,乙当时又没有别的财产,这就损害了债权人甲的利益(使甲对乙的50万元债权不能获得清偿),这种情形,根据本条关于债权人代位权的规定,甲就可以直接向法院起诉乙的债务人丙。甲行使的不是自己的债权,而是自己的债务人乙的债权。而甲既未从乙受让该项债权,亦未接受乙的委托,甲起诉丙的根据何在?根据法律规定,甲以自己的名义代位行使自己的债务人乙对丙的债权,就叫债权人代位权。债权人代位权诉讼中,甲是原告,丙是被告,而乙则被列为第三人。债权人甲提起代位权诉讼,未将债务人乙列为第三人的,人民法院应当追加债务人乙为第三人。

按照本条第1款的规定,发生债权人代位权的要件如下:(1)须债权人对债务人享有债权,债务人对次债务人享有债权。亦即债权人、债务人、次债务人之间构成“三角债”关系。且鉴于本法创设债权人代位权的政策目的,债权人对债务人的债权,及债务人对次债务人的债权,均应解释为,属于“以金钱给付为内容的债权”。(2)债务人对次债务人的债权,非专属于债务人自身的债权。所谓“专属于债务人自身的债权”,是指“身份关系上的扶养(抚养、赡养)请求权、继承关系上的给付请求权,以及劳动报酬、退休金、养老金、抚恤金、安置费、人寿保险、人身伤害赔偿请求权等权利”。(3)债权人对债务人的债权,及债务人对次债务人的债权,均已到期(履行期限已经到来)。仅债权人对债务人的债权到期,而债务人对次债务人的债权未到期,或者债务人对次债务人的债权到期,而债权人对债务人的债权未到期,均不符合债权人代位权的要件。

(4)须债务人怠于行使其对次债务人的债权。所谓“怠于行使”对次债务人的债权,是指“债务人不以诉讼方式或者仲裁方式”向次债务人主张债权,其是否在诉讼或者仲裁方式之外,曾口头或书面向次债务人主张债权,在所不论。诉讼中,被告(次债务人)否认债务人“怠于行使”其到期债权的,应当承担举证责任。(5)须因债务人怠于行使其对次债务人的债权,对债权人造成损害。即债务人“怠于行使”债权为原因,“债权人受损害”是结果,二者之间存在因果关系。此项要件如何判断?关键在于,债务人是否有其他财产可供清偿其对债权人的债务?如债务人有其他财产可供清偿债务,则其“怠于行使”债权,不会对债权人造成损害。反之,如债务人别无其他财产可供清偿对债权人的债务,则其“怠于行使”债权,致使债权人的债权未能实现,即对债权人造成损害,即应认定其“怠于行使”债权,造成债权人损害。如被告(次债务人)或第三人(债务人)主张抗辩“未造成债权人损害”,法庭应责令其举证证明债务人别有足以清偿对债权人债务的财产。如被告(次债务人)或第三人(债务人)举证证明了债务人“别有足以清偿对债权人债务的财产”,则法庭在认定抗辩理由成立的同时,应当对原告(债权人)释明,告知原告可以变更诉讼请求。原告(债权人)可以将原行使债权人代位权诉讼请求,变更为请求强制债务人履行债务(变更为以债务人为被告的履行债务之诉,次债务人退出诉讼)。

原《合同法》颁布后,关于代位权行使效果之归属,即有两种不同解释意见:第一种意见认为,应归属于债务人,再由债务人的全体债权人按债权额比例分配,行使代位权的债权人不能优先受偿。因为,债权人虽以自己的名义起诉,但所行使的不是自己的债权,而是债务人的债权,效果当然应归属于债务人。按照传统民法理论,债权人代位权属于“债权保全”制度,性质上为“共同担保”制度,即通过债务人权利之代位行使，保全债务人的责任财产，维持其偿债能力，最终保护债务人的全体债权人的利益。按照债权平等原则，行使代位权的债权人只能与其他债权人一同平等地、按比例地受清偿各自的债权。第二种意见认为，应当归属于行使代位权的债权人，由其优先受偿。其根据在于，“代理受领”与“抵销权行使”相结合之法理构成，即代位债权人既然以自己名义行使债务人的债权，理当“代理受领”债权行使之效果，然后再将自己“代理受领”的金额与债务人欠自己的债务相互抵销，以实现自己债权的优先受偿。

考虑到原《合同法》制定当时的背景，因所谓“三角债”社会问题之严重存在，已经严重影响市场经济的正常发展，立法者创设债权人代位权的政策目的，是要刺激、鼓励处于“三角债”关系中的债权人，积极主动地行使债权人代位权，以解开“三角债”的死结。假如采第一种解释，行使代位权的效果先归属于债务人，再由其全体债权人按债权额比例分配，则债权人无须行使代位权亦可坐享其利，而积极行使代位权的债权人反而得不偿失，必然挫伤债权人行使代位权的积极性，而导致该立法目的落空。且代位权诉讼，实质上是由债权人代位提起的债权清偿之诉，并非破产诉讼，法院不必要也不应当通知债务人的其他债权人加入诉讼，而启动一个破产或者清产还债程序（债务人的其他债权人可加入成为共同原告代位权诉讼，自不待言）。

上述两种解释意见虽均有其理由，但衡诸本法创设债权人代位权制度之立法目的，应当肯定，第二种解释意见更为可采。我们看到，最高人民法院《关于适用〈中华人民共和国合同法〉若干问题的解释（一）》（已失效）第 20 条规定：“债权人向次债务人提起的代位权诉讼经人民法院审理后认定代位权成立的，由次债务人向债权人履行清偿义务，债权人与债务人、债务人与次债务人之间相应的债权债务关系即予消灭。”毫无疑问,采纳了上述第二种解释意见。《民法典》合同编起草人肯定最高人民法院此项解释,并将此项解释规定在第537条前段,成为正式的法律条文。债权人代位权制度已经不再是传统民法意义上的债权保全制度,已变更为一项特殊的债权清偿制度。

本条第2款规定:“代位权的行使范围以债权人的到期债权为限。债权人行使代位权的必要费用,由债务人负担。”第3款规定:“相对人对债务人的抗辩,可以向债权人主张。”这是指在债权人代位权诉讼中,作为被告的(债务人的)相对人,如对债务人(自己的债权人、本案第三人)享有抗辩权,现在可以对本案原告(债权人)主张该抗辩权。其理至明,毋庸赘言。

十五、债权人撤销权

下面从第538条开始讲的是债权人撤销权:“债务人以放弃其债权、放弃债权担保、无偿转让财产等方式无偿处分财产权益,或者恶意延长其到期债权的履行期限,影响债权人的债权实现的,债权人可以请求人民法院撤销债务人的行为。”债权人撤销权就是针对赖账,最高人民法院对债权人撤销权作出了好多司法解释。增加了明显不合理的低价、明显不合理的高价、延长期限,等等,被条文化规定在现在的法律中。

请特别注意第539条规定:“债务人以明显不合理的低价转让财产、以明显不合理的高价受让他人财产或者为他人的债务提供担保,影响债权人的债权实现,债务人的相对人知道或者应当知道该情形的,债权人可以请求人民法院撤销债务人的行为。”本条规定债务人“为他人的债务提供担保”,债权人亦可行使撤销权,应有可议之处。

按照民法原理和社会生活经验，为他人提供担保，分为人的担保（保证）和物的担保（抵押、质押），须到执行此项担保之时（物的担保须法院拍卖抵押物、人的担保须法院责令保证人承担保证责任的判决生效并予执行）才造成债务人可资履行债务的责任财产减少！此与“明显不合理的低价转让财产”“明显不合理的高价购买他人财产”的行为一经实施，立即造成债务人可资履行债务的责任财产减少，是不同的。其中，为他人提供物的担保（用自己的财产为他人设定抵押担保或者质押担保），虽在此担保权执行之前，亦将限制抵押或者质押财产的处分，有可能“影响债权人债权的实现”；但为他人提供人的担保（保证担保），在此项担保执行（法院判决保证人承担保证责任并予执行）之前，并不造成债务人责任财产的减少，不可能“影响债权人债权的实现”。换言之，如果债务人责任财产已经减少、债权人的债权实现已经受到影响，其与债务人“为他人的债务提供保证担保”（此项担保尚未执行）之间，不存在因果关系。

概而言之，起草人在原《合同法》第 74 条关于“明显不合理的低价转让财产”的规定基础上创设第 539 条时，增加“为他人的债务提供担保”（未限定于提供物的担保），显然超出本条债权人撤销权的立法目的。特此建议法庭在适用本条时，采用目的性限缩解释方法，将条文中“为他人的债务提供担保”一句，解释为“为他人的债务提供物的担保（抵押担保或者质押担保）”，而将债务人“为他人的债务提供保证担保”案型，排除于本条债权人撤销权的适用范围之外。

第 542 条规定，“债务人影响债权人的债权实现的行为被撤销的，自始没有法律约束力”，规定的是行使撤销权的效果。就是撤销了债务人无偿转移财产的法律行为。举一个例子，债权人张三，债务人李四，这个债务人李四赖账，把自己的一套房屋无偿转让给了自己的亲戚王五。这就符合债权人撤销权构成要件,债权人张三向法院起诉,以债务人李四为被告行使撤销权,法院受理这个案件,就要把受让人王五也列为共同被告。法院审理的结果,符合债权人撤销权,作出判决,确认被告李四和被告王五之间的房屋无偿转让合同无效。这是自始无效,李四和王五之间的房屋转让合同自成立之日起就没有效力。按照总则编第157条的规定,已经履行的要返还,王五要把这套房子返还给李四,要恢复原状。但是在实际生活中,李四为了赖账,把房屋转让给自己的亲戚了,现在法院撤销了转让合同,他会不会主动去收回这个房屋呢？主动到登记机构去,把此前的过户登记涂销呢？如果他不去怎么办呢？这是说的不动产。如果是动产,把一辆高档汽车无偿转让给他人,这个转让被撤销了,他应该取回该汽车,如果他不去取回呢？虽然条文上说转让合同无效,但合同无效以后的返还请求权,债务人不主动行使,当然就符合了债权人代位权的构成要件。转让合同撤销了,如果不把房子或者汽车收回来,照样影响债权人的债权,因此债权人可以依据第535条行使债权人代位权,到登记机关去涂销不动产权过户登记,把房子收回,或者直接到受让人那边把汽车开走。且债权人行使撤销权的同时将债权人代位权一并行使,并无不可。

十六、债权转让

下面讲第三编第六章合同的变更和转让。第547条第1款:“债权人转让债权的,受让人取得与债权有关的从权利,但是该从权利专属于债权人自身的除外。”第2款:“受让人取得从权利不因该从权利未办理转移登记手续或者未转移占有而受到影响。”债权转让成立,受让人取得债权有关的从权利。所谓从权利是指什么权利呢？是指抵押权、质权和保证合同上的权利。

请特别注意，本条第 2 款是新增加的，所针对的是现实当中遇到的问题。即债权转让成立的时候，出让人将（作为从权利的）抵押权证交给受让人，双方并未到不动产登记机构办理变更登记。当受让人（新债权人）持债权转让协议书和抵押权证向法院申请执行抵押权时，法官往往以抵押权证所记载的名义抵押权人与申请人不是同一人为由拒绝执行，要求申请人先到登记机构办理变更登记，将抵押权证记载的抵押权人（原债权人）变更为受让人、现在的债权人。办理变更登记之后，受让人凭债权转让文书和变更后的抵押权证申请执行，法院当然会予以执行。但是，自债权转让生效，到受让人到登记机构完成抵押权变更登记，这样一段或长或短的期间，可能发生各种意外情况，如抵押物被转卖、被再次抵押、被法院查封甚至已被执行，等等。这样的情况一旦发生，受让人因债权转让所取得的抵押权（从权利）就有难于执行甚至落空、使受让人遭受重大损失之虞。

为解决这个现实问题、保护债权转让的受让人的合法权益，本条第 2 款规定，“受让人取得从权利不因该从权利未办理转移登记手续或者未转移占有而受到影响”。此项规定非常重要。所谓“不因该从权利未办理转移登记手续”而受到影响，指对抵押权而言；所谓不因“未转移占有而受到影响”，指对动产质权和权利质权而言。根据第 2 款规定，债权转让生效后，受让人没有办理抵押权的转移登记（变更登记），抵押权证上的名义抵押权人还是原债权人（出让人），对于受让人享有该抵押权不发生影响。如果从权利属于质权（动产质权或者权利质权），债权转让生效之时该质权已经转移到受让人名下，虽然受让人尚未取得对质物（动产或者权利凭证）的占有，对受让人享有、行使该质权不发生影响。条文说，“受让人取得从权利不因该从权利未办理转移登记手续或者未转移占有而受到影响”,其立法者意思是,债权转让一旦生效,受让人同时取得主债权和从权利(抵押权、质权),他马上向法院申请执行该从权利,执行法院必须给予执行,而不得因属于从权利的抵押权未办理变更登记、属于从权利的质权未转移质押物的占有,而拒绝予以执行。

十七、债务加入

下面大家看第552条:“第三人与债务人约定加入债务并通知债权人,或者第三人向债权人表示愿意加入债务,债权人未在合理期限内明确拒绝的,债权人可以请求第三人在其愿意承担的债务范围内和债务人承担连带债务。”这是关于“债务加入”的规定。所谓债务加入,原《合同法》本无明文规定,是法院裁判实践所创设的判例制度。有判决书说:“合同外的第三人向合同中的债权人承诺承担债务人义务的,如果没有充分的证据证明债权人同意债务转移给该第三人或者债务人退出合同关系,不宜轻易认定构成债务转移,一般应认定为债务加入。第三人向债权人表明债务加入的意思后,即使债权人未明确表示同意,但只要其未明确表示反对或未以行为表示反对,仍应当认定为债务加入成立,债权人可以依照债务加入关系向该第三人主张权利。”(《最高人民法院公报》2012年第5期)

由此可知,所谓债务加入,是指第三人(受债务人委托或者未受委托)自愿代替债务人履行债务,因未经债权人同意而不构成债务转移的情形,该第三人与债务人成为共同连带债务人,对债权人承担连带责任。因此,债权人可以单独请求该第三人履行债务,也可以同时请求该第三人和债务人履行债务。如果单独请求该第三人履行债务,而该第三人未履行时,还可以再请求债务人履行债务。与债务转移的区别在于:在债务加入时,债务人并不退出债权债务关系,而是与加入债务的第三人成为共同连带债务人。顺便提及,因债务人承担债务在前,第三人加入在后,对二者的诉讼时效起算时点不同,如债权人单独起诉该第三人而不能获得清偿,再回过头来起诉债务人时,如果对债务人的诉讼时效期间经过,债务人有权主张免责抗辩。

债务加入的构成要件,分为两种情形:第一种是,“第三人与债务人约定加入债务并通知债权人”。实际是第三人与债务人之间达成一个(第三人加入债务的)协议(合同)。从立法政策考虑,债务加入的结果是,由一个债务人变更为两个债务人,两个债务人承担连带债务,即由两个债务人的偿债能力确保债权人的债权实现,对债权人有利而无害。因此,本条不要求“债权人同意”,只需债务人将与第三人达成的此项约定(协议)“通知债权人”,即可发生债务加入的效力。此项“通知”为事实通知,采用书面形式,到达债权人即发生效力;如采口头形式,须债权人“知道”即发生效力。第二种是,“第三人向债权人表示愿意加入债务,债权人未在合理期限内明确拒绝”。实际是第三人向债权人作出“愿意加入债务”的意思表示,而债权人“未在合理期限内明确拒绝”,即可发生债务加入的效力。因第三人加入债务对债权人有利而无害,故本条不要求取得债权人的“明示同意”。此第三人加入债务的表示,可解释为要约,债权人未明确拒绝,可解释为承诺。实际是第三人与债权人之间订立的一个合同。由此可见,债务加入,是变更债的主体的合同(第三人与债务人之间的合同或者第三人与债权人之间的合同),与本法第524条规定的第三人代替履行债务属于事实行为,是不同的。

债务加入的效果是债务主体变更。债权债务关系由原来的一个债务人变成了两个债务人。条文中说到“第三人在其愿意承担的债务范围内和债务人承担连带债务”。由此可见,债务加入,因第三人承担债务范围不同,可以分为两种:“第三人承担全部债务的债务加入”,与“第三人承担部分债务的债务加入”。其中,第三人承担全部债务的债务加入,第三人与债务人承担连带债务;第三人承担部分债务的债务加入,债权人只能请求第三人承担其愿意承担的债务部分,该第三人与债务人承担按份债务。

第三人加入债务,现实当中还可以灵活运用。在座如果有律师的话,如果你是银行方面的法律顾问,当有人向银行借款的时候,通常做法是要求借款人找一个保证人。但不如采取共同债务人、让借款人找另外一个公司来承担共同债务。如果是找一个人来做保证人,保证合同如果没有约定是连带保证,应当解释为一般保证,一般保证的保证人有先诉抗辩权。债务人不还钱,还要向法院起诉,起诉获得胜诉判决以后申请执行,执行不了的才能够起诉保证人。现在就不让借款人找保证人,直接找一个共同债务人,在借款合同的借款人一栏增加一个名字,非常简单。这是债务加入制度的活用,可以规避一般保证人的先诉抗辩权。

十八、约定解除权

下面讲第三编第七章合同的权利义务终止。第562条第1款:“当事人协商一致,可以解除合同。”第2款:“当事人可以约定一方解除合同的事由。解除合同的事由发生时,解除权人可以解除合同。”本条第1款规定的双方协商一致解除合同,即是当事人协商一致终止民事法律关系的合同。用一个新的合同终止原来的合同,这个新的合同的成立、生效当然也要遵循本法关于合同成立、生效的规则。双方当事人就解除合同进行协商,协议一经达成、生效,原来的合同就被解除(消灭)了。这是第一种解除合同的途径。

顺便指出,解除合同的协议须采用书面形式,此解除合同的协议书的名称,应当是“解除某某合同的协议(书)”,而不宜称为“补充协议(书)”。因为“补充协议”的内容是对原合同内容的补充或者变更,“补充协议”成立生效,原合同关系并不消灭(只是合同内容变更)。实务中有的当事人将“解除合同的协议”称为“补充协议”,被法庭认为原合同并未消灭,使当事人一方遭受不利后果。

本条第2款规定约定解除权。在讲解约定解除权之前,请先看本法总则编第158条规定的民事法律行为附条件。当事人在订立合同的时候可以附加上一个条件来决定合同的效力,分为生效条件(停止条件)和解除条件。如约定将来发生某种事实,或者不发生某种事实,合同的效力就发生(生效),叫生效条件(停止条件);如约定将来发生某种事实,或者不发生某种事实,合同的效力就消灭(失效),叫“解除条件”。第158条第三句规定,“附解除条件的民事法律行为,自条件成就时失效”。现在特别要注意“解除条件”与本条第2款“约定解除权”的区别。

本条第2款规定:“当事人可以约定一方解除合同的事由。解除合同的事由发生时,解除权人可以解除合同。”请特别注意,这里规定的“解除合同的事由”和本法第158条规定的合同“附解除条件”,两者并不相同。按照第158条第三句规定,附解除条件的合同,条件一旦成就,合同就消灭(失效)。而按照本条第2款规定,并不是约定事由一旦发生,合同就马上消灭,而是约定事由发生时,当事人一方发生解除权,须解除权人行使解除权,该合同才消灭;如解除权人不行使权利,则该合同不消灭。这就是合同附解除条件与约定解除权的区别所在。

从立法政策上考虑,按照附解除条件,条件一成就合同就消灭,当事人没有任何回旋的余地,当事人即使想保留这个合同的效力,也无能为力。本条第2款规定,当事人约定“一方解除合同的事由”,约定事由一旦发生,即发生一方的解除权,解除权人可以根据自己的利益考虑,要消灭合同就行使解除权,要保留合同就放弃解除权。约定解除权这个制度,比附解除条件制度,有更大的回旋余地,使当事人比较主动,这是这个制度存在的理由。

鉴于社会生活和市场经济的不确定性,当事人订立合同所欲实现的目的未必总能够如愿以偿。当合同目的确定不能实现(目的落空)时,双方通过协商未必能够达成解除合同的协议。如果订立合同时即已经预见到将来可能发生目的不能实现的情况,通过在合同中约定解除权的事由,即可使当事人通过行使约定解除权从目的确定不能实现的合同关系中脱身,而尽量避免或者减少所遭受的损失。

本条以原《合同法》第 93 条规定为基础,第 1 款为原文,第 2 款将“约定一方解除合同的条件”改为“约定一方解除合同的事由”,并将“条件成就”改为“事由发生”。显然是为了避免与合同“附解除条件”之所谓“条件”发生混淆。在合同附解除条件,所谓“条件”,指将来是否发生不确定的客观情况。但此“解除合同的事由”,所谓“事由”究何所指?按照本款规定约定解除权的立法者意思以及社会生活经验,当事人既可以约定“将来是否发生不确定的客观情况”之发生或者不发生作为“一方解除合同的事由”,也可以约定将来当事人一方的违约行为之发生作为“一方解除合同的事由”。可见,此“事由”的文义比“条件”宽泛,包括将来是否发生不确定的客观情况(同“条件”)和主观情况(违约行为)。

实务中的一个问题是,当事人可否约定“轻微的违约”甚至“微不足道的违约”作为约定解除权的“事由”?所谓“轻微违约”,是指不构成根本违约的违约行为。“根本违约”,或称“重大的契约违反”,本属于英美法上的概念,后为《联合国国际货物销售合同公约》第 25 条所采,进而对其他国家和地区的立法及学说产生不同程度的影响。我国原《合同法》第 94 条参考公约和英美法,以根本违约为解除权发生原因。本法坚持既有立场,强调解除权的发生须属根本违约,轻微违约不许解除合同。按照诚实信用原则,"轻微违约,视为不违约"。在立法例,《德国民法典》第 323 条第 5 款明确规定,"违约并非重大时不得解除合同"。《国际商事合同通则》第 7.1.5 条第(4)款规定,如果属于"轻微违约",则不适用本条第(3)款关于解除合同的规定。因此,如当事人约定"轻微违约"甚至"微不足道的违约"作为"一方解除合同的事由",则法庭应当根据诚信原则(本法第 7 条)确认该约定无效。

十九、法定解除权

(一)法定解除权的条件

下面看第 563 条第 1 款法定解除权的条件:"有下列情形之一的,当事人可以解除合同:(一)因不可抗力致使不能实现合同目的;(二)在履行期限届满前,当事人一方明确表示或者以自己的行为表明不履行主要债务;(三)当事人一方迟延履行主要债务,经催告后在合理期限内仍未履;(四)当事人一方迟延履行债务或者有其他违约行为致使不能实现合同目的;(五)法律规定的其他情形。"第 2 款:"以持续履行的债务为内容的不定期合同,当事人可以随时解除合同,但是应当在合理期限之前通知对方。"第一,不可抗力导致合同目的不能实现;第二,预期违约;第三,根本违约;第四,一般违约导致目的不能实现;第五,法律规定的其他情形。此所谓"其他情形",例如分期付款买卖第 634 条:"分期付款的买受人未支付到期价款的数额达到全部价款的五分之一,经催告后在合理期限内仍未支付到期价款的,出卖人可以请求买受人支付全部价款或者解除合同。出卖人解除合同的,可以向买受人请求支付该标的物的使用费。”如果买受人迟延支付的金额达到了总价的1/5,出卖人就可以解除合同,或者要求买受人一下子支付全部价款,这叫作加速到期。融资租赁合同第752条:“承租人应当按照约定支付租金。承租人经催告后在合理期限内仍不支付租金的,出租人可以请求支付全部租金;也可以解除合同,收回租赁物。”融资租赁合同,如果这个承租人迟延支付租金,租赁公司催告,合理期间经过后仍然不支付。这个时候出租人宣布全部租金一起交,这叫作加速到期,或者解除合同。这里增加了第2款,继续性的不定期合同,随时可以解除。

（二）以通知方式行使解除权

下面看第565条第1款:“当事人一方依法主张解除合同的,应当通知对方。合同自通知到达对方时解除;通知载明债务人在一定期限内不履行债务则合同自动解除,债务人在该期限内未履行债务的,合同自通知载明的期限届满时解除。对方对解除合同有异议的,任何一方当事人均可以请求人民法院或者仲裁机构确认解除行为的效力。”第2款:“当事人一方未通知对方,直接以提起诉讼或者申请仲裁的方式依法主张解除合同,人民法院或者仲裁机构确认该主张的,合同自起诉状副本或者仲裁申请书副本送达对方时解除。”这是关于解除权行使方式和效力的规定。

第565条第1款第一句规定,解除权以通知方式行使,解除合同的通知到达对方,合同解除。第二句规定,解除权人可以把解除通知和履行催告通知合并在一起。这样的通知就不是单纯的解除权行使通知,也不是单纯的履行催告通知,而是这两种通知合在一起,催告义务人可以在某年某月某日前履行,超过那个时间合同就解除。现实当中的问题是,通知到达对方,对方有异议怎么办?原来的《合同法》第96条规定,对方有异议的,对方可以请求人民法院或者仲裁机构确认。现在,大家看条文第三句规定,“……有异议的,任何一方当事人均可以请求人民法院或者仲裁机构确认解除行为的效力”,诉的名称,叫确认解除行为效力之诉。从原来的异议方起诉,改成双方都可以起诉,这是一个重大的改变。

(三)以诉的方式行使解除权

大家注意本条第2款规定解除权人可以采用诉讼方式行使解除权并统一规定合同解除的时间。原《合同法》第96条仅规定解除权行使采取通知方式。以通知方式行使解除权,通知到达相对方时合同解除,优点是非常简便。但是,对于一些内容复杂的合同而言,合同解除后的结算和清理、恢复原状乃至损害赔偿等善后工作仍须经由法院裁判或者仲裁裁决。因此,有的当事人(不采用通知方式)宁愿采用诉讼方式行使解除权。原《合同法》生效之初,对于当事人以诉讼方式行使解除权的案件,曾有个别法院以不符合法律规定为由驳回起诉,而大多数法院依据“举轻明重”的法理受理这样的案件。但因法律没有明文规定,致实务中发生法院判决书中合同解除时间不统一的问题。合同究竟自何时解除,是判决作出之时、判决生效之时或者起诉状副本送达被告之时,关系双方当事人重大利益。故本条增设第2款明文规定,当事人“直接以提起诉讼或者申请仲裁的方式依法主张解除合同”,人民法院或者仲裁机构确认该主张的,“合同自起诉状副本或者仲裁申请书副本送达对方时解除”。本款规定,一是明文规定解除权可以诉讼方式行使,二是统一规定合同解除的时间,具有重大实践意义。

(四)合同解除的效果

下面看第566条第1款:“合同解除后,尚未履行的,终止履行;已经履行的,根据履行情况和合同性质,当事人可以请求恢复原状或者采取其他补救措施,并有权请求赔偿损失。”第2款:“合同因违约解除的,解除权人可以请求违约方承担违约责任,但是当事人另有约定的除外。”第3款：“主合同解除后，担保人对债务人应当承担的民事责任仍应当承担担保责任，但是担保合同另有约定的除外。”本条规定解除的效果。第1款第一句规定，合同解除后，尚未履行的终止履行，这容易理解，也非常容易操作。问题是第二句，已经履行的这部分，条文表述就非常复杂。什么叫根据履行情况？什么是合同性质？还有当事人可以要求恢复原状，是不是说只要当事人要求恢复原状，法院就必须判决恢复原状？其他补救措施是指什么样的措施？所谓赔偿损失，究竟赔偿什么损失？这些都不清楚。

请注意，原合同法草案这一章的标题是“合同消灭”，正式通过的原《合同法》用“终止”概念取代“消灭”概念。按照民法原理，“终止”是一个特殊的概念。如果一个合同中途解除，从解除之时起（并溯及于成立之时）全部无效，已经履行的部分无效，没有履行部分的也无效，这就叫合同“解除”；如果从解除之时起只是向后无效（不具有溯及力），已经履行的部分有效，没有履行的部分无效，这就叫合同“终止”。之所以将合同解除的效果分成两种情况，是因为有一种合同类型，合同生效以后存在很长时间，在这个有效期间当中一方或者双方不停地履行义务。这种合同叫“继续性合同”。合伙合同、租赁合同、劳务合同、供电供水供气合同和订报刊的合同，等等，都是继续性合同。这种合同有一个共同的特点，一旦解除合同很难恢复原状。即使要勉强地恢复原状，结算和清理非常困难。因此民法原理和立法例，将这类合同的解除叫作合同“终止”，仅解除之时尚未履行的部分无效，已经履行的部分完全有效。换言之，合同“解除”是溯及于成立之时无效；合同“终止”是解除之时起向后无效（其无效不具有溯及力）。合同“终止”，不仅回避了继续性合同恢复原状的困难，即使已经履行的部分有纠纷也不要紧，按照原先的合同约定也容易作出公平合理的判决。

现在我们用“终止”概念去表示合同关系消灭，把这两种解除效果混在一起，这就发生了原《合同法》第97条关于已经履行的部分怎么处理这个难题。合伙合同、租赁合同已经履行的部分怎么恢复原状？怎么才能做到公平合理？我和当时法工委民法室的主任王胜明同志谈起这个问题，王胜明是负责原合同法条文修改执笔的。他承认现在这个条文造成了混乱，很难办，只能寄希望于最高人民法院通过解释来补救。最高人民法院的解释怎么样才能补救？唯一办法就是要承认继续性合同已经履行的部分有效。继续性合同已经履行的部分，按照合同的性质当事人不能要求恢复原状。只有最高人民法院作出这一解释，这个缺陷才能补救。

条文所谓“当事人可以请求恢复原状或者采取其他补救措施”，指非继续性合同的解除，通常产生当事人双方互负恢复原状的义务。于双方或者一方当事人已履行给付义务的情形，合同解除的效果，在使原合同关系消灭的同时也在当事人间确立相互返还的义务。民法理论认为，合同解除的效果在于，消灭当事人之间的“旧债”而代之以（恢复原状的）“新债”。恢复原状义务的内容，根据具体的合同、双方当事人履行状况而不同，概而言之：（1）从他方受领的标的物，应返还原物。需说明的是，返还原物须以原物存在为前提；原物已不存在的，可按解除当时该物的价值予以补偿；如从他方受领的标的物为代替物，则只需返还同种、同等、同量的物即可，而不拘泥于原物。（2）受领的标的物为金钱，应返还同数额金钱并附加自受领时起的利息。（3）受领的标的为劳务或者物的使用的，应作价偿还。（4）受领的标的物生有孳息的，于返还原物时，应一并返还其孳息。（5）就应返还的物已经支出了必要或有益费用的，有权在他方受返还时所得利益的限度内，请求返还。（6）应返还的物因毁损、灭失或其他事由不能返还的，应作价偿还。此种情形，如合同关系中约定了对待给付,则应以该对待给付抵偿。

(五)关于赔偿损失

按照大陆法系民法原理,合同法所谓"赔偿损失",分为两种:其一,赔偿"机会损失",亦称"信赖损失",即中国民法语境所谓"实际损失";其二,赔偿"履行利益损失",指赔偿如合同履行原告方所能够获得的利益,即中国民法语境所谓"实际损失加可得利益(损失)"。本条第1款所谓"并有权请求赔偿损失"究何所指?在因违约致发生解除权情形,可否于解除合同的同时请求违约责任的损害赔偿(赔偿履行利益损失)?

对此,大陆法系民法有不同立法例。按照德国原民法,合同解除与违约损害赔偿不能同时并存,当事人只能选择其一而请求(《德国民法典》原第325、326条)。亦即合同解除只能请求机会损失赔偿,而不能请求履行利益赔偿(违约损害赔偿)。其理由是,违约损害赔偿须以合同关系有效存在为前提,合同解除已消灭合同关系,故只能请求因合同解除造成的损失(机会损失),不能请求违约损害赔偿(履行利益损失赔偿)。此种立法例因拘泥于逻辑,而忽视当事人之间的利益衡量,对非违约方保护不力。故《德国债法现代化法》改变立场,明文规定在双务合同中,要求违约损害赔偿的权利不因合同解除而被排除,即因违约发生解除权的情形,当事人在行使解除权解除合同后,还可以主张违约(责任的)损害赔偿请求权(第325条)。按照法国民法,(违约导致的)合同解除并不排斥违约损害赔偿(《法国民法典》第1184条第2项)。其理由是,于债务人违约之时,(违约责任的)损害赔偿已经成立,虽债权人解除合同,该违约损害赔偿请求权并不因而消灭。但值得注意的是,《瑞士债务法》《荷兰民法典》只允许债权人请求因合同解除所致损害的赔偿(赔偿机会损失)。

鉴于原《合同法》第 97 条仅提及赔偿损失而未明文规定赔偿何种损失，致实务中多有争议。原《合同法》起草人受原德国民法立法和理论影响，认为合同解除（即使因违约导致合同解除）情形，合同关系已经消灭，不存在违约损害赔偿的前提条件，因此只能赔偿机会损失（实际损失），不能赔偿履行利益损失。此种见解与《瑞士债务法》和《荷兰民法典》一致，而与《法国民法典》、（修改后的）《德国民法典》及国际公约的立场不符。[①] 故起草人改变立场，认为合同解除与违约损害赔偿均属于债务人违约所致，两项制度并非相互冲突。解除制度的目的是使债权人从合同关系中解脱出来，而违约损害赔偿在于填补债权人因对方违约所遭受的损失，故增设本条第 2 款规定。

大家看第 2 款规定：“合同因违约解除的，解除权人可以请求违约方承担违约责任，但是当事人另有约定的除外。”条文所谓“请求违约方承担违约责任”，即请求违约损害赔偿（实际损失加可得利益）。须注意，并不是所有的合同解除都可以请求违约方承担违约责任的损害赔偿，只是因违约导致合同解除的情形，才可以请求违约方承担违约责任的损害赔偿。因此，根据第 563 条第 1 项（不可抗力）的规定解除合同情形，及根据第 562 条第 2 款约定客观情况（客观事由）发生解除合同情形，均不能请求违约责任的损害赔偿。

请注意本款“但书”规定“当事人另有约定的除外”。所谓“当事人另有约定”，指合同中关于“合同因违约解除违约方不承担违

---

① 《美国统一商法典》第 2-720 条：除非明显存在相反的意思表示，“解除”（discharge）或“取消”（rescission）合同或类似表示，不应被解释为放弃或解除就先前违约所作出的损害赔偿请求。

《联合国国际货物销售合同公约》第 81 条：宣告合同无效解除了双方在合同中的义务，但应负责的任何损害赔偿仍应负责。……

《国际商事合同通则》第 7.3.5 条：(1)合同的终止解除双方当事人履行和接受未来履行的义务。(2)终止并不排除对不履行要求损害赔偿的权利。……

约责任”的约定。如有这样的约定,在因违约导致合同解除情形,非违约方仅可请求实际损失赔偿。顺便指出,因为本条新设第2款关于违约解除可追究违约责任的规定,则第1款所谓“并可以请求赔偿损失”,属于赔偿“机会损失”(实际损失),并与第2款规定构成一般法与特别法的逻辑关系;第2款自身亦有原则规定与例外规定的逻辑关系。因此在法律适用上,第2款优先于第1款适用;第2款自身则“但书”例外规定优先于原则规定适用。

(六)担保责任

再看本条第3款的规定:“主合同解除后,担保人对债务人应当承担的民事责任仍应当承担担保责任,但是担保合同另有约定的除外。”按照民法主从关系原理,主合同有效,从合同有效;主合同无效,从合同无效。主合同因被解除而无效,从合同也应当一并无效。本款规定是最高人民法院有关司法解释的法律化。最高人民法院《关于适用〈中华人民共和国担保法〉若干问题的解释》(已失效)第10条规定:“主合同解除后,担保人对债务人应当承担的民事责任仍应承担担保责任。但是,担保合同另有约定的除外。”本款规定即是最高人民法院担保法司法解释第10条的法律化。本款规定的实质是,主合同因被解除而无效情形,将“从合同(随之)无效”,改为“从合同(随之)变更”。换言之,主合同因被解除而无效,从合同并不随之无效,只是发生所担保债权的变更(内容变更),由原来担保主合同债权,变更为担保主合同解除后的恢复原状及损害赔偿债权。

按照主从关系原理,主合同被解除而无效,作为从合同的担保合同亦应无效;担保人在担保合同无效后,本不应当再承担担保责任。但从社会生活经验考虑,如果当初没有担保合同之订立,则债权人不可能同意与债务人签订主合同;这样看来,作为从合同的担保合同,反倒具有作为主合同的前提条件的意义。当初担保人不同意担保,债权人不会同意签订主合同、不会发生合同解除问题,现在依据本款规定,让担保人为债务人因主合同解除而承担的民事责任(指恢复原状及赔偿损失)承担担保责任,并设“但书”规定,为担保人于订立担保合同时排除此项担保责任预留可能性,应当认为已经兼顾到债权人和担保人双方的利益。故不得过分拘泥于关于主从关系的原理,而否定本款规定的合理性。

须注意,中国民法语境中所谓担保合同,包括人的担保即保证合同,及物的担保即抵押合同和质押合同。条文所谓“担保人”,应指保证人、抵押人、出质人。保证合同的保证人,必定是主合同当事人之外的第三人。在保证人对“债务人(因合同解除)应当承担的民事责任”承担保证责任之后,债权人对债务人的(民事责任)债权,将转归保证人享有,亦即保证人可以据以向债务人追偿。抵押担保和质押担保,在债务人以自己的财产设立抵押、质押担保的情形,担保人即是债务人自己;在第三人的财产设立抵押、质押担保的情形,担保人指该第三人(抵押人、出质人)。条文中担保人对“债务人(因合同解除)应当承担的民事责任”承担担保责任,意思是债权人有权申请法院拍卖、变价抵押、质押财产并就其变价款优先受清偿。仅在第三人的财产设立抵押或者质押担保的情形,债权人对债务人的(民事责任)债权,转归该第三人享有,亦即该第三人据此有权向债务人追偿。

最后谈一下第3款“但书”规定“担保合同另有约定的除外”,不仅使本款规定担保人对债务人因主合同解除所承担的恢复原状和赔偿损失的民事责任,仍然承担担保责任,具有了进一步的合理性,同时为担保人预先排除此项责任预留下可能性。这就符合意思自治原则。这个“但书”规定非常重要。因此,如果读者是企业法务、法律顾问的话,你在替企业签订保证合同、抵押合同的时候,就可以通过预先约定排除此项责任。

(七)谁行使解除权

关于法定解除权最后一个问题,谁行使解除权,解除权归谁?第563条只说,下列情形之一,当事人可以解除合同,没有说哪一方可以解除?解除权归哪一方行使并不明确。按照既有的理论,法定解除权是一个对违约方的惩罚,对守约方的救济,因此,只有守约方、受害方才有法定解除权,违约方不能行使法定解除权。这是过时的理论。按照民法理论和民法立法,法定解除权是不是对违约方的惩罚呢?不是。法定解除权的立法目的,是使双方当事人从已经死亡的合同关系当中解脱出来,与惩罚哪一方无关。违约方应该受制裁,有违约责任制度。并且,本条第2款规定,违约导致的解除可以要求违约方承担违约责任。这样来看,法定解除权的行使不限于守约方。凡合同目的不能实现情况下的解除合同,解除权归双方,双方都可以行使解除权。只是预期违约和根本违约两种情形不行,因合同目的没有落空,应该仅守约方行使解除权。违约行为导致合同目的落空的,违约方也可以行使解除权。现实中有这样的案件,违约导致合同目的落空,违约方行使解除权,一审给予支持,二审给予撤销,再审给予支持。为什么二审撤销呢?是认为解除权只有受害方才能享有,违约方不能享有。这是将法定解除权混同于对违约行为的制裁,是错误的。

二十、违约责任

(一)结构和基本原则

下面简单介绍第三编第八章违约责任。首先一个问题,违约责任的结构,是由合同法决定的。第一个条文规定违约责任的请求权基础，即第 577 条："当事人一方不履行合同义务或者履行合同义务不符合约定的，应当承担继续履行、采取补救措施或者赔偿损失等违约责任。"这是沿用原《合同法》第 107 条。"不履行合同义务或者履行合同义务不符合约定"，是构成要件，涵括了拒绝履行、迟延履行、瑕疵履行（质量不合格）及加害给付等具体违约情形。违约责任形式，包括继续履行（强制实际履行）、采取补救措施（瑕疵担保责任）和赔偿损失（损害赔偿）三种。紧接着第 578 条规定预期违约，对方可不待履行期到来而立即起诉追究违约责任。第 579 条规定金钱给付，对方可以请求其支付，即民法理论上所谓"金钱给付不发生履行不能"。违约责任的三种责任形式：一是强制实际履行，规定在第 580 条；二是瑕疵担保责任，规定在第 582、583 条；三是金钱损害赔偿，规定在第 584 条。违约责任的基本原则，是以金钱赔偿为原则，以（强制）实际履行为例外。改变了传统民法（以实际履行为原则、金钱赔偿为例外）的原则。因为早期的市场经济不发达（产品不丰富），实行计划经济的国家就更不用说，是合同法强调实际履行的经济体制上的理由。原《合同法》制定的时候，中国实行改革开放和经济体制改革，现代化的市场经济已经有了相当的发展，因此原《合同法》立法方案决定改为"以金钱赔偿为原则，以（强制）实际履行为例外"的原则。这是参考了英美合同法和《联合国国际货物销售合同公约》的经验。现在的《民法典》合同编维持上述违约责任原则和违约责任结构不变。

（二）强制实际履行

下面讲第 580 条关于强制实际履行的规定。第 1 款沿用原《合同法》第 110 条的规定："当事人一方不履行非金钱债务或者履行非金钱债务不符合约定的，对方可以要求履行，但是有下列情形之一的除外：（一）法律上或者事实上不能履行；（二）债务的标的不适于强制履行或者履行费用过高;(三)债权人在合理期限内未要求履行。”

请特别注意,新增的第2款规定:“有前款规定的除外情形之一,致使不能实现合同目的的,人民法院或者仲裁机构可以根据当事人的请求终止合同权利义务关系,但是不影响违约责任的承担。”按照条文的文义,似应当解释为,在具备如下两项要件时:(1)属于第1款规定的强制实际履行“除外情形之一”,(2)并且“致使不能实现合同目的”,赋予当事人请求“终止合同权利义务关系”的权利。此项权利,可称为“终止权”。此“终止权”之行使,“不影响违约责任的承担”。因此,依据第2款规定,法庭根据当事人(行使终止权)的请求判决原被告之间的合同关系终止之后,当事人(原告)还可以根据“不影响违约责任的承担”的规定,另行依据本法第584条提起追究被告(违约方)违约责任之诉。

这样的理解和解释存在的问题是:其一,按照第1、2款之间的逻辑关系,应当是当事人依据第1款提起强制实际履行之诉,经法庭审查本案具有第1款规定的“除外情形之一”,即不符合判决强制实际履行的条件。这种情形,按照民事诉讼法理,法庭应当予以释明,即告知原告(因本案不符合强制实际履行的条件)可以变更诉讼请求或者撤诉。如果原告选择变更诉讼请求(变更为依据第584条请求追究被告违约责任),则本案由强制实际履行之诉变更为违约责任(金钱损害赔偿)之诉,法庭将依据本法第584条作出判决;如果经释明,原告既不变更诉讼请求也不撤诉,法庭即依据本条第1款规定驳回原告请求。其二,按照本条第1、2款的逻辑关系,原告请求强制实际履行之诉,法庭查明本案不符合判决强制实际履行的条件(即属于“除外情形之一”),此时案件尚在强制实际履行之诉审理程序进行中,法庭许可原告提出“终止合同权利义务关系”的请求，是违反诉讼程序规则的。其三，在本法，其法律效力为“终止合同权利义务关系”的权利，唯有属于形成权性质的“解除权”（第562、563条），其他“终止合同权利义务”的情形，均与权利无关。

按照第557条的规定，其他“终止合同权利义务”的情形指：（1）债务已经履行；（2）债务相互抵销；（3）债务人依法将标的物提存；（4）债权人免除债务；（5）债权债务同归于一人（主体混同）；（6）法律规定或者当事人约定的其他情形，指法庭依据合同编第533条关于情事变更原则的规定判决解除合同权利义务关系，及总则编第158条末句规定的附解除条件的合同，自条件成就时合同失效，及第160条末句规定的附终止期限的合同，自期限届满时合同失效。可见，在中国民法权利体系中，在解除权（约定解除权和法定解除权）之外，不可能存在本条第2款所谓请求“终止合同权利义务”的权利！

由上可知，在强制实际履行之诉程序进行中，原告未变更诉讼请求，法庭许可原告提出本案诉讼请求（强制实际履行）之外的（请求终止合同权利义务关系）请求，并作出“终止合同权利义务关系”的判决，显然违背民事诉讼法原理和原则。在强制实际履行案件审理过程中，在原告未变更诉讼请求情形，赋予原告一项既非形成权（解除权）也非请求权（违约责任请求权）的、所谓请求“终止合同权利义务关系”的实体权，显然违背民法关于民事权利的基本原理和原则。

按照本条（第1款）与第584条之间的逻辑关系，解释本条第2款，不能拘泥于条文所使用的词句，应当解释为，原告依据本条第1款提起强制实际履行之诉，经法庭审查认定原告的请求属于本条规定的“除外情形之一”的，法庭应当释明、告知原告变更诉讼请求，变更为依据第584条提起追究违约责任（损害赔偿）之诉；如果原告变更了诉讼请求,把强制实际履行的诉讼请求变更为追究违约责任的诉讼请求,法庭即依据第584条审理本案、判决被告承担损害赔偿责任,原被告之间的合同关系即当然终止;如果经释明原告拒绝变更诉讼请求,法庭即应依据本条(第1款)作出判决驳回原告请求。

(三)自我救济的特别规则

下面大家看第581条:"当事人一方不履行债务或者履行债务不符合约定,根据债务的性质不得强制履行的,对方可以请求其负担由第三人替代履行的费用。"如果按照条文的文义,似应认为,本条创设了一项"请求违约方承担第三人替代履行的费用"的一般规则。只要具备两个要件:其一,"当事人一方不履行债务或者履行债务不符合约定";其二,该债务属于根据其"性质不得强制履行的"债务,相对方即"可以请求其负担由第三人替代履行的费用"。换言之,凡是属于根据其性质不得强制实际履行的债务,债务人一旦违约(不履行或者履行不符合约定),债权人即可委托第三人替代履行,然后请求违约方承担第三人替代履行的费用。这是第一种理解。下面举例:

什么叫根据其性质不得强制履行的债务呢?给付标的为提供劳务、提供服务、完成工作的债务,均属于根据其性质不得强制履行的债务。例如,保姆合同,保姆回家去了,她不履行,雇主就可以另外找一个保姆来替代履行,然后由原来的那个保姆承担新保姆的保姆费,行不行?再如,技术开发合同、委托创作剧本的合同,债务的性质决定不适于强制实际履行,受托人一旦违约,委托人即可重新委托第三人替代履行而由原先的受托人承担费用,行不行?建设工程施工合同,建房、筑路、架桥的债务,属于根据其性质不得强制实际履行的债务,承包方不履行或者履行不符合约定,发包人即可找另外一个施工队替代履行,而由前面的承包方承担费用,行不行?

回答是绝对不行！法院或者仲裁机构绝不可能受理这样的案件，绝不可能作出这样的判决和裁定。

可见“请求（违约方）负担由第三人替代履行的费用”，绝不可能是“一般规则”，而只是一项适用面很窄的“特别规则”。实则，是建设工程施工合同的一项自我救济性质的习惯规则。按照《建设工程施工合同（示范文本）》（GF-2017-0201），建设工程竣工交付之后，在合同约定的保修期①内，发包人在使用过程中，发现已接收的工程存在缺陷或损坏的，应书面通知承包人予以修复，承包人应在合同约定的合理期限内到达工程现场并修复缺陷或损坏。因承包人原因造成工程的缺陷或损坏，承包人拒绝维修或未能在合理期限内修复缺陷或损坏，且经发包人书面催告后仍未修复的，“发包人有权自行修复或委托第三方修复，所需费用由承包人承担”。因为发包人在向承包人支付工程款的时候，扣留了工程款总额5%的“质量保证金”。② 委托第三人替代履行修复（修复工程缺陷或者损坏）义务的费用，当然从“质量保证金”中支付。如果有必要将此项适用面很窄的自我救济性质的习惯规则法律条文化，其适当的位置应当是安排在建设工程合同一章。建议对本条采用限缩解释方法，限缩本条的适用范围，仅适用于建设工程合同等③根据习惯或者约定采用“质量保证金”（或者“质量保证金保函”）担保的合同。

（四）瑕疵担保责任

第582、583条规定了瑕疵担保责任。第582条规定：“履行不符合约定的，应当按照当事人的约定承担违约责任。对违约责任没

---

① 按照上述示范文本，“保修期”不得超过24个月。

② 按照上述示范文本，“质量保证金”不能超过工程款总额的5%，但现实中往往达到工程款总额的10%。

③ 据了解，机械设备进口合同也可以采用“质量保证金”（或者“质量保证金保函”）担保。

有约定或者约定不明确,依据本法第五百一十条的规定仍不能确定的,受损害方根据标的的性质以及损失的大小,可以合理选择请求对方承担修理、重作、更换、退货、减少价款或者报酬等违约责任。”第583条规定:“当事人一方不履行合同义务或者履行合同义务不符合约定的,在履行义务或者采取补救措施后,对方还有其他损失的,应当赔偿损失。”原来的条文规定“质量不符合约定”,现在的条文虽然删去了“质量”两个字,大家看第582条说的,修理、重作、更换、退货、减少价款或者报酬,什么东西可以修理?什么东西可以重作、更换、退货、减少价款?就是有形财产,就是动产、不动产。所以说虽然删掉了“质量”两个字,第582、583条仍然是有形物的瑕疵担保责任制度。

(五)损害赔偿标准

第584条规定:“当事人一方不履行合同义务或者履行合同义务不符合约定,造成对方损失的,损失赔偿额应当相当于因违约所造成的损失,包括合同履行后可以获得的利益;但是,不得超过违约一方订立合同时预见到或者应当预见到的因违约可能造成的损失。”这是原《合同法》第113条第1款原文,是关于金钱赔偿范围的规定。

(六)定金合同

下面讲关于定金的条文。第586条规定定金:“当事人可以约定一方向对方给付定金作为债权的担保。定金合同自实际交付定金时成立。定金的数额由当事人约定;但是,不得超过主合同标的额的百分之二十,超过部分不产生定金的效力。实际交付的定金数额多于或者少于约定数额的,视为变更约定的定金数额。”本条对定金作了一个重大的修改。我们平常说的“定金条款”,现在明文规定为“定金合同”。虽然在合同上加一个定金条款,它不同于一般合同条款,而是区别于主合同的定金合同。定金合同是什么性质？是要物合同,亦称实践合同。必须实际交付了那笔金额,定金合同才成立。第2款说,约定的金额和实际交付的金额不一致,以实际交付的为准。为什么不以约定金额为准、要以实际交付的金额为准？这是由要物合同的性质决定的。

还有一个重要的修改,即第587条关于定金罚则的规定:“债务人履行债务的,定金应当抵作价款或者收回。给付定金的一方不履行债务或者履行债务不符合约定,致使不能实现合同目的的,无权请求返还定金;收受定金的一方不履行债务或者履行债务不符合约定,致使不能实现合同目的的,应当双倍返还定金。”本条为实行定金罚则增加了一个“不能实现合同目的”要件。按照原来的法律规定、原来的教科书,定金罚则只有一个要件,只要“违约”即可执行定金罚则,定金罚则仅以违约为条件。但是现在是两个要件,一是违约,二是(违约导致)“不能实现合同目的”。违约的情况很复杂,有的违约不影响合同目的实现,有的违约不见得会给对方造成重大的损失。因此,轻度的违约(不导致目的落空的违约、非根本违约)都不能执行定金罚则,这是定金罚则的重大修改。

(七)债权人违约

第589条增加了一个崭新的制度,即“债权人违约”,该条规定:“债务人按照约定履行债务,债权人无正当理由拒绝受领的,债务人可以请求债权人赔偿增加的费用。在债权人受领迟延期间,债务人无须支付利息。”传统理论上,违约就是债务人违约,债权人不发生违约问题。债权人有权要求履行,这是债权人的权利。这里就会发生一个问题,如果债权人迟迟不接受债务人的履行怎么办？没有正当理由地拒绝接受履行怎么办？因此增加第589条规定债权人违约。债权人违约的效果,只是履行增加的费用要由债权人负担,债权人违约以后的利息债务人无须支付。

(八)双方违约

最后一个条文即第592条第1款规定:“当事人都违反合同的,应当各自承担相应的责任。”第2款规定:“当事人一方违约造成对方损失,对方对损失的发生有过错的,可以减少相应的损失赔偿额。”这是原《合同法》第120条关于双方违约的规定。双方违约,按照原来的理论是有疑问的,违约只是一方违约,对方享有权利,怎么会双方违约呢?原《合同法》颁布以后,现实生活很复杂,各种各样的合同类型很复杂,确确实实会出现各自违反自己的义务的情况,一方迟延付款,但是后来他付了,对方迟延交房,以后他又交了房。这就是典型的双方违约,即双方均违反自己所负担的义务。因此本条第1款规定,各自承担自己的违约行为给对方造成损失的违约责任。就是现在的第1款,双方违约,各自承担相应的责任,就是承担自己的违约给对方造成的损失。付款方违约,延迟付款,所承担的违约责任就是迟延利息;迟延交房的违约责任,就是迟延交房的违约金。现在加了第2款:“当事人一方违约造成对方损失,对方对损失的发生有过错的,可以减少相应的损失赔偿额。”

第2款如何理解?其中的“过错”是什么意思?中国合同法已经规定严格责任,违约责任不以过错为条件,并且违约责任的承担,前面已经讲了实际损失加上可得利益,还可以用减损规则、不可预见规则去调整。中国合同法上,不存在过失相抵规则;过失相抵规则,只在于中国侵权责任法上。现在的规定,所针对的问题是,可能有这样的情况,一方违约使对方遭受了损害,但是对方对这个损害的发生也有原因。这个原因,现在把它叫作“过错”并不准确。因此,第2款规定实际是民法上的“原因竞合”。一方违约造成对方损失,对方对损失的发生也有自己的原因,这种情形,让他全赔不合理,需要减轻他的赔偿责任,减轻到什么程度呢？要考虑违约方的行为给对方造成损失的影响有多大？对方的原因对损失发生的影响有多大？这叫“原因力”。原因力是一个很抽象的概念,实际上由法官去大致估量。第 592 条第 2 款不是理论上所说的过失相抵,而是原因竞合。

今天就讲到这里,供大家参考。谢谢。

《民法典》解释与适用中的十个问题*

《中华人民共和国民法典》(以下简称《民法典》)于2020年5月28日由第十三届全国人民代表大会第三次会议通过,自2021年1月1日施行。《民法典》的颁布施行,意味着围绕《民法典》编纂的诸多争议皆已尘埃落定,今后民法学理论研究和司法实践的主要任务是如何对《民法典》进行解释与适用。

一、对《民法典》第416条"超级优先权"的评析

《民法典》第416条规定:"动产抵押担保的主债权是抵押物的价款,标的物交付后十日内办理抵押登记的,该抵押权人优先于抵押物买受人的其他担保物权人受偿,但是留置权人除外。"《民法典》第416条是一个新创的制度,要准确地把握,就需从立法政策角度去考虑。要理解这个条文,首先需理解什么叫抵押,抵押和质押区别何在。

质押是人类历史上最悠久的担保制度。例如,中国在

---

* 根据作者2020年11月17日在温州大学法学院的讲座整理而成,钟瑞栋、张玉林、廖子冰、毛仙鹏在文字整理方面贡献颇多,谨此谢忱!

没有实行市场经济时就已经存在当铺。质押须移转标的物的占有，而抵押不必移转标的物的占有，所以在人类历史上抵押权制度出现较晚。无论是抵押还是质押，关键的问题是怎样实现对标的物的控制。如果抵押物是不动产，且被移转占有，那么抵押人就没有办法利用抵押物。举例而言，假如抵押人借贷的目的是要发展生产，那么结果却是抵押人在拿到贷款以后反而丧失了生产的对象——不动产土地，以致无法实现生产的目的。这一突出难题催生了登记制度，登记制度解决了抵押人因抵押物被移转占有而产生的窘境，但必须是能够登记的物才能适用抵押权制度。

自 2021 年 1 月 1 日废止的《中华人民共和国物权法》（以下简称《物权法》）所规定的抵押权均针对不动产，因为不动产有登记制度；动产也要有登记制度才能被抵押。《民法典》第 395 条第 1 款规定了抵押财产的范围：第一，建筑物和其他土地附着物；第二，建设用地使用权；第三，海域使用权；第四，生产设备、原材料、半成品、产品；第五，正在建造的建筑物、船舶、航空器；第六，交通运输工具；第七，法律、行政法规未禁止抵押的其他财产。这些被列举的财产都需要有登记制度才能被抵押。

《民法典》第 416 条提到“动产抵押”，《民法典》第 395 条第 1 款所列抵押财产范围当中哪一项属于该处的“动产”范畴呢？是第 4 项抵押财产“生产设备、原材料、半成品、产品”吗？不是。因为《民法典》第 395 条第 1 款第 4 项抵押财产有《民法典》第 396 条的规定与之相匹配。《民法典》第 396 条规定：“企业、个体工商户、农业生产经营者可以将现有的以及将有的生产设备、原材料、半成品、产品抵押，债务人不履行到期债务或者发生当事人约定的实现抵押权的情形，债权人有权就抵押财产确定时的动产优先受偿。”这类抵押常被称作浮动抵押，这是不准确的，因为所谓浮动就是不确定。

原材料变成半成品,半成品变成成品,成品要卖出去,这些财产在流变,从这个意义上说它们不是浮动的。其实,《民法典》第 396 条规定的是特别动产集合抵押,也就是说,《民法典》第 395 条第 1 款第 4 项抵押财产“生产设备”“原材料”“半成品”“产品”虽然都是动产,但要结合在一起抵押。做法是,列一个抵押财产清单,并在清单上标明抵押财产的位置,如它们属于哪个厂,堆放在哪里。这个清单不像别的抵押那样要具体地列出特定物,而只需列出抵押财产的类型、种类,这就叫特别动产集合抵押,其抵押财产是合在一起的。

《民法典》第 395 条第 2 款规定:“抵押人可以将前款所列财产一并抵押。”“一并抵押”是什么呢?它跟日本法律上说的企业财团抵押相当。所谓企业财团抵押就是指把企业所有的不动产、动产结合起来列一个清单一并抵押。企业财团抵押与浮动抵押的差别何在?平常说的浮动抵押,英美法系称“floating charge”,着重于标的物的浮动、不确定性。浮动抵押的内容不仅包括企业的不动产、动产,还包括抵押人的债权、债务、知识产权等。浮动抵押不是随便设定的,它是为了担保企业发行公司债券这一特定目的而设定的。

《民法典》第 396 条把第 395 条第 1 款第 4 项抵押财产规定为特别动产抵押,那么第 395 条第 1 款所列举的其他抵押财产哪些是动产呢?那就是第 6 项,即交通运输工具。交通运输工具适用抵押,因为它有登记制度。船舶由船籍港登记,航空器(如民航飞机)由民航局登记,机动车由交通管理部门登记。交通管理部门登记机动车俗称“上牌照”,这个登记同样可以起到物权上的登记效力。交通运输工具这一类动产在《民法典》“物权编”叫作特别动产。特别动产实行登记对抗主义,为什么特别动产要实行登记对抗主义呢?因为特别动产在流动当中。假使一艘船航行到某一个港口,急需一笔资金,需要设定抵押,却又没法实现登记(因为登记地在船籍港),

那么只要抵押合同生效抵押就生效了，而这艘船要回到船籍港办理了抵押登记才能取得对抗效力。航空器也是这样，因为航空器到处飞，所以它不能严格地像不动产那样实行登记生效主义。不动产实行登记生效主义，因为不动产是不动的，正所谓“跑得了和尚跑不了庙”；特殊动产是处于运动状态的，所以不得已实行登记对抗主义。需要注意的是，在交通运输工具当中，船舶的抵押在《海商法》中有特别规定，航空器的抵押在航空法上有特别规定，《民法典》规定的对象其实就是机动车。《民法典》第 403 条说的就是“动产抵押权设立的登记对抗主义”，该条明确规定：“以动产抵押的，抵押权自抵押合同生效时设立；未经登记，不得对抗善意第三人。”

《民法典》第 404 条又规定：“以动产抵押的，不得对抗正常经营活动中已经支付合理价款并取得抵押财产的买受人。”据此而解读出的“动产抵押没有追及力”这一结论是值得商榷的。第 404 条讲的是，正常生产经营当中就销售出去的产品，买受人花钱购买了这些产品，这些产品就脱离了抵押权的范围，就不能追及。实际上，第 404 条的适用范围就是第 396 条，即前面讲的特别动产集合抵押：企业把自己流水线上的生产设备、原材料、半成品、产品列一个清单，设定一个抵押，进行一个抵押登记；设定抵押权以后，企业正常生产，原材料变成半成品，半成品变成成品，成品销售出去，新的原材料又进来了，抵押物处于流动当中。

但特别动产集合抵押还有一个“确定”，这个“确定”规定在《民法典》第 411 条。第 411 条确定什么呢？第 411 条规定：“依据本法第三百九十六条规定设定抵押的，抵押财产自下列情形之一发生时确定：（一）债务履行期限届满，债权未实现；（二）抵押人被宣告破产或者解散；（三）当事人约定的实现抵押权的情形；（四）严重影响债权实现的其他情形。”特别动产集合抵押的财产一经确定，其抵押权就变成了普通的抵押权,而且马上就要执行。所以说“确定”是为了执行抵押权,而在“确定”之前,产品和原材料都存在流动性。也就是说,在“确定”之前,特别动产在流动,无法追及,但在“确定”以后特别动产就可追及。特别动产集合抵押与特别动产自身的性质相关,它是为生产当中处于流动状态的标的物设定的抵押,但抵押财产一经“确定”就有追及力。

什么叫追及力?什么叫抵押权的追及力?《民法典》第406条第1款最后一句说:“抵押财产转让的,抵押权不受影响。”这就是具体体现。抵押权设立以后,抵押财产转给张三,张三转给李四,李四转给王五,不管转到哪里,其抵押权不受影响,一直黏附在抵押财产的所有权上,虽然王五变成了抵押财产的所有权人,但抵押权人可以找到所有权人王五,并申请法院拍卖,这就是追及力。因此,从抵押权来说,第一个登记生效的抵押权一经生效,抵押权就发生,就有追及力。总之,追及力是支配力的体现,凡是登记生效的抵押权都有追及力。

回过头来再看《民法典》第416条。该条中的动产其实特指机动车,机动车抵押所担保的主债权是购买机动车这一动产的价款。这个动产抵押制度是新设的,《物权法》中没有。在市场交易当中,除了家用的代步机动车以外,机动车还包括基建所用的大吊车、水泥搅拌车、油罐车等轮式专用机械车。一般的小轿车价格便宜,但像大吊车、水泥搅拌车这样的大型专用机械车,一个建筑公司如果要买好多辆,则要花巨额的资金。针对这种因标的物价款巨大而难以一次支付的交易,《民法典》在第634条规定了分期付款买卖。依据这条规定,采用分期付款的买卖,如果迟延付款的数额超过了全部价款的1/5,且在出卖人催告后买受人在合理期限内仍然不支付,出卖人就可以行使“提前到期”“解除权”两种权利。提前到期指的是,原来约定的分期付款,在买受人拖欠支付的价款超过全部价款的 1/5 时,就变成了现付,即凡是未付的价款买受人需一次性付给出卖人;解除权则指的是,在出卖人行使提前到期权利后,如果买受人无法付清全部价款,出卖人就可以解除合同,解除合同的后果就是出卖人有权收回所出卖的机动车。可见,《民法典》第 634 条保护的是出卖人。

《民法典》第 641 条还规定了出卖人保留所有权制度。分期付款买卖在国际上惯常约定出卖人保留所有权,即在机动车售出并交付后,机动车的所有权仍在出卖人手里,出卖人在解除合同的时候凭所有权行使取回权,[①]直接到现场把车开走就行了。但这在我国现实生活中存在难题,这个难题来自交通管理部门的机动车执照制度。租一辆车去交通管理部门上牌照是绝对不允许的,需要上牌的车必须是自己买的。汽车所有权人必须去交通管理部门申办汽车牌照,没有牌照就不能开车上路,否则就是违法的,这是汽车上路的行政许可制度,至关重要。但在买受人分期付款时,出卖人保留了汽车所有权,买受人如何上汽车牌照呢？所以《物权法》生效以来,那些生产大型载重汽车、大型吊车的企业,仍然采用买受人分期付款的销售方式,却难以保留车辆的所有权,因为尽管法律规定了出卖人保留所有权制度,但生产企业一旦保留了车辆的所有权,买受人就无法申办车辆牌照,买受人如果无法申办车辆牌照就会放弃购买车辆。可见,买受人分期付款时出卖人保留所有权的买卖制度,在一定程度上给现实的生产生活造成了阻碍。

《民法典》第 416 条解决了这一难题。依据第 416 条的规定,出卖人在将车辆的所有权转移给买受人的时候,可以让买受人反过来把车辆抵押给出卖人,以担保买受人分期付款的价款。可见,第 416

① 所有权的内容当中包含取回权,取回权规定在《民法典》第 642 条。

条完全是针对我国社会问题而创设的制度。这也正是《民法典》创设第416条这样一个崭新制度的原因。所以《民法典》第416条具有非常重要的实践意义和理论意义。

而且,第416条规定标的物在交付后10日内需办理抵押登记,标的物一经登记,抵押权就具有对抗力和追及力了,该抵押权人就可以优先于买受人的其他债权人,即使买受人将标的物转卖,该抵押权人也可以凭借抵押权将标的物追回。如果买受人在车辆上重复设置抵押,怎么办呢?按照《民法典》第414条的规定,同一财产重复抵押是以登记的时间先后顺序来划分权益保护的。

此外,《民法典》第416条规定办理抵押登记的时限为标的物交付后10日内,也是有考虑的。车辆一交付就要求买受人去办理设定担保购买价款的特别抵押权的抵押登记不太现实,但万一买受人在买了车辆之后先将其抵押给了别人,别人的抵押权就在先,这种情况需要限制,并且抵押登记也不是一件容易的事,所以《民法典》第416条要求办理抵押登记的时限为标的物交付后10日内,并且规定10日内办理登记的抵押权优先于别的抵押权。

《民法典》第416条不仅解决了我国现实存在的社会问题,而且其规定也保障了这个制度设立目的的实现——出卖人收回价款。不过,《民法典》第416条的"优先"并非"超级优先权",在我国的法律中也没有这样的制度。

二、对《民法典》第494条"强制缔约"的解读

《民法典》第494条是关于强制缔约的规定。《民法典》第494条第1款规定:"国家根据抢险救灾、疫情防控或者其他需要下达国家订货任务、指令性任务的,有关民事主体之间应当依照有关法律、行政法规规定的权利和义务订立合同。"

该款属于国家指令性计划范畴,国家指令性计划相当于具有法律效力。所谓指令性订货任务,指国家确定了买受人,出卖人,标的物的种类、品质、规格、型号、数量甚至价格等,买受人、出卖人双方没有什么谈判的余地,交货的时间可能有一些商量的余地,但即使有,也是次要的。因此,《民法典》第494条这个制度当中的关键词就是国家订货任务。

强制缔约是中国特色社会主义的重要体现,在起草《中华人民共和国合同法》(以下简称《合同法》,已失效)的时候,尽管当时依据国家指令性计划签订的合同所占的比例已经很少,但到底要不要让国家指令性计划合同退出历史舞台,当时并没有形成统一意见,于是国家指令性计划合同就保留了下来,以备不时之需,比如紧急情事下的抢险救灾。强制缔约在特殊情况时会多一些,在和平年代自然就会少一些。在法律上保留这个制度,是有益无害的。

三、关于《民法典》第545条“债权转让对外效力”的解读

《民法典》第545条第1款规定:“债权人可以将债权的全部或者部分转让给第三人,但是有下列情形之一的除外:(一)根据债权性质不得转让;(二)按照当事人约定不得转让;(三)依照法律规定不得转让。”第2款规定:“当事人约定非金钱债权不得转让的,不得对抗善意第三人。当事人约定金钱债权不得转让的,不得对抗第三人。”

《民法典》第545条源自《合同法》第79条,《合同法》第79条没有《民法典》第545条第2款。当初设计时债权以可转让为原则,以不可转让为例外。《民法典》第545条第1款规定的三种情形实际上都是例外。《民法典》第545条第1款是一个法律政策上的判断,即债权转让对债务人没有损害。即使债权转让存在特别情形,

如债务人因履行债务而增加的额外费用,这些费用由受让人或者转让人承担也就解决问题了。所以债权转让不损害债务人的利益是一个正确判断。但债务转移容易损害债权人利益,所以法律规定债务转移一定要得到债权人的同意。

《民法典》第 545 条第 1 款规定的“不得转让”的第 1 项情形是“根据债权性质不得转让”。《民法典》第 535 条第 1 款规定:“因债务人怠于行使其债权或者与该债权有关的从权利,影响债权人的到期债权实现的,债权人可以向人民法院请求以自己的名义代位行使债务人对相对人的权利,但是该权利专属于债务人自身的除外。”最高人民法院《关于适用〈中华人民共和国合同法〉若干问题的解释(一)》(已失效)第 12 条指出:“……专属于债务人自身的债权,是指基于扶养关系、抚养关系、赡养关系、继承关系产生的给付请求权和劳动报酬、退休金、养老金、抚恤金、安置费、人寿保险、人身伤害赔偿请求权等权利。”“专属于债务人自身的债权”就是债权性质决定不能转让的情形。但哪些债权不能转让,最高人民法院有解释的,容易掌握,而没有相关规定的就难以确定。

《民法典》第 545 条第 1 款规定的“不得转让”的第 2 项情形是“按照当事人约定不得转让”。但如果当事人动不动就约定一个债权不得转让,岂不和“债权以可转让为原则”相抵触了?这是《民法典》第 545 条设立第 2 款的初衷:限制当事人盲目地约定债权不得转让,以保障这个制度设立目的的实现。

《民法典》第 545 条第 2 款对市场经济具有重要意义。比如,张三欠李四钱,王五欠张三钱,通常的还钱办法是张三从王五那里收账后再转给李四,但如果张三和李四协商采取债权转让办法的话,一个转让合同就够了,即由债务人王五直接支付给张三的债权人李四,两个环节变为一个环节,这就大大减少了时间成本,进而加速了市场的流转与流通。但如果当事人动辄约定债权不得转让,就势必会对市场的运行造成阻碍,此时《民法典》第 545 条第 2 款的作用就能得到体现。

《民法典》第 545 条第 2 款的立法目的从其条文表述亦可推出。第 2 款第一句是“当事人约定非金钱债权不得转让的,不得对抗善意第三人”。什么叫第三人？第三人这个概念是当今法律界最混乱的概念之一,将合同双方当事人之外的所有人都称作第三人,是完全错误的。合同双方当事人之外的且与其中一方有某种法律关系的特定人才是第三人。《合同法》里的第三人往往与连锁交易有关系,如张三卖给李四,李四卖给王五,那后一个合同的买受人王五对前一个合同双方当事人来说就是第三人。什么叫善意？这是民法上一个特殊概念,民法上所说的善意指不知情,和老百姓所说的善意(慈悲之心)是不一样的。什么叫不得对抗善意第三人？善意就是不知情,第三人不知情,不得对抗;知情就叫恶意,第三人知情,可以对抗。例如,李四是债务人,张三是债权人,双方约定了非金钱债权不得转让,但出于某种情况,张三把债权转让给了王五;如果王五知道张三、李四之间的约定,则张三、王五之间的债权转让合同无效,如果王五不知道张三、李四之间的约定,王五就是善意第三人,那么张三、李四之间的约定就不能否定王五所受让的债权。所以,是否可以对抗第三人的问题实质上是后面一个转让合同有效与否的问题:可以对抗,那后一个转让合同就无效;不可以对抗,那后一个转让合同效力不受影响。

但善意与否是主观性的状态,在诉讼当中,第三人将面临举证困难的问题,因为按照社会生活经验,自己不知道什么是难以举证的,而知道什么反而容易举证。正因为如此,法律上有一个判断善意的规则,这个规则叫善意推定:凡是在诉讼、仲裁中,当事人一方主张自己是善意,法庭、仲裁庭不要求他举证,推定他为善意;如果另一方当事人对此持异议的话,法庭、仲裁庭就要求异议方就自己的异议举证。

在债权转让上,《民法典》第545条第2款区分了金钱债权和非金钱债权。对于金钱债权,合同双方的约定不能逾越合同相对性而约束合同当事人之外的第三人,即依法成立的合同仅在当事人之间有效。同样是债权,为什么金钱债权要严格遵守合同相对性?这缘于金钱、货币的本质,涉及政治经济学的货币流通、价值等理论。货币最重要的功能是流通,它不具有特定的性质。所以对于金钱债权,法律要尽量使当事人不去限制它,以发挥货币的流通功能,即使当事人约定了不得转让,法律也要使该约定在当事人之外无效。

四、对《民法典》删除《合同法》第51条的看法

《合同法》第51条的去留问题是《民法典》"合同编"起草过程中的焦点问题。《合同法》第51条规定:"无处分权的人处分他人财产,经权利人追认或者无处分权的人订立合同后取得处分权的,该合同有效。"《民法典》没有吸收《合同法》这条规定,但《民法典》第597条第1款规定:"因出卖人未取得处分权致使标的物所有权不能转移的,买受人可以解除合同并请求出卖人承担违约责任。"第2款规定:"法律、行政法规禁止或者限制转让的标的物,依照其规定。"那么《民法典》第597条能替代《合同法》第51条吗?不能。

在因故意或者过失出卖他人之物这一问题上,大陆法系和英美法系从立法目的角度考虑产生了三种方案:第一种方案是合同无效,无效是原则,若权利人追认,合同就变成有效;第二种方案是合同有效,但是以不损害权利人的权利为前提;第三种方案是美国的方案,即"无处分权的人出卖他人之物"的合同可以宣告无效,首先

是权利人可以宣告合同无效，其次是买受人可以宣告合同无效。《合同法》采取的是第一种方案。但是意想不到的是，《合同法》颁布以来这种方案一直存有争议，其实这个争议肇始于“德国法区分物权行为和债权行为，认为合同有效，处分行为无效”。可是，处分行为无效那还不是合同无效吗？《合同法》的这一方案和德国的方案没有区别，《合同法》的特点是把对权利人的保护与合同效力结合在一起了，即权利人不追认，法庭就认定合同无效了。如果买受人主张有效，出卖人主张无效，法庭就要让买受人把权利人追认的文件拿来，甚至可以把权利人传到庭上，把对真正权利人的保护和合同效力合在一起审理。这样的制度无疑是最好的制度。因为自己的财产被他人处分，权利人不是马上就能知道的。即便在美国，权利人同样可以宣告这样的合同无效。

在司法实践中，“无处分权的人处分他人财产”这样的案件相当多，法院依据《合同法》裁判的公正性并没有受到质疑，而且最高人民法院还直接用这个规则去解决名义股东转让股权所引发的问题。[①] 从立法技术、立法学上说，如果法律上一个制度存有争论，但在实践当中并未造成弊端，而且现实中也没有严谨的调查研究与分析证明这个制度应该删掉，那修法或立法就应该保留该制度。

五、对《民法典》第 680 条“禁止高利放贷”的评论

禁止高利放贷是绝大多数国家都有的，而且历史悠久，罗马法就有禁止高利放贷的规定。《民法典》第 680 条第 1 款规定：“禁止高利放贷，借款的利率不得违反国家有关规定。”《民法典》第 670

---

① 详见最高人民法院《关于适用〈中华人民共和国公司法〉若干问题的规定（三）》第 25 条。参见《中华人民共和国上市公司法律法规全书：含典型案例及发行监管问答》（第 5 版），中国法制出版社 2019 年版。

条又规定:“借款的利息不得预先在本金中扣除。利息预先在本金中扣除的,应当按照实际借款数额返还借款并计算利息。”这样的制度设计是出于维护社会公平正义和弘扬诚信美德的考虑。简单地说,法律允许人们在市场经济下靠金钱去赚钱,但靠金钱去赚钱应有一定的限度,应该符合公平原则、诚信原则、公序良俗原则。这就是文明发展的体现。因此,“禁止高利放贷”的规定,民法一直保留了下来。但是这个规则必须具体化,比如到底利息多少是高利呢?

社会在发展,借贷上限利率也会随之调整。最高人民法院《关于审理民间借贷案件适用法律若干问题的规定》(法释〔2015〕18号)(已被修改)第26条规定:“借贷双方约定的利率未超过年利率24%,出借人请求借款人按照约定的利率支付利息的,人民法院应予支持。借贷双方约定的利率超过年利率36%,超过部分的利息约定无效。借款人请求出借人返还已支付的超过年利率36%部分的利息的,人民法院应予支持。”2020年12月最高人民法院《关于审理民间借贷案件适用法律若干问题的规定》将此条修正为:“出借人请求借款人按照合同约定利率支付利息的,人民法院应予支持,但是双方约定的利率超过合同成立时一年期贷款市场报价利率四倍的除外。前款所称‘一年期贷款市场报价利率’,是指中国人民银行授权全国银行间同业拆借中心自2019年8月20日起每月发布的一年期贷款市场报价利率。”上限利率调整也是一个政策,它反映了一个国家的经济发展情况,所以禁止高利放贷这个原则在法律上不能被否定,但法律应对借贷上限利率予以合理规定。

各国关于禁止高利放贷的规定都是原则规定,具体的操作则在一些管制性的、行政性的法规当中,其中对违法合同的认定也是随时代的发展而变动。现实当中有一种协议条款叫作对赌加回购,它实质上是借款关系,目的就是规避金融管制。一开始的时候法院认定对赌回购协议条款无效，因为它是规避金融管制的，实际上是放贷；现在法院改变了态度，尽管也认定对赌回购协议条款无效，但认定借款合同是有效的，因为现在银行的资金多了，国家的资金多了，情况发生了变化。

六、对《民法典》“保理合同”的解读

保理，全称是保付代理。与保理制度相关的公约有《国际保理公约》《联合国国际贸易中应收款转让公约》等。《联合国国际贸易中应收款转让公约》最初草案的名称叫作“联合国国际贸易中应收款转让与融资公约”，后来“融资”二字被删去了。什么叫应收款转让呢？它是用来解决国际货物买卖和销售合同问题的。在货款回收时，采用信用证、跟单信用证这两种方式是最可靠的。比如，船长亲笔签发了装船的单据，出卖人、供货商就在合同后附上这些单据，买受人马上就会签信用证。在一段时间内，信用证被认为是最可靠的支付手段，但是后来人们发现信用证也不是那么可靠。如果货物在装船以后又被卸了，怎么办？货船到了百慕大三角消失了，怎么办？货船为侵吞货物编造事故欺诈合同相对人，怎么办？

于是，为了实现支付，联合国制定了《联合国国际贸易中应收款转让公约》。其中的操作方式是，出口商按照销售合同销售一批货物，这批货物一旦发货，货款债权就转让给了当地的银行，当地的银行则直接将货款支付给出口商。“融资”二字为什么被删掉了呢？因为经由出口商所在地的银行，货款债权实现了转让，出口商直接收到货款，整个过程不发生融资行为。出口商所在地的银行在得到货款债权以后，怎么去收款呢？它会把货款债权转让给进口商所在地的进口商开户银行，进口商所在地的进口商开户银行将直接从进口商存款账户中扣收。如果进口商存在不能支付的情况，进口商所

在地的进口商开户银行就把货款债权再转让给出口商所在地银行，出口商所在地银行继而将货款债权退给出口商，这就是《联合国国际贸易中应收款转让公约》中的追索权。如果进口商进行了支付并且所支付金额超过货款数额，那么超过的数额也归银行，整个过程不实行“多退少补”制度。

出口商和当地的银行没必要每转让一次货款债权就成立一个转让合同，而是可以建立一个长期的合同关系。长期的合同就不仅仅包括债权转让了，还可以包括对出口商账户的管理，在这个基础上，双方还可以就融资问题形成合意，这就是保理。《国际保理公约》第1条规定保付代理人应至少履行两项下述职能：“a. 为供应商融通资金，包括贷款和预付款；b. 管理与应收账款有关的账目（销售分户账）；c. 托收应收账款；d. 对债务人的拖欠提供坏账担保。”其中第三项职能里的“托收”就是委托收款，所说的情形是，假设供货商的货没有出口，而是被发到国内别的地方，那么保付代理人（保付代理人一定是银行）就委托收款，可见委托收款和应收款转让在操作方式上是不同的。其中的第四项职能则涉及坏账担保。什么叫坏账担保？为债务人所欠付的货款提供担保叫坏账担保。坏账担保是银行保理当中的一个特殊内容，银行不必受债务人委托就会主动为债务人提供担保，即货款如果收不回来就由银行支付。

《国际保理公约》第1条规定：“本公约适用于本章所规定的保理合同及应收账款的转让。为了本公约的目的，‘保理合同’系指在一方当事人（供应商）与另一方当事人（保理商）之间所订立的合同……供应商可以或将要向保理商转让供应商与其客户（债务人）订立的货物销售合同所产生的应收账款……”通俗地说，保理合同就是供货商和银行之间的一个合同，这个合同的基础是债权转让，但这里的债权转让不是一般的债权转让，而是将要发生的应收款债权的转让。账户管理、委托收款都是委托合同，融资是借款合同，坏账担保是一种特殊的担保合同，因此保理合同是一种复合性的合同。《民法典》规定的其他合同都是单一的合同，即便是融资性租赁，那也是租赁，它只不过和设备买卖稍有联系，其合同仍是单一的合同，并不是两个合同。

需要注意的是，《民法典》第761条规定用“催收”一词是不妥的，“催收”应是“托收”，两者是截然不同的。比如，根据《民法典》第763条的规定，如果债权人和债务人搞了一个假的应收款债权，并把假的应收款债权转让给了保理人，那么虽然假合同是虚伪表示，但应收款债权不能因为这个假合同而被否定。

尽管保理合同是一种复合性的合同，但处理相关纠纷的方法并不复杂：在债权转让合同上发生纠纷的，按照债权转让规则去处理；在合同的成立生效方面发生纠纷的，按照合同的成立生效规则去处理；涉及融资的，按照借款合同的规则去处理；涉及账户管理、委托收款等问题的，按照委托合同去处理。

七、对《民法典》“精神损害赔偿”新出规定的解读

关于精神损害赔偿，《民法典》第996条和第1183条第2款均为新出的规定。前者规定的是因违约而产生的精神损害赔偿，后者规定的是因侵害财产（具有人身意义的特定物）而产生的精神损害赔偿。违约责任和侵权责任是不一样的，所以《民法典》第186条规定了违约责任和侵权责任竞合这一制度。这也是多数国家的立法经验，尽管少数国家不认可这个竞合概念。在违约责任、侵权责任的竞合当中，精神损害赔偿是最重要的一个问题。

“侵权责任承认精神损害赔偿，违约责任不承认精神损害赔偿”这一说法并不准确。违约责任原则上不承认精神损害赔偿，但

也有例外,这个例外就是违约责任涉及某些具有人身意义的物品。例如,把骨灰盒丢掉了,这里的骨灰盒就是有人身意义的。又如,婚礼视频、照片被损毁了,因为婚不可能再结一次,所以这里的视频、照片就是有人身意义的。人身意义的判断涉及社会生活的一般观念。比如,小猫、小狗对豢养人来说可能如他们的孩子一般,但从社会生活经验来看,它们都是动物,和鸡、鸭、鹅一样,是一般的动物,不是人,不具有人身意义。人身意义和人格的意义尽管有所不同,但其实差别不大,因为人身意义包括了人格利益,人身权包括了人格权。

因违约而造成的精神损害赔偿,虽然《合同法》没有规定,但是在法院裁判实践当中是作为例外存在的。

八、对《民法典》新出规定"遗产管理人制度"的解读

《中华人民共和国继承法》(以下简称《继承法》,已失效)没有遗产管理人这一制度,因此《继承法》在施行期间就会遇到一个难题:如果民事诉讼中的被告死亡,而且没有财产共有人,遗产继承人又放弃了继承权,那么原告的债权怎么办?按照应诉的原理,诉讼中当事人一方死亡,财产共有人要参加诉讼以保证诉讼继续进行;如果死亡的当事人没有财产共有人,遗产继承人则要参加诉讼;如果死亡的当事人没有财产,遗产继承人也全部放弃继承,那么诉讼三要素当中人的要素丧失,诉讼就无法成立,按照民事诉讼法此种情形法院应该终止诉讼,而从法律的立法精神看,遗产继承人的继承权是可以放弃的,但法定继承人身份则是法律规定的,放弃继承权不等于放弃法定继承人身份,被告一方必须参加诉讼。换言之,这个难题的症结在于,《继承法》第 33 条第 2 款所规定的"继承人放弃继承的,对被继承人依法应当缴纳的税款和债务可以不负偿还责

任”,使得处于上述情形的诉讼因无人担当被告而不得不被终止。

《民法典》继承编设立的遗产管理人制度就可以解决这一难题,即遗产管理人担当被告。《民法典》第 1145 条规定:“继承开始后,遗嘱执行人为遗产管理人;没有遗嘱执行人的,继承人应当及时推选遗产管理人;继承人未推选的,由继承人共同担任遗产管理人;没有继承人或者继承人均放弃继承的,由被继承人生前住所地的民政部门或者村民委员会担任遗产管理人。”第 1147 条又规定:“遗产管理人应当履行下列职责:(一)清理遗产并制作遗产清单;(二)向继承人报告遗产情况;(三)采取必要措施防止遗产毁损、灭失;(四)处理被继承人的债权债务;(五)按照遗嘱或者依照法律规定分割遗产;(六)实施与管理遗产有关的其他必要行为。”

遗产管理人制度的建立,有很多重要的立法政策上的考虑,其中之一就是在被继承人死亡且没有财产共有人、继承人的情形如何保护债权人利益的问题,所以遗产管理人制度在程序法上有着重要意义。当然,遗产管理人制度还有其他的重要意义,如遗产管理、遗产分割等。在财产分割上,当财产需要清理、登记时,遗产管理人可以以召集人的身份组织遗产分配,被继承人有遗嘱就按照遗嘱分配遗产,被继承人没有遗嘱则按照法定继承来分配遗产;一旦继承人之间达不成协议,进而诉诸法院,那么遗产分割方式就由法院来判决,而这个时候“遗产管理人处于什么身份地位”“法院应该不应该听取遗产管理人的意见”“继承人达不成协议时遗产管理人可不可以自己有效管理”等问题都留给法院去解决。

九、对《民法典》第 1186 条“公平责任”的评析

关于公平责任,《民法典》第 1186 条将《中华人民共和国侵权责任法》(以下简称《侵权责任法》,已失效)第 24 条中的“根据实际情

况”修改为“依照法律的规定”,这一重大变化,值得关注。关于公平责任的规定最早出现在《中华人民共和国民法通则》(以下简称《民法通则》,已失效),后来《侵权责任法》作了修正:前者第 132 条用词是“分担民事责任”,后者第 24 条将其改为“分担损失”。当时考虑的是,面对案件中的具体损失时,怎么提出一个更具体的处理方案。在民法特别是大陆法系的民法上,侵权法规定的从来都是过错责任。比如,尽管德国有无过错责任,但其无过错责任适用面很窄,都规定在民事特别法中。所以在民法现代化的过程中,过错责任原则逐渐发展为在以过错责任原则为主的基础上规定了过错推定、无过错、公平责任。

我 1981 年在阐述侵权行为法时提及过错责任、过错推定、无过错责任。例如,一个 5 岁的孩子造成他人损害(比如把他人价值不菲的花瓶损坏了),依据当时的侵权行为法,免责。免责是有悖常理的,因为这个 5 岁的孩子家里或自己可能很有钱。出于公平的考虑,用孩子父母的财产或者孩子自己的财产适当地予以赔付是合理的。但过错责任不适用于 5 岁孩子这样的无民事行为能力人,无过错责任原则又不规定于民法,而在特别法中,怎么办?此时公平责任就能起到作用,即法官出于公平的考虑对案件进行判决。公平责任的重大意义在于能够大致实现公平。

现在《民法典》不仅规定了无过错责任,还规定了监护人责任,这实际已经解决了上述例子中的难题,那公平责任还需要吗?前文已述,关于公平责任,《民法通则》表述为“分担民事责任”,《侵权责任法》修改为“分担损失”。而不管是“分担民事责任”还是“分担损失”,《民法通则》和《侵权责任法》都说“根据实际情况”。可见,两者关于公平责任的规定实际上都是具有弹性的授权性规则,即授予法庭一定的自由裁判权让其根据案件的具体情况进行裁判,但适用前提是双方对损害的发生都没有过错。那么两者关于公平责任的规定是无过错责任规定吗？不是。无过错责任可以按照无过错责任的规定予以裁量，而公平责任的适用范围一定是过错责任。更精确地说，公平责任的适用前提一定是过错侵权但双方均没有过错的情形。比如，一住户外出旅行，楼上住户的下水管道无故破裂，旅行回来的时候该住户发现家里满屋都是脏水，以致地板和部分生活物品受到损坏，该住户就把楼上的住户告上法院，而楼上的住户主张自己并没有什么过错。此时法院就面临一个问题：如何判决才能够让双方信服并能够弥补原告方的损失？根据《侵权责任法》第 24 条，判决结果一般是被告适当地给原告一些金钱补偿。

《侵权责任法》第 24 条中的“实际情况”具体指什么？它实际上指的就是损失的情况。虽然被告没有过错，但是其行为与侵害结果有因果关系。法官还要根据损害结果的严重与否去衡量实际情况这一因素来分配双方应分担的损失。《侵权责任法》第 24 条是一个授权条款，如果说法律对这种情况有具体规定的话，这一条款就没有存在的必要了，法官按照法律规定去解决即可。《民法典》第 1186 条把《侵权责任法》第 24 条中的“根据实际情况”改为了“依照法律的规定”，那么《民法典》第 1186 条就不具有授权性质了，但现在的问题是法律中并没有与该条款相匹配的规定，这就使这个制度失去了它的价值。

十、对《民法典》第 533 条“情事变更”的解读

《民法典》第 533 条第 1 款规定：“合同成立后，合同的基础条件发生了当事人在订立合同时无法预见的、不属于商业风险的重大变化，继续履行合同对于当事人一方明显不公平的，受不利影响的当事人可以与对方重新协商；在合理期限内协商不成的，当事人可以

请求人民法院或者仲裁机构变更或者解除合同。”第 2 款规定:“人民法院或者仲裁机构应当结合案件的实际情况,根据公平原则变更或者解除合同。”

《民法典》第 533 条是关于情事变更原则的规定,是在最高人民法院《关于适用〈中华人民共和国合同法〉若干问题的解释(二)》(已失效)第 26 条的基础上修订而成。第 26 条规定:“合同成立以后客观情况发生了当事人在订立合同时无法预见的、非不可抗力造成的不属于商业风险的重大变化,继续履行合同对于一方当事人明显不公平或者不能实现合同目的,当事人请求人民法院变更或者解除合同的,人民法院应当根据公平原则,并结合案件的实际情况确定是否变更或者解除。”

《民法典》第 533 条和上述解释第 26 条最重要的一个差别是,前者用词是“基础条件”,后者用词是“客观情况”。涉及情事变更制度的理论各种各样,第 533 条“基础条件”这个概念表明第 533 条的理论基础来源于德国的行为基础理论。《民法典》第 533 条删除了上述解释第 26 条中的“不能实现合同目的”,具有重要意义。“不能实现合同目的”在国外就是合同目的落空,适用解除制度,即合同由当事人行使法定解除权来解决。此外,合同目的落空还适用不可抗力制度。不可抗力和情事变更的一个差别就在于,发生不可抗力导致合同目的不能实现,而发生情事变更后合同目的还能够实现。《民法典》第 533 条删去“不能实现合同目的”,就划清了情事变更制度和法定解除权制度的界限,划清了情事变更制度和不可抗力制度的界限。

其实,不可抗力和情事变更还有一个差别:不可抗力是一个法定免责事由,是一个具体的、完整的裁判规范,并非授权条款,其中法官没有裁量权,只有认定权,当事人要提供证据,法官一旦认定不可抗力发生，当事人就可以免责；情事变更则是一个授权条款，变更的条件、解除的条件完全由法庭决定。

情事变更认定的条件有五个。第一个条件是合同的基础条件发生重大变化。什么叫基础条件？国外有个假设的判断标准——理智人（reasonable man），这是一个抽象的判断标准。我国称理智人为“富有经验的诚信商人”。一个富有经验的诚信商人，在本合同签订的那种客观情况之下，一定会签订本合同；如本合同签订的那种客观情况不存在，他一定不会签订本合同。这样的客观情况就叫基础条件。第二个条件是基础条件的重大变化发生在合同履行完毕之前。第三个条件是基础条件的重大变化不能合理预见，这也要借助于上述抽象的判断标准。即使是一个富有经验的诚信商人，他在签订合同的时候也想不到，2020 年春天会发生新型冠状病毒肺炎疫情，以致之后各国关闭商户，封闭小区等。第四个条件是不属于商业风险。商业风险与不能合理预见共同构成“一个硬币的两面”，即不能合理预见不属于商业风险，能合理预见则属于商业风险。第五个条件是若按照合同的约定履行将造成明显的不公平。情事变更虽然并不导致合同目的落空，但会使合同目的实现的实际难度超出人的想象，并且会使合同双方的利益发生变化。《国际商事合同通则》称这种情况为“艰难情形”，即发生的事件致使一方当事人的履约成本剧增，或者所获履约的价值剧减，因而根本改变了合同双方的均衡。有的学说形象地称之为“生存毁灭”。

情事变更认定以后，双方需要协商变更合同。双方若达不成协议，则请求法院或者仲裁机构来变更合同。变更合同主要是变更它的价款。如何变更合同，法庭或仲裁庭要看当事人的意愿及合同的具体情形。如果当事人之间的合同是长期合同，发生情事变更时合同就以变更为原则，以裁决解除为例外。《民法典》第 533 条第 2 款规定“根据公平原则变更”。《国际商事合同通则》规定“极力在双方当事人之间公平地分配损失”。两者基本一致。

情事变更制度在国际上是一个非常重要的制度,主要针对的是长期合同。

第四编

裁判的方法

法官怎样裁判案件*

同志们,很高兴有机会参加西安市中级人民法院“裁判的方法”研讨会,并在这里举行一个讲座。讲座的题目是“法官怎样裁判案件”,主要讲法官裁判案件如何进行法律思维,哪些因素起关键的作用,遇到有不同的裁判方案和解释意见的时候,用什么作为判断标准,是从宏观方面来讲裁判的方法。

一、法律的规范性

法律是社会生活中的行为规范,规范性是法律的本质属性。法律的规范性,就是说法律是行为规范,是裁判规范。这里不着重论述什么是法律的规范性,而是着重讲法律的规范性与裁判案件的关系,因为法律的规范性决定了法官的思维方式。

众所周知,现代社会有一个法律职业群体,称为法律共同体或者法律人,包括法官、检察官、律师、法学教授等。

---

* 2006年10月26日在西安市中级人民法院的讲座录音整理稿。由闵合平、赵旭忠根据录音整理,经作者修改补充定稿。

这些职业差异很大,如律师是一个自由职业者,法官是国家公务员、执掌裁判权,为什么把他们归入法律人这样一个群体当中呢？因为他们共有一个思维方式,就是法律思维。法律思维的特点是什么呢？我们如果将法律人的思维方式和经济学家的思维方式作一对照,就会有一个明确的认识。

我们经常可以看到,电视台讨论某个社会问题,邀请一位经济学家和一位法学家作为嘉宾。经济学家怎么样展开议论呢？经济学家总是问有没有效率？能不能提高生产力？总是讲投入与产出,讲价值最大化,讲资源的合理配置,等等。经济学家这样来展开议论,其核心概念就是“价值”,即经济学家的整个思维是围绕“价值”这个核心概念进行的。对于同样的社会问题,法学家怎样发表意见呢？他首先问合法不合法？然后问法律有没有规定？如果法律有规定,他再问法律是怎么规定的？当他谈论法律是怎么规定的时候,他就要分析法律的规范构成,分析其构成要件、适用范围和法律效果,然后用讨论的这个事实、这个行为与法律规范的构成要件加以对照。如果对照的结果是“符合法律规范的构成要件”,他就表示肯定的意见:这个事实或行为是合法的,是应该支持的。如果对照得出的结果是“不符合法律规范的构成要件”,他就要表示否定的意见,认为这个事实、这个行为是违法的,是不能赞成的。

可见法学家在讨论社会问题时,整个思维过程围绕合法不合法、法律有没有规定以及怎样规定来进行的,这个思维过程是紧扣法律规范进行的。这就是法律人的思维模式,就是法律思维,法律思维的本质特征就在于规范性。我们看到,法律思维区别于其他思维模式的特征,就在于法律思维是规范性的思维。这就是法官、检察官、律师、法学家所共有的、区别于其他任何行业的思维模式。

这里要谈到法律规范的作用,立法机关为什么要制定法律规范？立法机关制定法律规范有两方面的作用：一方面是指引法官裁判案件。立法机关预先为每一类案件设立法律规范，明确规定构成要件、适用范围和法律效果，就为法官树立了裁判的标准，用来指引法官裁判案件。法官审理案件，把案件事实查清楚后，找到了该类案件应当适用的法律规范，就知道了这个案件应该怎么判决。这就是我们常说的“以事实为依据，以法律为准绳”，法律规范就是这个“准绳”。另一方面就是约束法官裁判。立法机关制定法律规范，也是为了对法官起一种约束的作用。法官裁判案件必须遵循法律规范，不能背离法律规范，不能任意裁判。所以，立法机关在法律规范当中明确规定了构成要件、适用范围和法律效果，用来约束法官的任意性。不同地区、不同法院的不同法官，如果裁判同样的案件，就应当适用同一个法律规范，得出同样的判决。可见，立法机关制定法律规范的目的，是要用法律规范指引法官裁判，约束法官裁判，最终保障裁判的统一性和公正性。

我们知道，大陆法系国家和英美法系国家的法律有很大差异，大陆法系是成文法，英美法系是判例法。英美法系靠什么来指引法官裁判？英美法系是靠历史上的判例来指引法官裁判。英美法系的一个基本原则，叫作“遵循先例的原则”，是指后来的法官裁判案件，在把事实查清楚以后，要遵循历史上曾经有过的判例。历史上如果曾经有过一个判例，所裁判的案件事实与现在的案件事实相同，那就要遵循该判例，该判例中法官怎样裁判，现在这个案件就应该怎样裁判。这就叫“遵循先例的原则”。实际上，就是用历史上存在过的先例来指引现在的法官裁判案件，约束现在的法官裁判案件。英美法系的判例的作用和大陆法系的法律规范的作用是相同的。两大法系的法官裁判案件的差别在于，英美法系是“先例约束”，大陆法系是“规范约束”。

归结起来，法官裁判任何案件，在案件事实查清以后，就要从现行法律法规中寻找本案应当适用的法律规范，这在裁判的方法上称为“找法”。如果找到这样的法律规范，就要将案件事实与法律规范的构成要件加以对照，如果对照的结果是本案事实符合法律规范的构成要件，就应该对本案适用法律规范的法律效果，也就是作出原告胜诉的判决。反之，如果对照的结果是本案事实不符合法律规范的构成要件，就应该对于本案不适用法律规范的法律效果，也就是判决原告败诉。

举一个实例，前两年北京某法院审理过一个案件，著名学者余秋雨起诉肖夏林侵犯名誉权的案件。因为被告在一篇文章中提到，余秋雨接受了南方某地方政府奖励的一套房子，余秋雨认为自己没有得到任何地方政府的奖励，于是就起诉追究被告侵犯名誉权的侵权责任，这个案件判决的结果是余秋雨败诉。案件事实很简单，为什么判决余秋雨败诉呢？法院适用的是《民法通则》* 关于侵犯名誉权的侵权责任的法律规范，这个法律规范的构成要件是：散布虚假的事实并因此造成对方的社会评价降低。这就是侵犯名誉权的侵权责任的构成要件，包括两个要点：一是散布虚假的事实；二是造成原告社会评价降低。

法院认定的案件事实是，被告肖夏林在文章中说原告余秋雨接受某地方政府奖励的一套房子，实际情况是原告并没有接受任何地方政府奖励的房子。因此，被告的确“散布了虚假的事实”，符合构成要件的第一个要点。但法院认为被告的行为不符合构成要件的第二个要点，并没有因此造成原告余秋雨的社会评价降低。为什么？因为被告说某地方政府奖励余秋雨一套住宅，这与说某个企业送给某个公务员一套房子有完全不同的性质。企业向国家公务员

---

* 已失效。——编者注

送一套房子属于“行贿”,是违法行为,而地方政府奖励公民一套房子是合法行为。即使原告余秋雨得到这种奖励,也绝不会因此降低余秋雨的社会评价。最后法院判决余秋雨败诉,因为本案事实不符合侵犯名誉权侵权责任的法律规范的构成要件。从这个例子我们可以看到,法律的规范性对法官裁判案件是何等重要。

二、法律的社会性

法律不仅是裁判规范,而且是人类社会生活中的规范,因此,法律不仅具有规范性,而且具有社会性。法律的社会性,就是说法律以人类社会生活、社会现象、社会关系为规范对象。如刑法规范对犯罪行为的制裁;民法规范人与人之间的财产关系、身份关系;经济法规范对社会经济生活的调控和管理;行政法规范国家行政权的运行、控制。简言之,法律是社会生活规范,因此法律具有社会性。法律具有社会性,这在改革开放之前的法学理论中并没有得到承认,过去的法学理论,认为法律有阶级性,否认法律具有社会性。现在的法学理论认为,社会性是法律的属性之一。

认识法律的社会性对法官裁判案件至关重要。法律的社会性与裁判的关系,首先表现在法官认定案件事实的阶段。一谈到案件事实的认定,我们首先会想到程序法、证据法,想到举证责任分配规则。但同志们要注意一个非常重要的问题,并不是所有的事实都需要当事人举证、都必须通过证据来认定,按照证据法理论,有两类事实不需要当事人举证,应当由法官直接认定。

第一类不需要举证的事实,就是可以从“日常生活经验推定的事实”,亦即“显而易见的事实”。最高人民法院在《关于行政诉讼证据若干问题的规定》和《关于民事诉讼证据的若干规定》中,都规定了“根据日常生活经验法则推定的事实”不需要当事人举证,而应由法官根据社会生活经验直接认定。根据日常生活经验法则推定的事实,也就是显而易见的事实。对于这类事实,法官应当根据社会生活经验直接作出认定,这就是证据法教科书上所说的“经验法则”。

这一类事实在民事案件审理中经常遇到。陕西省以前就发生过这样的案件,医生把手术钳留在病人的肚子里,病人多年肚子疼痛,遭受了长期的痛苦,后来有了“B 超”,到医院做“B 超”检查,发现肚子里有一个手术钳,然后到别的医院动手术把手术钳取了出来。于是病人起诉原先做手术的医院,要求判决医院赔偿病人一笔精神损害赔偿金。遗留在病人肚子里的手术钳已经取出来了,此时还需要原告病人举证证明被告医院有过错吗？不需要。被告医院把手术钳遗留在病人肚子里当然具有过错,这是显而易见的。还发生过这样一个案件,患者到医院进行截肢手术,结果把患者的好腿截掉了,坏腿留下了。还有必要举证证明被告医院有过错吗？没有必要。这也是显而易见的。

北京发生过这样的一个案件,心脏起搏器的导线断了一截在患者的心脏里,患者向法院起诉追究生产厂家的产品责任。《产品质量法》规定,缺陷产品造成他人人身和缺陷产品以外的其他财产损害的,由生产者承担无过错责任。什么叫“缺陷”？《产品质量法》规定,产品具有危及他人人身财产的不合理危险,就叫“缺陷”。还有必要要求当事人举证证明产品有缺陷吗？还有必要证明心脏起搏器的导线断在患者的心脏里,究竟属于“不合理的危险”还是“合理的危险”吗？答案同样是否定的。

2005 年春节期间杭州市发生过一起交通事故,一辆 2004 年年底买的新本田车,借给朋友结婚用,婚礼车队行进当中,一条黄狗突然横穿公路,按照当地的风俗,谁结婚的时候轧死狗就要一辈子倒霉,于是驾驶员猛打方向盘,汽车撞在公路隔离桩上,崭新的汽车从当中断成两截,车头部分翻到公路另一侧,坐在后排的新郎等三人当场死亡。根据《产品质量法》的规定,因产品存在缺陷造成他人人身和缺陷产品以外的财产损害的,由生产者承担无过错责任。现在汽车拦腰断成两截,造成三人死亡,危险已经变成现实,还需要证明汽车存在缺陷吗?还需要举证证明汽车大梁断为两截是不合理危险吗?还需要进行什么鉴定吗?这些都属于显而易见的事实,根本不需要举证,审理案件的法官应当直接根据社会生活经验作出认定。这就叫"经验法则"。法官直接根据社会生活经验认定案件事实,是由法律的社会性决定的。

除上面列举的"显而易见的事实"外,还有一类不需要举证的事实,就是难以举证的事实。这类事实很难甚至不可能通过证据加以证明,最典型的就是精神损害的事实。精神损害之是否存在及精神损害的严重程度,当事人很难举证甚至不可能举证,属于难以举证的事实。应当由审理案件的法官直接根据社会生活经验予以认定。这里举我国台湾地区台北地方法院在1999年裁判的一个关于消费者权益的诉讼案件为例。按照我国台湾地区"民法"和"消费者保护法"的规定,造成消费者人身伤害的可以判决精神损害赔偿。案件事实是,原告到一个高级餐厅用餐,餐后上甜点每人一杯冰激凌,原告在吃冰激凌的时候咬到玻璃碎片,把口腔内侧的黏膜划破了,于是原告向法院起诉要求判决被告餐厅赔偿50万新台币的精神损害赔偿金。

这个案件中有两个事实需要认定,一个是人身伤害的存在和严重程度,另一个是精神损害的存在和严重程度。让我们看看法官怎么样认定。判决书写道:"查甲受友人邀请,至五星级餐厅用餐,原本心情愉悦,竟于冰激凌中咬到玻璃碎片,致口内颊侧口腔黏膜流血,并受有 2 公厘乘 1 公厘大小之外伤性溃疡,约 1~2 周才可痊愈,业经证人之结证在卷,且经本院函询财团法人新光医院属实。”这一段是关于人身损害存在和严重程度的认定,完全遵循证据规则。所谓“业经证人之结证在卷”,就是把证人传上法庭当庭陈诉,由书记官记录下来再由证人签名画押。但证人只是证明人身损害事实之存在,还不足以证明人身损害事实的严重程度,于是法院向当时对原告进行治疗的医院发出调查函,该医院回了一个书面证据,法院根据医院的书面证据认定人身损害的严重程度,包括伤口大小及多长时间可以痊愈。你看,人身伤害的存在和严重程度,是严格按照证据规则通过证据予以认定的。

但本案原告要求的不是人身损害的赔偿而是精神损害赔偿,精神损害之是否存在及其严重程度,属于难以举证的事实,没有办法通过证据加以证明。我们看法院如何认定?判决书接着写道:“甲主张因此事件,连续数日惶惶不安,担心是否已吞入玻璃碎片,是否造成穿肠破肚、内脏损坏,是否需开刀取出,亦符合一般经验法则。”你看,这一段几乎全是原告诉状中的原话,原告主张因此事件连续数日惶惶不安,担心是否吞入玻璃碎片,是否需开刀取出,吃不好饭、睡不好觉,因而主张存在严重的精神损害。而这个精神损害事实是无法用证据证明的,法官最后用“亦符合一般经验法则”一句话就予以认定。所谓原告主张的精神损害事实符合一般经验法则,就是说按照社会生活经验是可以相信的,换了其他的人吃冰激凌咬到玻璃碎片把口腔划破流血,也会寝食不安,也会担心是否已经吞下肚去,是否已经把肠子、肚子划破了,是否已经造成内脏损害,需要到医院开刀取出,按照日常生活经验是完全可能的。于是判决书用了“亦符合一般经验法则”,直接予以认定。最后判决被告支付原告 10 万新台币的精神损害赔偿金。

对于显而易见的事实或者难以举证的事实,法官应当根据社会生活经验直接认定,这就是证据法上所谓“经验法则”。有必要指出,一段时间以来裁判实践中有片面强调证据的倾向,似乎无论什么样的事实,都必须用证据加以证明。例如,某地法院审理的一个医疗过错导致精神损害的案件,原告婚前到被告医院做阴茎包皮环切手术,被医生把系带切断了,造成严重后果。因为性功能遭受严重损害,恋爱多年马上就要结婚的对象吹了,婚结不成了。如此敏感部位的伤害,造成难以忍受的疼痛,不能正常生活、正常上班,把本来待遇很好的工作也丢了。但审理本案的法官“死抠”证据规则,坚持要求原告举证证明精神损害的存在及其严重程度,否则只认定人身损害,不认定精神损害。一个男人如此敏感的部位的伤害,而且已经导致如此严重的后果,对象吹了、工作丢了,所遭受的身体上的痛苦和精神上的痛苦,不仅是难以用证据予以证明的,也是显而易见的。我曾经就这个案件给最高人民法院主管院长写了一封信,建议法官根据社会生活经验直接认定精神损害的存在。因此,我们一定要认识到案件事实的认定有多种方法,要纠正片面强调证据的倾向,对属于显而易见的事实和难以举证的事实,法官应该直接根据社会生活经验予以认定。

法律的社会性对于裁判案件的重要意义,除了法官运用经验法则直接认定案件事实外,还在于决定法官解释适用法律。我们经常可以看到对一些疑难、复杂案件,存在两种裁判方案、两种解释意见,各有理由、争执不下。遇到这样的情况,法官应该从法律的社会性出发,采用社会学的解释方法,即考虑所产生的社会效果的方法。既然两种裁判方案都有道理,则应该以所产生社会效果的好坏作为判断标准,哪一种裁判方案产生的社会效果好,就应当采用哪一种裁判方案。在裁判当中,不考虑社会效果是错误的,因为法律有社会性,法律是社会的行为规范,无论立法机关制定法律,或者法官适用法律,就都要达到一个好的社会效果。

采用社会学的解释方法,先假定按照第一种方案裁判本案,然后推测判决公布以后将在社会上产生什么效果,所产生的效果是好的还是坏的。再假定按照第二种方案裁判本案,然后推测判决公布后将产生什么样的社会效果。最后对两种裁判方案所产生的社会效果进行比较,所产生的社会效果好的那个方案,就是应当采用的正确的方案。而另一个裁判方案,无论其如何有道理、如何头头是道,所产生的社会效果不好,就是不适当、不正确的,当然不应采用。这就是社会学的解释方法,亦即遇到两种裁判方案都有道理、难以取舍的情形,以所产生的社会效果的好坏作为判断标准的方法。这是由法律的社会性所决定的。

值得注意的是,在现在的司法实践当中,有不重视社会效果的倾向。如 2003 年,最高人民法院发布《关于审理商品房买卖合同纠纷案件适用法律若干问题的解释》(2020 年已被修改),其中,第 18 条规定:"由于出卖人的原因,买受人在下列期限届满未能取得房屋权属证书的,除当事人有特殊约定外,出卖人应当承担违约责任:(一)商品房买卖合同约定的办理房屋所有权登记的期限;(二)商品房买卖合同的标的物为尚未建成房屋的,自房屋交付使用之日起 90 日;(三)商品房买卖合同的标的物为已竣工房屋的,自合同订立之日起 90 日。合同没有约定违约金或者损失数额难以确定的,可以按照已付购房款总额,参照中国人民银行规定的金融机构计收逾期贷款利息的标准计算。"

因这个解释意见的出台,各地法院突然遭遇了数量很大的仅仅因为没有按期办理产权证而起诉开发商的案件。一些地方法院受理的案件中,产权证十多年都没有办,要按照最高人民法院上述解释的标准计算,违约金要超过房价好多倍,因此许多法院对这条解释都持有异议。一些开发商也觉得很冤枉,房子出售的时候,房价很低,这几年房价涨幅很大,当初二三十万元一套的房屋现在已经涨到五六十万元了,如果仅仅因为产权证没有按期办理就判决开发商对每一户买房人赔偿几万元、十几万元,则一个小区就要赔几百万元,这对开发商公平吗?

按照社会生活经验,大多数人购买商品房是为了自己居住,没有按期办理产权证对买房人并没有任何损害,这也正是此前很少有仅仅因为产权证没有按期办理而提起诉讼的理由。如果少数人购买商品房是为了转卖或者出租,因为开发商没有按期办理产权证影响到房屋的转卖或者出租造成实际的损害,完全可以按照合同法关于违约责任的规定得到赔偿。按照法律原理,有损害就有赔偿,没有损害就不应该赔偿。这个解释意见,不仅没有充分考虑到社会效果,没有注意到法律的社会性,就是从法律原理上讲也是有问题的。当然,这个解释已经公布,不可能希望最高人民法院把这个第 18 条删掉,比较可行的办法是各级法院在解释适用时,把这条解释意见纳入合同法关于违约金、违约责任的规定当中去解释适用,尽量避免其消极作用。

需特别注意的是,该解释意见只是解释了办证期限的计算,而违约责任的承担应遵循合同法的有关规定。如合同中就逾期办证约定有违约金,则逾期办证的情形,买受人有权请求违约金。按照《合同法》* 第 114 条第 2 款的规定,约定的违约金过高的,违约方有权请求降低。按照《民法通则》关于诉讼时效的规定,此违约金请求权应当适用诉讼时效的规则,超过诉讼时效期间的,出卖人有权主张诉讼时效抗辩。如合同未就逾期办证约定违约金,则期满未办

---

* 已失效。——编者注

证的，买受人有权请求违约损害赔偿金，而请求损害赔偿金应当适用《合同法》第113条的规定，应当由买受人举证证明因逾期办证造成的实际损失的存在和数额。买受人购房自己使用的，房屋交付使用后未按期办证，对其使用房屋并无影响，不可能造成实际损失，因此不发生损害赔偿责任。如果购买房屋用于出租、出卖，因未按期办证而影响出租、出卖的，出卖人应当承担损害赔偿责任，这种情形应当由买受人举证证明实际损失数额。仅在确实造成损失，而损失数额难以计算的情形，才可以适用最高人民法院上述解释第18条按照金融机构计收逾期贷款利息的标准计算赔偿金。如果这样计算出来的赔偿金数额过高，还有《合同法》第113条规定的可预见规则适用的余地。同样，此损害赔偿金的请求权，亦应适用诉讼时效的规则。当然，逾期办证没有造成经济损失的情形，法院可以判决责令出卖人补办产权过户登记，而请求补办产权过户不应适用诉讼时效。

三、法律的逻辑性

法律规范是按照一定的逻辑关系来安排的，因此适用法律也要遵循一定的逻辑顺序，这就是法律的逻辑性。制定一部法律，几百个法律条文甚至上千个法律条文，总要有个编排顺序。这个编排顺序，以什么为标准？不是(也不应该)以所谓“重要性”为标准，只能以“逻辑性”为标准。因为所谓“重要性”，是主观的价值判断问题，一项制度是否重要及其重要程度，将因人、因时、因地而有不同。例如，合同法按照合同的“成立”“生效”“履行”“变动”“责任”的顺序编排，究竟“合同成立”重要，还是“合同生效”重要，还是“违约责任”重要？是很难判断、很难有统一意见的。而合同先成立才谈得到生效，生效以后才能谈到履行，不履行才发生违约责任，这就是合同本身的逻辑。所以说法律具有逻辑性，立法的时候是把法律规范按照一定的逻辑关系来安排的。

近年学术界关于法律的逻辑性发生过争论，有的学者不赞成法律的逻辑性，认为立法不讲逻辑性也没有关系。这种观点没有注意到法律之所以要有逻辑性，是由法律适用所决定的。当一个案件的事实查清以后，法官就要寻找法律规范，往往发现法律上与本案有关的不只是一个法律规范，而是有好几个法律规范。例如，审理一件拍卖的案件要判断合同是否成立，法律上就有好多规范。首先是《合同法》总则关于合同成立、生效的规范；其次是《合同法》分则关于买卖合同的规范；最后，还有《拍卖法》的相关规定。采用拍卖方式成立的买卖也是一种买卖合同，买卖合同属于一种法律行为，而民法关于法律行为的成立、生效还有规定。

这样一个关于拍卖的简单的案件，就涉及《拍卖法》的规范、《合同法》总则的规范、《合同法》"买卖合同"一章的规范，民法关于法律行为的规范。如果把这些有关的法律规范都引用到判决书上，你就会发现很难作出判决。因为按照其中某一个规范合同可能无效，按照另外一个规范则合同有效，按照第三个法律规范可能合同属于可撤销。因此，审理本案的法官只能从中选用一个法律规范以裁判本案。究竟应该选用哪一个法律规范裁判本案？基本原则叫作"特别法优先适用"。

按照"特别法优先适用"的原则，法官必须先分析这些法律规范相互之间的逻辑关系，哪一个属于一般法？哪一个属于特别法？这里所谓的特别法与一般法，是相对而言的。相对于《合同法》而言，《拍卖法》属于特别法，因为《拍卖法》只规定以拍卖方式订立的买卖合同，《合同法》关于买卖合同的规定属于一般法，它适用于所有的买卖合同；相对于《合同法》总则的规定而言，《合同法》"买卖合同”一章只规定买卖合同，属于特别法，《合同法》总则适用于所有的合同，因此属于一般法；相对于民法而言，《合同法》总则的规定又属于特别法，它只适用于法律行为中的合同，而民法的规定属于一般法，它适用于包括合同在内的一切法律行为。经过这样的分析之后，按照“特别法优先适用”的原则，对于本案应当优先适用《拍卖法》的规定；如果《拍卖法》解决不了问题，就应该倒退回去适用《合同法》关于买卖合同的规定；如果适用《合同法》关于买卖合同的规定仍然解决不了问题，就再往后倒退适用《合同法》总则关于合同成立、生效的规定；如果适用《合同法》总则也不能解决本案，就只好适用民法关于法律行为成立、生效的规则。

法官适用法律，必须遵循“特别法优先适用”的基本原则。而“特别法优先适用”原则的前提，当然是法律本身有逻辑性。法律有逻辑性，法官适用法律才能遵循“特别法优先适用”的原则。如果法律没有逻辑性，法律法规之间杂乱无章、逻辑混乱，法官便无法正确区分哪一个是特别法，哪一个是一般法，“特别法优先适用”的原则就不能发挥作用。可见，法律为什么一定要有逻辑性，是由法律适用所决定的，因为只有法律具有逻辑性，法官裁判案件才能遵循“特别法优先适用”的基本原则。

我们注意到，立法的逻辑和法官适用法律的逻辑，方向是相反的。立法的逻辑是从一般到特殊，愈是一般的规则愈是在前，愈是特殊的规则愈是在后。而法官适用法律则把这个逻辑关系颠倒过来，是从特殊到一般，愈是特别的规则愈是优先适用，愈是一般的规则愈是靠后适用。这就说明了制定法律，如编纂民法典，为什么一定要有逻辑性？因为只有法律具有逻辑性才能正确适用，所以说法律的逻辑性是法律的生命线。

我们已经看到法律的逻辑性对于法官裁判案件和正确适用法

律的决定性意义。特别在上诉审和再审当中,上诉审法官或者再审法官凭什么说原审适用法律正确,凭什么说原审适用法律错误?就是凭法律的逻辑性,就是用“特别法优先适用”这个原则作为审查的标准,原审判决如果符合“特别法优先适用”原则,就得出原审判决适用法律正确的判断,并据以作出维持原判、驳回上诉或者驳回申诉的判决;反之,如果原审判决不符合“特别法优先适用”的原则,明明有特别法的规范不适用,却适用了属于一般法的规范,就得出原审判决适用法律错误的判断,并据以作出撤销原判、发回重审的判决,或者直接作出改判。如果我们的法律没有逻辑性或者逻辑混乱,“特别法优先适用”的基本原则就不能发挥作用,不仅法官难以正确适用法律,而且上诉审和再审法官也将难以判断原审判决的正确和错误。这难道不说明法律的逻辑性对于法官裁判案件具有非常重要的意义吗?

法律的逻辑性不仅关系到法律的正确适用,还关系到法律有无弹性、灵活性。下面举一个婚姻关系中的违约金条款的案例。原、被告双方结婚时订立了一个婚姻合同,并约定了违约金条款:婚后任何一方如果有第三者,该方应支付给对方违约金 25 万元。后来一方果然因婚外恋被另一方起诉到法院。显而易见,这个案件属于婚姻案件,应该适用《婚姻法》*,但原告要求执行婚姻合同约定的违约金条款,而《婚姻法》没有规定违约金,《合同法》规定了违约金,但《合同法》第 2 条第 2 款明文规定婚姻、收养、监护等有关身份关系的协议,适用其他法律的规定。可见审理本案的法官遇到很大的难题,而这一案型的确是立法机关制定《婚姻法》和《合同法》时所没有预见到的新型案件。

我们看到,审理本案的法官正是根据法律的逻辑性解决了这一

---

* 已失效。——编者注

难题：合同和婚姻，一个是财产法上的行为，一个是身份法上的行为，都是“特殊性”。但两者均属于法律行为，法律行为是其“共性”。法律行为，与合同、婚姻，构成“一般”与“特殊”的关系。因此，法律行为的规则是“一般法”，合同的规则和婚姻的规则，均属于“特别法”。按照“特别法优先适用”的原则，特别法有规定的，优先适用特别法的规定；特别法没有规定的，则应当适用一般法的规定。因此，审理本案的法院按照“特别法优先适用”的原则，适用了《民法通则》关于法律行为生效的规则。

具体而言，本案适用了《民法通则》以下三项规定：一是民事法律行为的意思表示必须真实。审理本案的法官认为，本案婚姻关系的违约金条款的意思表示是真实的，因为直到诉讼中都没有任何一方主张受到欺诈或者胁迫。二是民事法律行为的内容不得违反法律强制性规定。审理本案的法官认为，本案婚姻关系上的违约金条款不违反法律强制性规定，因为迄今中国的现行法律没有规定结婚不可以订立合同，不可以约定违约金条款。三是民事法律行为的内容不得违反社会公德。审理本案的法官认为，婚姻关系上的违约金约定，不仅不违反社会公德，反而有助于社会公德。因此，审理本案的法官根据《民法通则》关于民事法律行为的规定，认定本案违约金条款有效，判决被告执行违约金条款向原告支付违约金 25 万元。

这个案例告诉我们，社会生活总在不断发展变化，总会发生一些特殊的案件、奇怪的案件，这样的案件在现行法上没有相应的具体规定。这种情形，审理案件的法官可以根据“特别法优先适用”的基本原则，没有特别法规定的，直接适用一般法的规定以裁判案件。可见，法律具有逻辑性，不仅不会使法律变得僵化，而是相反，会使法律具有弹性，遇到法律上没有具体规定的案件，法官可以适用一般法的规定予以裁判。正是因为法律具有逻辑性，使法官能够裁判立法者没有预见到的、法律上没有具体规定的各种新型案件、各种奇怪的案件。可见法律的逻辑性对裁判案件是何等重要!

四、法律的概念性

法律是一套规范体系,也是一套概念体系。法律规范的适用范围、构成要件和法律效果,都是通过法律概念来表述的。因此,要正确适用法律规范,就必须先正确理解、正确掌握这些法律概念。例如,1993年《消费者权益保护法》第49条规定,经营者有欺诈行为的,可以判决双倍赔偿。其适用范围“消费者合同”,是用“消费者”“经营者”“合同”“消费者合同”这些概念来表述的;其构成要件“欺诈行为”,是用“欺诈”“行为”“欺诈行为”概念表述的;其法律效果“双倍赔偿”,是用“赔偿”“损害赔偿”“惩罚性赔偿”等概念表述的。

因此,要正确理解和掌握1993年《消费者权益保护法》第49条这个法律规范,就要先正确理解和掌握“消费者”“经营者”“欺诈行为”“赔偿”等法律概念。因为,法律规范是用法律概念来表述的,要正确理解、掌握法律规范,就必须从正确理解法律规范的各个法律概念入手。只有正确理解、掌握每一个法律概念的含义,才能够正确理解和掌握法律规范,才能够正确适用法律规范。需要注意的是,这些法律概念往往采自社会生活中的词语,但法律概念具有特殊含义,与日常生活中的含义并不一致。因此要正确掌握每个概念在法律上的含义,才能正确理解和解释适用这个法律规范。

如2000年《产品质量法》规定,因产品存在缺陷造成他人人身和缺陷产品以外的其他财产损害的,由生产者承担无过错责任。什么是“产品”?该法第2条第2款规定,“产品”是指“经过加工、制作,用于销售的产品”。在大多数情形,判断是否属于“产品”比较容易,但有时就会遇到问题。例如,审理输血感染艾滋病的案件,关键在于输血用血液是不是“产品”？如果认为输血用血液是“产品”，就应当适用《产品质量法》关于无过错责任的规定，如果认为输血用血液不是“产品”，当然就不能适用《产品质量法》的规定，就不能追究无过错责任，而应当适用《民法通则》关于过错侵权责任的规定。鉴于输血用的血液不是加工制作的，是健康人的肌体自然产生的，同时血液也不用于销售，患者是否需要输血由医院决定，患者支付一定费用，这个费用不是商品的价格。因此，河南省南阳市中级人民法院审理输血感染艾滋病的案件时，就认定输血用血液不是“产品”，不适用《产品质量法》关于无过错责任的规定，而是适用《民法通则》第 106 条第 2 款关于过错责任的规定，最后认定医院没有过错，判决医院不承担责任，认定血站有过错，判决血站承担赔偿责任。

实际上，法律是由一套法律概念构成的体系，法官正是运用这一套法律概念来进行法律思维。前面已经讲到，法律思维的本质特征在于规范性，法律思维是规范性的思维，现在我们将进一步看到，因为法律的概念性，决定了法律思维就是运用法律概念进行的思维。一旦离开了法律概念，就不是法律思维。单说案件起诉到法院，需要决定由哪个裁判庭受理，就要区分是合同案件、债务案件或者侵权案件，就涉及“合同”“债务”“侵权行为”这些法律概念。法官裁判案件，总是频繁使用“债权”“物权”“合同”“侵权”“代理”“时效”“违约金”“赔偿金”“抗辩”“抵销”等法律概念，如果法官不知道或者不能准确掌握这些法律概念，怎么能够正确解释适用法律？怎么能够正确裁判案件？

任何一个部门法都是一整套法律概念构成的体系。我们平常说某某法官法律基础扎实，什么是法律基础？什么是扎实的法律基础？所谓法律基础，就是法律所使用的那一整套法律概念体系。比较完整准确地掌握了这一套法律概念体系,就叫法律基础扎实。作为民事法官,如果比较完整准确地掌握民法总则、物权法、债权总则和合同法、侵权法的一整套法律概念体系,就叫法律基础扎实,就能够正确运用这些法律概念进行顺畅的法律思维。

顺便提到,20世纪八九十年代,社会普遍认为律师的水平高于法官,反映在一些案件审理中,律师在庭上讲的某个法律概念,法官弄不清楚,法官不掌握这些概念。但是到了20世纪90年代后期、进入21世纪后,社会上普遍反映法官的水平超过了律师。因为各级法院非常重视法官队伍的培训,如《合同法》颁布后全国法院系统从上到下都进行了认真的培训,使我们的法官通过培训比较准确完整地掌握了《合同法》的概念体系。而律师队伍就没有组织这样规模的培训,好些律师没有接受过完整的《合同法》知识培训。法律是一套专门的概念体系,你不掌握这些法律概念就不能进行正确的法律思维,就不能胜任法官裁判案件的工作。一方面是国家立法机关不断制定新的法律,另一方面是社会生活不断发展变化产生一些新型案件、奇怪的案件,迫使我们的法官队伍必须不断进行培训,不断地学习新的法律概念。正是法律的概念性决定了法院的培训工作应持之以恒,决定了法官必须不断地学习。法官不像别的职业,掌握专业知识达到一定的程度,一般就不需要再学习了,就主要依靠经验了。西安市中级人民法院重视法官的培训,是应该充分肯定的。因为法官这个职业是终身学习的职业。这是一般地讲法律概念的重要性。

下面我再举例说明,法官裁判案件当中,因为对某个关键法律概念的理解不同,将如何导致截然不同的判决。这是韩国20世纪70年代的一个刑事案件,被告人没有医生资格,为他人做隆鼻手术,手术失败后被揭发,被起诉到法院,追究其刑事责任。韩国有一部医疗法，其中规定没有医生资格的人实施医疗行为，构成非法行医罪。审理本案，涉及一个关键的法律概念，就是“医疗行为”。但法律上没有规定“医疗行为”的定义，法官需要正确解释“医疗行为”的含义。究竟什么是“医疗行为”？一审法官解释“医疗行为”是“以预防以及治疗疾病为目的”的行为。

一审法官在判决书中写道：“隆鼻手术等美容手术在多数情况下，与以预防以及治疗疾病为目的的医疗行为相似。因为了解人体的生理结构的人施行美容手术时，才能尽可能减少发生并发症以及副作用。因此美容手术一般由普通医生施行。但是，即便考虑以上的因素，也不能把美容手术行为认定为医学上的医疗行为。因为它是与预防以及治疗疾病毫无关系，而仅仅以美容为目的的行为。”我们看到，一审法官严格按照医学上的含义，将“医疗行为”理解为“以预防以及治疗疾病为目的的行为”，而人们之所以要做隆鼻手术等美容手术并不是要治疗什么疾病，因为塌鼻梁不是病、小眼睛不是病、大腮帮也不是病。因此，一审法官认为隆鼻手术等美容手术与医疗行为无关。于是一审判决被告人不构成犯罪。

案件上诉到二审法院后，二审法官同样需要解释“医疗行为”这个关键概念。二审法院判决书中写道：“如果将医疗行为视为以预防以及治疗疾病为目的的行为，则医疗行为是指，运用以医学专业知识为基础的经验和技术，进行检查、检验、处方、投药以及实施外科手术等行为。医疗行为不仅需要高级的专业知识和经验，同时也与人的生命、身体以及公共卫生密切相关，因此，医疗法严格限制医生的资格。《韩国医疗法》第 25 条规定，禁止不具有医生资格的人施行医疗行为，其立法目的是，避免医生以外的一般人实施医疗行为可能导致对人的生命、身体以及公共卫生的危害。鉴于医疗行为的概念是随着医疗科学及社会的发展而变化的，所以并没有任何法律条文对医疗行为的具体内容作出界定。因此,法院在解释什么是医疗行为时,必须考虑两个问题:第一,医疗法的目的是什么?第二,对医疗行为的解释是否符合当时社会的观念。”

我们注意到,二审法官在判决书中特别指出,医疗行为与人的生命、身体密切相关,因此要求医生具有高度的专业知识和经验,而隆鼻手术等美容手术也同样与人的生命、身体密切相关,美容手术与医疗手术具有同样的危险性。法律的目的,就是禁止没有医生资格的人实施医疗行为,造成对人的生命、身体和健康的严重损害,没有医生资格、不具有医学专业知识和经验的人实施美容手术,同样会造成对他人生命、身体、健康的严重危害。因此,二审法官强调指出,在解释“医疗行为”概念时,必须考虑韩国医疗法规定非法行医罪的法律目的。显而易见,把被告人实施的美容手术包含在“医疗行为”概念之中,是符合法律目的的。此外,二审法官还强调指出,“医疗行为”的概念不是一成不变的,是随着医学和社会的发展而发展变化的,这就是为什么《韩国医疗法》没有规定“医疗行为”定义的原因,因此法官在审判案件中解释“医疗行为”概念时,就必须考虑医疗科学的发展和社会生活中一般人的观念。

二审法官在判决书中写道:“考虑到本案发生当时的情形,许多医院已经开设美容门诊、施行美容手术,而且在医学界已经出现了整容外科医生协会;考虑到被告人做隆鼻手术利用了各种医疗技术,并存在与实施医疗手术同样的危险。因此在解释法律上的医疗行为概念时,应当把被告人所做的隆鼻手术等整容手术行为,也包含在医疗行为概念之内。”最后,参与本案的全体法官一致同意撤销一审判决,改判被告人构成犯罪。

从这个例子我们看到,法院审理案件中往往因为对某个关键的法律概念的理解不同,导致截然不同的判决结果。这个例子也使我们看到,“医疗行为”本来是医疗科学上的概念,但在法律上规定下来并成为一个法律概念之后,其法律上的含义可能与在医学上的含义不同。一审法官正是拘泥于“医疗行为”在医学上的含义,没有考虑法律目的及社会的发展,因此作出被告人无罪的判决;二审法官注意到法律概念在含义上与医学概念的区别,考虑到法律规定非法行医罪的立法目的,和医学及社会观念的发展变化,通过解释将美容手术纳入“医疗行为”概念之内,作出被告人构成犯罪的妥当判决。可见法律的概念对于法官正确适用法律是何等重要!

五、法律的目的性

法律作为一种行为规则,是立法机关制定的,立法机关代表人民行使立法权,制定各种法律,每一个法律规则都有其特定目的。这就使法律具有目的性。因此,法官在理解法律、解释法律和适用法律时,必须了解各个法律规则所要实现的目的。只有掌握了法律的目的,才能够正确地理解法律,正确地解释适用法律。如果连法律规范的目的都没有掌握,没有弄清楚所要适用的法律规范的立法目的,怎么能够正确地理解这个法律规范?当然也就不可能正确适用这个法律规范。所以说,法律目的是指引法官正确解释适用法律的航标。

因法律具有目的性,在解释方法上就有目的解释方法。所谓目的解释方法,指法官在解释法律条文时,可以用法律条文的立法目的作为解释的根据,当采用文义解释及其他解释方法,得出两个不同的解释意见,而难以判断哪一个解释意见正确时,应当采纳其中最符合立法目的的解释意见。即当存在不同的理解、解释时,应该以法律目的作为判断标准。

例如,《合同法》第 286 条规定了承包人优先受偿权,那么承包人的优先受偿权和银行抵押权是什么关系？承包人优先受偿权能不能优先于银行抵押权？对此存在两种解释意见。一种解释意见认为承包人的优先受偿权不能优先于银行的抵押权。因为通常一个开发商还没有进行施工的时候，就把整个项目抵押给银行了，等房子盖起来后，才发生承包人的优先受偿权，如果承包人的优先受偿权优先于银行的抵押权，将不利于保护银行的合法权益。

另一种解释意见认为，承包人的优先受偿权应该优先于银行的抵押权。这种解释意见，是以这项制度的立法目的作为根据的。《合同法》之所以规定第286条，其立法目的就是要补救承包人的不利地位。当建设工程合同在履行过程中的时候，如果承包人要求开发商支付进度款、材料款，开发商往往会尽快支付，否则承包人就会停止施工，而停止施工将影响工程进度，如果建设工程不能按期竣工，对开发商非常不利。可见在建设工程施工过程中，承包人可以用停工待料对开发商施加影响，迫使开发商尽量按照承包人的要求支付工程款和材料费。但建设工程一旦完成，房子盖起来之后，承包人就丧失了对开发商施加影响的手段。因为不可能再有停工待料的可能，而且完成的房屋等不动产已经由开发商原始取得其所有权，这个时候开发商拖延工程款的支付，承包人将拿他毫无办法。这就是建设工程合同的特殊性，建设工程一旦完成，承包人就处于非常不利的地位。正因为如此，到20世纪90年代中期的时候，许多建筑公司都被拖欠了巨额承包费和工程款，以至于严重影响到建筑公司的正常生产经营，影响到建筑工人的工资发放。

在《合同法》制定时，起草人考虑到社会上存在拖欠工程款的严重社会问题，于是就创设第286条，规定承包人的优先受偿权，用来补救承包人的不利地位。据测算，假设建设完成的楼房价值1000万元，所拖欠的工程款至多不超过20%，至多也就是200万元。假设这栋大楼被拍卖,得到1000万元价款,承包人行使优先受偿权拿走200万元,剩下还有800万元可以用来实现银行的抵押权。通常银行在抵押贷款时都会按照行业惯例,对抵押物的价值打一个折扣,价值1000万元的抵押物,至多贷款800万元。因此《合同法》第286条规定承包人优先受偿权,不是仅考虑承包人一方的利益,而是斟酌权衡了开发商、贷款银行和承包人三方的利益。

当我们掌握了《合同法》规定承包人优先受偿权的立法目的之后,就可以用这个立法目的作为判断标准,以判断两种解释意见中哪一种意见符合立法目的。显而易见,如果采纳第一种解释意见,让银行优先实现其抵押权,法律的目的就很可能落空;而第二种解释意见可以保障这个立法目的的实现。最高人民法院《关于建设工程价款优先受偿权问题的批复》(法释〔2002〕16号)* 规定:《合同法》第286条所规定的承包人的优先受偿权,应当优先于该建设工程上的抵押权和其他债权。显然是以该条立法目的作为判断标准,采用了目的解释方法。

再如,《合同法》第73条规定的债权人代位权,关于代位权行使结果之归属,有不同解释意见:第一种意见认为,应当判给原告即行使代位权的债权人,由其优先受偿;第二种意见认为,应判给债务人,再由债务人的全体债权人按债权额比例分配。两种解释意见,均有其理由。考虑到《合同法》制定当时的背景是严重存在所谓的"三角债",已经影响到市场经济的正常发展,《合同法》设立第73条的目的是刺激债权人的积极性,促使债权人主动行使代位权,以解开"三角债"的死结。假如行使代位权的结果,先归属于债务人,再由其全体债权人按债权额比例分配,则债权人无须行使代位权亦可坐享其利益,而积极行使代位权的债权人必将得不偿失,必然挫

---

* 已失效。——编者注

伤债权人行使代位权的积极性，而导致该条立法目的落空。有鉴于此，最高人民法院《关于适用〈中华人民共和国合同法〉若干问题的解释（一）》* 采纳了第一种解释意见：行使代位权的结果，直接由行使代位权的债权人优先受偿。这是目的解释方法之成功运用。

有两起请求精神损害赔偿的案件，一审法院判决与二审法院判决截然不同，在新闻媒体上引发激烈的争论。南京市的一起超市对一位女大学生顾客进行搜身的案件，一审判决被告超市向受害人支付精神损害赔偿金 25 万元。判决一公布，在新闻媒体上受到普遍的赞扬。但该案上诉到二审法院，二审法院作出终审判决，撤销原判，改判为超市向受害人支付精神损害赔偿金 2 万元。于是在新闻媒体上引起一片惊呼：精神损害赔偿究竟还有没有标准？深圳市的一起案件，遭受性强暴的受害人，在加害人被追究刑事责任之后，另行提起民事诉讼，请求精神损害赔偿，一审判决精神损害赔偿金 5 万元。这个判决一公布，在新闻媒体上同样受到赞扬，认为判得好，甚至认为具有非常重大的意义。但在上诉到二审法院后，二审法院判决撤销原判，改判驳回受害人的诉讼请求。我们应当如何看待、如何评价这两起案件的一、二审判决，究竟哪一审判决具有妥当性呢？

我们只要从法律的目的性出发，把握精神损害赔偿制度的目的，就不难得出正确的判断。因为人格是无价的，精神是无价的，痛苦也是无价的，难以用财产金额予以计算。现代民法之所以承认并规定精神损害赔偿制度，并不是要（也不可能）填补受害人的损害，其立法目的只在于对受害人给予某种抚慰。判决加害人向受害人支付一笔精神损害赔偿金，可以对受害人起到某种抚慰、安慰的作用，同时也对加害人给予惩戒。南京的案件，一审法院只注意到人格、精神是无价的，未注意到精神损害赔偿制度的目的，因此判决精

---

* 已失效。——编者注

神损害赔偿金25万元。二审法院则紧扣精神损害赔偿制度的立法目的，认为一审判决25万元的赔偿金，远远超出了这一制度的立法目的，认为判决2万元的赔偿金大体符合这个立法目的，于是二审法院撤销原判，改判2万元精神损害赔偿金。这是以精神损害赔偿制度的立法目的作为根据的。

深圳市的案件，关键在于被告人已经被判处刑罚，受害人可否另行请求精神损害赔偿？一审法院的回答是肯定的，二审法院的回答是否定的。二审法院认为，既然精神损害赔偿制度的目的，是对受害人的抚慰，本案被告人已经被依法判处有期徒刑，此刑罚制裁已经足以达到对受害人抚慰的目的，已经足以达到对加害人予以惩戒的目的，因此撤销了一审判决。可见，法律的目的不仅是法院解释适用法律的根据，也是我们评价和判断法院判决是否妥当的标准。需注意，某一赔偿金额是否足以达到对受害人给予抚慰的目的，或者对加害人的刑事制裁是否已经达到抚慰受害人的目的，不能以受害人的主观感受为准，而应以社会一般人的生活经验判断。

六、法律的正义性

所谓法律的正义性，指法律本身须符合社会正义，法律的目的是实现社会正义。正义性是法律与其他行为规则（如技术规则）的根本区别所在。正如人有“善、恶”，法律也有“善、恶”，这就是所谓的“良法”与“恶法”。符合“社会正义”的法律是“良法”，违背“社会正义”的法律就是“恶法”。历史上曾经存在过的许多“恶法”，诸如规定对小偷砍手的法律，规定当众将“私通”者乱石砸死的法律，规定对流浪者加以鞭打、监禁甚至处死的法律，规定对同性恋者予以惩罚的法律，都是不正义的法律，都随着社会的进步而相继被废止。我国被废止的“收容遣送”制度、规定“撞了白撞”的地方性法规,就属于“恶法”。

需特别注意的是,在自然科学领域,只有正确与错误的区分,而没有正义与不正义之分,但在法学上、在法官裁判案件当中,严格说来只有正义与不正义的区分。当然,我们平常也说某个判决方案正确,某个判决方案错误,说某个案件的判决正确,某个案件的判决错误,但这种情形所谓的正确、错误,与自然科学中所谓的正确、错误,具有明显不同的意义。自然科学领域中的正确,是指符合客观世界的规律性;错误,是指违反客观世界的规律性。

在作为社会科学的法学领域,特别是在裁判实践当中,我们说某个判决正确,某个裁判方案正确,某种解释意见正确,是指该项判决、裁判方案、解释意见符合法律所要实现的正义性,能够在当事人之间实现公平正义。我们说某个判决错误,某个裁判方案错误,某个解释意见错误,是指该项判决、裁判方案、解释意见违背法律的正义性,不能在当事人之间实现公平正义。正义性是法律最本质的属性,如果不了解法律的正义性,脱离了法律的正义性,在法律领域、在裁判实践当中,就失去了判断是非、对错的标准,就真正成了“公说公有理、婆说婆有理”,我们就必然迷失方向。

法律的正义性决定了法官裁判案件的目的和职责,这就是在案件当事人之间实现公平正义。我们在说一个判决正确不正确时,实际上是说这个判决结果是否实现了公平正义。当我们考核、评价某个判决时,绝不能仅看其说理是否充分、判决书有没有错别字,一定要看该判决是否在当事人之间实现了公平正义。

法律的正义性对裁判案件非常重要,裁判的目的就是在当事人之间实现正义,不是抽象的正义、一般的正义,而是具体的正义。使诚信一方的利益得到保护,不诚信一方的非法目的不能实现,弱者遭受的损害得到填补,玩弄法律者受到制裁,使当事人的利害关系达到平衡，就叫正义、就叫公平，这样的判决当然就是正确的判决、妥当的判决。相反，判决无论讲出什么道理，其判决结果在当事人之间没有实现正义，判决就是错误的、不妥当的。有时候听到有些法官说，虽然某个案件判决不公正，但法律就是这样规定的。这样的说法其实是错误的，法律本身并不是僵化的，法官并不是没有办法实现个案的公正，只要掌握了正确的裁判方法，一定能实现当事人之间的正义。

我们注意到，一段时间以来，一些学者提倡的一些理论，对法院产生了错误的影响。按照这样的理论，似乎法官没有办法了解客观真实，只能满足于法律上相对的真实，法院裁判不可能实现实质的正义，只能满足于形式上的正义、程序上的正义。这样的言论在一段时间内颇为流行，导致了“死抠”条文、“死抠”程序、“死抠”证据和“死抠”举证责任分配规则的倾向。“死抠”条文、“死抠”程序、“死抠”证据、“死抠”举证责任分配规则，就在实际上贬低了法官自身，否定了法官和法院。按照这种理论，只要设计一套精密的程序，开庭的时候就不需要审判庭的三位法官出席，只要当庭放一台电脑，双方律师按照程序把证据输入电脑，书记员一敲键盘，判决书就出来了。法院和法官还有地位吗？

实际上，再精密的程序都不能代替法官，都不能代替法官的能动性。唯有法官有能动性了，法官才有地位。如果法官没有能动性，就只是一个复印机，你当法官还有什么意义？和车间里的普通工人还有什么差别？讲法官的能动性，是因为裁判案件是一个高度知识性、智慧性的劳动，绝不是一个简单的“普工”。在法治社会中，法官的地位很崇高，这是由裁判的目的在于实现正义所决定的。令人高兴的是，近年学术界和实务界已经开始纠正这种错误的认识，开始强调实质正义和个案公正。

我们讲裁判的方法,就是为了正确适用法律,为了实现个案公正。特别要纠正"死抠"证据、"死抠"举证责任分配的倾向。按照现代证据法理论,关于证据的取舍、各种证据证明力的大小及事实认定规则,均不取决于法律的预先规定,而是由法官依据自己的"良心"和"理性"自由判断,并最终形成"内心确信"。法官"内心确信"的形成,绝不是仅仅依靠"举证责任分配规则",还要依赖法官的"社会生活经验",依赖法官对双方当事人身份、地位、相互关系及案件发生的环境、条件的了解,以及法官在庭审中对当事人、证人等的言行、举止、神态等的"察言观色"。"举证责任分配规则"既不是绝对的,也不是形成"内心确信"的唯一手段。

近年确实有一些判决,由于"死抠"程序、"死抠"证据,造成错判。如深圳市那个案件,被告提出欠条是原告拿着凶器威逼他写的,绝大多数的法官此时就会意识到本案已经涉及暴力、黑社会问题,应该马上中止审理、向主管院长报告。但审理本案的法官却"死抠"证据规则,认为原告以这个欠条为证据,已经履行了举证责任,被告主张这个欠条是原告手持凶器威逼自己写的,被告就应该就自己的主张举证,既然被告不能举出证据证明自己写欠条的时候原告拿着凶器对其进行威逼,就应当承担举证不能的风险,于是判决被告败诉,导致了悲剧的发生。在不赞成追究这个法官的刑事责任这一点上,我和大家的意见是一致的,但绝不能因此就认为这个判决是正确的。这是一个"死抠"证据规则的错误判决,我们一定要从中吸取教训。

法院裁判当然要讲程序规则、证据规则和举证责任分配规则,但切不可走向极端。片面强调程序规则、举证规则和举证责任分配规则,而忽视法官的作用,不仅违背法律的正义性,也违背裁判的本质。法院裁判的本质,是行使裁判权的"人",对案件"事实"进行裁判。之所以需要程序规则、证据规则和举证责任分配规则,是为了帮助行使裁判权的“人”尽可能地“发现”案件的“事实真相”,以形成“内心确信”。绝不是要“代替”案件的“事实真相”,代替法官的“内心确信”,更不是要取代行使裁判权的“人”,即法官。

裁判的目的何在？裁判的目的是针对具体的案件,作出社会效果良好、符合实质正义、于法有据的妥当的裁判。什么是妥当性？妥当性就是合法性(于法有据)、实质正义和社会效果的统一。法律的社会性和正义性决定,法院裁判一定要考虑社会效果。什么是社会效果？社会效果就是综合考虑人情事理、公平正义、分辨善恶、保护弱者、国家政策、市场秩序、社会稳定,还有法律和法院权威。

法律的正义性最终要通过法院的裁判予以体现。法律、法规所体现的社会正义,是理性的正义;通过法院裁判所实现的正义,才是实践的正义、现实的正义。因此,法官对于实践法律的正义负有神圣职责。裁判案件,不仅要考虑裁判是否于法有据,而且一定要考虑所作出的判决是否具有妥当性。我们作出的判决,真正做到了合法性(于法有据)、实质正义、社会效果的统一,才是正确的判决。反之,判决结果违背社会正义,不符合人情事理,产生不好的、消极的、恶劣的社会效果,无论在程序上和实体上如何“合法”,如何“于法有据”,都是错误的判决。

总括起来,我做这个讲座的目的,是要告诉我们的法官,法律的哪些属性决定着法律思维,并在法官裁判案件中起关键的作用。而法官在裁判案件当中,绝不是消极被动的、无所作为的,既不是法律条文的奴隶,也不是程序、证据和所谓举证责任分配规则的奴隶。如果能够正确认识法律的规范性、社会性、逻辑性、概念性、目的性、正义性等在裁判中的重要意义,正确掌握和运用各种裁判的方法,就一定能够成为实践公平正义的高素质的优秀法官。

怎样进行法律思维*

引言:什么是法律思维?

众所周知,现代社会有一个法律职业群体,称为"法律共同体"或者"法律人",包括法官、检察官、仲裁员、律师、法学教授、企业法律顾问等。这些职业差异很大,律师是自由职业者,法官是国家公务员、执掌裁判权,为什么把他们归入"法律共同体"当中呢?因为他们共有一个思维方式,就是法律思维。法官裁判案件、律师代理案件和法学教授分析案件,采用的是同一个思维模式,即法律思维。法律思维,是法律人所共有的区别于其他职业人的思维模式。法律思维的特点是什么呢?我们看到,无论法官、律师、检察官、仲裁员或者法学教授,其法律思维的整个过程,都是紧扣着法律规范进行的。这是与其他职业人的思维模式所不同的。因此,我们说法律思维的本质特征就在于"规范性",法律思维是规范性的思维。这是法律思维区别于其他职业人的思维模式的本质特征。

---

* 根据 2014 年 3 月 10 日于东莞理工学院所作讲座录音稿整理。

一、法律的规范性与法律思维

我在此前的讲课中，均按照教科书讲法官“找法”，即审理案件的法官在查清案情之后，要从现行法寻找可以用来作为裁判依据的法律规范。现在看来，这样讲“找法”似不准确。裁判实践中，原告向人民法院起诉时，通常在其起诉状中已经就裁判本案所应适用的法律规范提出建议。特别在有律师代理的案件中更是如此。审理案件的法官无须自己去“找法”，原告律师已经“代劳”。法官只需判断原告律师所建议的法律规范是否适当。这里介绍原告方如何“找法”及被告方如何进行抗辩。

律师代理案件，在接受了当事人的委托之后，当然先要弄清楚本案的事实并为在法庭上证明本案事实准备各种证据，然后就要从现行法律、法规中找到本案应当适用的法律规范，建议审理本案的法官采用这一法律规范，作为裁判本案的基准。此项法律规范，理论上称为“请求权基础”。

请注意分析具体案件的两种方法：一是法律关系分析方法，又称为历史的分析方法。这是我们习惯采用的分析方法。如违约责任之诉，从双方当事人第一次接触开始，沿着时间的顺序，什么时候开始谈判，什么时候达成协议，什么时候签订合同书，合同什么时候生效，合同什么时候开始履行等。二是王泽鉴先生所提倡的请求权基础与抗辩的分析方法。其要点是，先考察现行法上有哪些法律规范可以作为本案诉求的请求权基础，然后分析被告方面针对每一个请求权基础可能主张的抗辩和抗辩权，最后从各个请求权基础中确定一个最为有利的请求权基础。

以诉请损害赔偿的合同纠纷案件为例,《合同法》* 上的损害赔偿请求权基础有:

违约责任赔偿请求权(第107条);瑕疵担保责任赔偿请求权(第111、112条);合同解除后的赔偿请求权(第97条);违反后契约义务赔偿请求权(第92条);合同无效、撤销的赔偿请求权(第58条);缔约过失责任赔偿请求权(第42、43条)。还须注意违约责任赔偿请求权可能与侵权责任赔偿请求权发生竞合(第122条)。

原告如果选择违约责任赔偿请求权,被告方面可能主张以下的抗辩(权):

合同不成立抗辩(第25、32条);合同未生效抗辩(第44条);合同无效的抗辩(第52条);合同已撤销的抗辩(第54条);合同已解除的抗辩(第91条);合同已履行的抗辩(第91条);合同债务已抵销的抗辩(第99条);同时履行抗辩权(第66条);后履行抗辩权(第67条);不安抗辩权(第68、69条);诉讼时效经过的抗辩(《民法通则》** 第135条);不可抗力免责抗辩(第117条);损失扩大的抗辩(第119条);违约金过高的抗辩(第114条第2款);不可预见规则抗辩(第113条第1款末句)。

原告方代理律师应仔细分析本案在法律上有哪些请求权基础,比较各个请求权基础的构成要件和法律效果,并设想对方可能针对各个请求权基础主张哪些抗辩,然后选择最有利、最容易成功的请求权基础。

被告方律师撰写答辩状、在庭审中进行抗辩,所针对的目标,就是原告方所提出的作为其请求权基础的那个"法律规范"。下面对被告可能主张的抗辩作一个分类,并介绍其大致的顺序。

---

* 已于2021年1月1日失效。——编者注

** 已于2021年1月1日失效。——编者注

被告方律师首先应当考虑“适用范围抗辩”，即主张本案事实不符合原告方提出的“法律规范”的“适用范围”。例如，针对原告以《合同法》第107条为请求权基础的违约责任赔偿诉讼，主张合同不成立、合同未生效、合同无效、合同已撤销、合同已解除、合同已履行、合同债务已抵销，均属于“适用范围抗辩”；又如，针对原告以2013年《消费者权益保护法》第55条为请求权基础的三倍惩罚性赔偿的消费者诉讼，主张原告购买商品不是为了“生活消费的需要”；再如，针对原告以2009年《产品质量法》第41条为请求权基础的产品责任诉讼，主张“不属于产品”，亦属于“适用范围抗辩”。法庭的职责，是审查被告的抗辩是否能够成立，判决书上要明示被告方主张什么样的抗辩，并对被告的抗辩理由能否成立表态。如果认为被告方的抗辩理由能够依法成立，法庭将驳回原告方的“诉讼请求”；反之，经审查认为被告的抗辩理由不能依法成立，则应作出原告胜诉的判决。

其次应考虑“构成要件抗辩”，即主张本案事实不符合该“法律规范”的“构成要件”。例如，在违约责任诉讼中主张不构成违约；在瑕疵担保责任诉讼中主张标的物质量合格（无瑕疵），主张买受人未在约定的或者合理的检验期间内发异议通知；在过错侵权诉讼中主张“无过错”、主张“不存在因果关系”；在侵犯名誉权诉讼中，主张所传播的事实“基本真实”、主张“未造成原告社会评价降低”；在请求三倍惩罚性赔偿的消费者诉讼中，主张被告“不构成欺诈行为”；在产品责任诉讼中，主张“产品无缺陷”等，均属于“构成要件抗辩”。法庭的职责，是审查被告的构成要件抗辩是否能够成立，如经审查认为抗辩理由成立，法庭将认定本案事实不符合“法律规范”的构成要件，并作出原告败诉、被告胜诉的判决；反之，法庭认为被告的抗辩不成立，即应作出原告胜诉的判决。

再次应考虑“免责抗辩”,即主张被告有“免除责任”的正当理由。例如,主张“诉讼时效经过”,主张“不可抗力免责”,主张合同有“免责条款”,以及主张有“法定免责事由”等,属于“免责抗辩”。法庭经审查认为被告方的免责抗辩成立,将判决被告不承担责任;反之,法庭认为被告的免责抗辩不成立,应判决被告承担责任(即原告胜诉)。

最后还应当考虑“减轻责任抗辩”(“减责抗辩”),即主张被告有减轻责任的正当理由。例如,主张“受害人有过失”“监护人有过失”,主张合同约定的“违约金过高”,主张原告未及时采取措施避免“损失扩大”,在违约责任诉讼中主张“不可预见规则”等,属于“减责抗辩”。法庭审查认为被告的抗辩能够成立,将判决减轻被告的赔偿责任;反之,经审查认为被告的抗辩不能成立,则应判决被告承担全部责任(原告胜诉)。

需特别说明的是,主张“适用范围抗辩”和“构成要件抗辩”,是以“事实”作为“抗辩理由”,法庭对本案事实有主动审查的义务,即使被告未主张“适用范围抗辩”“构成要件抗辩”,法庭亦应主动审查本案是否符合该法律规范的适用范围,是否具备该法律规范的构成要件。如果法庭疏于审查,将构成适用法律错误,是上诉审或者再审撤销原判的理由。[①] 因此,当事人未主张“适用范围抗辩”和“构成要件抗辩”,法庭应予“释明”。

而主张“免责抗辩”和“减责抗辩”,则是用另一个“法律规范”

---

① 我所谓“适用范围抗辩”,王泽鉴先生称之为“权利障碍的抗辩”;我所谓“构成要件抗辩”,王泽鉴先生称之为“权利毁灭的抗辩”。王泽鉴先生指出,权利障碍的抗辩和权利毁灭的抗辩,属于诉讼上的抗辩,效力在使原告的请求权归于消灭,在诉讼进行中当事人纵未提出,法庭亦应进行审查,如认为有抗辩事由存在,应依职权作出有利于被告之裁判。参见王泽鉴:《民法思维》,北京大学出版社 2009 年版,第 135 页。

作为“抗辩理由”，属于抗辩权之行使，即属于当事人实体权利之行使，法庭没有主动审查的义务，如被告未予主张，法庭将视为“放弃权利”而不予审查。例如，诉讼时效经过，产生被告拒绝履行的抗辩权，诉讼中被告主张诉讼时效抗辩，法庭才应审查诉讼时效期间是否经过；被告未主张诉讼时效抗辩，法庭不得依职权审查诉讼时效问题。此在最高人民法院关于诉讼时效的解释文件中，有明确解释。① 同理，不可抗力免责抗辩、法定免责事由抗辩、违约金调整抗辩、不可预见规则抗辩等，均不属于法庭主动审查的事项，被告未主张免责抗辩或减责抗辩，法庭即应判决被告承担责任。一审未主张免责抗辩或减责抗辩，应当视为被告放弃权利，此后在上诉审和再审期间将不得再行主张。因此，当事人未主张“免责抗辩”和“减责抗辩”，法庭不得进行“释明”。②

有的同志问，法庭已经发现合同约定违约金显然过高，甚至高得离谱，属于滥用合同自由，而违约方未要求调整违约金，或者缺席审判（被告未答辩也未出庭）情形，被告不可能要求调整违约金，难道法庭就这样作出显然不公平的判决？

请同志们特别注意，法庭可以采用的法律手段，并不限于程序法上的释明。合同法不允许任何人滥用合同自由，以损害对方当事人以及第三人的合法权益。法庭对于当事人订立的一切合同、合同条款和约定，都有依法进行公平性审查和合法性审查的职责。经法

---

① 2008年最高人民法院《关于审理民事案件适用诉讼时效制度若干问题的规定》（已被修改）第4条规定：“当事人在一审期间未提出诉讼时效抗辩，在二审期间提出的，人民法院不予支持，但其基于新的证据能够证明对方当事人的请求权已过诉讼时效期间的情形除外。当事人未按照前款规定提出诉讼时效抗辩，以诉讼时效期间届满为由申请再审或者提出再审抗辩的，人民法院不予支持。”

② 2012年最高人民法院《关于审理买卖合同纠纷案件适用法律问题的解释》（已被修改）第27条规定，当事人未要求调整违约金的，法庭应当“进行释明”，未必适当。

庭审查认为约定的违约金显然过高,不予调整将导致显失公平,而当事人不要求调整(包括被告未答辩、未出席审判)的,如果属于格式合同,可适用《合同法》第40条关于"加重对方责任、排除对方主要权利的"的格式条款无效的规定,认定合同违约金条款无效;非属于格式合同,则可适用《合同法》第6条关于诚信原则的规定,认定合同违约金条款无效。在违约金条款被认定无效之后,应依《合同法》第113条关于法定损害赔偿的规定,解决违约赔偿问题,自不待言。

二、法律的社会性与法律思维

法律不仅是裁判规范,而且是人类社会生活中的规范,因此法律不仅具有规范性,而且具有社会性。法律的社会性,就是说法律以人类社会生活、社会现象、社会关系为规范对象。简言之,因为法律是社会生活规范,所以具有社会性。

法律的社会性与法官裁判的关系,首先表现在认定案件事实的阶段,有两类事实不需要当事人举证,而应当由法官根据社会生活经验直接认定。法官根据社会生活经验直接认定案件事实,是由法律的社会性决定的。

第一类不需要举证的事实,是可以从"日常生活经验推定的事实",亦即"显而易见的事实"。按照最高人民法院《关于民事诉讼证据的若干规定》,"根据日常生活经验法则推定的"事实,不需要当事人举证,而应由法官根据社会生活经验直接认定。根据日常生活经验法则推定的事实,也就是显而易见的事实。对于这类事实,法官应当根据社会生活经验直接作出认定,这就是证据法教科书上所说的"经验法则"。

这一类事实在民事案件审理中经常遇到。陕西省以前就发生过这样的案件,医生把手术钳留在病人的肚子里,病人多年肚子疼痛,遭受了长期的痛苦,后来有了“B超”,到医院做“B超”检查,发现肚子里有一个手术钳,然后动手术把手术钳取了出来。于是病人起诉原先做手术的医院,要求判决医院赔偿病人一笔精神损害赔偿金。遗留在病人肚子里的手术钳都已经取出来了,此时还需要原告举证证明被告医院有过错吗?被告医院把手术钳遗留在病人肚子里当然具有过错,这是显而易见的,属于根据日常生活经验法则推定的事实。

第二类不需要举证的事实,就是“难以举证的事实”。这类事实很难甚至不可能通过证据加以证明,最典型的就是精神损害的事实。精神损害是否存在及精神损害的严重程度,当事人很难举证甚至不可能举证,应当由审理案件的法官根据社会生活经验予以认定。

这里举我国台湾地区台北地方法院在1999年裁判的一个关于消费者权益的诉讼案件为例。案件事实是,原告到一个高级餐厅用餐,餐后上甜点,每人一杯冰激凌,原告在吃冰激凌的时候咬到玻璃碎片,把口腔内侧的黏膜划破了,于是原告向法院起诉要求判决被告餐厅赔偿50万元新台币的精神损害赔偿金。

这个案件中有两个事实需要认定:一个是人身伤害的存在和其严重程度,另一个是精神损害的存在和其严重程度。让我们看看法官怎么样认定人身伤害事实。

判决书写道:“查甲受友人邀请,至五星级餐厅用餐,原本心情愉悦,竟于冰激凌中咬到玻璃碎片,致口腔内侧黏膜流血,并受有2公厘乘1公厘大小之外伤性溃疡,约1~2周才可痊愈,业经证人之结证在卷,且经本院函询财团法人新光医院属实。”这一段是关于人身损害存在和严重程度的认定,是严格按照证据规则通过证据予以认定的。

但本案原告要求的不是人身损害的赔偿而是精神损害赔偿，精神损害是否存在及其严重程度，属于难以举证的事实，没有办法通过证据加以证明。我们看法院如何认定？

判决书接着写道："甲主张因此事件，连续数日惶惶不安，担心是否已吞入玻璃碎片，是否造成穿肠破肚、内脏损坏，是否需开刀取出，亦符合一般经验法则。"

你看，这一段几乎全是原告诉状中的原话，原告主张因此事件连续数日惶惶不安，担心是否吞入玻璃碎片，是否需开刀取出，吃不好饭、睡不好觉，因而主张存在严重的精神损害。而这个精神损害事实是无法用证据证明的，法官最后用"亦符合一般经验法则"一句予以认定。最后判决被告支付原告 10 万元新台币的精神损害赔偿金。

法律的社会性对于裁判案件的重要意义，还在于正确解释适用法律。我们经常可以看到对一些疑难、复杂案件，存在两种裁判方案、两种解释意见，各有其理由。遇到这样的情况，法庭应该从法律的社会性出发，采用社会学的解释方法，即考虑所产生的社会效果的方法，主张采用产生好的社会效果的裁判方案。

采用社会学的解释方法，先假定按照第一种方案裁判本案，然后推测判决公布以后将在社会上产生什么效果，所产生的效果是好的还是坏的。再假定按照第二种方案裁判本案，然后推测判决公布后将产生什么样的社会效果。最后对两种裁判方案所产生的社会效果进行比较，所产生的社会效果好的那个方案，就是应当采用的正确的方案。而另一个裁判方案，无论其如何有道理、如何头头是道，所产生的社会效果不好，就是不适当、不正确的，当然不应采用。这就是社会学的解释方法。

如江苏省徐州市中院裁判的关于买卖判决书的案件。所谓买卖判决书,实质是生效判决确认债权的转让。关于生效判决确认债权的转让是否有效,有肯定与否定两种裁判方案,均有其理由。

认定转让有效的根据是《合同法》第 79 条。该条规定,“债权人可以将合同的权利全部或者部分转让给第三人”,同时规定了“不得转让”的三种除外情形。生效判决确认的债权,并不属于本条规定的三种除外情形,其转让协议当然应有效。

主张转让无效的根据是《合同法》第 52 条。依该条第 4 项规定,“损害社会公共利益”的合同无效。认定生效判决确认债权的转让有效,将损害法院的权威,亦即损害社会公共利益,因此应当无效。

两种裁判方案,都有理由,都有法律依据,谁也不能说服对方。审判委员会决定采纳第二种裁判方案,认定转让无效,即是采用社会学解释方法。

特别要注意,法律的社会性和法律的正义性、社会效果与公正裁判是一致的,总结改革开放以来的司法实践经验,一定要纠正和避免两种错误倾向:一种倾向是不顾法律的社会性和裁判可能产生的社会效果,一味“死抠”法律条文、“死抠”程序、“死抠”所谓举证责任分配规则;另一种倾向是借口所谓的“社会效果”,不顾裁判结果是否公正,甚至任意曲解法律条文、滥用法律程序。

三、法律的逻辑性与法律思维

法律规范是按照一定的逻辑关系来安排的,因此适用法律也要遵循一定的逻辑顺序,这就是法律的逻辑性。制定一部法律,几百个法律条文甚至上千个法律条文,总要有个编排顺序。这个编排顺序,以什么为标准?不是,也不应该以所谓“重要性”为标准,只能以

“逻辑性”为标准。当一个案件的事实查清以后,就要寻找所应适用的法律规范,往往发现法律上与本案有关的不只是一个法律规范,而是有好几个法律规范。

例如,审理一件拍卖的案件要判断合同是否成立,法律上就有好多规范。除《拍卖法》的规定外,还有《合同法》买卖合同一章的规定,还有《合同法》总则关于合同成立、生效的规定,此外还有《民法通则》关于法律行为的成立、生效的规定。

这样一个关于拍卖的简单的案件,就涉及《拍卖法》的规范、《合同法》买卖合同一章的规范、《合同法》总则的规范、《民法通则》关于法律行为的规范。如果把这些有关的法律规范都引用到判决书上,你就会发现很难作出判决。因为按照其中某一个规范合同可能无效,按照另外一个规范则合同有效,按照第三个法律规范可能合同属于可撤销。因此,只能从中选用一个法律规范以裁判本案。究竟应该选用哪一个法律规范?基本原则叫“特别法优先适用”。

按照“特别法优先适用”的原则,本案应当优先适用《拍卖法》的规定;如果《拍卖法》对于争议事项没有规定,就应该退回去适用《合同法》关于买卖合同的规定;如果《合同法》关于买卖合同的规定仍然解决不了问题,就再往后退适用《合同法》总则关于合同成立、生效的规定;如果适用《合同法》总则也不能解决本案,就只好适用《民法通则》关于法律行为成立、生效的规则。

值得注意的是,近年出现一种曲解“特别法优先适用”原则的错误倾向,认为只要有特别法,就只能适用特别法,不能适用一般法。认为凡采用拍卖方式订立的买卖合同产生纠纷,就只能适用《拍卖法》,不能适用《合同法》,不能适用《民法通则》。其结果是导致拍卖业,尤其艺术品拍卖中违法行为泛滥。

需特别注意,2004 年《拍卖法》第 61 条关于“拍卖人、委托人在拍卖前声明不能保证拍卖标的的真伪或者品质的，不承担瑕疵担保责任”的规定，仅仅与《合同法》第111、112条关于瑕疵担保责任的规定，构成特别法与一般法的关系；但《拍卖法》第61条与《合同法》的其他条文，不构成特别法与一般法的关系。因此，《合同法》第53条关于“因故意或者重大过失造成对方财产损失”的免责条款无效的规定，第54条关于“因重大误解订立的”合同当事人有撤销权的规定，第42条关于“故意隐瞒与订立合同有关的重要事实或者提供虚假情况”应当承担损害赔偿责任的规定，以及第6条诚实信用原则等，仍有适用余地。

经验告诉我们，社会生活总在不断发展变化，总会发生一些特殊的案件、奇怪的案件，这样的案件在现行法上没有相应的具体规定。这种情形，法官可以根据“特别法优先适用”的基本原则，直接适用一般法的规定；一般法没有具体规定的，还可以直接适用一般法的原则规定（如关于法律行为的规定、关于民法基本原则的规定）。

下面举一个婚姻关系中的违约金条款的案例。原被告双方结婚时订立了一个婚姻合同，并约定了违约金条款：婚后任何一方有第三者，该方应支付给对方违约金25万元。后来一方果然因婚外恋被另一方起诉到法院。显而易见，这个案件属于婚姻案件，应该适用《婚姻法》*，但原告要求执行婚姻合同约定的违约金条款，而《婚姻法》没有规定违约金，《合同法》规定了违约金，但《合同法》第2条第2款明文规定，婚姻、收养、监护等有关身份关系的协议，适用其他法律的规定。

审理本案的法院按照“特别法优先适用”的原则，适用了《民法通则》第55条关于法律行为生效的规则。法官认为，本案婚姻关系

---

* 已于2021年1月1日失效。——编者注

的违约金条款的意思表示是真实的,不违反法律强制性规定,不违反社会公德。因此,审理本案的法官依据《民法通则》第 55 条,认定本案违约金条款有效,判决被告执行违约金条款向原告支付违约金 25 万元。

下面再举一个继承开始前放弃继承的意思表示是否有效的案件。原告的父亲(被继承人)患癌症住院治疗,缺少治疗费用,原告之继母和同父异母的妹妹要求原告承担部分治疗费用。原告借口经济困难不愿承担,表示自愿放弃对其父财产的继承权,并出具放弃继承的书面文件。明文表示:原告因经济困难,无力支付父亲医疗费用,“自愿放弃继承父亲名下财产,父亲名下财产由继母和妹妹处分,原告决无异议”。因此,继母和同父异母的妹妹承担了父亲的全部医疗费用。但在父亲去世后,原告却以继母和同父异母的妹妹为被告,向人民法院提起侵害继承权之诉,要求继承其父亲名下房产。法庭经审理查明,原告有稳定收入,并非不能承担其父亲治疗费。本案的焦点在于:继承开始前放弃继承的意思表示是否有效?

本案属于继承案件,当然应适用《继承法》的规定。但《继承法》仅规定,继承人于继承开始(被继承人死亡)后放弃继承。《继承法》第 25 条第 1 款规定:“继承开始后,继承人放弃继承的,应当在遗产处理前,作出放弃继承的表示。……”《继承法》并没有规定继承人于继承开始(被继承人死亡)前放弃继承的情形。如果“死抠”《继承法》条文,可能认为,既然《继承法》仅规定继承开始后可以放弃继承权,则继承人于继承开始前放弃继承的意思表示无效。如果这样判决,无异于鼓动一些人在父母需要赡养、照顾时,以放弃继承为由拒绝承担赡养、照顾父母的义务,于父母死亡时又以放弃继承的意思表示无效为由,要求继承遗产。其社会效果不好,显而易见。为了达成好的社会效果,鼓励、保护对被继承人承担赡养、照顾义务的继承人,应当认定本案原告放弃继承的意思表示有效。问题是,以什么法律条文作为裁判的依据?

按照民法原理,本案原告在被继承人死亡前作出的放弃继承的意思表示,属于单方法律行为。按照法律的逻辑性,本案本应适用作为特别法的《继承法》;现在作为特别法的《继承法》未设规定,则按照特别法优先适用的原则,应当适用作为一般法的《民法通则》关于法律行为生效的规定。法庭可依据《民法通则》第55条关于法律行为生效要件的规定,认定本案原告放弃继承的意思表示有效,判决驳回其诉讼请求。

但法律的逻辑性的重要意义,并不限于此。还表现在,我们一定要正确掌握每一个法律条文在法律上的逻辑位置,及其与其他法律条文之间的逻辑关系,只有根据其在法律上的逻辑位置和与其他法律条文之间的逻辑关系,才能够正确理解、解释和适用这个法律规范。下面举一个关于合同无效的法律效果的例子。

《合同法》第58条规定:"合同无效或者被撤销后,因该合同取得的财产,应当予以返还;不能返还或者没有必要返还的,应当折价补偿。有过错的一方应当赔偿对方因此所受到的损失,双方都有过错的,应当各自承担相应的责任。"

按照第58条的规定,合同被确认无效或者被撤销,双方当事人订立合同所欲实现的目的注定不能实现,尚未履行的不得履行,已经履行的必须恢复原状,即恢复到订立合同之前的利益状况。动产买卖合同被确认无效或者被撤销,尚未交货、付款的,卖方不得交货、买方不得付款;已经交货、付款的,买方退货、卖方退款。不动产(如房屋)买卖合同,尚未交房(办理产权过户)、付款的,卖方不得交房(办理产权过户)、买方不得付款;已经交房(并办理产权过户)、付款的,买方退房、卖方退款,并由双方或一方持确认合同无效或者撤销合同的生效判决书,到不动产登记机关涂销产权过户登记。

需特别说明,本条规定合同被确认无效或者被撤销的法律效果,不是一个独立的裁判规范,必须与本法关于合同无效的规范或者关于合同撤销的规范相结合,才构成一个完整的裁判规范。这里只谈合同无效,法庭可据以确认合同无效的法律条文,最重要的是《合同法》第52条关于违法而无效的规定,及第51条关于无权处分合同的规定。[①] 法庭作出确认合同无效的判决,如果合同已经履行或者部分履行,无论当事人是否提出请求,均应依职权适用第58条,判决相互返还财产(价款),不能返还的折价补偿,有损失的按照过错承担赔偿责任。因为第52条只是规定合同无效的要件,而第58条规定合同无效的法律效果。第52条关于合同无效要件的规定,加上第58条关于合同无效的法律效果的规定,才构成一个完整的法律规范(裁判规范)。

有的同志将"合同无效"本身理解为第52条的"法律效果"。因此,将第52条当作一个独立完整的裁判规范,而将第58条当作另一个独立的裁判规范。基于这一错误理解,当案件审理中认为根据第52条合同属于无效合同时,法庭只是判决合同无效,而要求当事人就相互返还和损失分担另案起诉,或者要求当事人(原告)变更诉讼请求,将原来的违约责任之诉变更为请求返还财产及损失分担之诉。这样的理解和实践做法是错误的,因为没有正确把握法律条文之间的逻辑关系。

还应当注意,《合同法》第58条是关于合同无效的法律后果的

① 法庭确认合同无效的法律根据,除《合同法》第52条外,还有第6条关于诚信原则的规定和第7条关于遵纪守法原则的规定。

一般规则，另外还有《物权法》* 第106条规定（无权处分）合同无效的法律后果的特别规则。《物权法》第106条规定的此项特别规则的适用范围，仅限于依据《合同法》第51条无权处分合同规则被确认无效的案型。此外的合同无效案型，如根据《合同法》第52条确认合同无效，及限制行为能力人订立的合同因法定代理人未追认而无效（《合同法》第47条），均不发生善意取得问题，绝无适用《物权法》第106条的可能。

法庭审理无权处分他人财产合同案件，在依据第51条判决确认合同无效情形，买受人有权根据《物权法》第106条主张善意取得。主张善意取得，属于无权处分合同无效情形中法律赋予买受人的权利，当然买受人也有权放弃此项权利。因此，如果买受人主张善意取得，法庭即应适用《物权法》第106条，审查是否符合善意取得的要件，如经审查认定符合规定的要件，即应依据《物权法》第106条判决买受人善意取得标的物所有权；经审查认定不符合善意取得的要件，则应依据《物权法》第106条判决驳回买受人关于善意取得的主张，并且依职权适用《合同法》第58条判决恢复原状（相互返还财产）及损失分担。如买受人未主张善意取得，法庭应当认为买受人放弃权利，而依职权适用《合同法》第58条处理合同无效的后果，既不能依职权适用《物权法》第106条，也不能就买受人是否主张善意取得进行释明。

四、法律的概念性与法律思维

法律是一套规范体系，也是一套概念体系。法律规范的适用范围、构成要件和法律效果，都是通过法律概念来表述的。因此，要正

---

* 已于2021年1月1日失效。——编者注

确适用法律规范,就必须先正确理解、正确掌握这些法律概念。只有正确理解、掌握每一个法律概念的含义,才能够正确理解和掌握法律规范,才能够正确适用法律规范。

前面已经讲到,法律思维的本质特征在于规范性,法律思维是规范性的思维。现在我们将进一步看到,因为法律的概念性,决定了法律思维就是运用法律概念进行的思维。一旦离开了法律概念,就难以进行法律思维,就难于裁判案件。裁判实践表明,法院作出的判决是否正确,往往取决于法官对某个关键法律概念的理解是否正确。法官、律师、法学教授应当如何正确理解法律概念?我在这里提出几个要点。

第一个要点:凡法律上规定有明确定义的法律概念,应当严格按照法律定义理解。

如2009年《产品质量法》第41条第1款规定:“因产品存在缺陷造成人身、缺陷产品以外的其他财产……损害的,生产者应当承担赔偿责任。”什么是“产品”?该法第2条第2款规定,“产品”是指“经过加工、制作,用于销售的产品”。大多数情形,判断是否属于“产品”比较容易,但有时就会遇到问题。

如审理输血感染艾滋病的案件,关键就在于,输血用血液是不是“产品”?如果认为输血用血液是“产品”,就应当适用《产品质量法》第41条关于无过错责任的规定,如果认为输血用血液不是“产品”,当然就不能适用《产品质量法》的规定,就不能追究无过错责任,而应当适用《民法通则》第106条第2款关于过错侵权责任的规定。

考虑到输血用的血液不是加工制作的,是健康人的肌体自然产生的,同时血液也不用于销售,患者是否需要输血由医院决定,患者支付一定费用,这个费用不是商品的价格。因此,河南省南阳市中级人民法院审理输血感染艾滋病的案件时，就认定输血用血液不是“产品”，不适用《产品质量法》关于无过错责任的规定，而是适用《民法通则》第 106 条第 2 款关于过错责任的规定，最后认定医院没有过错，判决医院不承担责任，认定血站有过错，判决血站承担赔偿责任。

第二个要点：对于法律上没有定义的法律概念，可以权威教科书上的定义作为理解该法律概念的根据。

如青岛宏源祥纺织有限公司诉（聊城）印染有限公司取回权确认纠纷案，关键的法律概念“占有改定”，在《物权法》上没有定义。二审法院判决书写道：“所谓占有改定，是指让与人与受让人达成动产物权变动协议后，依照当事人之间订立的合同，仍然继续占有该动产使受让人因此取得间接占有，以代替现实交付。”这显然是参考物权法教科书上的定义。

第三个要点：如果法律辞书和教科书也没有为某个法律概念下定义，我们可以参考产生该项概念的专业和行业的定义。

这里举一个担保纠纷案为例。甲公司同意为乙公司“流动资金”贷款提供担保，后乙公司将借款用于支付到期债务，甲公司以超出担保范围为由，诉请解除担保合同。本案的关键是如何理解“流动资金”的概念。

判决书写道：“流动资金系相对固定资产而言的企业资产，包括企业用于支付工资、购买原材料、偿付债务等的现金款项。”甲公司同意为乙公司“流动资金”借款提供担保，乙公司将借款用于支付到期债务，并未超出甲公司的担保范围。结果是判决甲公司败诉。显而易见，审理本案的法官，对“流动资金”概念的理解，参考了企业管理行业的定义。

第四个要点：对于法律上没有定义的法律概念，应当以法律目的作为理解解释的依据。

如马士基(中国)航运有限公司及其厦门分公司与厦门瀛海实业发展有限公司、中国厦门外轮代理有限公司国际海上货运代理经营权损害赔偿纠纷再审案。关键在于如何理解“公共运输”概念。最高人民法院民事裁定书(2010民提字第213号)指出:公共运输履行着为社会公众提供运输服务的社会职能,具有公益性、垄断性等特征。为维护社会公众利益,《合同法》第289条规定:“从事公共运输的承运人不得拒绝旅客、托运人通常、合理的运输要求。”国际海上集装箱班轮运输是服务于国际贸易的商事经营活动,不属于公用事业,不具有公益性,也不具有垄断性,故不属于公共运输。托运人或者其货运代理人请求从事国际海上集装箱班轮运输的承运人承担强制缔约义务,没有法理根据,应予驳回。

第五个要点:在采用法律外其他专业、行业的定义时,不得违背法律目的及社会生活经验。

这里举韩国20世纪70年代的一个刑事案件。被告人没有医生资格,为他人做隆鼻手术失败,涉嫌非法行医罪被起诉。按照《韩国医疗法》的规定,没有医生资格的人实施医疗行为,构成本罪。本案涉及的一个关键法律概念,就是“医疗行为”。法律并未规定“医疗行为”定义。究竟什么是“医疗行为”?一审法官采用了医学上的定义:“医疗行为”是“以预防及治疗疾病为目的”的行为。

一审判决书写道:虽然隆鼻手术等美容手术,与以预防及治疗疾病为目的的医疗行为相似,但不能把美容手术行为认定为医疗行为。因为美容手术仅仅以美容为目的,而与预防及治疗疾病无关。我们看到,一审法官严格按照医学上的含义,将“医疗行为”理解为“以预防以及治疗疾病为目的的行为”,认定隆鼻手术等美容手术并不是医疗行为,因此判决被告人不构成犯罪。

二审法官首先分析韩国法律规定非法行医罪的立法目的。判决书指出，医疗行为与人的生命、身体、健康密切相关，因此要求医生具有高度的专业知识和经验，而隆鼻手术等美容手术也同样与人的生命、身体密切相关，具有同样的危险。法律的目的是禁止没有医生资格的人实施医疗行为，造成对人的生命、身体和健康的严重损害，而没有医生资格、不具有医学专业知识和经验的人实施美容手术，同样会造成对他人生命、身体、健康的严重危害。因此，根据《韩国医疗法》第25条规定非法行医罪的立法目的，应将被告人实施的美容手术纳入"医疗行为"概念。

二审法官还特别指出，法官在审判案件中解释"医疗行为"概念时，必须考虑医疗科学的发展和社会生活经验。二审判决书写道：考虑到本案发生当时的情形，韩国许多医院都已开设美容门诊、施行美容手术，医学院校纷纷开设整容外科专业，医学界已经成立整容外科医生协会。因此，把被告人所做的隆鼻手术行为纳入"医疗行为"概念是适当的。最后，参与二审的全体法官一致同意撤销一审判决，改判被告人构成犯罪。

第六个要点：需特别注意，因法律背景和历史条件的改变，对同一个法律概念，应作不同的理解。

任何法律概念，均有其存在的法律背景和历史条件，亦即解释学上所谓的"语境"。法律背景和历史条件发生了质的改变，也就是"语境"改变了，对该法律概念的理解当然要相应改变。如"承租人优先购买权"概念就是如此。

1988年，最高人民法院《关于贯彻执行〈中华人民共和国民法通则〉若干问题的意见（试行）》* 第118条规定："出租人出卖出租房屋，应提前三个月通知承租人，承租人在同等条件下，享有优先购

---

* 已于2021年1月1日失效。——编者注

买权;出租人未按此规定出卖房屋的,承租人可以请求人民法院宣告该房屋买卖无效。”此项司法解释的理由,是在当时特定历史条件下,存在城镇住房短缺、住房紧张的严重社会问题,出租人一旦出卖出租房屋,承租人将很难再租到房屋,故将此项承租人优先购买权,解释为物权性权利,对承租人予以特殊保护。

1993年起草统一《合同法》时,在第230条规定了房屋承租人的优先购买权,出租人出卖租赁房屋应先通知出租人,承租人有以同等条件优先购买的权利。但此项承租人优先购买权,是否具有对抗租赁房屋买受人的效力,亦即究竟是债权性权利还是物权性权利。对此,《合同法》没有规定,而是留给后来的《物权法》规定。

《物权法》的起草始于1998年。当时,已经基本实现从单一公有制的计划经济体制向社会主义市场经济体制的转轨,社会主义市场经济已经有相当的发展。《物权法》起草人认为,在社会主义市场经济条件之下,财产所有权上的限制应当愈少愈好。如果限制太多,这个人有优先购买权,那个人有优先购买权,这就会限制市场交易、妨害交易安全。鉴于长期实行的公房制度已经废止,国家推行住宅商品化政策已经取得很大成效,城镇住房短缺、住房紧张的现象已不存在,《合同法》第229条规定的买卖不破租赁规则已足以保护承租人,《物权法》没有必要规定物权性的优先购买权。

《物权法》生效后,由于《物权法》不承认物权性的优先购买权,《合同法》第230条规定的房屋承租人优先购买权,就只能是一种法定债权,不具有对抗租赁房屋买受人的效力。同时,1988年最高人民法院《关于贯彻执行〈中华人民共和国民法通则〉若干问题的意见(试行)》第118条当然被废止。我们注意到,最高人民法院《关于审理城镇房屋租赁合同纠纷案件具体应用法律若干问题的解释》

（法释〔2009〕11号）*第21条规定："出租人出卖租赁房屋未在合理期限内通知承租人……承租人请求出租人承担赔偿责任的，人民法院应予支持。但请求确认出租人与第三人签订的房屋买卖合同无效的，人民法院不予支持。"此项解释，将承租人优先购买权理解为法定债权，不具有对抗第三人的效力，是完全正确的。

五、法律的目的性与法律思维

法律是立法机关制定的，立法机关制定法律，有其特定目的。这就使法律具有目的性。因此，我们在理解法律、解释法律和适用法律时，必须了解法律规则所要实现的目的。只有掌握了法律的目的，才能够正确地理解法律，正确解释适用法律。是否掌握法律目的，关系到对法律规范的正确解释和正确适用。

因法律具有目的性，在解释方法上就有目的解释方法。所谓目的解释方法，指法官在解释法律条文时，可以用法律条文的立法目的作为解释的根据，当采用文义解释及其他解释方法，得出两个不同的解释意见，而难以判断哪一个解释意见正确时，则应当采用其中最符合立法目的的解释意见。

例如，《合同法》第286条规定了承包人优先受偿权，那么承包人的优先受偿权和银行抵押权是什么关系？承包人优先受偿权能不能优先于银行抵押权？对此存在两种解释意见。一种解释意见认为承包人的优先受偿权不能优先于银行的抵押权。因为通常一个开发商还没有进行施工的时候，就把整个项目抵押给银行了，等房子盖起来后，才发生承包人的优先受偿权，银行的抵押权发生在先，承包人优先受偿权发生在后，如果承包人的优先受偿权优先于

* 已于2020年12月修正。——编者注

银行的抵押权,将不利于保护银行的合法权益。

另一种解释意见认为,承包人的优先受偿权应该优先于银行的抵押权。这种解释意见,是以这项制度的立法目的作为根据的。《合同法》之所以规定第286条,其立法目的就是要补救承包人的不利地位。建设工程合同履行过程中,如果承包人要求开发商支付进度款、材料款,开发商往往会尽快支付,否则承包人就会停止施工,而停止施工将影响工程进度,建设工程不能按期竣工,对开发商非常不利。可见在建设工程施工过程中,承包人可以用停工待料对开发商施加影响,迫使开发商尽量按照承包人的要求支付工程款和材料费。

但建设工程一旦完成,承包人就丧失了对开发商施加影响的手段。因为不可能再有停工待料的可能,而且完成的房屋等不动产已经由开发商原始取得其所有权,这个时候开发商拖延工程款的支付,承包人将拿他毫无办法。可见,建设工程合同的特殊性在于,建设工程一旦完成,承包人就处于非常不利的地位。正因为如此,到20世纪90年代中期的时候,许多建筑公司都被拖欠了巨额承包费和工程款,以至于严重影响到建筑公司的正常生产经营,影响到建筑工人个人的工资发放。

在《合同法》制定时,起草人考虑到社会上存在拖欠工程款的严重社会问题,于是就创设第286条规定承包人的优先受偿权,用来补救承包人的不利地位。据测算,假设建设完成的楼房价值1000万元,所拖欠的工程款不超过20%,至多也就是200万元。假设这栋大楼被拍卖,得到1000万元价款,承包人行使优先受偿权拿走200万元,剩下的800万元还可以实现银行的抵押权。通常银行在抵押贷款时都会按照行业惯例,对抵押物的价值打一个折扣,价值1000万元的抵押物,至多贷款800万元。可见,《合同法》第286条规定承包人优先受偿权,不是仅考虑承包人一方的利益,而是斟酌权衡了开发商、贷款银行和承包人三方的利益。

当我们掌握了《合同法》规定承包人优先受偿权的立法目的之后,就可以用这个立法目的作为判断标准。显而易见,如果采纳第一种解释意见,让银行优先实现其抵押权,法律的目的就很可能落空;而第二种解释意见可以保障这个立法目的的实现。最高人民法院《关于建设工程价款优先受偿权问题的批复》(法释〔2002〕16号)*规定,《合同法》第286条所规定的承包人的优先受偿权,应当优先于该建设工程上的抵押权和其他债权。显然是以该条立法目的作为判断标准,采用了目的解释方法。

再如,《合同法》第73条规定的债权人代位权,关于代位权行使结果之归属,有不同解释意见:第一种意见认为,应当判给原告,即行使代位权的债权人,由其优先受偿;第二种意见认为,应判归债务人,再由债务人的全体债权人按债权额比例分配。两种解释意见,均有其理由。考虑到《合同法》制定当时的背景是严重存在的所谓"三角债",已经影响到市场经济的正常发展,《合同法》设立第73条的目的是刺激债权人的积极性,促使债权人主动行使代位权,以解开"三角债"的死结。假如行使代位权的结果,先归属于债务人,再由其全体债权人按债权额比例分配,则债权人无须行使代位权亦可坐享其利益,而积极行使代位权的债权人必将得不偿失,必然挫伤债权人行使代位权的积极性,而导致该条立法目的落空。有鉴于此,最高人民法院《关于适用〈中华人民共和国合同法〉若干问题的解释(一)》**采纳了第一种解释意见:行使代位权的结果,直接由行使代位权的债权人优先受偿。是目的解释方法之成功运用。

---

* 已于2021年1月1日失效。——编者注

** 已于2021年1月1日失效。——编者注

六、法律的正义性与法律思维

所谓法律的正义性，指法律本身须符合社会正义，法律的目的是实现社会正义。正义性是法律与其他行为规则（如技术规则）的根本区别所在。在自然科学领域，只有正确与错误的区分，而没有正义与不正义之分，但在法学上、在裁判案件当中，严格说来只有正义与不正义的区分。

当然，我们平常也说某个裁判方案正确，某个裁判方案错误，说某个案件的判决正确，某个案件的判决错误，但这种情形所谓的"正确""错误"，与自然科学中所谓的"正确""错误"，具有明显不同的意义。我们说某个判决正确，某个裁判方案正确，某个解释意见正确，是指该项判决、该项裁判方案、该项解释意见，符合法律的正义性，能够在当事人之间实现公平正义。我们说某个判决错误，某个裁判方案错误，某个解释意见错误，是指该项判决、该项裁判方案、该项解释意见，违背法律的正义性，不能在当事人之间实现公平正义。

正义性是法律最本质的属性，如果不了解法律的正义性，脱离了法律的正义性，在法律领域、在裁判实践当中，就失去了判断是非、对错的标准，就真正成了"公说公有理、婆说婆有理"，我们就必然迷失方向。法律的正义性对裁判案件非常重要，裁判的目的就是在当事人之间实现正义，不是抽象的正义、一般的正义，而是具体的正义。使诚信一方的利益得到了保护，使不诚信的一方的非法目的不能实现，使弱者遭受的损害得到了填补，使玩弄法律者受到制裁，使当事人的利害关系达到平衡，就叫正义，就叫公平。这样的判决当然是正确的、妥当的。

怎么样实现法律的正义性，确保裁判的公正性？我在下面概括了若干要点，供同志们参考。

（一）“公正性检验”

一些疑难案件，在案件事实查清以后，合议庭在法律适用上发生分歧，往往出现两个裁判方案。并且，两个裁判方案，都有其理由，都有其法律根据，一时难以判断哪一个方案正确，哪一个方案错误。这种情形，就应当考虑法律的正义性，比较两个裁判方案所得出的裁判结果，哪一个符合法律的正义性。这就叫“公正性检验”。亦即以法律的公正性、正义性作为取舍的标准。能够在当事人之间实现公正性、正义性的裁判方案，就是应当采取的正确的裁判方案；不能在当事人之间实现公正性、正义性的裁判方案，就是错误的方案，绝不应采用。

一个裁判方案，如果在当事人之间实现了公平正义，使诚实守信的一方的合法权益得到维护，受害人遭受的损害得到填补，违约方、加害人为自己的违约行为、侵权行为付出了代价、承担了责任，这样的裁判结果就符合法律的正义性，实现了法律的正义性，这一裁判方案当然是正确的，应当采用这一裁判方案。反之，无论你的解释意见、裁判方案有什么根据，讲的理由如何充分，听起来头头是道，其判决结果在当事人之间没有实现正义，使诚实守信的当事人吃亏，使奸诈一方、不诚信一方得利，使加害人逃脱了制裁，受害人遭受的损害没有获得补救，这一裁判方案当然就是错误的、不应当采用。

（二）切忌“死抠”举证责任分配规则

值得注意的是，法院裁判实践在某个时段曾出现“死抠”条文、“死抠”程序、“死抠”证据和“死抠”举证责任分配规则的倾向。“死抠”条文、“死抠”程序、“死抠”证据、“死抠”举证责任分配规则，往往导致错误的事实认定和错误的法律适用，造成错判，不仅违背法律的正义性,也在实际上贬低了法官自身。实际上,无论如何精密的程序都不能代替法官的能动性。因为裁判案件是一个高度知识性、智慧性、专业性的工作。我们讲怎样进行法律思维,讲法官裁判的方法,就是为了正确适用法律,为了实现个案公正。特别要纠正“死抠”证据、“死抠”举证责任分配的倾向。

按照现代证据法理论,关于证据的取舍、各种证据证明力的大小及事实认定规则,均不取决于法律的预先规定,而是由法官依据自己的“良心”和“理性”自由判断,并最终形成“内心确信”。法官“内心确信”的形成,绝不是仅仅依靠“举证责任分配规则”。还要依赖法官的“社会生活经验”,依赖法官对双方当事人身份、地位、相互关系及案件发生的环境、条件的了解,以及法官在庭审中对当事人、证人等的言行、举止、神态等的“察言观色”。法院裁判的本质是,行使裁判权的“人”,对案件“事实”进行裁判。之所以需要程序规则、证据规则和举证责任分配规则,是为了帮助行使裁判权的“人”尽可能地“发现”案件的“事实真相”,以形成“内心确信”。

(三)“实质判断”

对于一些可疑的案件、一些反常的案件,一定要进行“实质判断”。我所说的“实质判断”,是指法庭在认定事实的时候,不能仅看当事人提供的证据材料,当事人提供的证据材料上反映出来的“事实”,有可能是“假象”,是“伪装”,其“真相”、真实的法律行为被掩盖起来了。这就是民法教科书上所谓伪装行为与隐藏行为问题。

民法上所谓伪装行为(亦称虚伪表示),指双方当事人通谋而为之虚假的法律行为。伪装行为,是用来掩盖真实法律行为的伪装。伪装行为所掩盖的真实法律行为,称为隐藏行为。伪装行为,并非当事人的真实的意思表示,当然应无效。至于隐藏行为是否有效,应适用关于该法律行为之规定。教科书通常举房屋买卖合同伪装成赠与合同的例子。当事人订立房屋买卖合同,为规避税法而伪装为赠与合同。则赠与合同为伪装行为,应当无效,所掩盖的房屋买卖合同是隐藏行为,其是否有效,应依关于房屋买卖合同的法律规定判断。近年的裁判实践中遇到的伪装行为与隐藏行为,绝不仅仅是房屋买卖合同伪装成赠与合同这样简单。

法官遇可疑、反常、不合情理的案件,对于当事人双方的陈述不可轻信,一定问为什么。合同书为什么这样写？当事人为什么这样说？书面证据和口头陈述背后究竟掩盖着什么样的事实？什么样的动机？什么样的目的？什么样的真相？一定要注意社会生活的复杂性,一些狡猾的当事人、自作聪明的当事人常会用一种伪装行为,把真实的法律行为掩盖起来、隐藏起来。法官从合同书等书面证据及双方口头证据看到的不是案件真相而是假象(伪装行为)。案件真相(真实的法律行为)被掩盖、隐藏起来了。因此,一定不要被假象(伪装行为)欺骗,要根究假象背后的真相是什么,只有识破假象(伪装行为)、把握真相(隐藏行为),直接依法判断隐藏行为是否有效,才能正确裁判案件。

(1)隐藏行为属于违法行为

如所谓“委托理财”案件。委托方要求执行所谓“委托理财”合同,作为受托人的证券公司主张合同违法。究竟什么叫委托理财？本案是不是真正的委托理财？实际上当事人在签订“委托理财”合同书的同时,还签订了一份所谓“补充协议”。“委托理财”合同约定:委托方将自有资金5000万元委托受托人购买有价证券,约定收益回报和应付佣金。单看“委托理财”合同,符合合同法关于委托合同的规定,并无违法、异常之处。但同时签订的“补充协议”约定,受托人可以利用替委托人购买的证券,可以回购这些证券。把所谓

“委托理财”合同书与同时签订的“补充协议”书合起来看,就可以把握本案的实质,根本不是什么委托理财合同,而是证券公司以支付高利率为条件向企业借款,属于非法拆借。当我们通过实质判断,准确把握案件事实名为“委托理财”、实质是非法拆借之后,问题也就迎刃而解了!

再如所谓“银行借款”案。不是通常私人、企业向银行借款,而是银行作为借款人向私人、企业借款。这难道不反常吗?作为债权人的原告起诉银行,以银行签订的借款合同为根据,借款合同写得很清楚,银行是借款人,明确约定了借款金额、还款日期、违约金等内容。被告银行答辩说,银行是金融机构,有必要向私人借款吗?没有必要借款。那为什么要签订借款合同?本案的实质是什么?当事人究竟是什么关系?什么目的?这些疑问不弄清楚,单凭借款合同书就认定借款合同关系,让银行承担归还本金利息的责任;或者单凭金融机构不可能借款,否定借款合同,免除银行的责任,都是轻率的,都不可能实现法律正义。

本案的实质是:银行为企业间非法拆借资金提供担保,采取由银行作为借款人签订借款合同的形式,借款金额 4000 万元,用款人仅归还了几百万元,还欠 3000 多万元。单凭借款合同书,认定银行是借款人,让银行归还 3000 多万元,将有失公正;认为银行不可能借款,否定借款合同,免除银行的责任,同样有失公正。把握三方共同策划非法拆借、银行名为借款人实际是为非法拆借充当保证人的实质,判决三方分担因违法行为无效所造成的损失,各自为自己的行为承担责任,就不难实现法律正义。

再举一个以股权转让行为掩盖非法借贷行为的案子。甲投资公司与乙公司签订附解除权的股权转让合同,约定甲公司受让乙公司 20%的股权,总价 1.2 亿元人民币,约定解除权条件是:在本合同签订之日起的1年之内乙公司应当在香港证券市场挂牌上市，如1年期满乙公司未能在香港挂牌上市，则甲公司有权解除合同，要求乙公司回购该20%股权。并约定了回购价格和利息率、乙公司回购的期限、不能按时回购的违约金。股权转让合同是伪装行为，所掩盖的隐藏行为是非法借贷行为。

还有一个所谓银行借款案。借款人是银行营业部，出借人是典当行。银行是金融机构，怎么会向典当行借款？典当行是非银行金融机构，所谓典当实质是面向私人的动产质押小额贷款，怎么可能向银行放贷？这一借款合同纠纷案件，太反常，太可疑！所谓借款合同肯定是假象，真相被掩盖起来了。真相是：典当行违法收当承兑汇票，将所收当的承兑汇票交给被告某银行营业部，由该银行营业部出具借款凭据（约定借款金额、还款期限、违约金等），然后将汇票交给地下钱庄，由地下钱庄向该银行营业部付款，地下钱庄再持汇票到承兑银行承兑。原告典当行和被告银行营业部提交给法庭的借款合同，是虚伪表示。被掩盖的典当行、银行营业部、地下钱庄之间“串汇票”的违法行为，属于隐藏行为。

（2）隐藏行为属于合法行为

还有这样一个案件，原告起诉要求法院判决强制实际履行买卖合同，根据是一份房屋买卖合同书。合同书约定，原告支付40万元购买被告四套商品房。按照合同订立当时的价格，这四套房屋价值也在200万元以上。价值200多万元的四套房屋只卖40万元，这难道不奇怪？难道不值得怀疑？原审却没有怀疑，作出强制交房、过户的判决，造成错案。再审法院没有轻易相信合同书，查明合同书背后被掩盖的真相：被告急需用钱，向原告借款40万元，以四套房屋作为担保，按照原告的要求采用了签订房屋买卖合同的形式。形式上是房屋买卖，实质是借款的担保。再审法院在作出实质判断之后,不难作出公正判决:认定本案房屋买卖合同属于虚假法律行为,不具有法律效力,另按照真实的借款关系判决被告归还40万元借款本金和利息。

(3)隐藏行为处于合法与非法之间

如所谓"居间费"案件。书面合同约定的居间费金额几百万元,甚至上千万元。我们的法官竟然毫不怀疑,没有追问一下这究竟是什么样的居间合同?一审认定合同无效,二审认定合同有效,再审又认定合同无效。问题在于,法庭没有把握案件的实质,仅凭合同书和双方陈述,就合同论合同,没有把握背后的目的和真相,没有问究竟是不是真的"居间合同"?没有问为什么要约定如此巨额的"居间费"?

如果法官进行实质判断,透过合同书和当事人陈述反映出来的假象,把握了双方真实的关系、真实的目的,不难发现名为居间合同、名为居间费,但并不是平常的居间合同,甚至根本不是什么居间合同。有的所谓"居间合同",实际是一方利用自身"优势",以自己的名义承揽建设工程之后,为规避法律关于禁止转包的规定,而与真正承建工程的承包人订立所谓"居间合同"。所谓"居间费"是工程转包的报酬。

有的所谓"居间合同",实际是一方当事人以自己的名义、自己的"优势"(关系)取得建设用地使用权(甚至仅仅是批准建设用地的批文),但自己根本就不打算开发,也没有能力开发,目的是通过转让使用土地的"权利"谋取利益。为了规避法律法规关于土地使用权出让、转让的规定,采用了订立居间合同的形式,合同上约定的巨额居间费往往上千万元,实际上并不是什么"居间费",而是转让建设用地使用权或者获得建设用地使用权的批文的代价(转让费)。我们的法官进行"实质判断",把握案件事实真相之后,才有可能作出正确的判决。

总括起来,我作这个讲座的目的,是要告诉大家,法律的哪些属性决定着法律思维,哪些属性在裁判案件中起关键的作用。无论法官裁判案件或者仲裁庭仲裁案件,都不是消极被动、无所作为的,既不应做法律条文的奴隶,也不应做程序规则、证据规则和举证责任分配规则的奴隶。如果能够正确认识法律的规范性、社会性、逻辑性、概念性、目的性、正义性等在法律思维中的重要意义,正确掌握和运用各种裁判的方法,避免“死抠”程序、“死抠”条文,就一定能够在各类案件的裁判中,实践法律正义,并促进社会的和谐。

谢谢!

民事裁判的若干问题*

一、关于诉

（一）诉的概念

讲裁判的方法，先要讲诉。因为裁判权属于国家公权力之一种，但裁判权不同于其他公权力。不同之处在于，裁判权的行使是被动的、受限制的。而裁判权之外的公权力，均可凭公权主体的意思而主动行使。例如，市场监督管理机关，可以不依赖他人（市场主体、义务主体）的意思，而主动提起案件、查处行政违法行为。法院裁判权不能主动行使，必须由原告向法院起诉，并经审查符合诉的要件而予受理（受诉），才有裁判权行使之可能性。纵然存在实体争议、存在保护实体权的必要，假如权利人不向法院起诉，或者虽起诉而不符合诉的要件，法院裁判权是不可能主动行使的。诉的成立，使受诉法院具备行使裁判权的前提条件，同时也限制了裁判权行使的范围。即受诉法院仅能够裁判本案当事人（即原告、被告，有时还有第三人）之

---

* 根据2020年7月27日在云南省人民检察院所作讲座的录音稿整理。

间的争议、就本案诉讼请求作出肯定或者否定的判决。可见，正是诉，使法院裁判权具备行使的前提条件、并限定受诉法院裁判权行使的对象和范围。

按照民诉法原理，所谓诉，是指原告请求法院，就其针对被告的诉讼请求，进行裁判的行为。简言之，诉是原告请求法院进行裁判的诉讼行为。原告对于被告的诉讼请求，是受诉法院进行裁判的对象，法院裁判的结果，则是对于该诉讼请求作出肯定（支持）或者否定（不支持）的判决。

正确掌握诉的概念，关键在于区分两个“请求”。诉，是诉讼主体（原告）基于诉权、根据诉讼法的规定，“请求法院”对本案（原告对被告的诉讼请求或者与被告之间的争议）进行裁判的诉讼行为，此项“请求”的相对方是受诉法院；诉讼请求，是民事主体（权利人）基于实体权、根据实体法的规定，“请求义务人（被告）”履行义务等的实体权行使行为，此项“请求”的相对方是被告。二者之间，是程序法与实体法、程序权（诉权）与实体权的关系。诉的功能，在于衔接程序法与实体法、程序权（诉权）与实体权，并使受诉法院可以通过裁判权之行使，实现解决实体争议、保护实体权的目的。

诉是多方行为，行为主体除原告、被告（有时还有第三人）之外，还有受诉法院。原告、被告（及第三人）相互之间是平等的，但原被告（及第三人）与受诉法院之间是不平等的。受诉法院是裁判权的执掌者、原被告之间实体纠纷的裁判者、诉讼程序的组织者和指挥者。原告当然按照自己的自由意思决定起诉或者不起诉（处分原则），但原告一旦起诉（经法院受理），原告、被告或者第三人均处于法院裁判权管辖之下，均必须服从于裁判权。但受诉法院行使裁判权，并非为自身的利益或者目的，而是裁决原被告之间的争议、保护其合法权利和利益，某种意义上有为原被告服务的性质。可见，诉是一种既不同于民事法律行为,也不同于行政法律行为的特殊法律行为。

再者,诉作为特殊的法律行为,表现为一个诉讼过程(时间段)。原告起诉经法院受诉,是该过程的始端。诉一经成立(启动),即由受诉法院指定的审判庭行使裁判权,将当事人(原告、被告及第三人等)召集到庭,通过庭审查明案件事实,然后依据实体法的规定作出判决,判决是其终端。诉作为一个诉讼行为过程,因当事人起诉(法院受诉)而成立(启动),然后在法庭(审判庭)组织、指挥之下向前推进,直至依法(程序法和实体法)作出本案判决(或者因具备别的法定事由)而终结。可以说,所谓诉,是一个包含法院裁判权行使行为和当事人的权利(诉权和实体权)行使行为的多方参与、公权和私权交错、程序法和实体法衔接的复合的法律行为。质言之,经由诉这样一个复合的法律行为,法院在当事人的参与之下,通过裁判权的依法行使,以解决当事人之间的实体纠纷,维护当事人的实体权益,恢复当事人之间的利益平衡。

与诉有关的另一个法律概念是“案(件)”。法院专设有立案庭。当事人向法院起诉,也常被说成到法院立一个“案”。诉与案是什么关系?大多数情形,原告起诉经立案庭审查符合诉的要件、决定予以受理(受诉),通常称为“立案”。可见,立案就是受诉。通常立一个案,即是受(理)一个诉。这样看来,似乎“案”与“诉”可以画等号,但也不尽然。因为,有这样的情形,一个案不是一个诉,而是两个诉甚至很多个诉。我在后面会讲到。法院为了诉讼的经济,把若干个诉合并为一个案,由一个审判庭审理。常见的本诉和反诉,合并为一个案。所谓消费者诉讼、集团诉讼,是将若干个诉乃至几百个诉,合并为一个案。可见诉与案,两个概念并不相等。可以认为,“案”,是着重于由一个审判庭裁判的概念,由一个审判庭裁判

(无论一个诉或者多个诉),即是一个案;而“诉”,是着重于诉讼行为本身的概念,符合诉的要件即构成一个诉。

顺便指出,所谓“诉的合并”,并非将两个或者多个诉合并为一个“诉”,而是将两个或者多个诉合并为一个“案”,便于由一个审判庭审理,以实现诉讼经济(节约司法资源)的目的。

(二)诉的构成

诉的构成要素有三。第一项要素,是人的要素,即原告和被告,缺一不可。如前所述,诉的功能和目的,是通过裁判权的行使解决民事争议(纠纷)。民事争议(民事纠纷),即民事关系上的冲突,必定存在于两个民事主体之间。仅一个民事主体,不构成民事关系、不发生民事争议(民事纠纷)。故诉的构成要素之一,必须有原告和被告,缺少任何一方,均不能构成诉。《民事诉讼法》第119条规定,起诉必须符合下列条件:“(一)原告是与本案有直接利害关系的公民、法人和其他组织;(二)有明确的被告……”此明确规定,原告和被告是构成诉的必备要素。原告、被告缺少任何一方,诉均不能构成(成立)。诉成立之后,在诉进行当中,如果原告、被告中一方死亡,就要考虑由别的适格的当事人替补死去的原告或者被告,就像足球赛换人一样,以便使该诉继续进行下去。如果没有适格的当事人替补,就只好终结这个诉。当事人一方死亡作为诉终结的法定事由,规定在《民事诉讼法》第151条。①

以上讲原告和被告是诉的构成要素,二者缺一不可。有的诉除原告和被告外,还可能有第三人。第三人是诉的当事人,但第三人不是诉的必备要素。这里顺便提及证人,证人是不是诉的当事人

① 《民事诉讼法》第151条规定:“有下列情形之一的,终结诉讼:(一)原告死亡,没有继承人,或者继承人放弃诉讼权利的;(二)被告死亡,没有遗产,也没有应当承担义务的人的;(三)离婚案件一方当事人死亡的;(四)追索赡养费、扶养费、抚育费以及解除收养关系案件的一方当事人死亡的。”

呢？不是。证人不是诉的当事人，证人是证据方法。诉进行中法庭传唤证人，是要通过证人以认定事实。证人与书证和物证是同样的性质，证人是证据方法，不是诉的当事人，更不是诉的要素。

诉的第二项要素：诉讼请求。前面已经谈到，诉包含两个请求，一个是原告对法院的请求，一个是原告对被告的请求。诉讼请求，是原告针对被告的请求。原告起诉请求法院解决什么问题，请求法院裁判原告与被告之间的争议或者请求法院强制被告履行义务，原告通过诉所要达到的目的，是请求法院支持自己的权利主张。请注意，诉讼请求的相对方是被告而不是法院，诉讼请求的根据是实体法而不是程序法。诉讼请求的本质，是原告依据实体法享有的实体权利，只不过现在通过诉的方式行使此项权利罢了。实体权利，因为采用诉的方式行使，诉讼法上称为诉讼请求。原告起诉，必须明确其诉讼请求，没有诉讼请求或者诉讼请求不明确，就不能形成诉。《民事诉讼法》第119条规定了起诉必须符合的条件："……（三）有具体的诉讼请求……"可见，诉讼请求，是诉不可或缺的构成要素。条文所谓"具体的诉讼请求"，不仅要求原告（起诉状）确定其对于被告的诉讼请求，而且要求该诉讼请求必须明确具体。诉进行中如果审判庭发现原告的诉讼请求不明确、不具体，应当对此进行释明，告知原告使其诉讼请求达到明确具体的标准。

诉的第三项要素，实务中称为"事实关系"。《民事诉讼法》第119条规定了起诉必须具备的条件："……事实、理由……"所谓"事实关系"，即指条文"事实、理由"。鉴于实体权利总是存在于特定法律关系之中，故条文所谓"事实"，指作为诉讼请求的实体权利赖以存在的法律关系以及证明此法律关系发生、变更、消灭的法律事实。条文所谓"理由"，应当指法律上的理由，即关于该特定法律关系发生、变更、消灭以及该项实体权利保护的实体法规定。

原告根据什么法律关系起诉？是根据特定合同关系提起债务履行之诉或者违约责任之诉，或者根据特定侵权责任关系提起侵权责任之诉，或者根据特定身份关系提起扶养费、赡养费给付之诉？原告的诉讼请求（实体权利），总得有特定法律关系作为其产生、存在的基础。这个基础，在《民事诉讼法》条文中叫（诉讼请求的）“事实、理由”，有人把它叫作“事实关系”，实际是“法律关系”。讲“法律关系”，当然包括证明该特定法律关系的相关事实和理由在内。可见，理解诉的第三项构成要素，不能拘泥于条文“事实、理由”的字面含义，应当理解为：原告诉讼请求（依据的实体权利）所赖以存在的特定法律关系及其相关事实和理由。

（三）诉的分类

按照民诉法原理，诉分为三种类型：第一种称为确认之诉，第二种称为形成之诉，第三种称为给付之诉。[①] 分类的根据是，诉的构成要素中的（第二项要素）“诉讼请求”所体现的实体权类型。诉讼请求所体现的实体权，包括确认权、形成权和请求权。如前所述，所谓诉讼请求，实质是以诉的方式行使实体权。故所谓确认之诉，即确认权行使之诉；形成之诉，即形成权行使之诉；给付之诉，即请求权行使之诉。需特别注意一点，并非所有的实体权均可采用诉的方

---

① 本书不认可所谓“执行异议之诉”概念。因为：诉是诉讼程序上的概念（制度），而执行异议是强制执行程序上的概念（制度）；诉是原告就自己与被告之间的民事争议、自己对被告的实体权主张，请求法院予以裁判的诉讼行为，而执行异议，是异议人认为法院强制执行行为错误请求执行法院对该强制执行行为的合法性进行审查的程序性行为；诉的构成，必须有原告、被告和受诉法院三方，而执行异议的成立，仅有异议人和法院（执行法院）两方，即使将异议人视同原告，也不可能存在被告；诉中，受诉法院行使裁判权，审查和裁判的是原告与被告之间的争议和实体权主张，而执行异议中，受理法院审查的是法院自己的强制执行行为。简言之，执行异议属于程序性救济措施，与管辖权异议同性质，民诉法不存在所谓“执行异议之诉”，正如不存在所谓“管辖权异议之诉”。

式行使,故诉的三种类型,并不能对应实体法全部实体权类型。

近现代民法关于私权本质采法律上之力说,故民法理论依据权利所具有法律上之力的不同,而分为支配权、请求权和变动权。第一类实体权是支配权,即权利主体依自己的意思对权利客体为直接支配并排除他人干涉的权利。物权、人身权、知识产权为支配权。支配权具有法律上的支配力和排他力,故支配权由权利人自己采用事实行为或者法律行为的方式行使,而无须采用诉的方式。但支配权中的物权、知识产权因权利归属发生争议时,当事人请求法院对系争权利的归属作出确认。于这种情形,当事人以诉的方式行使的是确认权。确认权,属于法律为解决物权、知识产权归属争议特别赋予的救济权。确认权与物权、知识产权受侵害时,受害人行使的侵权责任请求权,颇为类似。确认权、侵权责任请求权,均属于支配权的救济权。除物权、知识产权归属确认权外,于当事人对于法律行为是否有效发生争议、对于解除权行使行为是否有效发生争议情形,法律亦赋予当事人确认权。

第二类实体权是请求权,即权利人请求义务人为或者不为特定行为的权利。请求权于义务人不主动履行义务时,可采用诉的方式行使。作为请求权客体的义务人的行为,理论上称为“给付”。故请求权行使之诉,通常称为给付之诉。

第三类实体权是变动权。变动权是权利人依自己的意思使法律关系发生变动的权利,包括形成权、抗辩权、可能权。形成权,是权利人依自己的意思使自己与他人之间的法律关系发生变动的权利,包括撤销权、解除权、抵销权。其中,撤销权必须采用诉的方式行使,解除权可以诉的方式行使也可以通知方式行使,抵销权仅以通知方式行使而不采用诉的方式。抗辩权是相对方以诉的方式或者其他方式行使请求权时用来加以对抗的权利,仅能够以主张抗辩的方式行使,而不能以诉的方式行使。可能权,是权利人以自己的行为使他人与他人之间法律关系发生变动的权利,如代理权、代表权、代位权。其中,代理权、代表权均不采用诉的方式行使,唯代位权(如债权人代位权)须以诉的方式行使,但此代位权行使之诉,非形成之诉,而属于给付之诉。所谓形成之诉,仅指形成权中的撤销权、解除权行使之诉。

这里作一个小结。诉的分类根据是采用诉的方式行使的实体权的性质和类型。但并非所有的实体权均可采用诉的方式行使,可以或者必须采用诉的方式行使的实体权,仅有确认权(必须采用诉的方式行使)、形成权中的撤销权(必须采用诉的方式行使)和解除权(可以采用诉的方式行使)及请求权(可以采用诉的方式行使)。于是,诉被分为三种类型:确认权行使之诉,即确认之诉;形成权(撤销权、解除权)行使之诉,即形成之诉;请求权行使之诉,即给付之诉。

1. 确认之诉

如前所述,确认之诉,亦即确认权行使之诉。按照现行法,确认权可分为权利归属确认权、法律行为效力确认权和解除行为效力确认权,与此相应,确认之诉亦分为权利归属确认之诉、法律行为效力确认之诉、解除行为效力确认之诉。

其一,权利归属确认之诉。《民法典》物权编第234条规定,“因物权的归属、内容发生争议的,利害关系人可以请求确认权利”。张三说这套房屋是张三自己的,李四说这套房屋是李四的,即张三和李四就该房屋所有权归属发生了争议。共同所有权各共有人关于共有份额的争议,属于关于物权内容的争议。条文所谓“利害关系人”,指争议各方当事人及其继承人。条文“请求确认权利”,在因权利归属发生争议情形,指“确认权利的归属”;在因权利的内容发生争议情形,指“确认权利的内容”,如确认共有人各自的共有份额。第234条规定物权确认权,亦可类推适用于其他支配权(知识产权、股权)归属发生争议的情形。实务中常见名义股东与实际股东(出资人)关于股权归属争议案件,委托人与受托人关于技术发明专利归属争议案件,法院往往类推适用第234条关于物权确认权的规定。[①] 根据第234条的规定,请求法院确认权利归属,即属于确认之诉的第一种类型,可称为权利确认之诉。

其二,法律行为效力确认之诉。即民事法律行为(通常是合同)双方当事人,对该行为是否有效发生争议,双方均有权请求法院予以确认(确认该行为无效或者有效)。[②] 此法律行为效力确认权,虽在立法上没有明文规定,但民法理论和实务均承认此项确认权之存在。不仅当事人可以根据此项确认权提起法律行为效力确认之诉,于若干直接关系国家利益和社会公共利益的情形(如总则编第146、153、154条),法院可不待当事人请求而依职权确认法律行为无效。法院依职权确认法律行为无效,实际是将原请求履行或者追究违约责任的给付之诉,依职权变更为法律行为效力确认之诉。须特别注意,当事人实施法律行为构成总则编第146条第1款虚伪表示,且直接损害国家利益或者社会公共利益(如逃税)情形,以及构成第154条恶意串通、损害国家利益或者社会公共利益情形,人民

① 顺便指出,人格权虽属于支配权,但人格权是权利人对自身人格利益的支配,不可能与他人发生人格权归属和内容的争议,故不存在人格权归属确认问题。

② 法律行为(合同)当事人享有法律行为效力确认权的前提条件,是双方对于该法律行为(合同)的效力(是否有效)发生分歧,即一方认为有效、另一方认为无效。如果双方并无分歧,均认为有效或者均认为无效,则双方均不享有此项确认权。这是由确认权的救济权性质和目的所决定的。实务中发生这样的案件,双方对于合同效力并无分歧,即均认为合同有效,一方当事人却起诉请求法院判决确认合同有效。法庭以双方对于合同有效并无分歧,故原告不享有诉权为由,判决驳回原告请求,当然是正确的。

检察院以公益诉讼主体身份享有确认权，可向法院提起法律行为效力确认之诉，请求法院确认法律行为无效。补充一点，当事人行使确认权，既可以请求确认法律行为无效，亦可请求确认法律行为有效，但人民检察院行使法律行为效力确认权，仅可请求法院确认法律行为无效。法院依职权确认法律行为效力，属于裁判权的行使（非所谓确认权）行为，其既可（于双方当事人均认定法律行为有效情形）依职权确认法律行为无效，亦可（于双方当事人均认定法律行为无效情形）依职权确认法律行为有效，自不待言。

其三，解除行为效力确认之诉。规定在合同编第 565 条第 1 款。该款规定，享有（约定或者法定）解除权的一方，可以通知方式行使解除权，此解除权行使通知，属于意思通知，条文明定于通知到达对方时发生合同解除的效力。这就存在一个问题，即相对方有异议怎么办？原《合同法》第 96 条规定，对方有异议的，对方可以向法院或仲裁机构请求确认。这个诉是什么性质？实质是请求法院确认对方的解除权行使行为是否生效。《民法典》合同编第 565 条第 1 款对此作了重要修改，明文规定，对方有异议的，任何一方均可以向法院或仲裁机构请求确认解除行为的效力。赋予双方当事人（行使解除权的一方和对此有异议的相对方）解除权行使行为效力确认权。此项确认权属于救济权性质，必须采用诉的方式行使，即提起解除行为效力确认之诉。

这里小结一下。所谓确认之诉，即作为实体权之一的确认权行使之诉。因民法有权利归属确认权、法律行为效力确认权和解除行为效力确认权，故与之相应，确认之诉再分为权利归属确认之诉、法律行为效力确认之诉和解除行为效力确认之诉。

2. 形成之诉

所谓形成之诉，对应的实体权是形成权。前面已经谈到，民法所谓形成权，即权利人依自己的意思消灭自己与相对方之间的民事法律关系的权利。形成权包括撤销权、解除权和抵销权三类。其中，撤销权必须采用诉的方式行使，解除权既可以采用诉的方式行使也可以采用通知方式行使，而抵销权无须采用诉的方式行使。[①]是故所谓形成之诉，仅指撤销权行使之诉和解除权行使之诉。

顺便指出，中国民法是从外国民法继受而来的，民法概念大抵采用日本学者用汉字翻译法语、德语民法概念。有的概念的汉语文义与对译民法概念意义吻合，如撤销权之“撤销”、解除权“解除”和抵销权之“抵销”，均是使已存法律关系“消灭”的意思，但形成权之“形成”，汉语文义是使某种关系“产生”的意思，与形成权使已存法律关系“消灭”的意思，正好相反。因此，理解民法概念，切忌望文生义。简言之，形成权是使权利人自己与相对方之间的法律关系消灭的权利。形成权采用诉的方式行使，请求法院消灭自己（原告）与相对人（被告）之间已经存在的民事法律关系之诉，即是形成之诉。故可将形成权理解为“消灭权”，与之相应，将形成之诉理解为“消灭之诉”。

如前所述，形成之诉仅有撤销权行使之诉与解除权行使之诉两种。先介绍撤销权行使之诉。《民法典》总则编，第 147 条规定，基于重大误解实施的民事法律行为，双方有撤销权；第 148、149 条规定，以欺诈手段使相对方在违背真实意思的情况下实施的民事法律行为，受欺诈一方有撤销权；第 150 条规定，以胁迫手段使相对方在违背真实意思的情况下实施的民事法律行为，受胁迫一方有撤销

---

① 第 568 条规定：“当事人互负债务，该债务的标的物种类、品质相同的，任何一方可以将自己的债务与对方的到期债务抵销；但是，根据债务性质、按照当事人约定或者依照法律规定不得抵销的除外。当事人主张抵销的，应当通知对方。通知自到达对方时生效。抵销不得附条件或者附期限。”依据本条规定，抵销权行使采用通知方式，不采用诉的方式。

权；第 151 条规定，显失公平的民事法律行为，受损害的一方有撤销权。以上是总则编关于撤销权的规定。但撤销权不限于总则编，《民法典》某些分则编亦有关于撤销权的规定。如婚姻家庭编，第 1052 条规定，因胁迫结婚的，受胁迫一方有撤销权；第 1053 条规定，一方患有不宜结婚的重大疾病未在婚前如实告知对方的，对方有撤销权。按照民法原理，撤销权实际是对于存在意思表示瑕疵的民事法律关系的救济权。法律赋予民事法律关系中意思表示不真实的一方以撤销权，使其可以基于自己的真实意思决定该民事法律关系的命运，是贯彻意思自治原则的结果。

因撤销权之存在，使该民事法律关系处于效力不完全状态（对有撤销权一方无拘束力），此种状态长期持续将不利于相对方当事人利益保护及法律秩序稳定，故撤销权受除斥期间的限制。撤销权的除斥期间，规定在总则编第 152 条第 2 款。在除斥期间内，撤销权人行使撤销权，使该存在意思表示瑕疵的民事法律关系归于消灭；除斥期间经过而撤销权人未行使撤销权，则该存在意思表示瑕疵的民事法律关系不消灭，成为完全有效的民事法律关系。

这里作一点补充，“撤销”一词在民法上较为常用，且有不同的含义。例如，法人之撤销、监护人资格之撤销，其意义在于使某种法律资格归于消灭；失踪宣告之撤销、死亡宣告之撤销，其意义在于取消某种决定。这两种撤销，撤销之权均归授予法律资格或作出决定的公权力机关，其实质属于司法权力或行政权力之行使，而与民法形成权之一的撤销权不同。

再补充一点，关于撤销权的行使，德国民法、荷兰民法、日本民法、英美契约法、欧洲民法典草案（DCFR）、国际商事合同通则（PICC）等，均仅要求以意思表示向相对人为之，亦即采用通知方式，而不要求采用诉的方式。但中国民法要求撤销权之行使必须采取诉的方式(或者仲裁的方式)。假如撤销权人不向法院起诉(或向仲裁机构申请仲裁),而向相对人发所谓撤销权行使通知,将不发生撤销权行使的效力(这种情形如相对人表示同意可发生协议解除的效力)。

中国民法之所以规定撤销权必须采用诉的方式(或者仲裁方式)行使,是基于相对方合法利益保护及维护法律秩序的政策判断。中国地域辽阔、人口众多,人民和企业法律知识不足、法治观念不够,如允许撤销权人发个通知就可以消灭自己与相对人之间的合同关系乃至婚姻关系,势必不利于法律关系的稳定、法律秩序的维护及相对人合法利益的保护。故《民法典》规定撤销权行使,必须采取撤销权行使之诉的方式。

形成之诉的第二种,是解除权行使之诉。民法规定的解除权,有约定解除权和法定解除权。合同编第 562 条第 2 款规定,当事人可以约定一方解除合同的事由,解除合同的事由发生时,解除权人可以解除合同。这是约定解除权。第 563 条规定法定解除权。解除权是权利人依单方意思消灭自己与相对人之间完全有效的民事法律关系的权利。解除权与前面讲的撤销权,同属于形成权,二者的区别在于:撤销权所消灭的是存在意思表示瑕疵的、效力不完全的民事法律关系;解除权所消灭的是无意思表示瑕疵的、完全有效的民事法律关系。另外一个区别是,撤销权必须采用诉(或者仲裁)的方式行使,解除权既可以采用诉的方式行使,也可采用通知方式行使。

以通知方式行使解除权,规定在合同编第 565 条第 1 款。该条第 1 款第 1 句规定,解除权人解除合同的,应当通知对方,合同自通知到达对方时解除。依此规定,有解除权一方,向对方发一个书面通知,将自己解除合同的意思告知对方,通知到达对方,合同关系就消灭了。第 1 款第 2 句规定，有解除权一方还可以将解除权行使通知与履行催告通知合二为一，给相对人（债务人）一个履行宽限期，该期限届满债务人未履行的合同关系消灭。第 565 条第 2 款规定，解除权可以采用诉的方式（或者仲裁方式）行使。依此规定，解除权人可以不发通知，直接向法院起诉请求法院判决解除合同，此即解除权行使之诉。按照第 2 款的规定，解除权行使之诉，经法庭判决予以认可的，自起诉状副本送达对方时合同关系消灭（解除）。

以上是合同关系上的解除权。另有身份关系（收养关系）上的解除权，规定在婚姻家庭编第 1114、1115 条。第 1114 条第 2 款规定，收养人不履行抚养义务等情形的收养关系解除权；第 1115 条规定养父母与成年养子女关系恶化、无法共同生活情形的收养关系解除权。从这两个条文的规定可知，收养关系解除权，只能采取诉的方式行使、不能采取通知方式或者仲裁方式行使，是由身份关系的性质决定的。这是收养关系上的解除权与合同关系上的解除权的重要区别。

3. 给付之诉

给付之诉的“给付”是什么意思？要求对方给钱、给物的意思。给付之诉，对应的是实体法上的请求权，实际是请求权行使之诉。前面已经讲过，实体权以法律上之力分类，分为支配权、请求权和变动权。请求权与我们所熟知的所有权、抵押权等物权不同，物权是支配权，是直接支配特定物并排除他人干涉的权利。请求权没有支配的效力，权利人只能请求义务人为某种行为，既不能支配义务人的人身，也不能支配义务人占有之下的财产。开发商请求买房人付款，买房人请求开发商交房，开发商和买房人的权利都是请求权。买房人不付款，开发商不能支配买房人的人身，也不能支配买房人的账户。同样，买房人的权利是请求开发商交房，开发商不交房，买房人不敢动开发商的任何一套房屋。这样的权利就是请求权。

说到请求权,我们马上想到债权请求权,买房人和开发商基于房屋买卖合同关系的权利就是债权请求权。但债权请求权之外,还有物权请求权。刚才讲到物权是支配权,物权性质上是支配权、不是请求权,但物权受侵害时将发生请求权。物权编第 235 条规定,无权占有不动产或者动产的,权利人可以请求返还原物。权利人请求无权占有人返还原物的权利,即是物权请求权。现实生活中,房屋租赁合同租赁期满、不续期,按照租赁合同的规定,承租人应当将房屋返还给出租人,如果承租人无理不返还房屋,这种情形,出租人根据租赁合同请求承租人返还房屋,这是行使债权请求权;出租人也可以依据物权编第 235 条的规定,请求承租人返还房屋,这是行使物权请求权。物权请求权,是物权受侵害(标的物被他人无权占有)时,法律赋予物权人的救济权。房屋所有权(物权)本权是支配权,请求无权占有人返还房屋的权利是救济权。物权编第 236、237 条规定的排除妨害、消除危险请求权和恢复原状请求权,均属于物权请求权。支配权是物权的本质属性,物权请求权是物权受侵害时,法律特别赋予的救济权。

最常见的请求权是债权请求权。刚才已经讲到,租赁合同上的权利、买卖合同上的权利,属于债权,请求权是债权的本质属性。教科书上说,债权是典型的请求权。债权与物权不同,物权是支配权,物权受到侵害才有(物权)请求权,而债权的本质属性就是请求权。请求权是债权的本质属性,是债权主要的效力。我们也可以说请求权是债权的本质,但不能把债权等同于请求权。因为债权除了请求权的效力外,还有别的效力。

举一个例子,张三借 50 万元给李四,张三是债权人、李四是债务人。李四把这 50 万元还给张三,张三有权受领并予保持,即将这

50 万元归入张三自己的账户。假设发生错误,李四误将这 50 万元汇入王五的账户,王五不是债权人,他有没有权利受领并保持这 50 万元？按照刑法,王五保持(占有)这 50 万元将构成侵占犯罪,按照民法要构成不当得利。为什么？因为王五不享有债权、没有受领给付并予保持的效力。由此可见,债权除了请求权效力外,还有受领给付并予保持的效力。此外,合同编规定了债权人代位权(第 535、536 条)和债权人撤销权(第 538、539 条)。根据债权人代位权,债权人可以自己的名义代位行使自己的债务人对次债务人的债权;根据债权人撤销权,债权人可以撤销债务人与第三人之间的民事法律关系。可见,债权还具有代位权的效力和撤销权的效力。最后,在特殊情况下,债权也有排他的效力。这就是教科书上讲的所谓积极侵害债权。积极侵害债权,亦称为第三人侵害契约,即第三人故意以违背善良风俗的手段使债务人违反合同,债权人可以请求该第三人承担侵权损害赔偿责任。这种情形,债权具有排他的效力。债权不仅具有请求权的效力,还具有受领给付并予保持的效力、代位权和撤销权的效力,特殊情形还具有排他的效力。因此,在债权与请求权之间不能画等号。

除物权请求权、债权请求权外,还有身份关系上的请求权。婚姻家庭编第 1059 条第 2 款规定,夫妻有相互扶养的义务,需要扶养的一方在对方不履行扶养义务时,有扶养费请求权;第 1067 条第 1 款规定未成年子女对父母有抚养费请求权、第 2 款规定需要赡养的父母对成年子女有赡养费请求权。这是身份关系上的请求权,若干特别法也规定有请求权。如《公司法》第 28 条规定足额出资股东对未足额出资股东有违约责任请求权;第 149 条规定股东对高管人员的损害赔偿请求权。

所谓给付之诉,即(实体权之一的)请求权行使之诉。为什么叫给付之诉呢？因为请求权的客体(亦可谓请求权的对象、标的)，是义务人的特定行为，如给付一笔金钱、给付特定的物(动产或者不动产)、提供某种服务或者劳务、完成某项工作。而义务人的特定行为，包括给付金钱、给付物、提供服务(劳务)、完成工作，在民法理论上称为“给付行为”(简称给付)。民法理论关于权利，必定要谈到权利主体和权利客体这一对概念。(权利)主体为权利之所属，(权利)客体为权利之所附。请求权的主体是请求权人，请求权的客体是义务人的给付行为。请求权就是附着于义务人给付行为上的权利。请求权人采取诉的方式行使请求权，实质是请求法院强制义务人履行其给付行为，因此，请求权行使之诉，便称为给付之诉。

(四)诉的标的

关于诉的另一个重要概念，是诉的标的。先介绍“标的”。前面已经提及，民法上“客体”“标的”“对象”三个概念含义相同、可以相互替代。故权利客体，亦可称为权利标的或者权利对象。同样，所谓诉的标的，亦可称为诉的客体或者诉的对象。民诉法著作称为诉的标的，是习惯使然。实际上，称为诉的客体，或者诉的对象，亦无不可。关于什么是诉的标的？民诉法律教材说，在民事诉讼中，法庭予以审理和判断的事项，就是诉的标的。原告向法院起诉，请求法院裁判自己与被告之间的争议或者对被告的权利主张。法庭审理和裁判的事项，必定是原被告之间的争议或者权利主张。所谓诉，不过是一种解决实体争议和实体权行使的方式，抛开原告与被告之间的实体争议、原告对被告的实体权主张，诉不可能有自己的标的。原告向法院起诉，想要解决什么问题，想要法院判决被告支付一笔损害赔偿金，损害赔偿金的支付就是诉的标的；想要法院判决被告交房，该房屋的交付就是诉的标的；想要法院确认房屋所有权的归属、确认法律行为无效，则存在争议的房屋所有权、法律行为就是诉的标的。

诉是实体权行使的（一种）方式，而诉的三种类型对应于三类实体权的行使，故应当根据诉的三种类型、三类实体权行使，而论诉的标的。确认之诉的标的是什么？确认之诉的标的，是法庭予以确认的事项。如果是确认物权归属和内容之诉，系争物权的归属和内容，即是诉的标的。请求确认房屋所有权归属，系争房屋所有权归属，即是诉的标的；请求确认共有不动产的共有份额，系争不动产的共有份额即是诉的标的；请求确认合同（法律行为）无效（或者有效），该合同（法律行为）即是诉的标的；请求确认解除行为的效力，则该解除行为即是诉的标的。可见，确认之诉的标的，就是需要法院予以确认的物权归属（及内容）、法律行为、解除行为。

形成之诉的标的，更为简单。形成之诉，即是形成权（撤销权、解除权）行使之诉，实质是采用诉的方式行使形成权，请求法院判决消灭自己（原告）与相对人（被告）之间的法律关系。故形成之诉的标的，就是原告与被告之间的民事法律关系。进而言之，撤销权行使之诉的标的，即是原告与被告之间存在意思表示瑕疵的民事法律关系；债权人撤销权行使之诉的标的，即是被告与第三人之间有害于债权的民事法律关系；解除权行使之诉的标的，即是原告与被告之间完全有效的民事法律关系。

相对于确认之诉和形成之诉，给付之诉的标的要复杂得多。给付之诉，即请求权行使之诉，给付之诉的标的，即是以诉的方式行使的请求权的标的，亦即义务人的给付行为。需注意，请求权的标的，是义务人的给付行为，但有的给付行为还有（自己的）标的，即给付物：如给付一笔金钱，则该笔金钱是给付行为的标的（给付物）；给付一辆汽车，则该辆汽车是给付行为的标的（给付物）。但有的给付行为并无（自己的）标的（给付物），如给付行为是提供劳务（服务），该给付行为就没有自己的标的。故在给付行为有(自己的)标的(给付物)的情形,请求权的标的是义务人的给付行为,而不是给付物;与此相应,给付之诉的标的是被告的给付行为,而不是给付物。

概而言之,给付之诉的标的,有以下四类。第一类,给付金钱或者金钱之外的物(动产或者不动产)的行为。如给付一笔房款、一笔损害赔偿金的行为,交付一套房屋、一辆汽车、一批钢材的行为。第二类,提供服务(劳务)的行为。如保姆带孩子、打扫卫生行为,受托人保管委托物的行为,代理人代订合同的行为。第三类,完成工作的行为。如建筑物设计、软件设计、工艺流程设计行为,装修房屋、建造大楼的行为,承揽运送(货物、包裹)的行为,修理汽车的行为。第四类,为法律规定的、通常属于民事责任的特定行为。如排除妨害行为,消除危险行为,恢复名誉行为,消除影响行为,赔礼道歉行为。

(五)标的可否强制执行

关于诉的标的,有一个特别重要的问题,即标的可否强制执行?以上诉的三种类型中,第一类确认之诉和第二类形成之诉,均不发生标的强制执行问题。即使是确认之诉或者形成之诉与给付之诉合并情形,亦仅其中的给付之诉存在标的可否强制执行问题。在确认物权归属之诉或者确认法律行为效力之诉中,法院作出确认物权归属或者确认法律行为是否有效的判决即可,而不发生当事人就该判决申请强制执行的问题。在形成之诉中,法院作出撤销或者解除系争民事法律关系的判决即可,同样不发生当事人就该判决申请强制执行的问题。唯有第三类给付之诉,法院作出认可原告诉讼请求的判决后,当事人将就该判决向执行法院申请强制执行,是故唯给付之诉存在标的可否强制执行的问题。

给付之诉的标的是义务人(被告)的给付行为,原告获得胜诉判决之后，自己不能强制被告履行给付，必须向执行法院申请强制执行。而执行法院能否强制执行，有其前提条件，这就是诉的标的是否有可强制执行性。强制执行权是区别于裁判权的另一项公权力，此项公权力之行使行为，同样是存在限制的。一是宪法、法律的限制，强制执行行为不能违法、违宪。二是强制执行的现实可能性。如果强制被告履行判决确定的给付行为，一不违反宪法、法律，二具有现实可能性，表明其标的具有可强制执行性，因此执行法院将受理原告执行申请、指派执行法官予以强制执行。否则，执行法院将驳回当事人的申请、不予强制执行。执行法院不予强制执行，这样的（给付之诉）胜诉判决，对胜诉的当事人不具有实际意义（现实中被称为法院“打白条”）。浪费了司法资源，损害了法律和法院的权威。因此，应当尽早审查（给付之诉）标的是否具有可强制执行性。对于标的不具有可强制执行性的给付之诉，不予受诉（立案），已经受诉（立案）的，审判庭一经审查判定其标的不具有可强制执行性，即应行使释明权、告知原告变更诉讼请求或者撤诉，经释明后原告既不变更诉讼请求也不撤诉的，应当判决驳回其起诉。

现在讨论给付之诉的标的是否具有可强制执行性。第一类给付之诉的标的，是给付金钱或者金钱之外的物。先说给付金钱，执行法院可以通过冻结被执行人的银行账户、查封其不动产、扣押其动产迫使其主动履行给付行为，被执行人不主动履行的，则强行从其银行账户中扣划，甚至拍卖其不动产或者动产，从价款中扣除。给付金钱之外的物，如果是给付不动产，例如房产或者建设用地使用权，则当然具有可强制执行性。俗话说，跑得了和尚跑不了庙。也可查封其房产或者建设用地使用权。如果是给付特别动产（机动车、船舶和航空器），因为有登记制度，故具有可强制执行性。再就是大型动产，如车间生产线上的机器设备，因难于隐藏，故具有强制执行性。最后是价值大而体量小的动产,如金银细软、古玩玉器、文物字画,要强制执行就很难,因为法院执行法官不敢强行进入被执行人家里去翻箱倒柜!这样做将构成违法行为。故以这类动产为给付标的之给付之诉,除非诉前已经采取保全措施,属于诉的标的不具有可强制执行性。

给付之诉的标的之第二类,给付劳务、服务行为。如强制保姆打扫卫生,强制受雇人从事生产或者服务行为,将构成侵犯人权、构成强迫劳动的违法、违宪行为,当然不具有可强制执行性。第三类标的,是完成工作的行为。如强制受托人从事建筑设计、设计软件、完成科研工作、创作文学艺术作品,或者强制建筑公司建造房屋、架设桥梁、修筑道路,强制装修公司装修房屋等,一是违法、违宪,二是实际上做不到。除劳务、服务行为和完成工作行为外,现实生活中,还有另一类标的,如请求法院强制公司高管召开董事会、股东会,强制被告单位为原告办理退休、医保手续,强制被告方申办合同审批手续、办理抵押权登记手续、所有权过户登记手续等。这些行为虽然谈不到违法、违宪,实际上做不到,执行法院没有办法予以强制,故不具有可强制执行性。

最后一类标的,为法律规定的(实际是民事责任形式)特定行为,如排除妨害、消除危险、消除影响、恢复名誉及赔礼道歉。因为是义务人的行为,同样是没有办法予以强制执行的,如果强制他实施这些行为也是违法、违宪的。但执行法院可以采取变通办法以资代替:就排除妨害、消除危险行为,由执行法院委托第三人代替义务人实施,而强制义务人(被告)承担其费用;就消除影响、恢复名誉和赔礼道歉行为,没有办法委托第三人代替,执行法院可将责令义务人消除影响、恢复名誉和赔礼道歉的判决书,刊登在新闻媒体或者张贴于义务人住所地公共场所,以资代替。

作一个小结，给付之诉的四类标的：其中属于第一类的给付金钱行为，具有可强制执行性，适于强制执行；给付不动产、给付机动车等特别动产行为，也具有可强制执行性，也适于强制执行；其他动产，凡是适于查封扣押或者已经采取诉前保全措施的，均具有可强制执行性，均适于强制执行；不适于查封扣押且未采取诉前保全措施的，不具有可强制执行性，不能强制执行。其余的标的，如第二类提供劳务、服务行为，第三类完成工作行为，以及与二者类似的召开董事会、股东会、办理退休、医保手续、办理不动产登记手续、申请办理合同审批手续等行为，均不具有可强制执行性，执行法院没法予以强制执行。至于第四类法律规定的特定行为，实际上也属于不具有可强制执行性，但有替代强制执行的办法。

给付之诉的标的可否强制执行这个问题，应当在原告起诉时、法院受诉前，由立案庭进行审查，经审查标的不具有可强制执行性的，应告知原告变更诉讼请求，否则不予立案（受诉）。已经立案（受诉）的，审判庭应当先审查诉的标的是否具有可强制执行性，经审查判定不具有可强制执行性的，应当行使释明权告知原告变更诉讼请求（即变更诉的标的，如变更为请求判决被告支付违约金、损害赔偿金），经释明原告既不变更也不撤诉的，则应判决驳回起诉。

这里举一个实例，某地法院裁判过一件责令儿子（被告）定期探望母亲（原告）的案件。执行法官开法院的车到被告（儿子）家门口，请被告（儿子）上车，然后把车开到原告（母亲）家门口，母亲正等着儿子回来，这个被告（儿子）下车后向屋内张望了一下，看见他母亲坐在里面，立即转身就走，回答法官说：“我已经看望了。”法官当然不能强迫他进屋。这就是一个标的不具有可强制执行性的典型例子。

（六）诉的合并

前已述及，所谓诉的合并，并非将两个或者多个诉，合并成一个

“诉”,而是将两个或者多个诉,合并成一个“案”。诉的合并,有严格的条件。原则上,基于同一法律关系的诉,才能够合并。最常见的是本诉与反诉的合并,规定在《民事诉讼法》第140条。本诉与反诉,是基于同一个法律关系,原告针对被告之诉叫本诉,被告针对原告提起的诉叫反诉。本诉与反诉是两个诉,两个诉刚好相反,本诉的原告是反诉的被告,反诉的原告是本诉的被告。原被告的位置刚好相反,并且基于同一个法律关系。将两个诉合在一起,由一个审判庭审理,不仅节约司法资源,而且有利于当事人合法权益的保护。

不仅基于同一法律关系的本诉与反诉可以合并,基于同一法律关系的本诉,还可以与(有独立请求权的)第三人针对同一被告的诉合并。该第三人有独立请求权,基于同一个法律关系,他也针对被告提起一个诉,可以将其与原告在先针对被告的诉合并。按照2018年通过的最高人民法院《关于审理建设工程施工合同纠纷案件适用法律问题的解释(二)》* 第24条解释,基于同一建设工程施工合同关系,因开发商拖欠工程款,实际施工人(原告)起诉开发商(被告),须将承包人作为(有独立请求权的)第三人列入诉讼。如果承包人也针对开发商提起一个诉,请求法院判决开发商支付工程款,法院应当将承包人对开发商之诉,与实际施工人对开发商之诉合并,由同一审判庭审理。可见,本诉与反诉合并、本诉与第三人之诉合并,有一个条件,必须基于同一个法律关系。反面言之,非基于同一法律关系(基于不同法律关系)之诉,是不能够合并的。

基于不同法律关系之诉不能够合并,这是原则。如同任何原则都可能有例外一样,此项原则也有例外,这就是共同诉讼和代表人诉讼。《民事诉讼法》第52条规定的共同诉讼,实际上包含两种类型,条文所谓“其诉讼标的是共同的”,指基于同一法律关系的共同

---

* 已失效。——编者注

诉讼。严格言之，此类共同诉讼，是基于同一法律关系的一个诉，只是原告或者被告一方为多数，故非诉的合并。条文所谓“诉讼标的是同一种类”，指基于同一种类法律关系（非同一法律关系）的共同诉讼，应属于诉的合并。《民事诉讼法》第53、54条规定的代表人诉讼，毫无疑问，是基于同一种类的法律关系的若干个甚至成百上千个诉，合并为一个案、由一个审判庭审理，属于诉的合并。

现实生活中，一个小区的业主，因为开发商的原因没有办产权证，都向法院起诉开发商。不是基于同一个法律关系，而是基于同一种类的法律关系（商品房买卖合同关系），并且被告是同一开发商。因此合并为一个案由一个审判庭审理。又因为原告人数众多，不可能都通知到庭，因此让他们推举代表人（实际是代理人）出庭。这就是第53条规定的代表人诉讼。消费者因食品、药品受害的案件，因原告（受害人）人数更多，并且不像前面的业主都住在同一小区，受害消费者分布在全国各地，没有办法把他们集中起来推举代表人，怎么办？只好由法院与已经登记的部分受害消费者协商确定代表人。这就是第54条规定的代表人诉讼。第53、54条是典型的诉的合并。

小结一下，诉的合并是有严格条件的，必须是基于同一法律关系，或者基于同一种类的法律关系（针对同一个被告）的诉，才能够合并。实际上，基于同一种类法律关系的诉的合并，有两个条件：一是法律关系属于同一种类；二是被告为同一人。也有这样的情形，某地法院将原告基于不同的法律关系（一是交通事故无过错侵权责任，二是医疗损害过错侵权责任）针对不同被告的两个诉合并、由一个审判庭审理。将不具备合并条件的诉合并，构成程序错误。这样的判决上诉到二审法院，二审法院应该怎么办？二审法院应当以程序错误为由，撤销原判，发回重审。

二、事实认定的方法

(一)举证责任的分配与转换

举证责任的分配和转换,是最重要的方法。谁主张谁举证,民事诉讼法上有规定,但举证责任分配不是法律规定的,而是由审判庭掌握的。《民事诉讼法》第 65 条第 2 款规定:“人民法院根据当事人的主张和案件审理情况,确定当事人应当提供的证据及其期限。……”条文所谓“确定当事人应当提供的证据”,就是分配举证责任。分配举证责任的根据,所谓“根据当事人的主张和案件审理情况”,包括证据资料在当事人之间的占有和分布情况。为什么要审判庭法官分配举证责任?因为不同的案件,当事人之间的证据资料和信息的占有和分布不相同。例如,医疗损害案件大量的证据资料保存在医院,患者手里甚至连病历本都没有。再如与银行、与保险公司之间的诉讼案件,有关信息资料在银行、保险公司手里。因为各种案件,信息资料在当事人之间的分布是不平衡的,绝对不能硬性要求谁主张谁举证,必须由法庭根据本案需要认定的事实及有关证据资料和信息在当事人之间的占有、分布情况,以决定谁承担举证责任。

我这里举简单的例子,是否已经付款这样的事实,举证责任应该由谁负担?应当由主张已经付款的一方承担举证责任。如果是现金付款,付款方手里有对方的收据;如果是通过银行付款,付款方手里有银行汇款的凭条。你不能将举证责任分配给收款方,收款方主张自己没有收到货款,他举不了证,因为证明付款的证据资料不在他的手里。主张已经付款的一方拿出了银行的汇款凭条,凭条上有付款金额、日期和收款方的账号,账号的中间几个数字打了叉叉。如果被告承认收到了这笔汇款,法庭即可认定这笔货款确已支付的事实,认定的证据是两个,一个证据是原告举出的银行汇款凭条,另一个证据是对方(被告)的自认。假如对方(被告)看到原告举出的银行汇款凭条,仍然不认可收到这笔借款,坚持说没有收到,或者说收到的不是该笔借款。即被告对于(原告举出的)银行转款汇款凭条主张异议,法庭当然要求异议方(被告)对自己的异议承担举证责任。于是证明是否已经付款这个事实的举证责任,就由原告方(付款方)转移到被告方,这就叫举证责任的转换。①

如何认定是否交货的事实,因主张交货一方手里有对方出具的收货凭证,因此应当将举证责任分配给主张交货的一方。他将对方出具的收货凭证作为证据提交法庭,即完成了自己的举证责任。如果对方不予认可(主张异议),对方说上面签名的人不是我单位的。现实中确有这样的当事人,硬说签名的人不是本单位的人,坚持否认收到货物的事实。法庭应当责令异议方就自己的异议举证。有的法官不懂得举证责任转换,仍说原告(主张交货方)举证不充分。有这样的案件,原告(供货方)说"我方(所交)的灯具现在都安装在被告承建的大桥上"。但法庭仍说举证不够。直到原告到千里之外的农村找到收货凭证上签名的、当时为被告方承建的大桥安装灯具的农民工,法庭才认定交货的事实。其实,原告举出收货凭证,法庭就应当认为其举证责任已经完成。被告方对该收货凭证主张异议,法庭应当责令被告对此承担举证责任,要求被告举证证明收货凭证上签名的人既不是被告单位的员工也不是被告方委托(或者雇用)的在大桥上安装灯具的人。概而言之,法庭通过分配举证责任和转

① 鉴于现行金融管理制度规定大额金钱支付必须通过银行汇付、禁止现金支付,凡是按照规定必须通过银行汇付的金钱支付,应当要求主张付款方提交银行汇款凭条作为证据;主张付款方仅提出收款方签名的收条(收据)而收款方对此不予认可(主张并未实际收到该金额)的,法庭应当要求主张付款方提交银行汇款凭条,而不能仅凭主张付款方提交的(收款方签名的)该收条认定付款事实。

换举证责任,以达成查明事实、认定事实的目的。举证责任分配和举证责任转换,是法庭认定事实最重要、最基本的方法。

(二)经验法则

“经验法则”是境外教科书上的术语,我国最高人民法院采用的对应术语,叫“日常生活经验推定”。日常生活经验推定,就是经验法则。亦即按照日常生活经验,从已知某项事实,推定另一项事实的存在。例如,早起推开窗户见地面有水,便知道晚上下过雨。地面有水是亲见的事实,晚上是否下雨我们没有亲见,是按照日常生活经验推定的事实。裁判实践中,法庭依据经验法则认定(不要求当事人举证)的是两类事实。

第一类是显而易见的事实。就像看见地面有雨水就知道晚上下雨一样,无须当事人举证,而由法庭依据日常生活经验直接认定。过去发生过好些案件,如剖宫产将手术钳留在产妇腹腔内;误将患者好的肾脏切除,坏的肾脏却留下了;心脏起搏器导线断了、残端留在心脏里面;等等。这些案件还需要举证证明医院、医务人员有过错吗?存在过错是显而易见的。法庭不应当要求原告举证,也不允许被告反证,而应当依据日常生活经验认定被告具有过错。

另一类是难以举证的事实,如精神损害事实。精神的恐惧、生理的痛苦,是难以举证的,应当由法庭依据日常生活经验认定。20世纪80年代北京的法院审理过一个17岁的少女和家人吃火锅,因燃具爆炸造成毁容的案件。法院判决被告支付一笔精神损害赔偿金。判决书上说这样的伤害(毁容),给受害人造成严重的生理和精神痛苦。法庭并没有要求当事人举证,就这样作了认定。我在别的讲座中讲过我国台湾地区法院判的消费者吃冰激凌咬到玻璃碎片的案件,判决书认定原告口腔遭受的损害(伤口大小、约需多少天才能痊愈)是依据医院出具的证据,而认定因此给原告造成的精神痛苦和恐惧(担心玻璃碎片划破肠子、脏器须开刀取出,因此吃不下饭睡不好觉),并未依据什么证据,而是根据经验法则直接认定。精神损害、精神恐惧、精神和生理痛苦,是没有办法举证证明的,法庭应当根据日常生活经验(经验法则)直接认定。

(三)过错推定

鉴于我国合同法采用严格责任原则,故仅在侵权责任案件中需要认定是否存在过错。侵权责任编在规定过错责任原则的同时,为了减轻原告举证负担和举证困难,对于若干案型明文规定过错推定,如关于动物伤害的第 1245 条、关于建筑物上面的搁置物、悬挂物脱落致人伤害的第 1253 条、关于堆放物倒塌致人损害的第 1255 条,等等。法律直接规定为过错推定的案型,法庭不要求受害人(原告)举证证明加害人(被告)有过错,而是依法推定加害人(被告)有过错,同时允许被告举证证明自己没有过错。实际是举证责任倒置。如果被告举出反证证明了自己无过错,过错推定即被被告的反证推翻,因此法庭应当认定被告不具有过错;反之,如果被告举不出反证或者举出的反证不足以证明自己无过错,法庭即应认定被告具有过错。

(四)过错客观化

关于实行过错责任原则的案型,立法上为了减轻受害人举证证明加害人(被告)过错的困难和负担,除规定采用过错推定方法之外,还规定了过错客观化的方法。《民法典》仅对医疗损害案件采用过错客观化方法。鉴于医疗和医疗损害的特殊性,患者很难举证证明医院和医务人员有过错。怎么认定医院有过错?原《侵权责任法》* 之前,最高人民法院证据规则曾经规定举证责任倒置,要求医院举证证明自己无过错。原《侵权责任法》制定的时候,考虑到医疗

---

* 已于 2021 年 1 月 1 日失效。——编者注

和医疗损害案件的特殊性,不仅患者难以证明医院、医生有过错,好些情形,医院、医生也难以证明自己没有过错。因此原《侵权责任法》关于医疗损害案型,没有采用举证责任倒置(推定)方法,而采用过错客观化方法。

什么叫过错客观化方法?即立法针对具体案型明文规定判断过错的(客观)标准,符合此判断标准,法庭即认定医院方面存在过错。第1219条规定,医院没有得到患者近亲属的书面同意,就动手术,(如果治好了不会有问题,如果治坏了)未取得书面同意就是具有过错。第1221条规定,未履行当时的医疗水平相应的诊疗义务,就是过错。例如,注射青霉素,按照现今的医疗水平相应的诊疗义务,必须先做皮试,医生没有做皮试,就把青霉素推进去导致患者休克乃至死亡,没有先做皮试就是过错。治疗过敏的药物会损害肾脏,现今医疗水平相应的诊疗义务先要对患者进行询问和告知。医生没有事先询问、告知就用药造成患者肾脏损害,没有事先询问和告知就是过错。这样的案型,当时的医疗水平相应的诊疗义务,具有一般生活经验的人都知道,无须向专家咨询。但有一些比较特殊的案件,当时的医疗水平相应的诊疗义务是什么,必须向专家咨询才知道。

有这样的案件,交通事故造成伤者腹腔内大出血,送到医院急诊室,急诊大夫立即决定动手术,很快办完各种手续,将患者送手术室进行手术。这个时候出了意外,前一台手术超过预定时间、没有完成,医务人员就把伤者丢在手术室门外的走廊上,半小时后伤者因腹部大出血死去。在本案这种(前一台手术未完成)特殊情况下,当时的诊疗水平所要求的诊疗义务是什么,法官不知道,一般人也不知道。法庭应当咨询权威的胸外科专家,如北京301医院胸外科大夫。胸外科大夫会告诉你,遇到这种情况应该怎么办?就在走廊上由具有一定专业知识和经验的医生实施激光微创手术,用激光手术刀将出血的血管扎住,使之不再出血就行了。这样一个小时、两个小时伤者都不至于有生命危险。法庭经咨询知道了当时医疗水平相应的诊疗义务,以之作为判断标准,本案被告未履行这样的诊疗义务,因此认定其具有过错。这就叫过错客观化。

顺便指出,根据第1222条规定,违反法律、法规、规章等有关诊疗的规定,隐匿或者拒绝提供病历资料,遗失、伪造、篡改或违法销毁病历等三项情形之一,法庭就应当认定被告(医院)具有过错。不可拘泥于条文“推定”一语,而误认为本条属于过错推定。这里的“推定”属于不允许以反证推翻的推定,相当于“视为”。故本条也属于过错客观化的规定。

(五)“善意”的推定

民法所谓“善意”是指“不知道”,所谓“恶意”是指“知道或者应当知道”。按照社会生活经验,“不知道”是难以通过证据加以证明的,而“知道”则是可以通过举证加以证明的。因此,诉讼中法庭不要求主张自己属于善意的当事人举证证明自己属于善意,而直接“推定”其为善意。例如,法庭判断法定代表人超越权限订立的担保合同是否有效,受担保的债权人(原告)主张自己属于善意相对人,法庭即应推定其为善意相对人而不要求其举证证明自己属于善意。这种情形,如担保人(被告)对此提出异议(主张原告属于恶意相对人),法庭即应责令其对此承担举证责任(证明原告于订立担保合同时知道或者应当知道担保人的法定代表人超越权限)。假如担保人(被告)举出证据证明原告订立担保合同时知道或者应当知道被告的法定代表人超越权限,则法庭对原告的善意推定被被告的反证推翻,法庭应当认定原告属于恶意相对人,并确认担保合同无效;假如被告不能举证或者举出的证据不足以证明原告订立担保合同时知道或者应当知道被告的法定代表人超越权限，则法庭即依据善意推定规则认定原告属于善意相对人，并确认担保合同有效。

顺便指出，按照“谁主张，谁举证”的一般原则，应当由主张者举证证明自己所主张的事实之存在。例如，主张不可抗力、时效期间经过、存在某种习惯等，均应当由主张者承担举证责任。唯有主张自己属于“善意”（善意相对人、善意第三人）为例外，法庭不要求主张者对于自己属于善意承担举证责任，而采用“善意推定”的法理规则。[①]《民法典》关于善意相对人的规定，见第 61 条第 3 款、第 65 条、第 85 条、第 170 条第 2 款、第 171 条第 3 款；关于善意第三人的规定，见第 545 条第 2 款。

（六）产品质量“视为合格”

如何认定产品的质量合格不合格？如买受人以产品质量不合格起诉出卖人的案件。遇到类似质量纠纷案件，我们往往想到质量鉴定，但质量鉴定不能解决一切质量纠纷案件。例如，木地板安装使用好多年之后，你很难鉴定合格不合格。特别值得注意的是，裁判实践中以质量不合格为由提起的案件或者抗辩，不见得都是质量有问题，许多情形是原告自己违约，他付不出价款，而以质量不合格作为诉由或者抗辩理由，以达到赖账的目的。因此立法上有一项非常重要的制度，叫“视为质量合格”，规定在合同编第 621 条：如果买卖合同约定了检验期，买受人应当在检验期间进行检验并向出卖人发出数量或质量异议通知，检验期间内买受人没有向出卖人发数量或质量异议通知，或者检验期间届满后才向出卖人发出数量或质量异议通知，法律规定“视为数量或质量符合约定”；如果合同未约定

① “善意推定”是大陆法系各国民法所共认的法理规则。明文规定“善意推定”的立法例，仅见《瑞士民法典》第 3 条：“（1）法律规定某种法律效果以善意为要件者，应推定其为善意；（2）未尽依该情形应有之注意者，不得援用善意推定。”

检验期限，买受人应当在接受产品后的合理期间内进行检验并发出数量或质量异议通知，自收到标的物之日起两年内未发出数量或质量异议通知的，法律规定“视为数量或质量符合约定”。因此，法庭审理数量或质量纠纷案件，必须先审查合同是否约定检验期间及买受人是否在检验期间内（未约定检验期间的在两年内）发出数量或质量异议通知，未在检验期间内或者两年内发出数量或质量异议通知的，一律依据法律规定视为数量或质量符合约定。

“视为”和“推定”，是两个重要的技术性概念：“推定”是允许相对方以相反的证据加以推翻的（第1222条是其例外）；“视为”是不允许相对方以反证予以推翻的，视为就是法律直接认定。

（七）认定职务行为的“外观理论”

下面讲职务行为（范围和权限）如何认定。总则编第62条规定，法定代表人执行职务造成他人损害的，由法人承担责任。这就是法定代表人的侵权行为。如何判断法定代表人造成他人损害的行为，是否属于“因执行职务”所为？应当按照民法所谓“外观理论”的法理进行判断。按照“外观理论”的法理，所谓“执行职务”，不仅指法定代表人执行法人章程所规定或法人权力机构所委托之职务，及执行该职务所必需之行为，还应包括职务上予以机会之行为，及与执行职务之时间和处所有密切关系之行为，而在客观上足以使一般人认为与其执行职务有关者，即使该行为实际上是为行为人（法定代表人）自己的利益、非为法人的利益，亦无不同。①

---

① 日本大审院昭和十五年（1940年）五月十日有关Y信用金库职员A本无制作承认书的权限却发行了在定期存款上设定质权的承认书案件的判决（判决全集7辑第699页）最先采用“外观理论”：“被使用者的行为在外观上与执行职务具有同一外观时，不论被使用者是否是为自己而为之，对此造成（他人）损害的，不妨碍认定为执行职务给第三人造成的损失。”参见［日］圆谷峻：《判例形成的日本新侵权行为法》，赵莉译，法律出版社2008年版，第290页。

举一个简单的例子,董事长平常总是自己驾车上班甚至到市里开会,一般人只要看见该董事长的车就会认为是“执行职务”,假如某天董事长驾车发生交通事故致人受伤,法庭即应按照一般人的认识认定该损害是“因执行职务”所致,而不去调查他那天开车出行究竟是不是为了执行职务,并且不采纳法人提出的证明该法定代表人系驾车办私事(如送家人到机场)发生事故的证据,因此判决由法人承担侵权责任。这就是所谓“外观理论”。

我国台湾地区最先采用“外观理论”的判决,是2007年台上字第2532号判决。“所谓执行职务,不仅指法人章程规定或者法人机关委托之职务,及其执行行为,还应包括职务上予以机会之行为,及与执行职务的时间、处所有密切关系之行为,而在客观上足以使一般人认为与其执行职务有关者,即使该行为实际上是为行为人(代表人)自己的利益、非为法人的利益,亦无不可。”①

需注意“外观理论”也有其限制。假如该次事故不是发生在董事长通常驾车上下班途中,也不是发生在通常驾车到市里甚至省里开会的途中,而是发生在去张家界、武夷山等旅游景区的途中,就不能依据“外观理论”认定是“因执行职务”所致损害。补充一点,所谓“外观理论”的法理,不仅是判断法定代表人的侵权行为是否“因执行职务”的判断标准,亦是判断用人单位工作人员的侵权行为是否“因执行工作任务”的判断标准(第1191条)。

三、法律适用

(一)法律适用之所谓“法律”

所谓“法律”,不限于全国人大及其常委会制定的法律,还应该

① 陈忠五编:《民法》,新学林出版股份有限公司2008年版,第120页。

包括国务院依据行政立法权制定的行政法规，但不包括地方性法规和规章（部门规章及地方人民政府规章）。这样理解还不够，还应当注意法律规定（条文）的类型区分。

法律、行政法规的规定（条文）分为五种类型：（1）“原则性规定”，例如，本法总则编第3~9条关于民法基本原则的规定、第11条关于法律适用原则的规定、第132条关于禁止权利滥用原则的规定；（2）“概括性规定”，例如，本法总则编第60条关于法人独立承担责任的规定、第104条关于非法人组织的出资人或者设立人承担无限责任的规定、第109条关于一般人格权的规定、第111条关于个人信息受法律保护的规定、第143条关于民事法律行为有效要件的规定，物权编第209条关于不动产物权登记生效主义的规定、第214条不动产物权变动生效时间的规定、第311条关于善意取得制度的规定等；（3）“定义性规定”，例如，本法总则编第57条关于法人定义的规定、第76条关于营利法人定义的规定、第87条关于非营利法人定义的规定、第114条关于物权定义的规定、第115条关于物的定义的规定、第133条关于民事法律行为定义的规定等；（4）“辅助性规定”，例如，本法第15条关于出生时间、死亡时间认定的规定，第64条关于申请变更登记的规定，总则编第十章关于期间计算的规定，以及物权编关于不动产登记的规定（第210~212条、第216~221条）等；（5）“法律具体规定”，即关于民事法律行为成立、不成立、生效、不生效、可撤销、解除的规定，及关于民事主体享有权利、承担义务和责任的规定。

“法律适用”之所谓“法律”，非指法律、行政法规一切规定（条文），仅指其中可以作为裁判依据的法律规定（条文），即“裁判规范”，主要是：上述第（5）类“法律具体规定（条文）”、第（1）类“原则性规定”中的诚信原则（第7条）和禁止权利滥用原则

(第132条)[1],及第(2)类"概括性规定",如本法关于非法人组织的出资人或者设立人承担无限责任的规定(第104条)、关于一般人格权的规定(第109条)、关于个人信息受法律保护的规定(第111条)、关于民事法律行为有效要件的规定(第143条),及物权编关于不动产物权登记生效主义的规定(第209、214条)、关于善意取得制度规定(第311条)等。此外的法律规定,如除诚信原则和禁止权利滥用原则之外的基本原则规定、定义性规定和辅助性规定,均不具有裁判规范的性质,不能作为裁判的根据(非法律适用之所谓"法律")。[2]

(二)法律适用之所谓"适用"

此所谓"适用",是指法官用某个法律规范作为裁判本案的法律根据并据以作出本案判决(的操作)。民法解释学上相对应的概念叫"涵摄"(subsumieren),即将本案事实"涵摄"于既有法律规范之下以得出本案判决。易言之,即以某个法律规范作为大前提,以本案事实作为小前提,依形式逻辑推理得出本案判决。

法律适用有三种:一是狭义的法律适用,即前文所谓"涵摄",将本案事实"涵摄"于某个法律规范之下。因本案事实本在该法律规范适用范围之内,法官理当用该法律规范裁判其适用范围之内的本案。这是最常见的法律适用。二是"参照适用"(我国台湾地区及大陆法系立法例称为"准用"),即立法者明示授权法官用某个法律规范裁判本不在其适用范围(甚至立法目的范围)之内的(与其适

① 按照民法原理和外国立法例,公序良俗原则亦可作为裁判依据,但因本法专设第153条第2款规定"违背公序良俗的民事法律行为无效",故法庭以"违背公序良俗"为由认定民事法律行为(合同)无效,应当依据第153条第2款关于"违背公序良俗的民事法律行为无效"的规定,而不得依据第8条关于公序良俗原则的规定。

② 广义法律适用还应当包括没有法律规定时适用习惯、司法解释、指导性案例、法理。这里省略不谈。

用范围内的案件相)类似案件。例如,合同编第 464 条第 2 款规定,有关身份关系的协议,可以根据其性质“参照适用本编规定”。三是类推适用,指在没有立法者授权的情形,法官用某个法律规范裁判本不在其适用范围(甚至立法目的范围)之内的(与其适用范围内的案件相)类似案件。换言之,本案在法律上没有规定,也不能从习惯、司法解释或者指导性案例中获得裁判依据时,基于法官不得以缺乏法律根据为由拒绝裁判案件的原则(原理),从现行法律中找到其适用范围内案型与本案具有类似性的法律规范,即用该法律规范作为裁判本案的法律依据。①

现在回过头来讲狭义法律适用,为裁判实务中最常见的法律适用,简称“法律适用”或者“适用”。鉴于裁判实务的通常情形,法庭审理的案件在现行法上往往有不止一个法律规范,法庭选择适用其中哪一个法律规范,须遵循一定的法律适用规则。总则编第 11 条规定的特别法优先适用原则,是选择适用法律规范的最常用的规则。但须特别注意,法律适用的规则并非仅仅一个特别法优先适用原则。特别法优先适用原则,只是两个或者多个法律规范相互之间存在一般与特殊的逻辑关系情形的适用规则。若不存在一般与特殊的逻辑关系的情形,当然有别的法律适用规则。下面逐一讲解。

(三)法律适用的规则

1. 特别法优先适用原则

所谓特别法优先适用原则,指法庭审理的案件(待决案件)在法律上有两个(或两个以上)法律规范的情形,如果该两个法律规范相互之间存在一般与特殊的逻辑关系,则应当优先适用属于特殊规则的法律规范,而不适用属于一般规则的法律规范。属于一般规

---

① 例如,上海一中院 2016 终字 4642 号民事判决,就民办学校举办者的知情权,类推适用《公司法》第 33 条关于股东知情权的规定。

则的法律规范,称为“一般法”,属于特殊规则的法律规范,称为“特别法”。在法律适用上,以特别法优先于一般法适用为原则。即对于待决案件有特别法时,应适用特别法,而不适用一般法;只在无特别法时才适用一般法,一般法起补充特别法的作用。

一般法与特别法的划分有多种标准。以适用之地域划分,则适用于一切地域的法律为一般法,而仅适用于特定地域的法律为特别法。如继承法的规定为一般法,而民族自治地方关于继承的特殊规定为特别法。以所适用之主体划分,则适用于一切民事主体的法律规定为一般法,而仅适用于特殊主体的规定为特别法。如《民法典》侵权责任编关于产品责任的规定为一般法,而《食品安全法》第九章关于食品生产经营者、食品检验机构等特别主体侵权责任的规定为特别法。以法律规定的事项为标准,则关于一般民事关系的规定为一般法,而关于特殊民事关系的规定为特别法。如《民法典》总则编为一般法,《票据法》《海商法》为特别法。但须注意,一般法与特别法的关系是相对的。例如,《保险法》关于保险合同的规定,相对于合同编通则的规定而言,是特别法;但相对于仅规定海上运输保险合同的《海商法》而言,《保险法》规定一切保险合同关系,因此又属于一般法,而《海商法》关于海上运输保险的规定为特别法。补充一点,不可拘泥于本条条文“其他法律”一语,误认为此项原则仅处理两个法律(本法与“其他法律”)之间的适用关系,而应当将“其他法律”理解为“其他法律规范”,与此相应将“本法”理解为“本法规定的法律规范”。

概而言之,特别法优先适用原则,系基于待决案件在两个法律规范的适用范围之内,而两个法律规范相互之间构成一般法与特别法的逻辑关系。裁判实务中依特别法优先适用原则选择待决案件所应当适用的法律规范,应当遵循下面的具体规则:其一,《民法典》

与《民法典》之外的民事单行法对于待决案件均有规定,《民法典》的规定为一般法,单行法的规定为特别法,应当优先适用单行法的规定。其二,《民法典》(或者别的法律)的总则和分则对于待决案件均有规定,《民法典》(法律)总则的规定为一般法,分则的规定为特别法,应当优先适用分则的规定。其三,法律之中两个法律条文对于待决案件均有规定,如该两个法律条文相互之间构成一般法与特别法的逻辑关系,则应当优先适用属于特别法的法律条文。其四,(规定待决案件的一个)法律条文包含两款(及以上)规定,如果前款规定与后款规定之间构成一般法与特别法的逻辑关系,则应当优先适用后款规定。但须注意一个法律条文的两款之间不构成一般法与特别法的逻辑关系(如构成并立关系)的情形不少。其五,规定待决案件的法律条文仅一款且可分为"前段""后段",则"前段"为一般法(一般规定),"后段"为特别法(特别规定),应当优先适用"后段"规定。其六,规定待决案件的法律条文末句(或句末)为"但书"规定,则"但书"规定之前为一般法(原则规定),"但书"规定为特别法(例外规定),应当优先适用"但书"规定。

2. 请求权竞合情形的法律适用

现代民法所谓请求权竞合,指侵权责任请求权与违约责任请求权的竞合。即法律明文规定,于待决案件事实既符合侵权责任的构成要件,也符合违约责任的构成要件时,发生侵权责任请求权与违约责任请求权的竞合,当事人可以选择依据合同法行使违约责任请求权,或者依据侵权法行使侵权责任请求权。

本法第186条规定:"当事人一方的违约行为,损害对方人身权益、财产权益的,受损害方有权选择请求其承担违约责任或者侵权责任。"按照此项规定,原告(受损害方)请求被告承担损害赔偿的案件,究竟适用侵权责任法的规范或者适用合同法(违约责任)的规范,应当由原告选择决定,原告起诉状未明确选择的,法庭应当予以释明,告知其在侵权法规范与违约责任规范之间选择其一。经法庭释明后原告仍然不作选择的,应当驳回起诉。需注意,属于请求权竞合的待决案件,原告一旦作出选择(选择侵权责任规范或者违约责任规范),无论是否获得胜诉判决,均不得再依据另一法律规范起诉。换言之,请求权竞合情形,如原告选择侵权责任请求权,则违约责任请求权归于消灭;反之,相同。

3. 规范重合情形的法律适用

所谓“规范重合”,指待决案件事实符合两个或者多个法律规范的适用范围,而该两个或者多个法律规范相互之间不存在一般法与特别法的逻辑关系,并且也不构成权利竞合关系。“规范重合”情形,在民法上很常见。例如,购买的标的物属于赝品情形,将符合瑕疵担保责任法律规范(第582条)、欺诈的撤销权规范(第148条)、重大误解的撤销权规范(第147条)、产品瑕疵不能实现合同目的的法定解除权规范(第610条)等的适用范围,而这些法律规范相互间既不具有一般法与特别法的逻辑关系,也不构成权利竞合关系,而属于“规范重合”。

需注意,规范重合情形的法律适用规则是:原告可选择其中任一法律规范作为起诉的法律依据,如果获得法院支持(获得胜诉判决),当然不得再依据(构成规范重合的)别的法律规范另案起诉;但如果未获得法院支持(未获得胜诉判决),则尚可依据(构成规范重合的)另一法律规范另案起诉。前面的例子,买受人如依据第582条起诉追究出卖人瑕疵担保责任未获得法院支持,尚可依据第148条关于欺诈的规定起诉请求撤销买卖合同;如欺诈的撤销权行使之诉仍未获得法院支持,则不妨再依据第147条关于重大误解的规定提起撤销权行使之诉;如果仍然未获得法院支持,则还可以再依据第 610 条关于产品瑕疵不能实现合同目的的规定提起法定解除权行使之诉。

四、法庭的审查权

法庭的审查权,来源于法庭的裁判权。裁判权自然包含审查权在内。法庭的审查权,是既区别于法庭事实认定,也不同于法律适用,是一项独立的法庭职权。此项审查权,在属于给付之诉的违约责任案件审理中,最为常用和重要。审查什么?审查合同(法律行为)的有效性,审查合同(法律行为)的条款(内容)的有效性。法庭对于任何合同(法律行为),任何合同(法律行为)的约定条款都有权审查。下面先讲法庭审查合同(法律行为)的有效性。

(一)审查合同有效性

对于每一个合同案件都必须审查合同的有效性吗?不是。原被告双方对合同有效没有争议的,法庭原则上不必要审查。原告以追究违约责任起诉,被告以不违约答辩,说明双方对合同的成立有效没有异议,原则上法庭不用审查合同的有效性,直接审查违约不违约就行了。当事人对于合同的成立有效有异议,一方说合同有效,另一方说合同无效(或者未成立、未生效),或者一方说合同因违法无效,另一方说合同因不违法有效,法庭就必须审查合同的有效性。当事人关于合同的效力有异议时,法庭是基于当事人的主张(请求)行使审查权。请特别注意,还存在一种情形,无论原被告双方对于合同效力是否存在争议、是否请求法庭进行审查,法庭应依职权对合同的有效性进行审查。法庭依职权审查合同的有效性,其前提条件是,法庭注意到本案合同存在(损害国家利益、社会公共利益、违反强制性规定或者公序良俗)的可能性。易言之,只要法庭注意到或者怀疑合同存在违法无效的可能性,法庭就必须依职权进行审查。

法庭依职权审查合同的有效性,源于法院维护国家利益和社会公共利益的职责。法院不仅是当事人之间民事争议的裁判者,同时也是国家利益和社会公共利益的维护者。于所审理的合同有损害国家利益和社会公共利益的可能的情形,法庭必须依职权审查合同的有效性,确认内容或者目的损害国家利益、社会公共利益的合同无效。其审查的法律根据(标准),是总则第146条关于虚伪表示无效的规定、第153条关于违反强制性规定的民事法律行为无效的规定、第154条关于恶意串通的民事法律行为无效的规定。这是法庭依职权审查的法律根据及审查的标准。这里对法庭依职权审查合同的有效性举两个例子。

第一个例子是虚假借款案。实务中将虚假借款案称为虚假诉讼,实际是虚假借款的诉讼。虚假借款合同属于第146条规定的虚伪表示。虚伪表示,就是假合同、假民事法律行为。当事人虚伪表示的目的,规避公法上的义务、规避私法上的义务,也有规避程序上的义务。所以说,虚伪表示通常有违法目的,但也有一些虚伪表示没有违法目的。原《合同法》第52条的规定是“合法形式掩盖非法目的”。用来掩盖非法目的的合法形式,就是虚伪表示。有的虚伪表示(合法形式),所掩盖下的真实行为(隐藏行为)并不违法,很难说掩盖非法目的。

举例来说,为规避抵押登记即执行抵押权的程序,以房屋买卖合同代替抵押合同。买卖合同是假的,实际是借款合同借款人用房屋作为担保。这样的虚伪表示(假买卖合同),没有什么违法目的,只是要规避抵押登记和执行程序手续。但多数虚伪表示有其违法目的。例如,所谓阴阳合同,同一合同关系签两份合同书,一份金额小、另一份金额大。金额小的合同是用来向税务机关交税,规避税法义务,是假合同、虚伪表示。实际履行的是金额大的合同,是真合同、隐藏行为。或者签假的买卖合同,将自己的财产转让给他人,规避法院的强制执行、损害债权人的利益。这样的虚伪表示(假的买卖合同),并不是掩盖非法目的,是要实现非法目的。总之,虚伪表示(假合同)必定有其目的,多数情形是违法目的。

回到虚假借款的案例。张三借 1000 万元给李四,王五提供保证担保。1000 万元到了李四的账户,当天就划到赵六的账户;过了几天又从赵六的账户划到了吴七的账户,吴七又把这 1000 万元划回到了张三的账户。你看这 1000 万元绕了一个圈,回到张三的账户。关键还在于,李四到赵六,赵六到吴七,既不是购物也不是还债,是没有对价的“空转”。可见张三借这 1000 万元给李四,是虚假借款合同,当事人的目的是什么?刚才说虚伪表示一定有其目的。这个虚假借款合同当事人的目的,是损害保证人。其实保证人王五,与张三、李四、赵六、吴七,也是关联公司,关键问题是王五签订保证合同之后,将公司全部股份转让给了刘八。刘八当然也不是傻瓜,在签订受让全部股份的合同的时候,与王五签了一个协议,明确约定受让人(刘八)对于受让之前(该公司)的一切债务和担保不承担责任。他心想这样就万无一失了。哪知道张三将借款人李四和保证人刘八作为共同被告起诉到法院,法庭判决保证人刘八与借款人李四承担连带责任。刘八与王五之间签订的不承担责任的协议,属于内部协议,不具有对抗第三人的效力。虚假借款的真实案例见过不少,本案最为典型。

法庭审理借款合同纠纷案件,一定不能仅凭借条、划款凭证或者双方均声称是真实意思表示的合同书,就确认借款合同的真实性、合法性和有效性,一定要查资金的来源去向。是否真的有这笔资金在当事人之间划转?是否真的到了借款人的账户?查到这里还不够,还必须查借款人将这笔金额划到哪里去了,是用来清偿之前的旧债,还是用来购买原材料。关键是借款人将这笔金额划到别人的账户究竟有没有对价?仅查借款金额的去向还不行,一定要查这个资金的去向有没有对价。如果本案这 1000 万元借款人李四用来清偿欠银行的债务,或者拿去支付购房、购物的价款,即可认定本案合同是真实的借款合同。如前所述,这 1000 万元从张三账户汇入李四账户,当天就划给赵六,再经过吴七账户,很快就回到张三账户,完全是“空转”,他们是关联企业(有限责任公司),他们的老板精心设计这样一个虚假借款合同,目的是要整那个收购王五企业全部股份的刘八。这是一个虚假行为。他掩盖什么,他没有掩盖什么,目的就是损害后来的保证人。本案的教训是,法庭审查借款合同的有效性,不仅审查合同是不是双方真实的意思表示、是否有真实的资金划转,还必须审查借款资金的去向,关键是有没有对价。

再讲一个虚假行为的例子。一段时间以来很普遍,国有企业有钱,不能借给民企,民企缺少资金不能向国企借。于是找两个(甚至四个)国企当中间环节,签借款合同不行,签订成买卖合同。甲(国企)公司提供资金,丙(民企)公司使用资金,乙(国企)公司和丁(国企)公司,充当中间环节(行话叫通道),然后签订四份买卖合同,形成循环买卖。最高人民法院称为闭合式循环买卖。形式是买卖合同,甲向乙购买、乙向丙购买、丙向丁购买、丁向甲购买。标的物是同一批货物(实际并不存在),价款都是 1000 万元。形式是买卖合同,实际是借款合同,甲是出借人,丙是借款人,乙和丁是帮忙的、借款资金的通道,收一点手续费。四家公司、四份买卖合同(甚至有六家公司、六份买卖合同),构成一个买卖合同的循环。为什么认定是假的买卖合同、虚伪表示?因为买卖标的物(货物)是虚构的、并不存在,实际用买卖合同掩盖借款合同。

国有资产监督管理委员会《融资性贸易法律纠纷案件处理提示函》(法规函〔2017〕98 号)称为“融资性贸易”,名为贸易,实为融资。上述提示函建议,对于这样的案件一定不要“死抠”合同关系,因为买卖合同是假的,建议法院将实际用款人、资金提供人和参与的各方都列为案件当事人一并审理,由实际用款人承担还款责任,通道方承担与他们的过错、所收取手续费相应的责任。上述提示函揭示了此类虚假买卖合同纠纷案件的融资(借款合同)本质。

最高人民法院 2018 年民庭再字 318 号,将此种情形称为“闭合性循环贸易”。本案涉及六家公司、六份买卖合同,构成闭合性循环贸易。判决书指出,涉案的货物并不存在,各方并无实际取得货物所有权的意思,已构成无实物交易的闭合式循环买卖关系。判决书认定买卖合同是虚假表示、是无效的,但所掩盖之下的借款合同是隐藏行为,因不违反强制性规定应当认定为有效。本案原审拘泥于合同关系的相对性、“死抠”买卖合同关系,判决通道方承担责任,最高人民法院再审撤销原判,发回重审。

最高人民法院 2018 民终 786 号案判决书当中说,当事人之间形成了自买自卖、循环贸易,低价卖出、高价买进,不符合商业逻辑,没有真实的货物流转,各方明知非真实的买卖合同关系,买卖合同是用来掩盖借款的伪装行为,应依法认定为无效。虚假的买卖合同所掩盖的真实借款合同有效。

法庭认定闭合性循环买卖掩盖融资并不困难。因为借款人丙公司还不了借款本息,出借人甲公司(其与丙公司之间并没有签借款合同书)必定以买卖合同供方违约为由,起诉(通道方)乙公司,被告乙公司必定以不是真实买卖合同(实际是借款合同、借款人为丙公司)进行抗辩。法庭只需依职权将参与循环买卖的各方纳入诉讼,即可查明真相并作出公正判决。

(二)审查合同条款有效性

法庭在审查合同有效性、确认合同有效之后,还应当进一步审查合同条款(合同内容)的有效性。按照社会生活经验,总会有一些当事人利用其经济实力上的优势地位、相对方的急需或者缺乏经验,滥用合同自由原则,在合同中规定不公正的条款,借以获取不正当利益、损害相对方利益。故不得以合同有效性审查代替合同条款有效性审查。法庭审查合同条款有效性,既可以依当事人一方的请求进行,也可以不待当事人请求而依职权进行。按照现代民法思想,当事人的意思自治(合同自由)并不是无限制的,对于滥用合同自由,意图损害相对方当事人合法利益的合同条款(合同内容),法庭有权进行干预并否定其效力。

1. 巨额违约金

所谓巨额违约金,是指按照合同约定计算出来的违约金数额,不仅超过因违约所造成的损失,而且超过合同履行对方所可能取得的利益,甚至超过合同总金额若干倍。通常是针对迟延履行约定的违约金(合同编第 585 条第 3 款)。这样的违约金,实际是当事人一方利用其经济上的优势地位、滥用合同自由,企图获取不正当的利益,当然违背民法公平原则(总则编第 6 条)和诚信原则(总则编第 7 条),并未体现相对方当事人的真实意思。因此,法庭不应当拘泥于最高人民法院关于违约金调整的解释规则,[①]即使违约方(被告)一审未主张调整或者在被告缺席的情形,法庭应当依职权进行审

---

① 中国合同法上的违约金,分为赔偿性违约金(合同编第 585 条第 1 款)与惩罚性违约金(合同编第 585 条第 3 款)。违约金调整规则(合同编第 585 条第 2 款)所针对的是前款规定的赔偿性违约金,非针对后款规定的惩罚性违约金。按照逻辑解释,该违约金调整规则(合同编第 585 条第 2 款)及最高人民法院所作解释,其适用范围不包括惩罚性违约金。故惩罚性违约金,于违约未造成实际损失情形亦应当适用,并可不受最高人民法院关于 30%的限制,但构成“巨额违约金”的,法庭应当否定其效力。

查，经审查认定构成巨额违约金，即依职权认定其违约金条款无效。法庭认定巨额违约金条款无效的法律依据，如果是格式合同，则依据合同编第 497 条第 2 项关于提供格式条款一方不合理地“加重对方责任、限制对方主要权利”的格式条款无效的规则；如果不是格式合同条款（手写条款），则直接依据总则编第 7 条诚实信用原则，认定该巨额违约金条款无效。在法庭依职权认定违约金条款无效之后，允许原告依据合同编第 584 条主张违约损害赔偿。原告主张违约损害赔偿，应当证明违约造成的损失额（包括可得利益损失），自不待言。

2. 轻微违约解除合同

鉴于社会生活和市场经济的不确定性，当事人订立合同所欲实现的目的未必总能够如愿以偿。当合同目的确定不能实现（目的落空）时，如果订立合同时即已经预见到将来可能发生目的不能实现的情况，通过在合同中约定解除权的事由，即可使当事人通过行使约定解除权从目的确定不能实现的合同关系中脱身，而尽量避免或者减少所遭受的损失。

原《合同法》第 93 条第 2 款原文是“约定一方解除合同的条件”，合同编第 562 条第 2 款改为“约定一方解除合同的事由”，并将“条件成就”改为“事由发生”。显然是为了避免与合同“附解除条件”（总则编第 158 条）所谓“条件”发生混淆。所谓“条件”，指将来是否发生不确定的客观情况。但此“解除合同的事由”，既包括“将来是否发生不确定的客观情况”，也可以包括将来当事人一方的违约行为。质言之，此“事由”一词的文义比“条件”宽泛，包括将来是否发生不确定的客观情况（同“条件”）和一方的违约行为（主观情况）。

实务中的一个问题是，当事人可否约定“轻微的违约”甚至“微不足道的违约”作为约定解除权的“事由”？所谓“轻微违约”，是指不构成根本违约的违约行为。“根本违约”，或称“重大的契约违反”，本属于英美法上的概念，后为《联合国国际货物销售合同公约》第25条所采，进而对其他国家和地区的立法及学说产生不同程度的影响。我国原《合同法》第94条参考公约和英美法，以根本违约为解除权发生原因。合同编坚持既有立场，强调解除权的发生须属根本违约，轻微违约不许解除合同。按照诚实信用原则，“轻微违约，视为不违约”。在立法例上，《德国民法典》第323条第5款明确规定，“违约并非重大时不得解除合同”。《国际商事合同通则》第7.1.5条(4)规定，如果属于“轻微违约”，则不适用本条(3)关于解除合同的规定。因此，如当事人约定“轻微违约”甚至“微不足道的违约”作为“一方解除合同的事由”(约定解除权的“事由”)，则法庭应当根据诚信原则(总则编第7条)确认该约定无效。

3. 债务人的原因解除保证合同

保证合同属于主合同(借款合同)的从合同，但实务中保证合同往往附带在主合同(借款合同)上，作为主合同的一个条款(保证条款)。有这样的案件，当事人在保证条款(保证合同)中约定了解除权。约定，如果债务人(借款人)提供了虚假信息，则保证人有权解除保证合同(不承担保证责任)。这就是以债务人的行为作为保证合同的约定解除权的事由。

保证合同是保证人与债权人(银行)之间的合同。债务人与保证人之间是委托合同。债务人是保证人一方的，保证人替债务人向银行的借款提供担保。实际上是三个合同：借款合同(主合同)，保证合同(从合同)，委托合同(保证合同的前提、与主合同无关)。按照合同相对性原则(第465条第2款)，三个合同的法律效力(拘束力)范围是不同的。借款合同(主合同)仅拘束债权人(银行)和债务人(借款人);保证合同(从合同),仅拘束债权人(银行)和保证人;委托合同,仅拘束债务人(借款人)和保证人。因此,债务人(借款人)提供虚假信息,债权人(银行)可以据此解除借款合同,保证人可以据此解除委托合同,而保证人无权据此解除保证合同。质言之,债务人的原因,只能够解除保证人与债务人之间的委托合同,绝对不能解除保证人与银行之间的保证合同。

保证人从保证合同中获得解脱的唯一原因(事由),是受债权人(出借人)的欺诈(总则编第 148 条)或者债权人与债务人共同实施的欺诈(总则编第 149 条),即所谓“骗保”。实务中有这样的案件,债权人与债务人之间签订虚假借款合同,而保证人受骗为之提供担保。我在前面讲法庭对合同进行合法性审查时,举的第一个案例,就是典型的“骗保”,保证人可以依据总则编第 148 条或者第 149 条的规定行使撤销权,撤销保证合同。

概而言之,因债务人的原因,保证人可以解除委托合同,不能解除保证合同。委托合同解除后,保证合同的法律效力不受影响,依旧拘束保证人和债权人(出借人)双方,保证人依旧必须对债权人承担保证责任。顺便指出,委托合同解除后,保证人对债权人承担保证责任之后,其与债务人之间属于无因管理关系,可以依据合同编第 979 条关于无因管理的规定向债务人追偿。

4. “背靠背”条款

所谓“背靠背”条款,是在建设工程合同实务中,承包人与分包人之间的建设工程施工分包合同,约定总承包人从发包人(建设方、开发商)收到工程款时,才履行对分包人支付工程款的义务。换言之,以(总包合同的)发包人向承包人支付工程款,作为承包人履行(分包合同)的工程款支付义务的条件。这一约定,即“背靠背”条款。背靠背条款是国际工程分包的惯例,它的英文叫“pay when paid”。

请特别注意,不可将"背靠背"条款,混同于总则编第158条民事法律行为"附条件"、第160条规定的民事法律行为"附期限"。"背靠背"条款不是对包含"背靠背"条款的建设工程分包合同(民事法律行为)效力的限制,只是对分包合同支付工程款义务履行时间的限制,即合同编第470条第1款第6项关于"履行期限"的约定。如果是"pay if paid",就成了关于"履行条件"的约定,而支付工程款义务是不允许"附条件"的。①

裁判实务中如何对待"背靠背"条款?请看北京市高级人民法院《关于审理建设工程施工合同纠纷案件若干疑难问题的解答》(京高法发〔2012〕245号)第22条:"分包合同中约定待总包人与发包人进行结算且发包人支付工程款后,总包人再向分包人支付工程款的,该约定有效。因总包人拖延结算或怠于行使其到期债权致使分包人不能及时取得工程款,分包人要求总包人支付欠付工程款的,应予支持。……"可见,北京高院的意见是,"背靠背"条款原则有效,但因承包人拖延结算或者怠于行使(请求发包人支付工程款的)到期债权致使分包人不能及时取得工程款的,该"背靠背"条款无效。北京高院此项规定弥补了合同法法律漏洞,兼顾了当事人意思自治与发包人合法权益的保护,且易于操作,代表法院裁判背靠背条款的既定立场,值得肯定。

5.对赌条款

所谓对赌条款,亦称对赌协议,英文是"valuation adjustment mechanism",直译为估值调整机制。什么叫估值调整机制?收购某公司的股权,没有办法准确评定该公司的市值,只能估计一个数额

① 如分包合同约定以发包人向承包人支付工程款作为承包人向分包人履行支付工程款义务的条件(pay if paid),法庭应当依据《民法典》合同编第497条第1款第3项规定,或者依据总则编第7条关于诚信原则的规定,依职权认定该条款无效。

(估值),以作为计算股价的基础。例如,以目标公司当时的总资产(如2亿元)为基础上浮若干倍(如5倍)得出估值(10亿元),即以10亿元除以股份总数,得出每股的股价。但万一收购目标公司之后,发现它的市值不足10亿元(估值)怎么办？于是收购方与转让方在股权转让合同中设立一个调整条款(对赌条款)。对赌条款,包含对赌条件与估值调整金两部分。例如,约定收购目标公司后的第一个年度(有的是3个年度)公司净盈利指标是8000万元,此年净盈利8000万元,即是对赌条件;再约定,如年度实际盈利不足该指标(8000万元),则转让方应当向收购方支付一笔估值调整金。以盈利指标(8000万元)与实际盈利额(如7500万元)之间的差额(500万元)乘以计算目标公司估值时上浮的同样倍数(500%),得出转让方应当支付估值调整金2500万元。约定"对赌条件+估值调整金"(计算方法)的合同条款,就是对赌条款(估值调整机制)。

对赌条款,为国外公司收购的行业惯例做法,但传入中国后很快发生了变异,变成了两种不同的类型。第一种类型,是原来意义上对赌条款:对赌条件+估值调整金(计算方法)。实务中,估值调整金往往被写作"补偿金"。[①] 对赌条款规定在股权转让合同当中。所谓对赌,是收购方与转让方(目标公司的大股东)对赌,对赌条件+估值调整金。这是第一种类型,是本来意义上的对赌条款。

第二种类型,是对赌条款的变形:对赌条件+回购协议(条款)。同样是在股权转让合同中约定一个"对赌条件",但此对赌条件是不可能实现的,再加上一个"回购协议"。例如约定:自(股权转让)合同签订之日起1年之内目标公司须在香港证交所挂牌上市,如果

---

① 将"估值调整金"写作"补偿金",容易被法庭解释为"违约金",并适用违约金调整规则(合同编第585条第2款),对股权收购方显然不利。此前有这样的地方法院判决。

此1年期间届满未能在香港证交所挂牌上市,即由转让方回购所转让的全部股权。此回购条款,形式上符合约定解除权规则(合同编第562条第2款)。并另外签订一份回购协议,约定回购的价格、分期、回购时间、支付方式等。请特别注意,目标公司为有限责任公司,要达成对赌条件,须先改组为股份有限公司,而改组为股份有限公司必须符合公司法规定的各项条件和程序;改组为股份有限公司之后,1年之内要达到证交所挂牌上市的各项条件、履行各项程序,是绝对不可能的。由此可见,当事人的真实意思并不在此,实际是用股权转让加回购实现融资(借款)的目的。股权转让合同是用来规避金融管制的虚伪表示,实质是融资(融资是隐藏行为)。

这是第二种类型,约定一个绝无实现可能的"对赌条件",加上回购条款(协议),形式上符合合同编第562条第2款关于约定解除权的规定,实际上是融资(借款),不是真正的(本来意义的)对赌条款。在最高人民法院关于民间借贷司法解释下达之前,各地法院对于"对赌条件+回购"案件的裁判立场是,一律认定为无效。① 最高人民法院关于民间借贷司法解释实施后,法院的裁判立场有所调整,股权转让合同仍旧被视为虚伪表示、被认定无效,但所掩盖之下的融资(借款)合同则被认定有效。②

现在回过头来谈第一种类型,即真正的(本来意义的)对赌条款。举最高人民法院2012年民提字11号案为例,判决结果是:(1)确认股权收购方与出让方(大股东)之间的对赌有效,理由一是不损害目标公司利益、公司债权人利益,二是不违反法律禁止性规

① 确认转让合同(及对赌条件加回购协议)无效之后,再依据关于合同无效后的法律后果的规定判决出让方返还价款(本金),依银行同期利率计算损失额,由双方按过错程度分担损失。

② 但利率(包括约定的利息、违约金、赔偿金)不得超过民间借贷司法解释对年利率的限制。

定；(2)确认收购方与目标公司之间的对赌无效，理由是损害目标公司的利益、公司债权人利益。这个案件判决，确定了法院关于对赌条款的裁判立场：收购方与目标公司对赌无效，收购方与目标公司大股东对赌有效。

下面再介绍最高人民法院2016年民再字128号案。此案件，收购方（投资方）与目标公司之间的对赌，一审、二审判决均认定无效；收购方（投资方）与（目标公司）大股东之间的对赌，一审、二审判决均认定有效。问题在于，收购方与目标公司大股东约定对赌条款之后，目标公司与大股东约定了一个担保条款，由目标公司对大股东提供担保。大股东按照与收购方的对赌，如应对收购方承担责任（支付估值调整金），则目标公司对此提供担保。一审、二审判决均认定目标公司对大股东的担保无效。但再审判决，却认定目标公司对大股东的担保有效，判决书列举了三项理由：一是经过股东会决议（《公司法》第16条第2款）；二是有利于目标公司自身的经营发展；三是不损害公司、其他股东及债权人利益。可见，再审判决不仅认定投资人（收购方）与大股东的对赌有效，并且进一步认定目标公司对大股东的担保有效。这是现今法院关于对赌条款的裁判立场。

现在简单小结一下，关于真正的对赌条款，中国法院认可国际公司并购之此项惯例，认定投资人（收购方）与目标公司大股东的对赌有效；目标公司对大股东提供担保在符合《公司法》第16条第2款规定情形时也有效；投资人（收购方）与目标公司的对赌无效。至于“对赌+回购”，不是真正的对赌，实际上是股权转让合同掩盖融资，法院裁判立场是：股权转让合同（属于虚伪表示）无效，所掩盖之下的融资（借款合同），现在是按照最高人民法院民间借贷司法解释处理。

法庭的审查权(对合同有效性的审查和对合同条款有效性的审查),过去没有受到重视。法庭的审查权包含在法庭行使的裁判权当中,既区别于法庭对于案件事实的认定,也不同于法律适用。利用这个机会给同志们作了介绍,供同志们参考。谢谢。

第五编

附　录

民法学习的若干问题*

徐青林(2002 级法学专业本科生)

梁老师,作为一名法学本科生,我们在学习和生活中应该注意什么,尤其是在法律学习方法方面?

梁慧星教授

最关键的一点是要知道学习目标,也就是说作为一名法学专业的学生,你要获得什么,你究竟要获得什么,这一点是我们的目标。如果不了解这一点的话,一进入法学院,还把过去学自然科学像高中学物理、化学那样的方法搬过来是不成功的。所以,首先要有个学习目标。归纳起来说,学习目标大致有三个方面的内容:第一个是法学基础知识;第二个是学习方法;第三个是法学能力。下面稍作解释。

第一,有关专业基础问题。我们常说某一个同学基础

---

* 2004 年 5 月 16 日在东北大学文法学院与同学座谈回答提问的录音整理稿。记录人:邵杰、王敏、宋春英、周望;整理人:牟瑞瑾。答问中涉及 2002 年 12 月全国人大常委会审议的《中华人民共和国民法草案》。

很扎实,那么什么叫基础扎实呢？这个问题,我们得费一番脑筋,所以我特别指出,法学学习形成的基础实际上可以归结为一个法律概念体系,就每一个法学学科,比如说民法、刑法、刑诉法、行政法、宪法,不管是哪一个部门法,都是由一套法律概念体系所构成的。这个概念体系通通都在我们的教科书上。学习法学,我们就是要掌握一套法学的、法律的概念体系。关于这个问题,我在网上有一个讲座,这个讲座中就讲到了我们学习法律,要注意法律的概念性。这个法律的概念性,来源于法律的规范性。我们说法律是行为规范,每一个制度、每一个规则都是由规范构成,而每一个规范又是由构成要件、适用范围、法律效果三部分组成,这就是法律的规范性。我们所学的法理教科书上讲,每一个法律规范都由构成要件和法律效果所组成。我们刑法学教材上讲,每一个刑法规范都由假定和制裁所构成。这个假定就是我们说的构成要件,制裁就是我们说的法律效果,同时这个构成要件又决定这个规则的适用范围。所以我们总说,每一个法律规范都是由构成要件、适用范围和法律效果三部分组成的,这就是法律的规范性。因此,说学习法律要从规范性入手,掌握每一个规范的构成要件、适用范围、法律效果。

但每一个法律规范都是由法律概念表述的。例如,1993 年《消费者权益保护法》第 49 条规定:“经营者提供商品或者服务有欺诈行为的,应当按照消费者的要求增加赔偿其受到的损失,增加赔偿的金额为消费者购买商品的价款或者接受服务的费用的一倍。”我们通常称之为双倍赔偿条款。根据这个条款规定,经营者实施欺诈行为的,可以判双倍赔偿。这个条款就是一个规范,它的构成要件是欺诈行为,它的适用范围是消费者合同,它的法律效果是双倍赔偿。欺诈行为由欺诈和行为两个概念构成,欺诈行为本身又是一个概念,消费者合同是消费者、经营者、合同这些概念构成,双倍赔偿的赔偿也是一个概念,叫损害赔偿。损害赔偿,有实际损害赔偿,还有精神损害赔偿,还有惩罚性损害赔偿。我们掌握《消费者权益保护法》第49条这个规范,就要先弄清楚它所涉及的这些法律概念。由此可见,每一个法律部门都有一套法律概念。我们看民法,打开《民法总论》看看,其中有好多好多概念,什么主体、客体、行为、法律行为、意思表示、代理、时效、侵权、侵权行为,等等。因此,既然每一个部门法、每一个法律学科都是一套概念体系,这就提示我们:学习任何的部门法、任何的法学学科,基本目标就是要掌握这一套概念体系,如果掌握了这套概念体系,掌握得准确、完整,你就能具有扎实的民法基础,具有扎实的法律基础。完整、准确地掌握了这套概念体系,就叫基础扎实;反之,没有掌握这套概念体系,或者概念体系不完整、不准确,就叫基础不扎实。

第二,有关学习方法的问题。学习方法上是否有什么窍门可找呢?有,学习方法上的窍门就是你学习哪一个学科,应先挑一本最好的教材,然后反复精读,掌握该教材中的那一套概念体系。虽然不要求能够倒背如流,但是,一说到某一个概念,我们马上能够反应,知道它的含义、它在这个体系当中的位置,并且可以用自己的语言把它大致地表述出来。不能光靠记忆,也就是我们过去说的死记硬背。由于法律概念都有它的特殊含义,你不理解它,你的记忆也不会牢固。国外有的著名学者讲到学习方法的时候提出是"记忆—理解,理解—记忆"这样的循环。我认为,在此基础之上还应加上一个运用。因为法律是实用科学,某一个概念需要记忆、理解,理解以后又会加深记忆。但是这个时候你还可以运用,同学们在讨论问题、案件、新闻媒体上的热点问题时,就可以结合到法律的某个概念,试着分析问题。所以说,基本的学习方法就是:记忆—理解—运用,这样三个环节的循环。

话说回来,学习窍门在于:在每一个学科入门时首先精读一本好的教材。概念体系完整、准确,就是好教材,概念体系不完整、不准确,就不是好的教材。如果通过精读把这套好教材的概念体系掌握了,其他的教材就不一定精读,随便翻翻即可。如果某一个新教材上面有我读的那本教材中所没有的概念,它有新的概念或者有新的资料,就翻看新的概念、新的资料部分,把过去没有了解的新的概念补充到自己大脑当中已有的那个概念体系当中去。一些同学反复读一本教材、两本教材、三本教材,我认为这完全没必要。精读一本即可,其他教材随便翻一下,看看有没有新的概念,如果有,就将新概念补充进来,这就是掌握基础的窍门。这样的读书,就是精读,精读什么,精读好的教材,目的是掌握概念体系,打下扎实的基础。

当然,我们不能停留在这里,还要读别的书,包括专题研究著作、专题研究论文。我们学民法的同学可能知道:王泽鉴先生有八本学术研究论文集,我自己也有四本,像这样的书我们究竟怎么读呢?我不主张从头到尾地精读,即使像王泽鉴先生的八本论文集,我也不赞成全部一本本地读下去。我的主张是:应当选其中的一部分来读,从这些书中挑出几本,挑出两三本,然后每本书中挑出几篇文章来读。这样读的目的在于摸索研究方法、写作方法,看著者怎样写、怎样论述、怎么选题。他为什么要写这个论文?他的论文分成哪些部分、是怎样分的?每个部分之间是什么关系?各个部分是并列关系、递进关系还是别的逻辑关系?还有,他是怎么运用论据、怎么运用材料的?怎么反驳别人?这就是读别人的著作,主要是摸索学习方法。会读书、不会读书差别非常大。日常生活中,可以说一般人都读书看报、看小说,读金庸的武侠小说的人非常普遍,但是,金庸的小说全部都读得滚瓜烂熟的,可能连写一封信都写不清楚,这样的人可是大有人在啊!这就说明读书有区别。另外有一些人，比如说鲁迅、郭沫若，他们一生没上过大学中文系，没学过什么小说写作方法，他们却成了大作家、大诗人，得到很高的声誉，他们写小说的那套方法是从哪里来的？他们是读小说学来的。可知读小说有两种：一种是读故事情节，这个故事很生动，读到高兴的时候就哈哈大笑，读到伤心的时候便泪流满面、受到感动，这是读小说的一种方法。鲁迅和郭沫若读小说不是这样，他们是读写作方法。鲁迅的第一部小说《狂人日记》，就是模仿俄国果戈理的《狂人日记》，连文章的题目都是照抄的，这难道没有告诉我们读书有两种方法吗？

在读法学著作、法学论文上也有两种方法：一种是读别人的论文的时候要看有没有新观点、新材料（刚才已经讲到有没有新的概念需要掌握），这是一般的读，就是读新观点、新材料并把它摘要下来。我过去上研究生的时候没有电脑，就抄卡片，抄卡片就抄新的概念、新的观点、新的资料，这是一般读书方法。另一种是通过所读内容来学习写作方法和研究方法。我们平时读法学著作、法学论文，要有意识地学习写作方法和研究方法。

我们一进图书馆会发现许多“大部头”的书，我们把它叫作体系书。学民法的同学知道，史尚宽先生的《民法总论》大概有 80 万字，他的《债法总论》大概有 90 万字，他的《物权法论》大概有 50 万字，我发现一些本科生、一些研究生，一进法学院就下定决心要苦读，他怎么读呢？他专挑权威学者的“大部头”书，比如史尚宽先生的著作。史尚宽 1929 年参加了《中华民国民法》起草，是起草委员之一，他的地位非常高，著的书很厚，内容非常多，资料很丰富。一个本科生、一个研究生，抱着这样的《民法总论》《债法总论》从头读到尾。我说，你读到中间，前面的就忘掉了；读到最后，中间的就忘掉了；全都读完，整部书就全部忘掉了。这样的读书就是不得要领，会事倍功半。

有一种读书方法叫“精读”，就是从头读到尾，边阅读、边记忆、边理解，而且反复阅读。我们只精读一本教材，当然不是一般的教材，而是好的教材。我刚才讲到了好的教材是概念体系完整、准确，此外还有一个条件：简明、扼要。有些学者不赞成简明、扼要，他们为学生写的教材 50 万字、60 万字，学生要精读要记忆，那么厚的怎么读啊。他们没有考虑到教材是供同学们精读的，是供同学们掌握这个概念体系的。所以说，一本好的教材一定要简明、扼要，大概一个部门法的教材就 20 万字，这是最好的，不要超过 30 万字，才能够精读，才能够记忆。那像史尚宽先生这样“大部头”的书，我们什么时候读它呢？当我们要讨论一个问题、写一篇学年论文、讨论某一个案件、讨论某一个法律规范的运用，这时候我们要查阅一些权威学者的著作，像我国台湾地区的史尚宽、王泽鉴、郑玉波，大陆的王利明、张新宝、尹田等人的著作，凡是他们的著作上涉及我们所研究的、讨论的那个问题的，就读那一部分，也可能是你所要读的那本书上的某一章、某一节，甚至可能是某一自然段。因为我是研究某一个问题，史尚宽、王泽鉴、郑玉波的哪一本书讲这个问题，我都要去查阅，就阅读作者讨论这个问题的那一章、那一节、那一个自然段。这样的读书，一下可能读了很多本，但是每一本只读了某一小部分。这样读书的目的是培养自己的研究能力，我把这种读书方法叫作“研读”，就是结合研究问题来读。归纳起来，大体上分为三种读书方法：第一种叫“精读”，读好的教材，目的是掌握概念体系，即打下扎实的专业基础；第二种叫“泛读”，没有限制，教材、专著、论文都读，但不是通读，不是精读，只选读其中的新概念、新观点、新资料，目的是补充、完善自己已经掌握的概念体系，加深自己的专业基础，扩大知识面；第三种叫“研读”，结合研究课题读书，目的是学习、训练研究方法,培养研究能力。以上我大而化之地把读书方法介绍给大家,简单介绍了一下读书的三种方法。

回过头来,就是说本科学习是基础,本科是培养法学的基础型人才。法律本科的毕业生,他将来可以做法官、律师、教授,他可以考研、考博,分配到企业当法律顾问,可以到政界当官员,因此,他们的知识是基础知识。也就是说,我们需要通过大学的本科学习掌握法律的概念体系,主要是民法、刑法、行政法、诉讼法的概念体系,这都是为我们打基础。

第三,有关本科生的能力问题。本科生不光要打基础,还要培养能力。我认为,能力包括中文能力和外文能力。一是中文能力。中文能力之所以重要,是因为我们的概念体系是用中文来表述的,每一个概念都是中国字,还有一个因素是我们在讨论法律问题时、法官承办案件当中都是用中文进行思考。我们的一些大学生,中文能力不够,写文章不通顺。有些人提倡增加大学的语文课,我过去读大学,本科时就有两门语文课,一个是现代汉语,另一个是古代汉语。有人问我大学都学了些什么,我回答说大学什么也没学,只是大学语文对我有用,它提高了我的中文能力。中文能力对我们来说非常重要,写文章需要汉语表达流畅,文字简洁流畅,我们的起诉状、判决书、代理词都要达到这样的标准。这对于我们来说要求不是特别高,是要简洁、准确、流畅地表达你的思想。二是外语能力。这里不需论证,我只想举个例子:在北京,英语好的本科生能进三资企业工作,月工资可在7000~8000元;如果一个本科生英语不行,其他很好(比如概念基础扎实),可能进国有企业工作,月工资在2000~3000元,这还得是比较好的企业。我们想想,这差额至少在5000元,这种差别不是专业基础、中文能力的差别,是外文能力的差别!因此,我到每个法学院都提倡每个本科生、研究生一定要高度重视外文,这个外文简直是战略性的!

刚才讲方法,主要指研究方法,这里由于时间关系我就不讲了。在这里归纳一下,我们进入法学院学什么:第一要基础扎实,概念系统完整;第二就是培养能力,包括中文能力、外文能力。外文不能听说读写都会的话,至少说的能力和准确笔译要做到,翻译出来比较准确,看书比较快,这是最起码的。再就是方法,包括研究方法、写作方法。前面讲到别人写论文,我们就模仿他的研究方法、写作方法。

最后我还要强调的一点,就是勤奋。你别的都有了,如果不勤奋,也成不了优秀人才。我是山大法学院的院长,今年我在山东大学法学院开了个研究生座谈会和本科生座谈会,会上我提出了一个口号、一个思想,就是:“怎样把自己造就成一个优秀的法学人才?”我提出的这一问题每个同学都要认真思考,同学相互之间也应当认真考虑。优秀的法学人才就是专业基础扎实(概念体系完整、准确)、有较强的中外文能力、掌握研究方法,再加上勤奋。我之所以特别提出这个问题,主要是考虑到在我国许多重点大学中,本科生都是过五关斩六将考进来的,高考考分非常高,进来时都是优秀人才。但到了毕业的时候,由于现在法学院招生很多,老师任务很重,学校办学有很多事务,对同学都是一样的教育、一样的讲课,讲完课就算了,结果毕业生出去时大家都差不多的一个模式。为此,我提出这样一个尖锐的问题:是不是很多优秀人才在四年本科被造就成了中等人才?我在山大提出,同学们一定要自己造就自己。当然法学院也有责任,要把培养造就优秀人才放在首位。人才不单是考试成绩好,还要用刚才提到的条件衡量。总体来说,学好法律,或者说在法学院应该学到的东西,就是:其一,基础扎实,也就是说概念体系完整准确;其二,有一定的语言能力,包括中文能力和外文能力;

其三,培养良好的研究方法;其四,就是勤奋。第一个同学的问题我就谈到这里,供同学们参考吧。

周望(2000级法学专业本科生、2004级中国人民大学法理学专业硕士研究生)

十年前您写了一本专著《民法解释学》,为中国法律解释做了开创性工作。我想向您请教一个法律解释学方面的问题。学理上,部门法的教材多数认为最高人民法院的规范性司法解释是法律渊源,但法理学教材并没有将其列入我国法源;在实践中,最高人民法院的司法解释要求在判决书中被引用,但《宪法》和《立法法》等又没有明文规定司法解释可以作为法源。您怎么看这个问题?最高人民法院的规范性司法解释是不是我国法的渊源?如果是,它与国务院的行政法规效力哪一个高,发生冲突如何适用?

梁慧星教授

你讲的这个法律解释问题是每一个法学院学生所要掌握的,解释就是运用法律规范裁判案件时对法律规范所作的说明和阐释。我刚才已经讲过,法律规范由构成要件、适用范围、法律效果三部分构成,需要我们分析它。我们要弄清楚使用的文字、使用的概念是什么含义,然后分析其构成要件、适用范围、法律效果,这样的工作就叫作法律解释。

法律解释学上有个绝对的原则:法律条文不经解释不得适用。这个原则说得很明确,任何条文都要经过解释。为什么要解释?如果法律规则能够规定得非常具体,就像技术规则一样,不用解释,那当然好。但是,法律不可能做到这一点,因为法律具有社会性,是规范社会生活的,与技术性规则截然不同,不可能做到具体明确,法律只能由规范的构成要件来表述它,我们把它叫作规范约束。立法机关制定的规范是行为规范、裁判规范。所谓行为规范,即规范个人行为:一个人要结婚,必须遵守婚姻法的规定;如果要订立合同,必须按照合同法的规定做。这就是规范每个人的行为。民法是规范法官的裁判行为,刑法也是规范法官的裁判行为,也就是说立法机关用法律规范限制法官的自由裁量,约束法官使其不能乱判,要按法律规范来判。就像我们平时所说,法官裁判案件时,在案件事实查清以后,就要找到一个法律规则、法律规范,然后把这个事实和法律规范的构成要件相比较,如果本案事实符合法律规范的构成要件,就依据这个法律规范裁判,作出判决。如果当事人不服一审判决上诉到二审法院,二审法院审查一审法院的判决,也就是审查原审判决适用法律是否正确,即审查案件事实是否符合法律条文的构成要件,如果符合,就会认定原审判决适用法律正确,作出"驳回上诉,维持原判"的终审判决;如果认为本案事实与法律规范的构成要件不一致,就会认定原审判决适用法律错误,作出"撤销原判,发回重审"的判决或者撤销原判、直接改判的终审判决。由此可见法律规则有重要意义。

我们刚才已经讲到了法律规则的构成要件,讲到法律概念的构成要件,法律概念又是用语言文字表述的,中国的法律条文是用中文表述的,这就会常常出现问题。因为语言文字是人发明的,具有多义性和模糊性。日常生活中我们会经常发现,同一个词,你理解的是这个意思,我理解的是那个意思,在这个地方指的是一种事物,到了另一个地方,指的是另一个事物,这是语言文字的多义性。语言文字的模糊性则体现为有的时候它的含义清楚,有的时候它的含义不清楚。因此,法律需要解释,否则,人们没弄清楚法律条文中的某一概念,怎么能正确适用这个法律条文呢?比如说"产品"一词,平时说“产品”我们大家都明白,是指劳动创造的成果。2000年《产品质量法》讲“产品”,《民法通则》* 第122条也讲“产品”,产品有缺陷,造成他人人身、财产损害,应由产品生产者承担责任。2000年《产品质量法》第2条规定,该法适用的“产品”,是指经过加工、制作,用于销售的产品。书籍是不是产品？天津有70个中专生向法院起诉高等教育出版社,称该出版社出版的一本经济法教材错误百出,要求赔偿。法院审理该案件到底是否适用《产品质量法》？书籍当然是“产品”,但这个案件的书籍本身没有什么缺陷,书是完好无损的,而是书籍上记载的信息有错误,按照该教材学习,考试就会失败。那么信息是不是“产品”？书籍上记载的信息有错误造成损害,能否适用《产品质量法》,追究无过错责任？输血感染艾滋病向法院起诉,是否适用《产品质量法》？血液是不是“产品”？平时看起来“产品”的概念很明确,在此却很模糊。再如(1993年)《消费者权益保护法》第49条规定,经营者实施欺诈行为的,消费者可获得双倍赔偿,这里需要弄清楚“欺诈行为”一词的含义。有人说故意和过失都是欺诈。过失是欺诈吗？这明显是错误的。所以,法官在裁定这类案件时,一定要弄清什么是“欺诈行为”。“什么是”不就是解释吗？解释的根源来源于成文法,在此顺便提一句,英美法是判例,不需解释,因为英美法靠先例来约束法官,这先例存在于历史上的各种判例中。英美法系国家的法官判案的做法是:在查清事实后不去查成文法典,而是去查阅历史上是否曾经有过这样一个先例,有过这样一个案件的判决。如果先前判决的案件事实与本案案件事实是相同的,该法官作出同样的判决即可。先前案件的判决就构成了一个先例,所以说,英美法系国家的法官裁判案件是靠先例约束。

我们的教科书上讲,法律是由全国人大和全国人大常委会制定

---

* 已失效。——编者注

的，国务院制定的行政法规，是依宪法授权，把行政管理等问题的立法权分给国务院，让国务院去行使，这毫无疑问。有争议的是：对于国务院下属的各部门和地方政府、地方人大制定的行政规章和地方性法规，法官在裁判时可不可以直接引用？最高人民法院在20世纪90年代初就确定了一个原则：在裁判中不引用，判决书中不能写依据哪个部委的规章判决如下、根据哪个地方性法规判决如下。国务院的行政法规可以引用，如《道路交通安全法》生效前，《道路交通事故处理办法》* 可以引用，判决书中可以写根据《道路交通事故处理办法》第几条判决如下。

学者的解释究竟有无法律效力？在宪法、法理学上当然不承认它，认为学者的解释不具有法律效力。这说明解释有两种。国外民法学者所讲的法律解释，是指受理案件的法官所作出的解释，不是指最高人民法院作出的解释。中国法理学界所讨论的法律解释着重是指最高人民法院的解释，被称为司法解释，民法学者所讲受理案件的法官作出的解释，被称为裁判解释。各国都不承认学理解释是法源，但是，法官在裁判具体案件遇到没有法律规定或者法律规定不清楚的时候，往往参考学者的解释意见来判案。我们国家的做法是这样：遇到疑难案件，法院内部拿不定主意的时候，就向国内有名的学者发函，把案件事实告诉学者，请学者提供法律意见，所谓的法律意见也就是解释意见、裁判方案。如果哪一个学者的法律意见被法院采纳了，也就具有了法律效力。因此，解释学上认为，学者的解释在某种条件下具有效力，它是在被法院采纳之后具有效力，是间接的效力。最高人民法院作出的司法解释，与基层法院受理案件的法官所作出的解释不同，它具有制定规则的性质。最近最高人民法院制定了许多解释文件，带有制定规则的性质，根据我们的理解，

---

* 已废止。——编者注

过去最高人民法院的解释在判决书中不可以引用,不能明文写出来根据哪个解释文件判决如下,但是你可在实际当中按解释文件来判决,只是近年来才有所改变。比如说前几年冒名上学的案件,最后省高级人民法院的判决是直接引用了最高人民法院的解释文件。不管它引不引用,最高人民法院的解释本身就具有制定规则的性质。应该说它是一种法源,或者可以说作为一个准法源,这是可以肯定的。

赵越(2002级宪法行政法专业硕士研究生)

梁老师,正如您刚才所说的,任何的法律条文都需要解释来加以辅助。这种解释包括我国最高人民法院的那种权威性司法解释,还包括法官在审理案件中的这种自由心证,自己的裁判解释。但是,根据我国宪法的规定,这种法律的解释权应当是由全国人大常委会行使,而不是法院,更不是法官,在法律上首先对于这种解释作了一个禁止。在法律实践过程中,如果说某一个法官在法律审理过程中擅自进行这种司法解释的话,很可能踏入法律的禁区。比如,前一时期洛阳发生的某法官在审理种子案的过程中就擅自进行了这种司法解释,在这种情况下,这种对法律的司法解释权是否应该在宪法上授予法官或法院予以行使?或者说,法官或法院天然具有这种权力?梁老师,对此您有何看法?

梁慧星教授

说到解释,我们现在的教科书对有些问题表述不清楚。从各国实际情况来看,无论是中国的法官,还是外国的法官,审理案件的时候首先需要把所适用法律的构成要件、适用范围、法律效果弄清楚。首先要把法律条文、法律概念弄清楚,要把它所涉及的文字是什么含义弄清楚，所以法律解释是不可避免的。民法解释学上认为，任何一个法官裁判案件，适用任何一个条文都要进行解释。但是这一点在我国存在一定的问题，因为我们国内这个教科书是从苏联那些理论中延续下来。1982 年的统编教材完全是苏联的理论，后来 20 世纪 90 年代的统编教材，就是“九五”规划教材，参考了西方发达国家的共同规则，比较灵活，跟国际接轨了。但是，关于法律解释权的理解，没有和国际接轨。我们过去把这个解释权看成是宪法所授予的解释权，解释权当然应该由有解释权的机关去行使。比如关于香港特区基本法条文的解释需要由全国人大常委会行使，这是一种解释，但是这种解释不能代替全部，不能代替法官裁判案件当中的裁判解释。法官进行裁判解释的根据是宪法授予他裁判权，他要裁判案件非作出解释不可。就是因为这一点，他只能根据裁判权去解释。法官的裁判解释与最高人民法院的司法解释是不同的。最高人民法院的司法解释是针对某一类社会关系，对法律法规所作出的解释，各级法院在审理属于该类型社会关系的案件时必须遵循，它具有普遍的效力。而法官的裁判解释只针对一个具体的案件，而不是某一类案件或者某一种社会关系，法官要裁判这个案件，需要弄清楚所适用的法律条文的构成要件、适用范围、法律效果等，不得已要进行解释，法官的解释只结合他所审理的案件事实，只针对本案。根据这个解释作出的判决，只对本案当事人原被告双方有效，对本案当事人以外的其他人无效。举例来说，近年来那个婚姻双方签订的违约金条款，婚姻关系中的约定违约金作为一个法律行为，如果违反社会公德可不行。《民法通则》* 第 58 条规定，法律行为违反社会公共利益无效，那么结婚时签订违约金条款究竟是否违反公共利益？承办该案件的法官按照他自己的理解认为，这个婚姻关系

---

* 已失效。——编者注

中,当事人双方结婚的时候订立合同约定一个违约金条款,这样的行为不违反公序良俗,不违反社会公共利益,因此判决有效。这就是法官的裁判解释。如果这个案件的判决被公布了,在《最高人民法院公报》上刊登了,它就形成了一个判例规则,别的法院审理同样案件的时候要查一查,作为参考。如果作出相反的判决,法官就要提出理由;如果不作出相反的判决,可以不过多阐述理由,按照先前那个判决的解释,概要地阐述即可。将来再审理婚姻关系中的违约金之类的案件,法官都可以认定不违反社会公德,因此判决有效。在改革开放之前,我们国家的法律解释学不发达,改革开放之初是向苏联学习,法律解释学没有成为一个课程,结果我们所讲的法律解释就是全国人大常委会的立法解释、最高人民法院的司法解释。实际上,上述解释代替不了法官的裁判解释。法官在裁判案件中解释法律不构成违法,这是法官行使裁判权的必然要求。如果法官作的这个裁判解释不对,上级法院可以撤销它。应当肯定,法官的裁判解释不构成对法律的违反。

贺小龙(2000 级法学专业本科生、2004 级宪法行政法专业硕士研究生)

国内某位学者在自己的著作中提出:人身权是由人格权和身份权两种系列权利构成的。同时在他的著作中提到,您在一些著作中主张人身权是由人格权一个系列的权利构成。请问梁老师,您对这个问题有什么看法?同时,对人身权的保护是精神损害赔偿制度的重要组成部分,所以请您进而谈一下对精神损害赔偿制度的看法。

梁慧星教授

关于人身权的问题来源于我们的《民法通则》。《民法通则》规定了一个人身权的概念。我国制定《民法通则》时是以 1982 年统编教材的概念体系为基础，这个概念体系来源于改革开放以前单一公有制计划经济条件，是从苏联学来的那一套。在苏联的法律中有一个权利叫“与人身不可分离的非财产权”，这个权利是当时苏联立法时的一种创造。本来明明白白地说“人格权”就可以了，但是它不使用“人格权”，就像我们改革开放以前在法律上要和资本主义法律、旧法划清界限一样，它要发明一个概念，不用资产阶级法律中的人格权概念，于是就用一个“与人身不可分离的非财产权”概念。这个概念马上就会让我们想到，有没有“与人身不可分离的财产权”呢？有。由于苏联当时的法律中不承认知识产权，也就没有知识产权这一概念，在计划经济体制之下，没有专利权、商标权、著作权，但他们有发明、发现，于是就把发明权、发现权叫作“与人身不可分离的财产权”。这样的概念在中国改革开放初期怎么被翻译过来的呢？因为“与人身不可分离的非财产权”一词非常拗口，翻译时就把它简单化了，叫作“人身权”，我们当初的教材就是这样翻译人身权的，《民法通则》就照此规定了人身权。但是，《民法通则》规定了“人身权”概念，没有规定“人格权”概念，实际上是用“人身权”代替“人格权”。学者在解释《民法通则》的时候，需要把现行法律与现实结合起来，与国际上发达国家的规定结合起来，当然看到了有关生命健康权、姓名权、肖像权、名誉权等规定，在国外民法上被称为“人格权”。于是，学者们就说“人身权”包括“人格权”。如果说人身权包括人格权，那么，除了人格权之外还有什么权利属于人身权呢？人们很容易就想到“身份权”，于是解释说，人身权分为人格权和身份权。《民法通则》刚颁布的时候，民法教材有关身份权的问题讲了好多，甚至把知识产权也讲成身份权了。这就涉及一些理论上的问题：什么叫身份？如果从一般意义上说，每一个人都有身份，甚至有多种身份。现在在这里,我的身份就是教授,在座的同学们的身份就是一个学生,本科生或者研究生,在座的老师的身份就是教员;我们下班回去要去商场买东西,我们的身份就是消费者;如果去炒股票,我们的身份就是投资者;我买了一套房子去登记了产权,那我的身份就是所有者。所以在一般意义上说,这个身份是多种多样的,但是这些都不是民法上所说的身份。

民法自罗马法以来所说的身份是严格限定的,是指身份关系,就是指婚姻、家庭、亲属关系,如夫妻之间的关系、父母子女的关系、兄弟姐妹的关系、祖父母与孙子女的关系等,这些是人与人之间形成的关系,是身份关系。因此,“身份权”就是指身份关系上的支配权,即丈夫对妻子的“夫权”、家长对家属的“家长权”、父亲对子女的“亲权”。丈夫与妻子的夫妻关系,这是一种身份关系,现在认为是一种平等关系,但是过去人们认为丈夫对于妻子可以进行支配,妻子必须住在丈夫的屋子里面,不能到外面找房子住。妻子找不找工作必须得到丈夫的同意,妻子的财产必须由丈夫管理,丈夫同意你才能用等。像这样的丈夫对妻子的权利就叫“夫权”,是身份权之一种。此外还有家长对于家属的家长权、父亲对子女的亲权。比如说子女要考大学,父亲不同意,那就不能报考。子女要出去打工,父亲不同意,就不能去打工。子女要在外面租房子,父母不同意,你就不能租,这就是亲权。历史上的“身份权”,其本质特点在于权利人对他人人身的支配,如丈夫支配妻子、父母支配子女、家长支配家属。在这个意义上说,历史上的“身份权”和我们的物权、所有权类似。这是传统意义上的身份权。

《民法通则》中有人身权的概念,学者解释它包括人格权和身份权。人格权在《民法通则》中有规定,比如姓名、肖像、名誉、生命健康等。那么这个身份权何在呢?严格来说,《民法通则》上没有身份权，我们的夫妻关系是男女平等、我们的家庭关系是平等的，不允许父母支配子女，不允许丈夫支配妻子，也就是说我们没有那个传统意义上的身份权。你回家看看你的户口簿，上面只有“户主”而没有“家长”，因为我们废除了封建的家长制度、宗族制度，我们的家庭成员之间是平等的关系，不承认支配与被支配的关系。现在不仅我们国家没有，发达国家也没有。本来法国、德国的民法典上有规定：丈夫甚至可以限制妻子的自由，把她关起来；家长甚至可以惩戒子女，把子女关起来等。到了六七十年代的时候女权运动、民主运动的高涨，法国、德国这些国家就把民法典改了，规定了男女平等，家庭成员平等。

因此，我们现在就不应当再把《民法通则》上规定的那些人格权说成是人身权。我们现在婚姻家庭生活中的权利已经没有支配权的性质。所以现在就有一个两难：要讲这个“身份权”是指支配权的话，我国已经不存在这样的权利。但是婚姻家庭关系中、亲属关系中的权利，叫什么呢？当然我们也可以把它叫作“身份权”。但这个“身份权”，是指身份关系上的权利，如夫妻关系上双方互相扶养的权利，父母养育子女的权利，子女大学毕业挣工资了以后有赡养父母的义务，因此父母有要求子女赡养的权利。这些权利与我们平时所讲的债权没有区别，实际上都是财产问题，性质上属于请求权，但考虑到是身份关系上的权利，与财产关系上的权利，还是有所区别的，所以，也把它叫作“身份权”，我就是这么想的。这个“身份权”性质上属于请求权，和传统民法所讲的支配权性质的“身份权”是有本质区别的。

最后强调一下，同学们在自学的时候，在读某本教材、某篇论文的时候，一定要注意它的背景、它的概念体系是新的还是旧的。我们过去把概念体系否定了。改革开放初期的时候，我们把苏联那套理论拿出来,编统教材,教育我们的本科生,本科生接受的这套概念体系,其中好多内容和我们的市场经济是抵触的,概念体系是旧的、是不完整的。这个时期制定的法律以《民法通则》和《经济合同法》* 为典型,就是以旧的、残缺不全的概念体系为基础制定的。20世纪90年代中期,当时的李岚清副总理指示要编现代化的民法教材。当时司法部教材编辑部的负责人征求我的意见:什么是现代化的教材?我说东京大学、台湾大学的学生学什么概念,我们就学什么概念,这就是现代化的教材。因此,按照这样的思想就编写了一套“九五”规划教材,这套教材的概念非常多,许多概念是原来统编教材所没有的,采用了国际上的共同规则,日本东京大学、我国台湾大学的学生所学的概念与我们“九五”规划教材的概念一样,我们的学生与他们的学生交流、讨论问题就没有障碍,他们知道的概念我们的学生也知道,因为他们的概念体系与我们的是一样的。所以说,“九五”规划教材完善了我们的概念体系,符合现代的潮流。在这个基础上制定的统一合同法,概念体系是新的。因此,我们在读书的时候,学习法律的时候,一定要注意它的概念体系,它的背景。我们用现在的概念解释过去的问题是可以的,但是,如果用过去的概念解释现在的问题,就会出问题。

陈瑶(2002级宪法行政法专业硕士研究生)

梁老师,我想向您请教一下关于法学的研究方法问题。我们老师在上课的时候,也提到一些。比如现在有些法学论文,有些学者有些新发明,先强调西方怎么做,然后强调一下中国,别人怎么做了,我们也应该怎么做,中间并没有具体的论证过程。就好像别人

---

* 已失效。——编者注

穿了件漂亮衣服,我们也这么穿。但是作为我们学生来讲,在确定一个选题以后,有时候感到很困惑,即如何去具体结合中国实际。五十多年前费孝通先生写的《乡土中国》,经过了那么多年,我们现在读它的时候,还是能深刻感觉到它与中国实际紧密结合的那种特色。我们作为学生想朝那个方向努力,但不知怎么做,希望您能给予指点。

梁慧星教授

关于研究方法,我前面讲了研究方法的重要意义。不但在大学当教授写文章需要用研究方法,而且当律师、当法官涉及怎么解释条文、怎么裁判案件,也要用这个研究方法,所以研究方法很重要。研究方法有好多种,先说历史研究方法,比如法史学的同学写论文就要用历史研究方法,这是最典型的。还有刚才这位同学讲的就是比较研究的方法,这个方法也是最常用的。你首先要比较,比如大陆法和英美法,然后进一步研究德国法和日本法、德国法和法国法,这样比较。比较研究的方法,是客观地对两种不同制度进行比较评价,区分它们的相同点、不同点、差异、特点、发展等,然后拿这个比较研究的结果作我们的参考。比较研究方法,是一种重要的方法。还有特别重要的是解释学的方法、民法解释学的方法。写论文涉及的每一个条文、每一个制度,无论是讲外国的还是中国的,你都要把它弄清楚,都要分析它的构成要件、适用范围、法律效果,都要分析它使用的概念是什么含义。所以说,民法解释学方法或者说法解释学的方法是非常重要的。此外,还有经济分析方法、法哲学分析方法等。对部门法学者来说,最常见的是历史研究方法,讲这个制度的渊源就是历史研究方法。比较方法也要用,讲到现在这个制度在哪些国家和地区是怎么规定的,美国的规定怎么样、德国的规定怎么样、日本的规定怎么样、我国台湾地区的规定怎么样等,它们都有什么特点、有什么差异。法解释学的方法,就更常用了,这涉及我们哪个条文哪个制度,甚至你自己提出个建议,建议制定哪个法律,建议要完善法律的某个条款,你就要解释它的构成要件、它的适用范围等。经济分析方法,现在比较热门,有很多同学都在运用。方法多种多样,在这里就不展开说了。

现在回过头来说那个同学的问题。在进行比较研究的时候,就觉得有一个简单化倾向,这是个普遍的现象。其实不光是你们写论文,学者发表的论文,甚至一些权威学者发表的论文有时候也让人感觉是“人家怎么样,你也怎么样”,这就是我们所说的生搬硬套。我们在广泛参考发达国家或地区的成功经验时,要注意分析。发达国家或地区的经验不是一个,有很多个,德国有德国的经验,日本有日本的经验,我们要看哪个更符合我们的要求。符合我们的什么要求呢?这里是指符合我国的实际情况,我们社会中刚好有这个问题,就可以用那个国家或地区的经验来解决。我来举例说明。例如,我国《合同法》* 上规定了债权人的代位权,这个制度大陆法系有的国家或地区没有规定,有的国家或地区有规定。我们比较研究时就要研究为什么有的国家或地区有这个规定,有的国家或地区没有这个规定。日本有这个债权人代位权的规定,被日本的民诉法学者猛烈抨击和嘲笑,说那些实体法学者根本不懂程序,因为在日本这个问题用执行程序就能解决。那是不是说在我国就不适用呢?不是的。因为我国的“三角债”问题非常严重,为了解决“三角债”问题,我国规定了债权人代位权,这样就能很好地解决“三角债”问题。再如《合同法》中的承包人的优先受偿权,参考了日本民法、我国台湾地区“民法”的规定。我们为什么要拿过来呢?这是因为我

---

* 已失效。——编者注

国改革开放以来拖欠承包费的现象十分严重。再如，我国《合同法》上规定的预期违约、先期违约制度，我国很多学者赞成，主张《合同法》一定要规定这个制度。这个制度多灵活啊：订了合同，履行期未满，只要对方可能违约，我们就可以解除合同，可以追究违约责任等。但是在《合同法》制定的时候也考虑了美国法上的预期违约制度，确有很多优点，比我们传统的不安抗辩制度要灵活很多，但我们没有按照很多学者的主张，全部拿过来规定在《合同法》上。《合同法》把预期违约分解为三部分：一个部分规定在第 94 条第 2 项，发生法定解除权；一部分规定在第 68、69 条，纳入不安抗辩权；一部分规定在第 108 条，对方如果表示不能履行或实际不能履行，我就可以马上追究他的违约责任。这就是在吸收境外经验时，首先要弄清楚境外的经验是多种多样的，哪个经验好、能够用，还要看我们的国情、我们的问题能否适用。同学们写论文，一定要注意不要像那位同学说的那样，“别人怎么样，我们就怎么样”。

我举个例子，现在官方民法典草案第二编物权法草案上，规定了居住权制度，这是个新制度，以前没有。你们如果上网的话就能看到我对这个制度的批评。为什么要规定居住权呢？这是江平教授在物权法专家讨论会上提出的。王利明教授说，居住权的确很重要，德国、法国都有居住权制度，用来解决父母居住的问题。这就是用比较研究的方法。如果同学看过我的讲演，就知道我对此给予了批评。首先，父母居住权来源于法国、德国过去的男女不平等，这在 20 世纪六七十年代已经修改了。资产阶级提出三个口号：“自由”“平等”“博爱”。他们制定法律时，只规定了自由，没有规定平等和博爱。丈夫去世后，妻子无继承权，丈夫的遗产由子女继承，没有子女的由孙子女继承、由丈夫的兄弟姐妹继承。这就有个问题，父亲去世后，财产全部由子女继承，母亲住在什么地方？因此法律上就设计了居住权,规定继承了财产的子女必须让母亲居住。这是西方国家规定居住权的社会背景和理由。而我国实行男女平等原则,夫妻地位平等,夫妻互为继承人,相互有继承权。妻子死亡,丈夫为继承人;丈夫死亡,妻子为继承人。丈夫死亡,还有个共同财产制度,妻子先分得一半财产,剩下的一半财产才属于丈夫的遗产,由妻子和子女平等继承。所以一般来说,一套房子妻子至少可以得到3/4,子女只能得到1/4。所以在我们社会中,根本就不会发生母亲向法院起诉,说子女侵犯其居住的权利的案子。这就是因为贯彻男女平等原则,规定夫妻互为继承人,就解决了这个问题。更何况,我国法律明文规定,子女有赡养父母的义务。赡养父母首先要提供住处,因为所谓赡养就是要供给父母的衣食住行。有些同志看到德国有这个制度,法国也有,就建议拿过来。殊不知这是一个落后的制度,即使在法国、德国也已经丧失其存在理由,我们国家根本没有照搬这个制度的必要性,用学术语言叫"没有实践性"。所以,借鉴国外的法律制度时,首先要分析哪一个先进、有什么特色,此外还要和我们的社会情况结合起来。因此大家写毕业论文、硕士论文时一定要注意,要避免外国有何制度,就建议我国也要有这个制度。我们要注意,外国有何制度,要弄清楚这个制度有什么特征、构成要件是什么、它有什么作用、能够解决什么问题、这个制度有什么发展、与其他国家的规定又有什么特殊之处,然后要讨论我国为什么需要这个制度,按你的观点这个制度拿到我国来能解决什么问题。你至少应当做到这一点。这是关于研究方法的问题。

陈瑶(2002 级宪法行政法专业硕士研究生)

梁老师,我还有一个问题要向您请教,就是关于公权力滥用的问题。我看了您写的一些文章,您侧重强调如何用私权限制公权。

我在写论文中，考虑到一个问题，作为权利来讲，一部分是作为国家机关的公权力，一部分是公民作为自然人的自然权利，但是公权力和公民的自然权利之间是不是有一种对接，比如说赋予公民一定的请愿、上诉权利，从而让他把他的自然权利表示出来，然后寻求从公权力一方得到保护。考虑到中国的实际，您强调私权，我觉得是挺有道理的，但是我觉得就目前来讲，公权和私权对接的渠道还不是很畅通，所以这是不是也可以作为未来民法发展的方向？我想请您讲一下未来民法的趋势、研究领域和具体方向。

梁慧星教授

这是我在政协会议上的一个发言，会后我整理补充后发到网上了。我之所以要谈限制公权力滥用的问题，一是因为我看到社会上存在公权力滥用现象；二是因为温家宝同志强调要全面推行依法行政。一说依法行政，行政法就很热门，我国制定了《行政许可法》。《行政许可法》的确很重要，但是，是不是依法行政仅靠完善行政法就可以达到了呢？我是从这个角度提出来的，行政法再完善，如果没有完善的民法、物权法，物权观念、财产权观念没有深入人心，也解决不了公权力滥用问题。

我们社会生活中，一个是物质基础层面，一个是制度层面，一个是观念层面。《民法通则》《合同法》《物权法》《民法典》都是制度。制度有构成要件、适用范围、法律效果，它要生效的，是一个存在，但它不是物质存在。光有这个制度还不行，上面还有个观念形态。这个观念形态就是我提出的公法观念还是私法观念。为什么要保护公民的权利？《民法通则》《合同法》已经规定很多了。关于批地，国务院已经严格规定了若干亩以上要报国务院批，才可以出让、征收。实际上，地方政府又有多少是报国务院批准的呢？就是自己批。江苏省最近就披露了一件事,当地要建一个钢厂,把土地分解为若干个,自己批了。这就是规则的滥用。规则之所以滥用,当然有经济利益,还有是公法观念。他们认为,社会生活中一切都是他们支配的,他们是领导者、管理者,大家都是归他们管,他们决定什么,大家必须服从。这种观念来源于封建社会,来源于单一公有制和计划经济体制,这与市场经济条件下的观念完全不同。我们现在制定了许多法律,内容是先进的,符合市场经济的规律,保护消费者、劳动者的权利,但是这些法律事实上没得到实施,执行过程中走了调,因为执法者的观念是公权观念,不是私权观念。如果私权观念深入人心的话,就不一样了。你要拆我的房子,我就是不让你拆。北京有位老人,拿着《宪法》对开发商、拆迁者说《宪法》保护私有财产,你们不能拆我的房子。为什么美国辛普森案件,刑事庭审判后宣判他无罪当庭释放呢?全世界人想不通:你看,血手套、凶器都找到了,为什么要放了呢?这可是铁证如山啊。在这个案件中,关键在于血手套。血手套是从哪里拿的呢?是从辛普森的住宅拿的。是怎么拿的呢?是联邦警察翻墙进入辛普森的住宅,从他家中拿的。房子是不动产,按我们的规定叫物权,美国叫财产权,这个权利有个排他性,排除一切干涉,尤其是国家的干涉。进入他人住宅有两种途径,一种是获得房产所有者的许可,另一种是有搜查证强行进入。任何官员警察要强行进入他人住宅,都要有搜查证。只有搜查证,才能打破私权(特别是物权)的排他性效力。这个案件就是因为警察没有申请搜查证,偷偷翻墙进去了,这样取得的证据属非法证据,违法证据没有证据效力。我们现在的诉讼法也规定了,最高人民法院的司法解释也已经承认了。某地方政府搞了个"撞了白撞"。《民法通则》明文规定,交通运输工具造成他人损害是无过错责任,只有证明对方是故意才能免责。某地方政府就堂而皇之搞了个“撞了白撞”。我看过那个地方规章，有很多条。行人违章，机动车没有违章，行人不但得不到赔偿，反过来还要赔偿机动车的损失。我开始想，是不是该地方政府水平低，不懂法，但是后来发现一些大城市竞相仿效，这就不是一个个别现象。这些违法现象，这些公权力滥用，不是个别人怎么样、个别政府水平低，而是我们整个社会的物质层面已经转到市场经济，我们制定了很多适合市场经济、保护权利的先进法律，但关键是观念层面没有完全转变，还存在公权观念、公法观念，因此，再好的法律也得不到执行贯彻。甚至保安也受这样的影响，北京曾出现保安打业主的事，保安不是业主雇来的吗？我们不应当歧视他们，但是也不至于反过来打业主。他们怎么打业主呢？在于“管理”二字。只要有管理，我就是管理者，你就是被管理者，我说你两句，你不听，我就打你。其实是委托合同关系，因为用了管理两个字，就马上和公法、公权观念合拍了。所以我提出，制定《民法典》、制定《物权法》* 当然有重要的意义，更重要的是通过《民法典》的制定，普及宣讲，首先向我们的官员层层地灌输私权观念。就像刚才说的北京的老人那样有私权观念，这样才能最终限制公权力的滥用。

邱虹（2000 级法学专业本科生、吉林大学 2004 级经济法专业硕士研究生）

我想问一个关于民法典制定方面的问题。就制定一部什么样的民法典，各学者持不同的观点。江平老师主张制定一部松散的民法典，另外还有人主张以重要性为基础安排民法典体系，而您主张一定要强调民法典的逻辑性。前天您在辽大的演讲中也提到了这

* 已失效。——编者注

个问题。按照我的理解,民事权利的确非法定取得的,是不是以松散的,或按重要性安排民法典的体系就足以保护民事权利?

梁慧星教授

这个问题非常重要,是现在学术界关于民法典制定过程中最重大的争论。如果我们仅仅满足于规定人民的权利,仅仅满足于承认人们有什么权利,规定什么权利,从这个意义上说是可以的,松散的形式或其他什么形式都是可以的,甚至不要民法典都可以,我们通过法院判决成为判例规则就可以了。现在多的是这样的判决,如什么休息权,甚至有什么亲吻权,等等。英美法系不制定什么民法典,人民的权利照样得到保护,人民凭借法院判决来了解自己有什么权利。所以说,单从规定人们有什么权利的角度看,完全可以采取松散式,完全可以用邦联式,甚至不制定民法典都是可以的,但是,为什么大陆法系国家要制定民法典呢?它的理由不仅是规定人们的权利,不仅是规定人们的行为规则,更重要的是规定法官的裁判规则,这就是问题的关键所在。如果说法律规则是凌乱地摆在一起,没有逻辑关系,那法官裁判案件的时候,他应当选用哪一个规则呢?法官需要一个规则来指引其裁判,这个指引法官选用法律规则的规则,就是我们教科书上说的“特别法优先适用”。

什么叫特别法优先适用呢?如果本案有两三个甚至更多的法律规则都与本案有关,都规定了本案这样的情况,法官不可能同时用这几个规则来裁判本案。而且这些规则往往是不一致的,你同时适用就没法下判,法官只能选用其中一个规则。那么选哪一个呢?我们称之为特别法优先,就是看各个规则之间的逻辑关系,哪个是特别法,哪个是普通法。这个特别与普通实际上是一个哲学上的逻辑关系,即我们说的一般和特殊、共性和个性。这两个规则中一个是普通法,它是一般的、共性的、抽象的。另外一个是特殊的、个性的。按照特别法优先的原则,就应当优先适用这个特别法规则以裁判本案。如果这个特别法规则解决不了本案,就沿着这个特别法优先的逻辑关系往后倒退,倒退到适用那个一般的、共性的规则。可见,这个法律上的逻辑关系非常重要。如果没有这个逻辑关系,法官就不能正确适用法律,就没有办法正确适用法律,他不知道应该适用哪一个规则才是正确的。

例如,我刚刚已经讲过的婚姻关系的违约金的案件。婚姻关系上的违约金,婚姻法制定时哪里预料得到呢？按照《婚姻法》* 的规定,男女恋爱最后决心组织家庭,两个人应该到婚姻登记机关去,当着婚姻登记的官员作意思表示,我愿意嫁给他,他愿意娶我,然后登记官员予以登记,发给结婚证,婚姻关系就成立了。就像西方人在神父面前一样,神父先问这位先生:“你愿意娶这位女士为妻吗?”他说愿意,再问这位女士:“你愿意嫁给这位先生为妻吗?”她说愿意,神父就将两个人的手拉到一起,交换戒指,婚姻关系得到确认。这是宗教婚。我们的法律规定叫民事婚,应当到民政部门去办理结婚登记。现在这个案件的当事人签订了婚姻合同,还特别约定了违约金条款,约定结婚后任何一方如果找第三者的话,就要支付给另一方 25 万元的违约金。后来,真的出现问题,另一方就起诉到法院要求严格按照合同约定,承担违约金责任。同学们想一想这个案件,它是一个婚姻关系的案件,应该适用婚姻法。《婚姻法》上没有规定违约金条款,违约金规定在《合同法》上,而根据《合同法》第 2 条第 2 款的规定,本法不适用于婚姻关系。该案件应当怎么裁判？承办该案件的法官是按照法律行为的规则进行裁判的。因为婚姻和合同都是法律行为,是一种具体的法律行为,婚姻是身份法上的法律

* 已失效。——编者注

行为,合同是财产法上的法律行为,相对于抽象的法律行为而言,属于具体的、特殊的法律行为。我们学习时一讲到法律行为,就会感到很困难,我们没有看到一个抽象的法律行为,只看见结婚、收养、买卖、租赁、借款等这些具体的法律行为。因此,关于婚姻的规则、关于合同的规则是特别法,关于法律行为的规则是一般法。现在特殊的规则解决不了本案,就按这个特别法优先的规则往后倒退。合同规则、婚姻规则解决不了,我们就应当适用那个法律行为的一般规则。根据《民法通则》的规定,法律行为生效有三个要件:首先,行为人具有相应的民事行为能力。本案的当事人的行为能力没有问题。其次,当事人真实意思表示。本案是真实意思表示,没有疑问的。最后,法律行为内容不能违反法律强制性规定和违反社会公德。法官认为,本案不违反法律强制性规定,因为直到现在都没有任何一部法律法规说男女结婚不能订立合同,不能约定违约金。这个婚姻关系违约金也不违反社会公德。如果将来年轻男女恋爱结婚的时候都订立合同,都订立违约金条款,25 万元、30 万元、40 万元,将来找第三者的人就要大大地减少。因此,法官认为,这个婚姻关系的违约金有利于社会公德,于是,法官最终作出判决,认定婚姻关系上的违约金条款有效,判决被告向对方支付 25 万元违约金。这是一个典型的例子。法官根据什么判决的呢?就是适用了特别法优先的规则,适用特别法解决不了,就适用普通法。如果我们的法律不讲逻辑关系,什么共性、个性,一般性、特殊性通通不讲,甚至像江平教授建议的那样把法律行为取消,把合同法规定完善就好了,合同法再完善,你也解决不了本案。说不定哪一天兄弟姐妹又订立一个什么合同,父母子女又订立一个什么合同,法律上都没有规定,那你怎么裁判呀。这是无法回避的难题。

所以,我举这个例子就在于说明制定中国民法典为什么要争论这个逻辑性。这个逻辑性首先来自大陆法系的成文法，成文法靠成文的法律规范去约束、指导法官裁判。既然有很多规范，就一定要有个顺序。《合同法》第 2 章合同的订立，第 3 章合同的效力，第 4 章合同的履行，第 5 章和第 6 章合同的变更和转让、权利义务终止，第 7 章违约责任。如果说要以重要性排列顺序，我们会有分歧。一个同学说合同的成立重要，只有成立才能生效。那另一个同学马上说，如果光成立不生效那不等于零吗？还有同学说，违约责任最重要，我们订立合同就要靠这个违约责任来保障，如果一个合同没有违约责任的保障，合同有什么用呢？重要性问题是价值判断，是主观价值判断，因人、因时、因地、因事而有不同，而唯有逻辑性是客观存在的。《合同法》规定，合同先成立才能生效，生效才能履行，履行才能谈到违约，违约才能追究违约责任，这个逻辑关系不是由人发明的，它是客观存在的，是概念体系本身的逻辑和现实生活中的逻辑。逻辑关系的重要性不仅表现于制定法律时，我们应按严格的逻辑关系制定法律，最重要的是要靠法律规则之间的逻辑关系指引法官裁判案件，这就是我与江平教授的分歧所在。江平教授不仅主张松散式的民法典，还主张制定开放式的民法典，在网上发表了两篇文章，最近又主张着重参考英美法，按照英美法的经验来制定民法典。但是，结合我们中国的实际情况来看，是不行的。如果把法律行为取消了，刚才这个案子就裁判不了，将来发生的案子也裁判不了。我要强调逻辑性，绝不是什么意气之争。民法是实用的学科，是实用的法，是法官裁判案件的依据。不讲究逻辑关系，甚至故意搞成逻辑混乱，法官就难以裁判案件，就难以正确适用法律。这个逻辑关系，说穿了，就是：共性与个性、一般性与特殊性。有了这样一个完整的逻辑的体系，法官裁判案件才能根据特别法优先适用的原则正确选用法律规范。

我再举个例子,法官受理了一个拍卖的案件,他应当适用哪一个法律进行裁判呢?拍卖是买卖合同,合同法规定了买卖合同;拍卖法也规定了买卖合同的特殊规则;买卖合同产生的权利属于债权,债权总则的规定与之有关;买卖合同属于法律行为,法律行为的规则也与之有关。法官应该按照特别法优先的原则,优先适用拍卖法的规定。如果拍卖法的规定解决不了,他就应该适用合同法关于买卖合同那一章的规定。如果合同法关于买卖合同那一章的规定也解决不了,他就应该适用合同法中关于合同总则的规定。如果适用合同法关于合同总则的规定也解决不了,他就要适用关于债权总则的规定。如果适用债权总则的规定也解决不了,他就应该适用民法总则中关于法律行为的规定。可见,强调民法典的逻辑性,关键在于保障法官正确适用法律,保障裁判的统一性和公正性。这就是强调逻辑性的重要性。

当然,法律如此强调逻辑性,也给我们学法律带来困难。一些有名的学者在教科书中都说,一个高中生进入法学院就面临这个困难:法律是具有如此严密的逻辑关系的抽象的概念体系,高中的同学没有结过婚,没有订立过什么重要的合同,只不过买点生活用品、消费品那样的口头合同,没有搞过投资,没有签订过买卖房屋、汽车的合同,怎么能理解这个法律行为呢?因此,授课老师先要给他讲讲什么是合同、什么是结婚、什么是遗嘱、什么是收养等具体的、特殊的法律行为,然后才能理解什么叫法律行为。也就是说,讲课时遇到困难,就需要结合很多具体的例子。因此,有的国家立法也采取了松散方式,干脆不规定这个抽象的法律行为,就是就事论事,就是江平教授所主张的那样取消法律行为的规定,把合同法完善就够了。《瑞士民法典》就是这样的。但是,还有一个问题:其他的法律行为怎么办呢?即使合同法中的合同法律行为规定得非常具体、完善,那么其他的法律行为,如结婚、离婚、收养这些身份关系上的法律行为,遗赠、遗嘱、遗赠抚养协议这些继承法上的法律行为怎么办？只好对每一种具体的法律行为都重复规定意思表示、成立、生效、变更、解除、撤销、无效等规则,或者都加上一句话:准用合同法关于什么的规定,每一种法律行为都要加上这个准用条款。社会生活非常复杂,法官裁判案件时还会遇到立法当时预见不到的案件,就像婚姻合同上的违约金等,法官在适用法律上遇到了麻烦,没有法律规则可以适用。不如来一个抽象的、一般的规定,再结合具体的、特殊的规定,这样构成一个逻辑体系,不仅可以按照特别法优先适用的原则,指导法官正确适用法律,保障裁判的统一性和公正性,而且遇到法律没有规定的新型案件、千奇百怪的案件,法官也可以适用一般的规则予以裁判。

刘永波(2002 级宪法行政法专业硕士研究生)

我们知道,您负责《民法典》总则部分的编纂。我想请教您一个问题:第 95 条规定了民事权利的客体,其中有一款规定了民事权利可以作为民事权利的客体,那么这句话深层次的含义是什么？因为我觉得民事权利本身就有一个客体,如果民事权利再作为客体的话,将会产生什么问题?

梁慧星教授

关于客体这一章的确有这个规定,别的人也有疑问,这个民事权利本身可以作为权利的客体。实际上,这种现象比比皆是,权利质押就是典型的例子。质押是个质权,我到银行去贷款,没有房产,没有土地使用权,但我有一张汇票,汇票上有 300 万元或 500 万元的债权,我就可以用汇票上的权利来设定质押,押给银行。银行所得到的权利是个物权,担保法明确规定为质权。这个质权的客体就是汇票上的债权。按《担保法》* 的规定,我们还可以拿知识产权去质押,比如著作权、专利权、商标权等都可以。所以说,权利作为权利的客体不会产生重合的后果,在社会生活中的例子很多。

谷志威(2003 级宪法行政法专业硕士研究生)

我想向您请教两个问题。第一个问题是:我们知道您在法律知识和法律语言方面做得非常好,请问梁老师,我们应当如何提高法律语言素质?第二个问题是:以前在本科学习时读您的《民法总论》一书读了两遍、三遍都没有读懂,我在吉大的一位老师说您的《民法总论》是最难懂的民法教材。那么请问应该如何读懂?

梁慧星教授

这个实际上说到一个问题,为什么一些老师都跟你说难懂呢?这一点也不奇怪,因为这个老师的概念体系是统编教材。他学习民法的时候,用的是《民法通则》上那套概念,是统编教材上的概念。因此,我的《民法总论》上有那么多的概念都是他没见过的,自然就难懂。不仅他觉得难懂,一些法官也觉得难懂。这些法官在适用《民法通则》《经济合同法》的时候,不成问题。他们是本科毕业的,在法院里被视为办案高手,什么疑难案件都找他。但是《合同法》颁布后,他们对《合同法》中的许多制度看不懂。《合同法》颁布后,法院系统在全国范围内从上到下地对法官进行了培训。我们对律师没有这样的培训,所以好多律师也不懂。合同法上的好多概念就是我的《民法总论》上所讲的。所以说,看不懂《民法总论》这本教材

---

* 已失效。——编者注

是因为概念体系不完善。我们的民法教员可以分为两类。有一类民法教员，他不断地完善他的概念体系。《合同法》颁布之前，就先读《民法总论》，有关物权法、债权法之类的概念都读，《合同法》一颁布，他就容易跟上。在《合同法》颁布后，《合同法》中的概念他又看"九五"规划教材。这样的学习所形成的概念体系是完整的、准确的，对于这样的人，他就觉得一点也不难。实际上，《民法总论》这本教材当初在出版之前，我就在清华大学的研究生（从非法律的本科生中招收的研究生）中讲过一学期，是按照一学期的课时来设计的。给本科生讲这本教材，一开始确实有一点难度，但是同学们看一下，比如东京大学的教材，跟我的教材有什么区别呢？完全一样。我们就是要在原来那个残缺不全的概念体系之上跨一大步，跨到与国际接轨的那个概念体系。这个《民法总论》讲的就是大陆法系国家的共同规则、共同概念体系。

至于我们怎样训练自己的法律思维。应该说，法律人的思维是不同的。法律人的思维和经济学家的思维截然不同。经济学家讨论什么问题，考虑有没有效率，考虑价值最大化等，这都是些经济学上的概念，它的基本概念就是"价值"，他们是经济学思维。而与我们法律学者的法律思维不同。你看中央电视台讨论什么社会问题，请两个嘉宾，一个是经济学教授，一个是法学教授。这个经济学教授口口声声讲有没有效率啊，怎么价值最大化呀，成本如何呀，有没有提高生产力呀，有没有资源合理配置呀，等等。法学教授讨论同样的问题，首先考虑合法性，问合法不合法，法律有没有规定，法律是怎么规定的，其构成要件、适用范围、法律效果，等等。他的讨论紧扣法律的规范构成。这就是法律思维，其特征在于规范性，因此法律思维属于规范性的思维。与经济学的思维截然不同。他一定是从合法不合法入手。那么作为一名本科生，我们进入法学院后要了解法律的规范性、概念性,我们要有意识地训练自己掌握这一法律思维。讨论任何一个问题,我们要习惯于:第一句问,合法不合法?第二句问,法律有没有规定?第三句问,法律怎么规定?分析它的构成要件、适用范围、法律效果。然后,还要问:立法者这样规定的目的何在?他要解决什么样的社会问题?当然,我们还要考虑这样规定公正不公正。这样训练自己的法律思维。

说穿了,法律思维就是运用一套法律概念进行思维,因此我们首先通过精读好的教材,把概念体系掌握得比较完善、准确,才能进行法律思维。还有,我们在讨论问题、写文章、写学位论文的时候,一定要运用我们这个概念体系中既有的概念,不能自己去发明、创造概念。要用我们法律专业领域的概念进行思维。“客体”就是“客体”,“标的”就是“标的”。有的人不懂,把“标的”念成“标的(de)”。说到法学思维,你还要特别注意部门法的特征。换言之,不同的法律部门、法律学科,所使用的概念是不同的。比如,“许可”“批准”,就是行政法上的概念,民法上就没有“许可”“批准”。民法讲“认可”。民事判决书上写原告什么主张,什么请求,本院给予“支持”。它这是什么意思呢?本来他有这个权利,现在法院给予“支持”。在我国台湾地区的判决书中,叫“认可”。那么将这个“本院给予认可”“本院给予支持”,换成“给予批准”行不行?不行。这个“批准”的概念是行政法上的概念。行政权力的执掌者,行政机关,他有权批准相对方。“批准”是什么含义?对方提出申请。如果符合条件,他经过审查,予以批准。我举这个例子,是要说明我们一定要使用我们的概念体系中的概念,不去生搬别的体系的概念,不要去发明创造。有的人写文章善于把一些外语的新词拿进来,结果我们看到很多新概念、新语言不是我们概念体系当中的,很难懂。相反,有的人认为这篇文章很高深,说,你看,这个人写得真有水平。

他就是把一些非本学科的概念搬进来用。所以说，这是要注意的。当然，中文能力就要看自己的训练了。这是一个很重要、很艰巨的任务，但是是完全能够做到的。

谢宏（2003级宪法行政法专业硕士研究生）

您如何看待私有权民法保护和宪法保护的关系？他们之间是怎么衔接的？

梁慧星教授

这首先涉及宪法和民法的关系，宪法和基本法、单行法的关系。近两年来，有些人鼓吹宪法的直接适用，特别是刚才提到的“冒名上学”的例子。最高人民法院制定了一个批复，说这是侵害了公民的宪法权利：受教育权。于是，二审法院根据该批复进行判决。一些公法学者写了好多篇文章来支持最高人民法院的这个批复，并且予以高度评价，说这是宪法司法化的里程碑。这种做法和看法改变了我们的司法传统。我们的传统是宪法不能在普通法院适用，判决也不能引用宪法的条文。这在过去最高人民法院的司法解释中是有明文规定的，现在这个案件的判决就打破了这一司法传统。宪法学者和一些公法学者更是大讲宪法的直接适用。这就涉及宪法能不能在普通法院直接适用的问题。

我们现在讲的宪法，是指大陆法系国家的宪法。例如德国、法国、日本等。大陆法系国家宪法的一个重要特征是原则性，即宪法上的规定是原则性的，不具有规范性。例如，我国宪法规定实行社会主义市场经济制度，规定公民合法的私有财产不受侵犯，规定实行男女平等，规定保护人权，等等。都是原则性的规定，不像民法、刑法的规定那样具有规范性。简而言之，宪法条文不具有法律规范构成,它没有构成要件、适用范围、法律效果。因为宪法规定国家组织、公权力的分配,这些规定是适用于国家自己的,不适用于老百姓。宪法针对老百姓的规定,都是一些原则性的规定,如享有什么政治权利等,不具有规范性,是原则性的规定,这是宪法不能在普通法院适用的原因。它没有构成要件、适用范围、法律效果,不能据以裁判民刑案件。因此,普通法院审理民事案件、刑事案件以及老百姓与国家机关之间的行政案件,不能适用宪法,而只能适用民法、刑法和行政法规,法官不能在判决书当中直接引用宪法。不仅我国是这样,别的大陆法系国家也是这样。但是须说明一点,法官裁判民事案件,虽然不能直接引用宪法条文作为裁判根据,但在适用民法条文时,不妨根据宪法的规定对民法条文进行解释。这就是民法解释学上所谓"合宪性解释方法"。实际上,"冒名上学"那个案件的裁判根据仍然是《民法通则》第 106 条第 2 款关于过错侵权责任的规定。该款规定,因过错侵犯他人的合法权益,应当承担侵权责任。其中所说"合法权益",包括"权利"和"利益"。问题是这个"权利",究竟指哪些权利?《民法通则》中没有说。民法上的物权、债权、人格权,以及知识产权、股东权等,当然都属于该条所说的"权利"。审理本案的法官在判决书中解释说,宪法上规定的"公民受教育的权利",也属于《民法通则》第 106 条第 2 款关于侵权责任的规定中的合法权利。虽然判决书中提到宪法关于受教育权的规定,但并没有直接根据宪法的规定做出判决,直接适用的仍然是《民法通则》关于侵权责任的规定,只不过用宪法的规定对民法规定作了解释罢了。因此,这不叫宪法的直接适用,至多可以说是"间接的适用"。实际上,这是运用"合宪性解释方法",不是什么宪法的直接适用。其实,20 世纪 80 年代末天津塘沽区法院在审理"工伤概不负责"的案件中,就已经采用过同样的方法。那么我们大陆法系国家的宪法难道就不可以直接适用吗？它是可以直接适用的，但它只是直接适用于违宪案件，当然是在宪法法院适用。谁违宪呢？国家机关和国家机关公务员违宪。总之，宪法只能在宪法法院直接适用于违宪案件，不能直接适用于普通法院审理的民刑案件。

最近柬埔寨起草了一个柬埔寨王国民法典草案，该草案中第1条规定：为了将宪法的规定具体化而制定本法。它明确表示，民法典就是宪法某些规定的具体化。哪些规定的具体化呢？是人民权利、民主、平等之类的具体化。只有具体化的法律才能够在法院裁判中适用。因为这个具体化就是有构成要件、适用范围、法律效果。这和我们国家《民法通则》以及《民法典草案》中所表述的"根据宪法规定制定本法"不一样。我看网上、杂志上有很多这方面的文章，赞成宪法司法化的非常多，当然反对的也有。我专门写了一篇文章表示反对。我认为不是这么回事。

在此，我还要顺便提一个最高人民法院近年来非常积极地制定司法解释文件的问题。现在最高人民法院还在分门别类地制定很多的解释文件。我认为这个做法是不适当的，这个倾向应该引起重视。这不仅在于最高人民法院制定的解释超越了裁判权，行使了立法机关的解释权，更重要的在于它采取这样的手段来干预生活，导致法律秩序的混乱，这对我们的法治不利。

举例来说，2003年最高人民法院《关于审理商品房买卖合同纠纷案件适用法律若干问题的解释》* 第18条："由于出卖人的原因，买受人在下列期限届满未能取得房屋权属证书的，除当事人有特殊约定外，出卖人应当承担违约责任：(一)商品房买卖合同约定的办理房屋所有权登记的期限；(二)商品房买卖合同的标的物为尚未建成房屋的，自房屋交付使用之日起90日；(三)商品房买卖合同的

* 已于2020年12月修正。——编者注

标的物为已竣工房屋的，自合同订立之日起 90 日。合同没有约定违约金或者损失数额难以确定的，可以按照已付购房款总额，参照中国人民银行规定的金融机构计收逾期贷款利息的标准计算。”

问题是现实生活中不能按期办证的现象大量存在，有的甚至上十年未能办证。这个司法解释一颁布实施，好多地方法院审理的房地产案件急速上升，有的地方法院案件的数量甚至增加了好几倍。大多数情形，没有按时办产权证，对买受人的利益没有什么影响，因为不影响你占有、使用房屋，对于大多数买房人来说，产权证早一天办、迟一天办，无关紧要，不会造成任何损害。这就是此前很少听说因没有按时办产权证而起诉的原因。当然，特殊情形，没有办证还是可能给买房人造成损害的，假如他要出租、出卖这个房子，因为没有产权证造成损害，或者因为没有办理产权过户，房子被出卖人的债权人申请执行。如果因为没有办理产权证，真的给买房人造成损害，则按照《合同法》的规定追究出卖人的违约责任就行了，没必要由最高人民法院通过司法解释规定一个普遍规则，只要产权证没办下来超过多长时间就要承担民事责任。这个规定出台后出现了很多诉讼，增加讼累。买房的人和开发商本没有什么冲突，房子质量也不错，也按时交了房，价款也合适，住得也挺满意，不就是产权证没有按时办吗？一般情形，并没有什么损害，买房人也并不想打什么官司。现在最高人民法院作出这么一个解释，导致了消费者和开发商的新冲突。我认为最高人民法院起这样的作用是错误的。

还有，最高人民法院积极地行使司法解释权，也会出现很多问题。比如最高人民法院《关于适用〈中华人民共和国担保法〉若干问题的解释》第 67 条把《担保法》第 49 条第 1 款的内容改了。*《担保法》第 49 条第 1 款规定：“抵押期间，抵押人转让已办理登记

---

* 《担保法》及其司法解释已失效。——编者注

的抵押物的，应当通知抵押权人并告知受让人转让物已经抵押的情况；抵押人未通知抵押权人或者未告知受让人的，转让行为无效。”最高人民法院《关于适用〈中华人民共和国担保法〉若干问题的解释》第67条则规定，抵押权存续期间，抵押人转让抵押物未通知抵押权人或者未告知受让人的，转让行为有效。这与《担保法》的规定是矛盾的。《担保法》规定转让行为无效，最高人民法院解释说有效。去年就出现了一个案子，是房屋抵押后转让的案件，就是我们辽宁的。一审法院依据《担保法》认定这个转让无效，二审法院依据最高人民法院的解释认定转让有效。现在这个案件申诉到最高人民法院，已经进入再审程序。同学们可以想象一下，最高人民法院该有多为难。它难在什么地方？自己刚解释它有效，但两级法院一个根据《担保法》认定无效，一个根据解释认定有效，怎么裁判？如果坚持自己的解释，按常理应该坚持自己的解释，认定转让有效，就不能改判。但是这样做，就等于自己直接和法律唱对台戏，把自己放在修改法律、违背法律的地位上了。最后，仍然只好按照《担保法》认定转让无效。所以说，我认为，最高人民法院在行使解释权的时候，要有限度，要慎之又慎，不要采取激进的姿态，不要包打天下，不要代替立法机关。

牟瑞瑾副教授

由于时间关系，同学们的提问只能到此结束。在近三个小时的时间里，梁老师连续不断地回答了同学们提出的自己关心的十多个重要问题。以往专家讲学时都是先作两个多小时的报告，然后有半个小时的提问，能够得到提问权的人非常有限，一般也就是两三个。但是今天在这里，我们有这么多的同学能够非常荣幸地直接向梁老师请教，这种方式是梁老师倡议的，可以说这个机会是梁老师带给大家的，对此，我们应当再一次向梁老师表示感谢。

怎样学习法律

——法学院新生的第一课*

我先作个自我介绍,我是文法学院的名誉院长。我为担任文法学院名誉院长感到荣幸,学院安排我今晚给一年级同学上第一课,谈谈怎样学习法律。此前我在本院作过同样题目的讲座,今晚讲的内容与此前讲的有所不同,请予注意。

同学们进入法学院,到法学院来做本科生,首先需要考虑的问题是:进法学院的目的是什么?可能有的同学事先已经考虑过,或者我们的家长或者亲友已经告诉我们,进入法学院就大致决定了我们将来选择职业的范围。我今晚讲怎样学习法律,首先要谈谈我们为什么进法学院?我们进法学院的目的何在?第一个问题,谈学习法律的目的。第二个问题,谈怎么样学习法律,谈学习法律的方法。

第一个问题,是学习法律的目的。我们进入法学院究

* 2014年10月14日在北理工珠海学院文法学院所作讲演,由中国社会科学院研究生院法律硕士专业研究生张家敏、高洋、吴泽、李付雷、唐子涵、何进、高国祖、李含阳根据录音整理;作者补充修改定稿于2015年8月6日。

竟要干什么，我们将来要做什么样的人？简单说，我们进入法学院的目的，是要把自己造就成一个优秀的法律人。“法律人”这个概念，可能我们在中学很少听到。“法律人”，这是一个简称。可能有同学听说过“法律共同体”这个概念，什么叫“法律共同体”？就是现代社会，有这样一部分人，他们组成一个特殊职业的群体，叫“法律共同体”，或者叫“法律人共同体”。“法律共同体”这个概念，涵盖了哪些职业呢？包括法官、检察官、律师、法学教授、企业法务人员，还有某些政府部门，如司法部门、公安部门、法制部门的公务员、机关干部，还有国家立法机关工作人员，以及公证机构、登记机构和海关、边检的工作人员，等等。这样的不同职业的人群，在现代社会承担着一项非常重要的职责、职能，这就是执行法律、维护法律。这些不同职业的人群，组成一个职业共同体：“法律人共同体”，简称“法律人”。

听了这样一个简单介绍，同学们会注意到，法官、检察官是公务员；律师是自由职业者；法学教授，既不是公务员，也不是自由职业者；企业法律顾问，是企业的雇员，而企业是营利性组织体。为什么从事如此不同职业的人，我们把他们叫作一个共同体？

法律人有两个相同点，其中一个是他们的职责相同。他们承担的职责是共同的，即执行法律，维护法律，实践法治。法官审判案件，但案件审理不能单靠法官，需要有律师作为当事人的代理人。如果是民事案件，原告方面有律师做他的代理人，被告方面也有律师做他的代理人。也就是说，在民事案件审理过程中，原被告都有律师做自己的代理人。他们在起诉状、答辩状上进行书面辩论，在庭审中进行口头辩论。法官稳坐审判台，看双方谁有道理。谁讲的道理充分、符合法律，他就支持谁，判决书上说，谁的什么请求本院给予支持。如果是刑事案件，一般有律师担任被告人的辩护人，有的刑事案件被告人自己没有委托律师,法庭就要指定一位律师担任他的辩护人。按照法律规定,被告人有获得辩护的权利,因此法庭要为这样的被告人指定辩护人。

刑事审判当中,在行使审判权的法官、担任辩护人的律师之外,还有作为公诉人的检察官。检察官代表国家提起公诉,是作为国家的代理人,称为公诉人。在刑事案件审理过程中,我们看到,担任国家公诉人的检察官,与担任被告人辩护人的律师双方进行辩论。刑事审判的法官同样稳坐审判台,他不能够偏向任何一方,而是看谁讲的道理充分、谁有道理。如果检察官的道理充分,即认定事实准确、适用法律正确,法官就可能判决被告人有罪;如果检察官辩论不过被告人的辩护人,他难以证明被告人被指控的犯罪事实,法庭就可能宣判被告人无罪。所以说,无论民事案件的审理,还是刑事案件的审理,出席审判的法官、律师、检察官,他们履行的职责是相同的,即针对待决案件正确适用法律、执行法律。因此,他们都是法律共同体的重要成员。

现代社会,除了法院以诉讼方式裁判案件之外,还有别的解决纠纷的方式、别的解决纠纷的机构,如仲裁委员会。需要注意,仲裁委员会只是仲裁民事案件,不能仲裁刑事案件。因为,刑事案件必须由法院裁判,这是法律强制性的规定。刑事案件不能仲裁,原则上也不能调解。而民事案件可以由双方当事人协商同意进行仲裁,或者进行调解。补充一下,也不是全部民事案件都可以仲裁,各地仲裁委员会只是受理民事案件当中的商事案件,即企业之间的合同纠纷案件。企业与企业之间订立合同的时候,他们可能在合同书上专门订立一个条款,约定:“双方一致同意,如果本合同发生纠纷,应当提交某个地方的某个仲裁委员会仲裁解决。”这样的合同条款,称为“仲裁条款”。

按照《合同法》*的规定，即使合同无效、合同被撤销、合同关系消灭（终止），合同中其他条款都丧失了效力，唯独仲裁条款的效力不受影响，仲裁条款将仍然有效。一旦合同双方当事人发生纠纷，例如，因产品质量不合格、迟延交货或者迟延付款构成违约，要求追究违约方的违约责任，或者一方解除合同而对方对此有异议，这个时候怎么办？当事人一方或者双方就应该向仲裁条款中所指定的仲裁委员会申请仲裁。仲裁条款是仲裁机构受理案件的法律根据。可能会有这样的情况，当事人一方可能不愿提交仲裁，他可能到人民法院去起诉。法院接到起诉书之后，经审查发现合同书上有仲裁条款，就不予受理或者裁定驳回起诉。可见，在商事合同当中，如果约定有仲裁条款，一旦发生纠纷，就只能按照仲裁条款的约定采用仲裁方式解决纠纷，不能采用诉讼方式解决纠纷。合同中的仲裁条款，把法院对该纠纷案件的管辖权排除了，法院就不能受理。只能由双方预先指定的仲裁委员会采用仲裁方式解决纠纷。当然，仲裁条款的此项效力，来源于仲裁法和民事诉讼法的规定，自不待言。

仲裁是一种解决争议的特殊形式。它特殊在什么地方？首先是仲裁庭的组成，由争议双方各自指定一位仲裁员，再由双方共同指定或者由仲裁委员会指定一位首席仲裁员，这样三位仲裁员组成仲裁庭。假设我们要在珠海仲裁委员会申请仲裁，申请人在提出申请的时候，仲裁委员会就告诉他，你可以指定一位仲裁员。仲裁委员会准备了一个仲裁员名册，仲裁员名册上记载有几百个仲裁员，每个仲裁员的名字、专业，有没有博士学位，是律师或者法学教授，他的专长是什么，例如擅长合同法、金融法、房地产法或者证券法。假设申请人指定了仲裁员张三。仲裁委员会将通知被申请人，被申请人也指定一个仲裁员李四。因为双方没有共同指定首席仲裁员，

---

* 已失效。——编者注

于是仲裁委员会指定仲裁员王五担任首席仲裁员。这样,由首席仲裁员王五和双方当事人指定的仲裁员张三、仲裁员李四,组成仲裁庭审理本案。

仲裁庭与法院审判庭的区别在于,仲裁庭由仲裁员组成,仲裁庭成员不是法官,是仲裁员,通常是法学教授、律师、退休法官、退休公务员或者企业法务部负责人。当然他应有相当的法律素养、经验。仲裁庭对本案进行审理并作出裁决,就相当于法院判决。我们注意到,一审法院作出判决,当事人不服还可以到二审法院去上诉,二审法院的判决是终审判决,当事人如果对终审判决不服,还可以依法向上级法院申诉请求再审。但是,如果当事人选择了仲裁,仲裁庭一旦作出裁决即具有执行力,双方当事人必须执行,即使你不满意,也不能再要求第二次仲裁。这叫一裁终局。这是顺便介绍一下仲裁。

刚才讲到了法官、律师、检察官、仲裁员,还有企业法务。现在的大型企业,需要订立很多合同,如买卖合同、建设工程合同、合资合同、技术转让合同、借款合同、股权转让合同等。这些合同书怎么拟定?如果不重视合同书的拟定,合同书不完善、有漏洞,当合同履行中发生争议,就很难得到公正的解决。有的当事人可能是无辜的,但他遭受的损失得不到保护,原因是合同书拟得不好。现在是市场经济,市场就是各种交易关系的体系,各种各样的市场交易关系都必须通过签订合同、履行合同来实现。因此,有的学者说市场经济社会就是合同社会。对于企业来说合同如此重要,一旦合同书拟得不好,将来遭受损失就可能得不到补救,得不到赔偿。所以现在中国的企业,尤其是一些大型企业,非常重视法律部的建设,企业大多有法律部,法律部的一个职责,就是负责各种合同书的拟定和审查。

我们珠海最大的企业,一个是华发集团,一个是格力集团,它们都有法律部。华发集团的总部设有法律部,下边的各个分公司也设有法律部。一次我和我们的院长到华发集团法律部去,与法律部的干部座谈。法律部的干部,都是法学院毕业的,起码是法学院本科毕业,多数是硕士,还有少数博士。华发集团法律部的负责人还是我们文法学院的兼职教授,经常在我们学院讲课。我和王院长一道,还去拜访过格力集团法律部。企业法律部的干部,叫作企业法务,现在是越来越重要了。所以在我们的法律人共同体当中,还有企业法务。

现在中央政府和地方政府,都有主管法律工作的部门。中央政府叫国务院法制办,地方政府也有法制办。* 举例来说,老百姓告政府,所谓民告官,谁去处理?在法院开庭审理的时候,谁代表地方政府去出庭、应诉,谁准备诉讼材料、起草答辩状?如果告地方政府,就由地方政府法制办负责,由法制办派员出庭应诉。如果是小的纠纷?法制办派员进行协调,如果发现地方政府有错,该赔偿就赔偿,通过协商就解决了。如果解决不了,起诉到法院,属于老百姓告政府,就由政府法制办的干部去处理、去应诉。地方政府有法制办,中央政府有法制办,法制办的公务员也是法律共同体的成员。前面还谈到,我们中央政府还有司法部,地方政府有司法厅、司法处,司法部门的公务员当然也是法律共同体的成员。

全国人大及其常委会是国家立法机关,地方人大是地方立法机关。全国人大常委会设有法制工作委员会,负责国家法律的起草、修改的具体工作。地方人大常委会也设有法制委员会,负责地方性法律的起草、修改的具体工作。中央政府的各个部门都有法规司,

---

* 2018 年机构改革,将司法部和国务院法制办公室的职责整合,重新组建司法部,作为国务院组成部门。——编者注

外交部叫条约法规司。这些国家机关的干部,也都是法学院培养出来的,往往是从各个法学院吸收优秀的本科生、硕士生、博士生。他们也属于法律人共同体的范围。法律人共同体,他们的身份不一样,有的是公务员,有的是自由职业者,但是他们肩负的职责是相同的,这就是制定法律、执行法律、维护法律。

刚才谈到法律人包括法官、检察官、律师、仲裁员、企业法务、立法机关干部、政府法制干部等。他们天生就是法律人吗?当然不是。他们都要经过法学院的培养。所以,法学院的老师,包括教授、副教授、讲师,也是法律共同体的重要成员。没有他们,就难以造就优秀的法律人。法官、律师、检察官、企业法务都是法学院培养的。所以,这个法律人共同体还包括我们的法学教授、副教授、讲师在内。这样一批人,在现代社会非常重要,称为法律人。

有的同学可能会问,我们法学院招如此多同学,听说别的大学招生也很多,是不是都能当法律人?是不是我们都能够当法官,当律师,当检察官?如果我们当不了律师,当不了法官、检察官怎么办?是不是法学院的毕业生就没有其他职业可做了?不是。学了法律这个专业,除担任法官、检察官、律师、企业法务和法学教职之外,别的工作也能胜任。每年的司法考试之后,还有公务员考试。公务员考试简称"公考"。参加公考的很多人是法学院的毕业生,不少法学专业的本科生、研究生参加公考。公考之后有的去当法官,当检察官,多数到各级政府的部门担任公务员,从科室一般干部做起,再做到科长、处长、司局长。可不可能做到总理、总统?我们的李克强总理是北京大学法律系毕业的。美国的奥巴马总统也是学法律的。国外学法律出身的国家领导人很多,你们可以上网查一下。

所以说,法学院毕业生可选择的就业范围非常宽,社会上凡是带有管理性质的职业,大到管理一个国家,小到管理一个企业,都可以胜任。不少著名企业的老总是学法律的,有的原来就是学法律,有的是后来学法律的。前面谈到,大企业都有法律部,法律部需要法律人才,就不用说了。美国著名法学家庞德教授作过一次讲演,后来出版成书,书名叫《通过法律的社会控制》,中心思想是,认为法律是管理(控制)社会的主要手段。简而言之,法律是干什么的?是管理社会的。所以,经过法学院的学习,把自己造就成优秀的法律人,绝不仅仅是担任法官、检察官、律师或者法学教授,还可以担任国家机关公务员直到国家领导人,不仅可以担任企业法务,还可以直接担任企业中级、高级管理人员。可以说,现代社会中,只要是管理性的职业,法学院的毕业生都能够胜任!

若干年前,北京大学法学院的一位年轻老师在网上发表了一篇文章叫《法律共同体宣言》,就是讲我们中国走上了法治的轨道,要建设法治国家,一定要造就一个法律共同体。需要培养、造就一大批优秀的法律人,形成这样一个法律人共同体,承担执行法律、维护法律、实践法治的职责。法律人共同体涵盖不同的职业人群,他们肩负共同的职责,这就是执行法律、维护法律、实践法治。

法律人当中律师是最赚钱的。现在社会什么职业最赚钱?律师职业最赚钱。既然律师最赚钱,为什么要把律师叫作法律人?为什么没有把他们当作企业家、商人?为什么不让律师事务所到工商行政机关去登记?因为律师虽然是最赚钱的职业,但律师与法官、检察官一样,同样肩负执行法律、实践法治、维护正义的职责。国家法律要求律师承担维护法律、维护正义的职责。律师当然是为当事人服务,要维护当事人的权利和利益。但律师不能违反法律,不能背离法律,不能完全站在当事人的立场上,为当事人掩盖违法行为,为当事人谋求不正当利益,为当事人编造假证据、搞伪证!明明当事人违约,非要诡辩说不违约,明明当事人构成犯罪,非要诡辩说不犯罪,那是不行。因为法律要求律师承担维护法律、维护正义的职责,律师必须严格执行法律,因此律师仍然属于法律共同体的范围。

刚才讲到了法律人的第一个相同点,即相同的职责:执行法律、维护法律、实践法治。法律人的第二个相同点,是思维模式相同。什么叫思维模式?就是思考问题的那套方法。法律共同体的人千差万别,刚才讲了有不同的职业,但他们的思维方式是相同的。法律人的思维方式是什么?我们来作一个对照,同学们经常上网络,看新闻媒体,尤其电视台,请专家作为嘉宾讨论社会问题。常有这样的情况,请一位经济学教授,再请一位法学教授,或者请法院的退休法官,或者请一位资深律师,讨论某个社会问题。

我们注意到,在这样的电视节目当中,经济学教授讨论问题,他是围绕着经济学上的“价值”这个概念,总是说这个行为、这个事实是否有利于创造价值,是否能够实现价值的最大化。用我们普通人的话讲就是能不能够赚钱。如果有利于创造价值,成本投入很小而赚的钱多,他们就给予肯定的评价,认为应该支持。经济学家的思维方式,就是运用价值、投入产出、价值最大化这些经济学上的基本概念进行思维。如果能创造价值,能够实现价值最大化,能够提高生产力,那就应该予以支持,予以肯定。这就是经济学的思维模式的特点,就是经济学家、企业家、商人的思维模式的特征,可以称为经济思维。

再看法学教授、退休法官、资深律师讨论同一个问题,他们是怎么分析和思考的呢?他首先问:合法不合法?问所讨论的这个事件、这个行为、这个事实合法不合法?合法不合法怎么判断?他接着要问第二句:法律上有没有规定?于是他要查现行法律上有没有规定。如果法律上有规定,他就用法律上的这个规定(法律条文)与所讨论的这个问题、这个行为、这个事件进行对照，然后作出自己的判断：如果符合法律规定，就认定为合法；如果不符合法律规定，就认定为违法。如果符合法律规定，他就发表肯定的意见，说这个事件、行为、事实是合法的，应当给予保护；如果不符合法律规定，他就说这个事件、行为、事实是违法的，不仅不应该给予保护，而且还应当追究当事人的法律责任。可见，是以合法不合法作为他发表意见的根据，以法律的规定作为判断的标准。律师、法官、检察官、法学教授、企业法务，莫不如此。这就是法律人的思维方式。简而言之，就是围绕着现行法的规定来进行思维，以法律规定作为判断标准，这就是法律人共同的思维模式，简称法律思维。

现在回到我们的问题，同学们到法学院来学什么？同学们会说我们要学好多课程，我们要学宪法、法理、民法、刑法、刑诉、民诉、法制史，还有会计、金融、公司、票据等，课程很多。简而言之，用一句话回答：就是学法律思维。即通过法学院的学习，掌握法律人所共有的思维方式，学会怎样运用法律来分析案件、解决案件。你打算毕业后当律师，你就要学会运用法律来为委托人辩护，维护委托人的合法权益。担任刑事案件被告人的辩护人，要学会运用法律来维护委托人被告人的权益。被告人是犯罪嫌疑人，他也有正当的权益，他的行为是否构成犯罪？应不应该受制裁？应当受什么样的制裁？需要弄清楚。即使他犯罪，也要求所判处的刑罚与他的罪行相适应。应该轻判的，就不能重判。法律上还规定了各种从轻情节。他如果有从轻的情节，你就一定要依法争取轻判。

这就是律师的职责。如果律师掌握了这套法律思维模式，能够熟练地运用法律思维方法，经过自己尽心尽责地辩护，法庭认定自己的委托人是无辜的，被当庭宣告无罪，或者你的委托人虽然有罪，经过你的辩护使他获得轻判，这就是了不起的成绩。你作为法律人,依法维护了委托人的合法权益,同时也就保障了法律的正确实施,实现了社会正义!前面说到,法学院就是培养法律人的,同学们进入法学院是要把自己造就成优秀的法律人,我们在法学院四年的学习,虽然要学的课程很多,但归根到底,就是通过学习掌握法律思维模式。

有的同学可能还打算读硕士,有的同学可能还会再读博士。本科毕业获得学士学位,研究生毕业获得硕士学位,博士生毕业获得博士学位。获得博士学位之后,有的还打算读博士后。请注意,博士后不是一个学位。读硕士、博士甚至博士后之后,仍然要当法律人,当法官、检察官、律师、法学教授等,因此必须掌握法律思维的模式。法律思维模式掌握得好,才能够成为优秀的法律人,才能够作出更大的贡献,很好地承担社会职责,获得高的荣誉,实现自己的人生价值。所以,法律人共同体,由不同职业人群组成,他们的共同点:第一个是共同的职责,即执行法律,实践法律,维护社会正义。第二个是具有共同的思维模式。

这套思维模式,叫法律思维。法律思维这套模式要什么时候学?我们一进来就讲法律思维,讲怎样进行法律思维,行不行?不行。需要先学习好那些重要的课程,你把刑法、民法、刑诉、民诉这些基础课程都学好了,还有法理、宪法都学好了,到二年级、三年级开始逐渐地摸索、学习怎样进行法律思维。我们学院也开这样的课,过去我也给本院同学讲过怎样进行法律思维、怎样裁判案件。我们还开一些实务课程,讲授怎样当律师,怎样当法官,怎样当企业法务,怎样起草合同书,等等。以上是讲第一个问题,我们进入法学院的目的:把自己造就成为优秀的法律人。

前面已经讲了什么是法律人,现在简单介绍什么是优秀的法律人?优秀的法律人应当具备什么样的条件、什么样的素质?优秀的法律人的素质,可以分为两方面:第一个方面,法律人的人格;第二个方面,法律人的理性。优秀的法律人的素质,可以从这两个方面展开,首先是高尚的人格,其次是优秀的理性。先说法律人高尚的人格主要是指什么?这里不是一般地讲品行端正、道德高尚、人格高尚,这都不用说,这在中学品德课、大学政治课都会讲。我在这里要把法律人高尚的人格,区分为几个层次的素质。下面讲第一个层次的素质:气节、操守、尊严。

作为优秀法律人的人格,首先是要有气节、操守、尊严。什么叫气节?一个人有没有气节?同学们可能太年轻,平时没有注意。你们小时候是否读过一些文学作品,例如岳飞的《满江红》词,你们背过吗?"三十功名尘与土,八千里路云和月,莫等闲白了少年头,空悲切!""待从头收拾旧山河,朝天阙!"背诵过文天祥的《过零丁洋》诗吗?"辛苦遭逢起一经,干戈寥落四周星。山河破碎风飘絮,身世浮沉雨打萍。惶恐滩头说惶恐,零丁洋里叹零丁。人生自古谁无死?留取丹心照汗青。"岳飞的母亲在岳飞脊背上刺的"精忠报国"四字,文天祥的诗句"人生自古谁无死?留取丹心照汗青",这就是气节,就是操守!文天祥就是在我们广东海丰被抓的,诗句"惶恐滩头说惶恐,零丁洋里叹零丁"中的"零丁洋",就是珠江口靠近我们珠海市的那片大海。岳飞、文天祥这样的人和别人的区别在哪里?就在气节、操守。

在古代像岳飞、文天祥,精忠报国、忠君爱国,矢志不移,就叫有气节、有操守。在今天,爱祖国、爱人民,坚持社会正义,就是有气节、有操守。担任国家公务员,清正廉洁,勤政爱民;担任律师,不向法官行贿,不搞假证、伪证,依法维护委托人合法权益;当法官,严格依法裁判,公正裁判,不贪赃受贿,这就叫有气节、有操守!有气节、有操守,简单讲就是做人有底线,有些事情必须做,有些事绝对不能做。作为法律人,哪些事情必须做,如清正廉洁、严格执法、坚持正义;哪些事情绝对不能做,如行贿受贿、贪赃枉法、玩弄法律。

做到了有气节、有操守,当然也就有了尊严。所谓尊严,就是要活得像个人。我们注意到有这样的人,在上级、领导、企业家、有钱人面前总是低三下四、点头哈腰。我们的父母、我们的亲友,对这样的人怎么看?这样的人就叫没有尊严。法律人,要承担维护社会正义的职责,要保护社会底层人民的利益,要维护他们的合法权利,要执行法律、实践正义。你自己就没有尊严,在领导面前低三下四,在大老板面前直不起腰,还怎么去保护别人的合法权益,怎么去维护法律正义?所以,法律人首先要自己有尊严,才能去维护别人的尊严。

法律人一定要有尊严,这很重要。所谓尊严,好像比较抽象,我们可以用另一个词语来表述,就是"不卑不亢"。在领导面前、在大老板面前,卑躬屈膝、低三下四;在老百姓面前、在农民工面前,趾高气扬、高人一等。这不叫有尊严。要坚持民法上的平等原则,宪法上说的法律面前人人平等。平等待己、平等待人!不论面对的是农民工、社会底层,还是领导人、上层社会、企业家、大明星,都应当不卑不亢,彬彬有礼,既不低三下四,也不趾高气扬,这就叫有尊严。你们去网上搜一下,2013 年中国政法大学 2013 届本科生毕业典礼,校长黄进教授致辞,他致辞的题目就叫"做有尊严的法大人"。告诉中国政法大学学生,你们出去首先自己要有尊严,这在现代社会非常重要。作为法律人,如果自己没有尊严,怎么能够维护别人的尊严,维护法律的尊严?以上讲的是构成法律人高尚人格的第一个方面的素质:气节、操守、尊严。

法律人人格的第二个层次的素质是:正义、自由、平等和博爱。这是资产阶级最早提出的口号。资产阶级革命,实现了自由、平等,唯有博爱没有做到。如果他们做到了博爱,他们还会来瓜分中国吗?现在中共中央提出核心价值观,已经明确宣示,自由、平等、正义都属于核心价值。但没有提及博爱。我认为,对于法律人的人格素质来说,除了自由、平等、正义之外,还必须要有博爱。所谓博爱,可以理解为有同情心、有怜悯心。首先是同情社会底层民众,同情社会的弱者,社会当中总有老、弱、病、残、妇女、儿童,还有农民工、煤矿工,他们处于社会底层,遭受了种种苦难、损害和不幸,有的在市场竞争中遭受了失败,有的不具备参与市场竞争的能力,需要有人去同情他们、怜悯他们,同情、怜悯他们的人首先就应是法律人。

法律人如果没有同情心,就很难承担法律人的职责。例如,在民事案件中担任原告或是被告的代理人,假如他心冷如铁,毫无同情心,明明是自己的委托人遭受了损害,依法应当获得赔偿,却不尽心尽力为自己的委托人辩护,最终使自己的委托人败诉、没有获得依法应当得到的赔偿金。在刑事案件中担任被告人的辩护人,如果没有怜悯心,认为事不关己,明明被告人有从轻的情节,也不去据理力争,使自己的委托人被判了重刑,甚至本应判死刑缓期执行的被立即执行了死刑。这样的人就根本不符合法律人的条件。法律人的人格,不仅要崇尚正义,崇尚自由、平等,还特别要有同情心、怜悯心。没有同情心、怜悯心的人,不应当做法律人。富于同情心、怜悯心,即有博爱精神,是法律人不可缺少的素质。

法律人人格的第三个层次的素质,就是要格外勤奋、勤勉,格外谨慎、严谨。请同学们注意,我说的是“格外勤奋、勤勉,格外谨慎、严谨”,不是一般的勤奋、一般的谨慎,要求比任何人都更勤奋、更勤勉、更谨慎、更严谨。请同学们注意,这里讲的勤奋、谨慎这些素质,不是等你将来法学院毕业当了法官、当了律师之后,才去锻炼、去培养自己的勤奋和严谨。到那时候才去锻炼勤奋、去培养严谨,就来不及了。如果我们不是从小就注意培养的话,那从考入法学院、知道自己将来的前途是做法律人之时起,就要有意识地、有计划地训练自己,锻炼自己,培养自己的勤奋、勤勉和谨慎、严谨。例如,从不睡懒觉做起,从坚持体育锻炼做起,从纠正丢三落四、马虎作风做起。

假设某个同学将来做律师,接受原告委托担任他的代理人,你要收集证据,准备起诉状和证据资料。临到要开庭了,你的证据还没有收集齐全,或者法院安排某月某日几点开庭,到开庭的时候你没有到场,因为睡了懒觉或者前一天晚上打牌到深夜早上起不来。这样行不行?不行。律师要格外勤奋、勤勉,格外谨慎、严谨,要一丝不苟,因为我们的工作关系委托人的重大利益。民事案件关系委托人重大的财产利益,如果你的辩护成功,委托人获得胜诉判决,可能获得几十万元、几百万元、几千万元的赔偿金。如果因为你的不勤勉、不谨慎,遗漏了某个关键证据,或者你在诉状当中,在庭审辩论当中,弄混了某个法律条文,或者对方提出一个什么主张,因为事前准备不充分,该反驳的没有反驳,该主张抗辩没有主张抗辩,就会导致你的委托人败诉、遭受重大损害。

有的同学可能说,不就是经济利益吗?几十万元、几百万元甚至几千万元又怎样?但是,你一定要注意到,依法本来应该得到的这笔赔偿金,因为你的不勤勉、不严谨而没有得到,可能关系着你的委托人的身家性命,关系到企业几百号员工能不能发工资、关系到几百个家庭的生活,关系到企业能不能继续办下去。假设你是刑事案件被告人的辩护人,因为你的不勤奋,该出庭的时候你迟到了,你的材料遗漏了重要的证据,他本来有减刑的情节和事实你给忘了,该收集的证据你没有收集,该准备的辩护理由和法律根据你没有准备,致使本来无罪的被告人被判了刑,罪轻的被判了重刑,本来应该判缓刑的被判了死刑。同学们要想一想,人的生命只有一次,人命关天！如果因为我们的不勤奋、不谨慎,导致无辜的委托人被判了罪,应该从轻的被重判,不应该被剥夺生命的,被剥夺了生命,我们会不会因此抱憾终身、悔恨终身?！这就是法律人的人格要求。

下面说法律人的理性。法律人仅仅具有高尚的人格还不够,还不足以使他正确地履行法律人的职责,还要靠他的理性。前面谈及,优秀的法律人,应当具有高尚的人格和理性。所谓理性,首先是指具有扎实的法律知识基础,我们要在法学院的课堂上认真学习最基础的课程,特别是刑法、刑诉、民法、民诉,为将来从事法律人的职业打下扎实的知识基础。法律人的理性的第二个重要方面,是指具有好的语言能力,语言能力分中文能力和外文能力。先简单说外文。我们广东是改革开放的前沿,我们的企业属于外向型企业,企业通常通过订立和履行进出口贸易合同、来料加工合同、合资合作合同、知识产权转让合同、技术开发合同等,面对外国的企业和用户,所生产的产品是为了出口。不仅如此,现在中央提出“走出去”的发展战略,鼓励中国企业直接到外国设厂、开办独资企业或者合资企业。我们珠海最大企业格力集团,就在南美洲的巴西设了一个很大的分厂。

现在中国的企业走向世界,到欧洲、到美洲、到非洲、到东南亚开办企业,需要多少法律人才？我们的毕业生无论法律知识如何扎实,假如不懂外语,只会说中国话,甚至只会说广东话,当然不行。如果你有扎实的法律知识基础,再加上有好的外语能力,那你才能够进入这样的企业法律部工作。有的同学可能说,我不想去这些外向型企业法律部,我就在广东当律师,是不是也需要有好的外语能力？须知现在不仅广东,整个中国东部甚至中部,许许多多民商事案件,包括商事仲裁案件、民事诉讼案件,往往当事人一方是外国人，如欧洲的、美国的、日本的当事人。不懂外语怎么办理这样的案件？所以说，同学们应该利用法学院学习期间，尽力提高外语能力，有的同学本来外语就很好，还可以再学第二外语。

很早以前我讲这个课的时候，曾经就法学院学生外语的重要性举过一个非常简单的例子。当时是20世纪90年代初，北京的法学院毕业生面临进三资企业或者国有企业的选择。现在已经不仅是三资企业，还有跨国公司、跨国企业。20世纪90年代初的工资水平，同样是法学院的毕业生，一个外语好，一个外语不好，外语不好的只能进国企，当时的工资水平大概最高是月薪五千元，一般是三四千元；外语好的毕业生可以进三资企业、跨国公司，当时的工资至少是月薪八九千元，是国企的两倍。八九千元与三五千元的差别，是由什么决定的，不是法律知识，而是外语能力。现在的情形更不一样，进跨国公司实习期间的工资至少月薪上万元。前边谈到几个大的律师事务所，法学院毕业生进去当律师助理，刚去就月薪一万元以上。这几个大的律师事务所吸收人才，一定要外语好，专业知识可以不考试，专考外语。这是讲外文能力的重要性。

中文能力更不用说。律师写诉状、答辩状，法官写判决书、裁定书，检察官写起诉书，首席仲裁员写裁决书，如果你的中文不好、文字不通？行不行？最近有一个报道，说一个大学生写个几百字的小文章，单错别字就有好多个。当然不行。所以说，中文非常重要。中国人是用中文思维，无论法律思维还是别的思维，都是用中文来思维的。从普通人的社会生活经验说，当官的中文口语能力要强，当秘书一定中文写作能力要强。如果你的中文写作能力很强，中文口语能力也很强，不仅会说而且会写，你通过公考进入公务员系列，你的前途还用说吗？这是从社会经验来说的，中文能力何等重要。

从事法律职业，作为一个法律人，无论担任法官、检察官、律师、企业法务，都要求能说会写，要求中文写作能力和口头表达能力都要很强。一个律师，写起诉状、答辩状文字不通、错别字连篇，进行法庭辩论，语无伦次、前言不搭后语，当然不行！按照社会经验，中文能力强、外文能力强的人，会得到好的工作岗位，会得到好的工资报酬。用你的法律知识和语言能力为人民服务，为国家服务，因此使自己得到更好的物质条件，挣更多的钱来赡养年迈的父母，成家之后还要负担你的家庭、抚养你的孩子。这是讲法律人理性的第二个部分，语言能力。

法律人理性的第三个部分，是掌握各种方法，包括写作方法、研究方法、裁判方法。前面讲到法律思维，法律思维也是一个方法。在优秀法律人理性的构成中，方法很重要。你从进入法学院之始，首先需要的是学习方法。我今天讲的就是学习方法。只有掌握了好的学习方法，你才能够把自己造就成优秀的法律人。掌握了好的研究方法、写作方法，掌握裁判案件的方法，才能够胜任法律人的工作，将来才有可能成为大律师、大法官、法学教授。所以说，方法非常重要。在这些方法当中，裁判的方法、研究方法、分析案件的方法等，我们在法学院学习期间逐步掌握，这里我把写作方法讲一下。

前面谈到中文能力，中文能力难道不包括写作方法吗？写作方法与中文能力有联系，是中文能力中的一种能力，可以说是最重要的一种能力。因此这里特别讲一下。有的同学可能会说，我自己在初中的时候就写小说，有的同学甚至在小学就开始写小说了，在初中、高中的语文课上语文老师常将我们的作文作为范文在课堂上朗读，或者贴在学校的板报上面，甚至有的同学已经在报刊上发表过诗歌、散文，难道中文写作能力还不强，还未掌握中文写作方法吗？我要告诉同学们，作为法律人的中文能力和写作方法，与一般意义上的中文能力和写作方法有根本的不同。我们这里讲的中文能力和写作方法，是法律文体的中文能力和写作方法。不是我们中学时候写那个记叙文、说明文、抒情散文的中文能力和写作方法。有的同学在中学的时候散文写得好，属于文学文体，不是法律文体。判决书、裁决书、起诉状、答辩状以及合同书，属于法律文体，与文学文体有根本的区别。

法律文体与文学文体的差别何在？难道不都是中文？不都是用汉语词汇？根本的差别在于，法律文体特别要求准确性、一义性。法律文体特别要求准确性，绝不能模棱两可，不能含糊其词，不能语义朦胧，必须只有一个含义。文学文体则不然，文学文体有意使语义朦胧，给读者留下猜想的可能性。人们常说，一千个读者，就有一千个哈姆雷特，这就是文学文体的本质特征。文学文体可以采用各种修辞方法，例如比喻、拟人、夸张，例如“白发三千丈”“飞流直下三千尺”。白发真有三千丈？瀑布真有三千尺？法律文体就绝对不行。起诉状、答辩状、判决书、裁决书、合同书这些法律文本，必须一是一、二是二，必须准确无误、确定无疑，一句话、一个词必须只能有一种理解、一个含义！法律文体不允许丝毫的模棱两可，只能有一个含义，不能有两个含义。

此前我在给高年级的同学讲“学习法律的第三种方法”的时候，作为演示把合同法上的重要条文、基本条文讲了一遍。《合同法》上有一个条文，即第41条，该条规定，合同书上格式条款如果出现了两个以上解释，应当采用哪一种含义呢？应当采用对提供格式条款的一方不利的那一个含义。企业为了与消费者签订合同，往往预先拟定合同文本，法律上叫作格式合同。企业与企业之间订立合同，也往往预先拟定格式合同文本。这样的合同当中一旦出现了两个不同的含义，按照《合同法》第41条的规定，应该采纳对拟定格式合同的企业不利的那一个含义。

同学们想一想，我们毕业后进入一个大企业的法务部工作，甚至担任企业法律部部长、副部长，我们的职责之一是替本企业拟定格式合同文本或者审定格式合同文本，将来发现合同书上某个条款有两种含义，肯定其中一种含义对本企业有利，另一种含义对本企业不利，法庭将按照《合同法》第41条的规定，采纳对本企业不利、对相对方当事人有利的那一个含义。因为我们的法律文体写作能力不高，导致我们拟定或者审定的格式合同文本出现两种含义，最终给我们自己的企业造成重大的经济损失！这难道还不足以说明准确性、一义性对于法律文体是何等重要吗！

请注意，语言具有多义性、模糊性，我们的中文更是如此。你看网上流传的那些所谓朦胧诗、所谓乌青体，究竟是什么意思？一个词语本身就有多种含义，有所谓本义、引申义、转义，撰写文学文体正好利用语言的多义性、模糊性，有意造成语义朦胧、语义含混，让不同的读者读出不同的含义。但是，我们作为法律人，我们撰写的法律文体，绝对不允许出现多义性、出现模棱两可，绝对不能出现两个含义、三个含义。可以这样说，语言的多义性、模糊性，恰好是法律文体的大敌！法律文体，无论撰写判决书、起诉状、答辩状、合同书，都必须同语言的多义性、模糊性作斗争，消灭语言的多义性、模糊性。我们在中学的时候抒情散文写得好，记叙文写得好，是一个好的基础，但这还不够，我们应该在已有的基础上，进一步训练自己撰写法律文体的能力、掌握法律文体的写作方法。

下面讲法律文体的本质特征：逻辑性、说服力。同学们会说，我们过去写说明文不也要求有说服力吗？但是，法律文体和一般说明文是不一样的。法律文体的说服力，是指我们撰写的起诉状、答辩状、判决书、裁决书这些法律文书，不仅用词准确，意思明确，而且要靠文章本身严密的逻辑性，使之具有很强的说服力，据以说服特定的人。说服谁？判决书、裁决书，是说服双方当事人，还有进一步说服社会！民事案件的起诉状、答辩状，是说服法官！有的人误以为起诉状、答辩状，以及在法庭上的口头辩论，是要说服对方当事人。有时我们看到原被告双方的律师，在庭审中相互辩驳，你反驳过来，我反驳过去，争执不休，纠缠不休，总是想驳倒对方、压倒对方，而置审判台上的法官于不顾。这样的律师不懂得，他撰写起诉状、答辩状及在法庭上作口头辩论，目的只有一个，即说服法官。起诉状、答辩状是写给法官看的，口头辩论是说给法官听的，目的是说服法官。法律文体具有严密的逻辑性，才能够有说服力。逻辑混乱、语义含混、层次不清，怎么能够具有说服力？

怎样才能掌握法律文体的写作方法，才能提高法律文体的写作能力？除了法学院开设的汉语课、法律文书写作课之外，主要靠在法学院期间撰写课程论文、学年论文和毕业论文。写作能力是训练出来的，不多写、多练法律文体，不可能真正掌握法律文体写作方法，不可能真正提高法律文体写作能力！现在有一种倾向，许多同学不认真对待课程论文、学年论文、毕业论文的写作，他们上网搜索，输入题目或者关键词，一下子搜到好多篇文章，然后通过电脑剪贴功能，剪裁、粘贴拼凑出一篇论文。更有甚者，把别人的文章下载下来，改头换面，署上自己的名字，作为自己的论文交差了事。这样的同学，将来法学院毕业，当了律师、当了法官、担任企业法务，能够上网下载别人的起诉状、判决书、合同书来剪裁拼接吗！希望我们的同学不要做这样的蠢事！应当高度重视、认真对待论文写作，提高法律文体写作能力，掌握法律文体写作方法。

下面讲学习法律的基本的方法。法律是一套规则体系，也是一套概念体系。每一个法律条文、法律规范，其适用范围、构成要件和法律效果，都是通过法律概念来表述的。例如，2013 年《消费者权益保护法》第55条规定：经营者有欺诈行为的，应当判处惩罚性赔偿。其适用范围，是用“消费者”“经营者”“合同”“消费者合同”这些概念表述的；其构成要件，是用“欺诈”“行为”“欺诈行为”等概念表述的；其法律效果，是用“赔偿”“损害赔偿”“惩罚性赔偿”等概念表述的。你要正确理解和适用2013年《消费者权益保护法》第55条，就应当正确掌握和理解这些法律概念。

什么是经营者？以营利为目的组织和单位就叫经营者。银行、保险公司、运输公司、航空公司、商场、沃尔玛等，都是经营者。什么叫欺诈行为？所谓欺诈行为，就是隐瞒了真实的情况或者捏造了虚假情况，引诱对方与你订立合同、买你的商品。明明产品是国内组装的，你告诉对方这是原装进口的，这叫捏造虚假情况；二手车买卖，这个车已经发生过重大车祸，发动机已经换了，什么地方经过了什么修理，你不告诉对方，就叫隐瞒真实情况。隐瞒了真实的情况、捏造了虚假情况，使对方买你的商品，这就叫欺诈行为。欺诈行为概念有特定的含义，经营者概念有特定含义，惩罚性赔偿概念有特定含义。什么叫赔偿？所谓赔偿就是由违约方、加害方拿出一笔钱给受害方，这笔钱叫赔偿金。不是政府给你钱，政府给钱叫福利、救济，不是赔偿。民法上的赔偿金，本来是损害多少赔偿多少，现在为了惩罚有欺诈行为的经营者，2013年《消费者权益保护法》第55条规定惩罚性赔偿，责令经营者向消费者支付相当于商品价款四倍的赔偿金，其中一倍是退还价款，三倍是惩罚。

你看，2013年《消费者权益保护法》第55条，这样一个法律条文，运用了好多个法学概念。从这个例子中可以看出，法律是用概念来表述的，我们学习法律的基本方法就是通过法学院各门课程的学习，掌握每一门法律学科、每一个部门法的那一整套法律概念。怎么样才能掌握这一套法律概念？当然要靠记忆，要记忆这些法律概念。有同学会说,我们读初中、高中就是靠死记硬背,现在好不容易考上了法学院,难道还要靠记忆吗?很遗憾,学习法律,非记忆不可。并且,我要告诉同学们,记忆,是人最基本的能力。记忆力强的人能力强,记忆力差的人能力差。如果你当律师,出庭的时候,记不得法律条文,怎么样与对方的律师辩论?你当法官主持庭审,双方律师讲到某个法律概念,你不记得这个概念是什么意思,将如何审判案件?可见记忆力是人的能力基础。而且,一个人的记忆力是训练出来的,不是天生的。同学们进入法学院学习,最基本的学习方法就是记忆法律概念。

只是记忆法律概念还不够,还要理解这些法律概念。因此,学习法律的基本方法,就是记忆概念、理解概念,在记忆的基础上理解,在理解的基础上加深记忆。我刚才讲 2013 年《消费者权益保护法》第 55 条,就要记忆经营者、消费者、欺诈行为、赔偿、惩罚性赔偿这些法律概念,并且正确理解它们的法律含义。法学院的学习,非记忆不可,记忆太重要了,但不是死记硬背。日本著名民法学者我妻荣先生,回答学生关于学习方法的提问,将学习法律的基本方法概括为记忆和理解两个环节。我讲学习法律的基本方法,在记忆和理解这两个环节之后,再增加第三个环节:运用。虽然同学们还不是律师、法官,不可能真正运用法律办理案件、裁判案件,但是我们可以尝试性地运用所掌握的法律概念,分析假设的或者真实的案件,提出处理的方案。

老师在课堂上会举出一些案例,供我们分析讨论。同学们还可以组成课外学习小组或者微信群,分析讨论社会上发生的、媒体上报道的案件。我们的亲戚朋友、家人遇到一些案件,例如某个亲戚遭遇了车祸,或者房屋出租与承租人发生纠纷,或者商品房预售合同发生违约,或者亲戚朋友中某人老父亲去世留下遗产应当如何继承、如何分配等。亲戚朋友会说："你是法学院的学生，帮我们分析一下，提个建议：我们有道理还是对方有道理？可不可以向法院起诉？向法院起诉可能得到什么结果？"我们就可以尝试着运用所学的法律知识、所掌握的法律概念，分析所面对的案件，提出我们的处理意见。这就是我所谓的"运用"。

新闻媒体经常会报道社会上发生的典型案件，我们将案件事实概括一下，作为我们分析研究的案例。假设某个同学是原告方代理人，另一位同学是被告方代理人，各自撰写起诉状、答辩状，别的同学扮演法官进行评论，看哪一方更有道理，依法应当如何裁判？预测这个案件最终的判决结果。如果是刑事案件，预测被告人会被认定有罪还是无罪？如果有罪会判多少年刑？有没有从轻的情节？如果是民事案件中的侵权案件，讨论被告构成侵权还是不构成侵权？构成侵权的法律根据是什么？会承担什么责任？大致会判多少赔偿金？如果是违约纠纷案件，分析涉案合同有效还是无效？被告构成违约还是不构成违约？如果原告胜诉大致可以获得多少赔偿金？然后等着看新闻媒体的后续报道，最后法院的判决结果和我们分析的、讨论的方案差别大不大？说不定最后法院的判决与我们的意见吻合呢！

前两年四川出现一个案件，一个人在河边挖出一段乌木，据说值很多钱，引起社会广泛的关注和讨论。有的说乌木该归挖掘的人，有的说该归地方政府，究竟应该归谁？认为应当归地方政府、归国家的根据是什么？认为应当归挖掘人的根据何在？我们可以在小组、在微信群组织讨论，寻找现行法律、法律概念、法律原理上的依据，最后给出我们的处理意见。然后等着看媒体后续报道那个中院的判决结果，当事人不服中院判决上诉到了高院，我们再等着看高院的终审判决。用法院的判决及判决的法律依据，来验证我们的处理方案,这就叫(尝试)运用。以上介绍学习法律最基本的方法:记忆、理解、运用,三个环节往复循环。我们在法学院除了上课以外,要有意识地去运用这一学习法律的基本方法,最终达到掌握扎实的法律知识。

下面讲读书方法。同学们进到法学院有没有考虑过怎么读书?读书的方法与高中时相不相同?有没有区别?这里讲的读书,当然是指读专业书、读法律专业书,不是指读文学著作、读小说。读书方法有三种。第一种读书方法:精读。什么叫精读?就是运用上面讲的基本方法,即记忆、理解和运用,来读一本好的教材,记忆教材上的概念体系。精读的对象是一本好的教材,目的是掌握这个学科的概念体系。每一本教科书都是一整套概念构成的体系,我们就记忆这一套概念体系。说概念体系,这是简单的说法,说得详细一点,每一个法律学科都是一整套概念、原则、制度和理论的体系。原则也是概念构成的,制度也是概念构成的,并且每一个概念、原则、制度都有其理论。我们学民法,就要掌握民法的这套概念、原则、制度和理论的体系。学刑法,就要掌握刑法的概念、原则、制度和理论的体系。学别的法律学科,如民诉法、刑诉法、公司法等,也是如此,都可以通过精读一本好的教材,掌握该学科的概念、原则、制度和理论的体系。

什么是好的教材?所谓好的教材,就是它的概念、原则、制度和理论的体系,完整、准确,并且简明、扼要。好的教材,要求概念体系完整、准确、容易理解,为什么还要求简明、扼要?因为我们要通过精读这个教材来记忆它的概念体系,如果动辄四五十万字、六七十万字,这样的教材难于记忆。因此,一本好的教材,不仅要求概念体系完整、准确,而且要求简明、扼要,字数在二三十万字。当然,也不是教材上的每一个字、每一句话都要记忆,而是着重记忆法律概念。

概念在教材的什么地方？总在它的每一章或者每一节的第一个自然段，往往是那个自然段的第一句话。这样一句话，有的是法律上明文规定的该概念的定义，有的是作者用自己的话对法律概念的表述。但教材上不只是有概念，在每个概念后面还有好几句话，甚至好几个自然段。比如说解除权概念，什么叫解除权？教材上说，所谓解除权是指当事人一方通过自己的意思来消灭有效的法律关系的权利。这就是解除权概念的定义。下面有好几句话是对解除权的解释和说明，解释和说明解除权的性质、效力、行使方式，及与其他权利（如撤销权）的区别等。还可能举出现行法规定解除权的法律条文，并且举出解除权的案例。这些都是帮助我们理解解除权概念的。我们就记忆第一句，解除权的概念（定义）。

第二种读书方法：泛读。我们当然不是只读一本教材，我们通过读一本好的教材来记忆这个学科的概念体系，这是为了打下坚实的知识基础。这套概念体系，我们记忆得完整、准确、牢固，理解正确，懂得如何运用，这就叫基础扎实。但在记住这些概念体系之后，我们还要读有关的书，不是精读，而是泛读。泛读的范围没有限制，可能是别的教材、专著、杂志上的论文、案例讨论，外国著作的中译本，以及我国台湾地区的著作等。外语好的同学还可以读原著。所以说，泛读的对象没有限制。泛读与精读的区别在于，泛读往往不是把一本书从头读到尾，有泛泛浏览的意思，看到一本新的教材，翻一翻，与自己已经学过的教材对照一下，有没有新的概念、新的内容、新的资料？如果有，就着重读这些新的概念、新的内容、新的案例。外国的著作，着重看外国的立法、理论与我们的是否有不同，同样的制度在国外是否作不同的规定，国外有什么新的立法、新的判例和新的理论。泛读的目的：一是补充、完善和加深理解我们已经掌握的概念体系；二是扩大我们的知识面。不仅要掌握我国某个法律学科的基础知识,还要知道别的国家相应的法律及与我国的区别,知道我国某个概念、某项制度是从哪个国家的什么法律参考借鉴而来,该项制度有没有新的发展等。通过泛读,扩大了我们的知识面,开阔了我们的眼界。

第三种读书方法:研读。研读是什么意思?就是结合所要研究的问题来读。研读读什么,取决于我们所要研究的问题。老师在课堂上举了一个案例,要求我们课下讨论。怎么讨论呢?不能只是想当然地说我认为应该怎么样、不应该怎么样。我们就要到图书馆去查资料,上网查数据库、查网站的论文库。凡是查到与我们所要讨论的这个案例、这个问题有关的教材、著作、论文、案例、司法解释,都要借到手、下载下来,供阅读、研究。一本教材或者一本专著,与我们所讨论的案例、问题有关的可能只是一章、一节、一个自然段,甚至就一两句话。我们就读与讨论的案例、问题相关的那一章、那一节、那一段,甚至就那一两句话。我们把不同著作讨论这个案例、问题的内容全都收集起来。结果发现,这本书这样说,那本书那样说,这个作者这样说,那个作者那样说。我们就要进行比较、鉴别、取舍,这就叫研读。

假设我们要研究的是侵权法上的一个问题,从收集的资料看,中国人民大学的杨立新教授、张新宝教授的观点刚好相反。假设关于这个问题,杨立新教授持支持的、肯定的观点,他当然有理由,“第一、第二、第三”。张新宝教授持反对的、否定的观点,他当然也有理由,“第一、第二、第三”。我们还查到别的作者关于同一个问题的文章,有的赞成杨立新教授的观点,有的赞成张新宝教授的观点。赞成杨立新教授观点的,在杨立新教授的三个理由之外又增加了第四个理由。赞成张新宝教授观点的,在张新宝教授的三个理由之外也增加了一个理由。说不定还有第三种观点,介于两者之间,又是什么理由。我们把这些文章这些作者的观点和各自的理由进行整理归类，加以比较、分析、取舍，看哪一个作者、哪一个观点所依据的理由更充分一些，没有被对方相反的观点、相反的理由驳倒，因此得出自己的意见，赞成某个作者的某项观点。假如我赞成杨立新教授的观点，理由是什么，除了杨立新教授自己的那三项理由，及某个支持者的第四项理由之外，是否还有新的理由？假如我不赞成杨立新教授的观点，为什么不赞成？根据是什么？他讲的那些理由，不能说服我，为什么？通过研读收集资料，进行比较、鉴别、分析、研究，最后得出自己对这个问题、这个案件的意见或者观点。这就是研读。

这样的读书方法，结合要研究的问题、案件或者要写的文章题目来读书，叫研读。研读的目的，是训练我们的研究能力。研究能力，要在进行研究的实践中，逐步摸索、逐步训练、逐步掌握和提高。前面讲到的，老师在课堂上举了某个案件，或者我们看到媒体报道的某个案件，我们几个同学组织起来，你俩站在原告方面，我俩站在被告方面，分别去收集教科书、著作、论文上有利于自己这一方的根据、理由。我们再来分析、比较、鉴别，究竟哪一方更有道理，最后得到我们一致赞同的意见。这个方法，就是研读。

我们在法学领域当中，会面对各种各样的著作，可以区分为教材、专著、论文和体系书。教材，我们通过好的教材的精读，掌握该学科的概念体系，为将来从事法律职业打下扎实的知识基础。别的教材、别的著作都是供我们泛读和研读的。这里特别要提到体系书，就是那种“大部头”的著作，五六十万字、七八十万字，甚至“部头”更大。我曾经举过我国台湾地区著名民法学者史尚宽先生的例子，史尚宽先生是20世纪30年代国民政府制定《中华民国民法》的起草委员，后来到了台湾地区，他撰写出版了一整套民法著作，他的《债法总论》九十万字，《物权法论》是六十万字，《民法总论》是六七十万字,这样的著作叫作体系书。同学们一定要注意,体系书不是供我们精读的,是供我们研读的。我过去在某个法学院讲读书方法,就说过体系书的目的不是供你精读,而是供你研读的,不可能通过精读一本体系书来掌握一整套概念体系。并且举史尚宽先生的《债法总论》为例,如果哪位同学把《债法总论》拿来精读的话,必然是事倍功半,读到中间忘了前边,读到后面全部忘光。因为它不是供你精读的。课后有位同学,真的抱着史尚宽先生的《债法总论》精读,他说:“我就是读到中间忘了前边,读到后面全部忘光。”我把这个教训介绍给同学们,不同类型的著作,其目的不同,特别是体系书、“大部头”的书,是供我们研读的。

今天晚上的课,讲了两个问题:第一个问题,是讲我们进入法学院学习的目的,是把自己造就成优秀的法律人,并且介绍什么是法律人、什么是优秀的法律人;第二个问题,主要是讲一些最基本的学习方法,供同学们参考。希望同学们一定要重视学习的方法。这里补充一下,方法与知识是什么关系?可以说,方法也是一种知识,但方法不是一般的知识,方法是供人们获取知识和运用知识的知识。从人类生活经验来看,方法更为重要。但一般人往往不重视方法。做任何事情都有方法,进入法学院学习法律,更是如此。什么叫聪明人,什么叫笨人?如果做什么事情都首先考虑方法,都从方法入手,这样的同学就是聪明人。如果凡事都不考虑方法,不考虑学习方法、读书方法、写作方法、裁判方法,这样的人,说尖刻一点,就是笨人。我当然希望我们法学院的同学都是聪明人!今天晚上的课,就到这里。

谢谢同学们!

天

Borderless

下

天下，在乎正义和你

法学新经典·书目

《侵权损害赔偿》（第六版） 杨立新

《我国民法典重大疑难问题之研究》（第二版） 王利明

《法律解释学导论：以民法为视角》（第二版） 王利明

《法的价值论》（第三版） 卓泽渊

《法政治学研究》（第三版） 卓泽渊

《法治国家论》（第四版） 卓泽渊

《刑事诉讼的中国模式》（第三版） 陈瑞华

《刑事证据法的理论问题》（第二版） 陈瑞华

《民法典总则之理论与立法研究》（第二版） 尹　田

《中国物权法总论》（第四版） 孙宪忠

《人格权重大疑难问题研究》 王利明

《实证研究：中国法学的范式转型》 左卫民

《中国法律的传统与近代转型》（第四版） 张晋藩

《行政法基本原则研究》（第二版） 周佑勇

《传统中国法理观》 张中秋

《国际刑法学》（第二版） 贾　宇

《刑法客观主义与方法论》（第二版） 周光权

《诈骗犯罪论》 张明楷

《国际私法本体论》（第二版） 蒋新苗

……

法学新青年·书目

《物权法的展开与反思》（第二版） 常鹏翱

《基本权利的规范建构》（增订版） 张　翔

《传媒监督的法治》 陈柏峰

《国家利益维护：国际法的力量》 何志鹏

《不动产登记法研究》（第二版） 程　啸

《证据法的理论面孔》 吴洪淇

《刑法归责原理的规范化展开》 陈　璇

《刑法与现代社会治理》 何荣功

《舆图换稿：明清之际的中国法哲学》 屠　凯

《中国特色行政复议制度的嬗变与演进》 曹　鎏

《行政诉讼类型构造论》 章志远

《侵权责任利益保护的解释论》 方新军

……

博观·书目

《社会契约论》 卢　梭

《法律的概念》（第三版） 哈　特

《普通法的精神》（中文修订版） 庞　德

《诉权与诉的可能性：当代民事诉讼基本问题研究》 赫尔维格

《民主与不信任：司法审查的一个理论》 约翰·哈特·伊利

《法律与革命》（第一卷） 伯尔曼

《法律与革命》（第二卷） 伯尔曼

《法律推理与法律理论》 麦考密克

《古代法》	梅　因
《旧制度与大革命》	托克维尔
《为权利而斗争》	耶　林
《法律制度：对法律理论的一种解说》	麦考密克
《政治哲学史》（第三版 上下册）	列奥·施特劳斯，约瑟夫·克罗波西
《论法的精神》	孟德斯鸠
《民事诉讼法重点讲义》（导读版）	高桥宏志
《纯粹法学说》（第二版）	凯尔森
《普通法》	霍姆斯
《论犯罪与刑罚》	贝卡里亚
《宪法设计与理性选择：公法经济分析基础》	罗伯特·D.库特
《法律的权威》（第二版）	约瑟夫·拉兹

……

思想与人文·书目

《西窗法雨》（精装修订版）	刘　星
《法槌十七声：西方名案沉思录》（第二版）	萧　瀚
《文明与法治：寻找一条通往未来的路》	刘哲昕
《精英与平民：中国人的民主生活》	刘哲昕
《法治东西》	於兴中
《博登海默法理学》	博登海默
《法窗夜话》	穗积陈重
《正义之源泉：自然法研究》	吴经熊
《现代法政的起源：1900—1919》	董彦斌
《被误解的民主》	包刚升

《风骨：新旧时代的政法学人》 陈夏红
《斑马线上的中国》（第三版） 邓子滨
《生活在民法中》（第四版） 梁慧星
《乌合之众：大众心理研究》 古斯塔夫·勒庞
《我们律师》（修订精装版） 张思之
《我的辩词与梦想》（精装收藏版） 张思之
《法门穿行》 孙笑侠
《现代法治：沈家本的改革梦》 李贵连
《阿Q之死的标本意义》 张建伟
《续法窗夜话》 穗积陈重
《从传统到现代》 金耀基
《耶鲁精神：感受耶鲁大学及其法学院》（第二版） 冯建妹
《法律帝国的铸就：大英帝国法律史（1800—1850）》 劳伦·本顿 利萨·福特
《英国法的塑造者》 威廉·塞尔·霍尔斯沃思
《美国法律史》 劳伦斯·弗里德曼
《尊严：历史和意义》 迈克尔·罗森
《法官因何错判》 秋山贤三
《修行：生命的证悟》 泰戈尔
《看得见的正义》（第三版） 陈瑞华
《大地家族》 盖瑞·施耐德
《法律后面的故事》 梁治平
《生命与超越：一个命运共同体的理想》 刘哲昕
《霸权的黄昏：大国的衰退和收缩》 麦克唐纳 培伦特
《罪与罚：关于公正的19场激辩》 布鲁斯·N.沃勒
《民法的人文精神》（第二版） 徐国栋
《西口闲笔》 徐国栋
……

理论与方法·书目

书名	作者
《通往法治的道路：社会的多元化与权威体系》	季卫东
《现代公司法》（第三版 上下册）	刘俊海
《法治、财税与国家治理》	熊 伟
《论法学研究方法》	陈瑞华
《民法总则：条文背后的故事与难题》	杨立新
《法学学位论文写作方法》（第三版）	梁慧星
《裁判的方法》（第四版）	梁慧星
《理论法学的迷雾：以轰动案例为素材》（增订版）	桑本谦
《司法体制改革导论》	陈瑞华
《辩无不胜》	盖瑞·斯宾塞
《侵权责任法：条文背后的故事与难题》（第二版）	杨立新
《合同法总论》（第四版）	韩世远
《司法改革的知与行》	蒋惠岭
《律师的客户管理术》	亚历山大·Y.本尼科夫
《中西法律文化比较研究》（第五版）	张中秋
《真实世界的法律思维：出乎意料的61堂法律微课》	黄文伟
《并购之道：赢家的65个商业逻辑与实战 》	张伟华
《明清法律与社会变迁 》	邱澎生 何志辉
《中国民法典新规则要点》（修订版）	杨立新
《刑事审判原理论》（第三版）	陈瑞华
《实质法治：寻求行政判决的合法性》（第二版）	何海波
《企业合规基本理论》（第二版）	陈瑞华
《侵权责任法》（第四版）	杨立新
《如何讲个好故事：律师的必修课》	菲利普·N. 迈耶

……